法院审理案件观点集成丛书

法院审理
融资租赁案件
观点集成

Aggregation of Trail Views in the Cases of Financial Lease

主　编：李　超

副主编：李善川　王　娟

撰稿人（以姓氏笔画为序）：

王　娟　乔兆姝　安福超　孙　静　孙世超

李　超　李善川　张宝霞　胡　威　柴恭宇

郭志武　唐彬皓　崔忻亭　韩　炜　赖如星

中国法制出版社

CHINA LEGAL PUBLISHING HOUSE

撰稿人（以姓氏笔画为序）：

王　娟　北京德和衡律师事务所高级联席合伙人、律师，天津市第二中级人民法院原法官
乔兆姝　北京市道可特律师事务所高级合伙人、律师
安福超　上海市锦天城（北京）律师事务所顾问，天津市滨海新区人民法院民三庭原副庭长
孙　静　北京爱申律师事务所律师，天津市第三中级人民法院原法官
孙世超　天津法官学院讲师
李　超　天津市高级人民法院民四庭法官
李善川　天津市高级人民法院民四庭副庭长
张宝霞　天津市西青区人民法院副院长
胡　威　广东东维律师事务所律师
柴恭宇　天津师范大学法学院民商法学硕士研究生
郭志武　广东八维律师事务所主任、律师
唐彬皓　天津市第二中级人民法院知识产权庭法官
崔忻亭　天津市滨海新区人民法院东疆保税港区融资租赁法庭法官
韩　炜　北京大成律师事务所顾问、律师，北京市丰台区人民法院原法官
赖如星　天津四方君汇律师事务所合伙人、律师

前　言

融资租赁合同是出租人根据承租人对出卖人、租赁物的选择，向出卖人购买租赁物，提供给承租人使用，承租人支付租金的合同。融资租赁交易是融资与融物的有机结合，是一种金融工具。融资租赁出租人按照承租人的需求为承租人出资购买租赁物的过程，就是向承租人融通资金的过程。融资租赁也是信用授予的一种形式，经由“融物”达致“融资”，已经成为目前国际上基本的非银行金融形式之一。融资租赁作为一种新兴的交易形态，具有很大的优势：在初期即可准确核算全部投资的规模及付款的时间安排，从而促进设备投资；具备会计节税优势，有利于优化财务报表与信用评级；承租人使用融资租赁的方式可以保持设备和系统的实时更新，规避资产过时的风险。总之，融资租赁是现代化大生产条件下产生的实物信用与银行信用相结合的，集金融、贸易、服务为一体的新型金融服务形式。大力推进融资租赁业的发展，有利于加快商品流通，促进技术更新，纾解中小企业融资困难，提高资源配置效率。

有关融资租赁合同的规定集中于《民法典》合同编第十五章，共 26 条，这些条文大都并非“原创”，其中有 24 条来源于《合同法》和《融资租赁合同司法解释》（法释〔2014〕3 号），经过修订而进入《民法典》；只有第 737 条和第 759 条为纯粹的新规定。《民法典》对于融资租赁合同的规定既有继承又有发展，在今后的法律适用中应当认真对待。《融资租赁合同司法解释》已于 2020 年 12 月修改，部分内容因被《民法典》吸收而删除，部分内容因《民法典》的施行而修改了相应表述，一定程度上保持了融资租赁合同法律规范的稳定。

随着融资租赁业的发展，人民法院受理的融资租赁合同纠纷案件数量呈增长趋势。除典型的出租人、承租人和出卖人三方合同外，出租人出于风险防控的需要，可能增加保证人、回购人等利益主体加入融资租赁关系，案件所涉的法律关系日趋复杂，审理难度有所增大。本书所选取的案例为近几年各级人民法院所审理的具有典型意义的融资租赁合同纠纷案件，特别关注了最高人民法院的生效裁判，基本涵盖了审判实践中争议较大的融资租赁合同的识别及效力、融资租赁合同的履行和租赁物的公示、融资租赁合同的解除、违约责任的承担等问题。编写本书的目的，是通过对融资租赁典型案例、重点问题的解读，使读者对融资租赁合同纠纷司法实务有较为全面的了解，为企业防范经营风险、为人民法院司法裁判提供参考。参加本书编写的作者大多为一线办案法官和律师，有较为丰富的实践经验；但书中错误仍在所难免，恳请读者批评指正并提出宝贵意见。

李　超

2021 年 8 月

凡　例

名称	本书使用简称	效力
《中华人民共和国民法典》	《民法典》①	现行有效
《中华人民共和国民法通则》	《民法通则》	失效②
《中华人民共和国合同法》	《合同法》	失效
《中华人民共和国物权法》	《物权法》	失效
《中华人民共和国担保法》	《担保法》	失效
《中华人民共和国公司法》	《公司法》	现行有效
《中华人民共和国证券法》	《证券法》	现行有效
《中华人民共和国民事诉讼法》	《民事诉讼法》	现行有效
《最高人民法院关于审理融资租赁合同纠纷案件适用法律问题的解释》	《融资租赁合同司法解释》	现行有效（2020 年 12 月 23 日修正）③
《最高人民法院关于审理民间借贷案件适用法律若干问题的规定》	《民间借贷司法解释》	现行有效（2020 年 12 月 23 日修正）
《最高人民法院关于审理融资租赁合同纠纷案件若干问题的规定》	《融资租赁合同规定》	失效（被《融资租赁合同司法解释》取代）

① 为便于行文，本书引用相关文件名称时略去“中华人民共和国”字样。

② 《民法典》已自 2021 年 1 月 1 日起生效实施，《民法通则》《合同法》《担保法》等民事单行法同时废止。

③ 根据《最高人民法院关于修改〈最高人民法院关于在民事审判工作中适用《中华人民共和国工会法》若干问题的解释〉等二十七件民事类司法解释的决定》，《融资租赁司法解释》《民间借贷司法解释》已被修改。本书收录的案例裁判于这些司法解释被修改之前，“法官评析”部分依据现行规范进行解读。

名称	本书使用简称	效力
《最高人民法院关于适用〈中华人民共和国合同法〉若干问题的解释(一)》	《合同法司法解释一》	失效
《最高人民法院关于适用〈中华人民共和国合同法〉若干问题的解释(二)》	《合同法司法解释二》	失效
《最高人民法院关于适用〈中华人民共和国担保法〉若干问题的解释》	《担保法司法解释》	失效
《最高人民法院关于适用〈中华人民共和国物权法〉若干问题的解释(一)》	《物权法司法解释一》	失效
《最高人民法院关于适用〈中华人民共和国民事诉讼法〉的解释》	《民事诉讼法司法解释》	现行有效

目　录

第一章　融资租赁合同的认定及效力

一、融资租赁合同有何特征、融资租赁法律关系如何认定
——仲利公司与昌盛公司等融资租赁合同纠纷案 ………………………… 1

二、回租式融资租赁合同的租赁物无法特定化时，合同性质如何认定
——兴业公司与浩博公司等融资租赁合同纠纷案 ………………………… 8

三、售后回租的房屋未办理所有权转移登记，是否构成融资租赁法律关系
——渤海租赁公司与五洋集团等融资租赁合同纠纷案 ……………………… 18

四、租赁物买卖合同解除后，融资租赁合同是否必然解除
——华融公司与瑞达公司等船舶融资租赁合同纠纷案 ……………………… 28

五、出租人无资质而超越经营范围订立融资租赁合同，该合同并不当然无效
——某建设机械有限公司与某担保有限公司等借款合同纠纷案 ……… 42

六、租赁物因管理性规定而被禁止销售，融资租赁合同效力如何
——中成机械公司与苏某等融资租赁合同纠纷案 ………………………… 47

七、如何界定融资租赁公司为了筹集资金而签订的《融资租赁资产收益权转让服务协议》的法律性质
——三某度公司与某基宏融资租赁公司等合同纠纷案 ……………………… 57

八、租赁物为未取得商品房预售许可证明的商品房，能否成立融资租赁法律关系
——国泰租赁公司与鑫海投资公司等企业借贷纠纷案 ……………………… 63

九、以动产抵押物作为租赁标的，售后回租融资租赁法律关系效力如何
——万丰公司与金太源公司等融资租赁合同纠纷案 …………………… 71

十、租赁物因设置抵押而致所有权无法移转，售后回租融资租赁关系能否成立
——北车公司与华通公司融资租赁合同纠纷案 ……………………… 80

十一、以保障出租人在融资租赁合同中债权的实现为目的的回购协议是否等同于保证合同
——国旺融资租赁公司与三环印刷公司融资租赁回购合同纠纷案 ……………………………………………………………… 87

十二、非经司法程序的重组或重整是否影响融资租赁合同效力
——兴业公司与泰业公司等融资租赁合同纠纷案 …………………… 95

十三、承租人向出卖人交付部分款项而主张分期买卖，是否仍可以认定为融资租赁关系
——中联融资公司与十九局桥梁处等融资租赁合同纠纷案 ……… 101

十四、出租人将租赁物抵押给自己对于融资租赁合同的效力是否有影响
——易鑫融资公司与胡某融资租赁合同纠纷案 …………………… 106

第二章　合同的履行和租赁物的公示

一、出租人提供格式条款却未明确首付款性质，应否抵扣总租金
——甲租赁公司与陈某融资租赁合同纠纷案 ………………………… 113

二、出租人已完成融资义务，承租人可否因租赁物尚未交付拒付租金
——合库金公司与甬佳模具厂等融资租赁合同纠纷案 ……………… 118

三、承租人能否以租赁物存在质量问题为由拒绝支付租金
——公信公司与骆某等融资租赁合同纠纷案 ………………………… 125

四、承租人向出卖人行使索赔权是否影响其向出租人支付租金的义务
——海翼公司与秦某等融资租赁合同纠纷案 …………………… 133

五、侵犯承租人的占有使用权，出租人是否可以主张限制性措施期间租金
——迪尔融资公司与董某等融资租赁合同纠纷案 ……………… 142

六、手续费作为出租人提供融资服务的服务费，可否用于折抵租金
——万丰公司与金禾公司等融资租赁合同纠纷案 ……………… 152

七、融资租赁物被法院扣押后，承租人支付租金的时间应截至何时
——庞大乐业与张某等融资租赁合同纠纷案 …………………… 159

八、当事人对承租人未按照合同约定给付租金的情形未约定催告义务，能否认定此系格式条款而归于无效
——仲利公司与鑫裕公司等融资租赁合同纠纷案 ……………… 163

九、售后回租融资租赁模式下，占有改定有效实现所有权转移
——某融资租赁公司与某重工有限公司等融资租赁合同纠纷案 …… 168

十、融资租赁中善意取得的“善意”如何判断
——陈某与徐水国全租赁处买卖合同纠纷案 …………………… 173

十一、售后回租模式下的出卖人无权处分租赁物，如何审查出租人是否构成善意取得
——富某公司与亚纳世公司等融资租赁合同纠纷案 …………… 180

十二、租赁物抵押权可否善意取得
——远东公司与津市农行等第三人撤销之诉案 ……………… 188

十三、承租人破产时，租赁物是否属于破产财产
——恒信公司与威盛公司融资租赁合同纠纷案 ……………… 199

第三章　合同的解除

一、出租人能否既请求承租人支付全部未付租金，又请求解除融资租赁合同
——万瑞公司与蓝山公司等融资租赁合同纠纷案 …………………… 207

二、当事人直接起诉解除融资租赁合同的解除时点及法律后果应如何认定
——某融租公司诉温州某海运公司等船舶融资租赁合同纠纷案 …… 212

三、未达到合同约定解除条件，承租人单方通知解除合同对出租人是否生效
——高某等与某融资租赁有限公司融资租赁合同纠纷案 …………… 223

四、非因承租人原因导致租赁物被扣押的，承租人是否享有合同解除权
——施某与吉运公司融资租赁合同纠纷案 ………………………… 228

五、出租人可否因经销商未向承租人交付租赁物而请求解除合同
——某融资公司与某商贸公司等融资租赁合同纠纷案 ……………… 233

六、售后回租型融资租赁合同中，破产管理人是否享有《企业破产法》第 18 条规定的法定解除权
——中信富通公司与众意公司等融资租赁合同纠纷案 ……………… 238

七、出租人如何行使取回权，取回后租赁物减值损失如何确定
——北林农行与挖运公司等融资租赁合同纠纷案 ………………… 245

八、出租人请求解除合同取回租赁物，承租人可否要求扣减租赁物残值，残值如何确定
——某融资公司与某起重公司等融资租赁合同纠纷案 ……………… 255

九、租赁物已被处置的情况下，其残值如何确定
——国银租赁公司与湖北置业公司等融资租赁合同纠纷案 ………… 261

第四章 违约责任的承担

一、国家政策调整能否成为承租人的免责事由
——宝信公司诉传洋集团公司等融资租赁合同纠纷案 …………………… 276

二、出租人诉请的租金、逾期履行违约金是否属于同一诉讼请求
——长城国兴公司与金岩化工公司等融资租赁合同纠纷案 ………… 287

三、船舶融资租赁承租人怠于办理船舶营运手续应否承担法律责任
——中信富通公司与上海亿洲公司等船舶融资租赁合同纠纷案 …… 304

四、承租人违反合同约定将租赁物转租给第三人，第三人应否承担连带给付租金的责任
——成都金控与天伦檀香楼公司等融资租赁合同纠纷案 …………… 319

五、融资租赁合同未约定支付顺序，欠付款项清偿顺序如何确定
——信达租赁公司与和田物资公司等融资租赁合同纠纷案 ………… 336

六、承租人与其他公司构成人格混同，出租人能否要求一并承担连带责任
——长城公司与建龙公司等融资租赁合同纠纷案 ……………………… 341

七、融资租赁物存在重复抵押等导致保证风险增大的情形，是否影响保证人保证责任的承担
——中海外公司与利民公司等保证合同纠纷案 ………………………… 347

八、为担保融资租赁合同履行设定的抵押权不能实现，应如何确定赔偿责任
——信达租赁公司与陵城区政府等融资租赁合同纠纷案 …………… 356

九、出租人授权承租人将租赁物抵押给自己，是否符合法律规定
——国泰公司与信莱公司等融资租赁合同纠纷案 ……………………… 368

十、出租人要求承租人支付全部租金时，能否就设定抵押的融资租赁标的物主张优先受偿
——锦银公司与中青旅公司等融资租赁合同纠纷案 …………………… 377

十一、承租人以应收账款向出租人提供质押担保，其担保效力如何
——某融资公司与某科技公司等融资租赁合同纠纷案 ……………… 385

十二、合同解除至实际返还租赁物期间，出租人能否主张租赁物占用费
——某融资公司与汤某涛等融资租赁合同纠纷案 ……………………… 391

第一章 融资租赁合同的认定及效力

一、融资租赁合同有何特征、融资租赁法律关系如何认定

——仲利公司与昌盛公司等融资租赁合同纠纷案①

关 键 词： 售后回租 买卖合同 融资租赁法律关系

问题提出： 融资租赁合同具有哪些特征？如何认定融资租赁法律关系？

裁判要旨： 融资租赁合同是出租人根据承租人对出卖人、租赁物的选择，向出卖人购买租赁物，提供给承租人使用，承租人支付租金的合同。名为融资租赁合同，但实际不构成融资租赁法律关系的，人民法院应按照其实际构成的法律关系处理。承租人将其自有物出卖给出租人，再通过融资租赁合同将租赁物从出租人处租回的，人民法院不应仅以承租人和出卖人系同一人为由认定不构成融资租赁法律关系。

案情简介

上诉人（一审被告）：昌盛公司

被上诉人（一审原告）：仲利公司

一审被告：白某、孙某、张某

2012年12月1日，仲利公司与昌盛公司签订《买卖合同》，约定仲利公司从昌盛公司处购买以下标的物：挠性剑杆织机20台、CLASSIC－190挠性剑杆织机30台、CLASSIC－190挠性剑杆织机26台、烧毛机1台、高速整经

① 一审法院为天津市滨海新区人民法院，案号：（2014）滨民初字第1414号；二审法院为天津市第二中级人民法院，案号：（2015）二中民二终字第257号。

机1台、热节能锅炉1台、空压机1台、牛仔布拉斜预缩联合机1台、RC型双碱法脱硫装置1套。同时约定仲利公司将所购上述标的物回租给昌盛公司使用，买卖合同价款13672620元，自签约之日起，标的物之所有权转移至仲利公司，同时视作标的物由仲利公司适当交付昌盛公司，并由昌盛公司予以验收。

同日，仲利公司与昌盛公司签订《租赁合同》，约定：仲利公司作为出租人将上述标的物出租给昌盛公司使用，租赁期间为2012年12月2日至2015年12月2日，租赁物成本为人民币13672620元，首付租金人民币6460260元于2012年12月2日支付，剩余租金分18期，自2013年1月2日首期租金给付日起，每隔2个月之同一日支付，其中第1～9期每期租金为人民币563000元，第10～17期每期租金为人民币469000元，第18期租金为人民币373000元。关于租期与租金，合同中载明："按时支付各期租金及本合同规定之其他费用，系本合同必要之点，如任何一期租金，或其他规定之费用或各该租金或费用之任何部分到期后仍未支付者，承租人即应负违约之责，并应自违约之日起至清偿之日止，按年利率百分之廿加计迟延利息。"关于违约，合同中载明："承租人如未依约清偿、发生票据退票情事或财务状况实质上发生恶化，或有其他情形，出租人得终止租赁合同、请求返还租赁物，承租人并应无条件立即付清全部租金（包括未届期）、损害赔偿及其他费用。"关于违约金，合同中载明："承租人未依本合同之约定缴纳租金时，按租金总余额自应偿还日起，按年利率百分之二十加付违约金。"

2012年12月1日，白某、孙某、张某向仲利公司出具《保证书》，承诺就《租赁合同》项下昌盛公司对仲利公司所负债务承担连带保证责任，保证范围为承租人在主合同项下应向出租人支付的全部应付款项，包括租金、延付利息、违约金、费用以及其他应付款项，如遇利率变化，还应包括因该变化而必须增加的款项。保证期间为两年。

2012年12月1日，昌盛公司向仲利公司出具《租赁物交付与验收证明书》一份，其中载明："租赁合同设备清单中所有设备已交付于承租人，承租人已对该租赁合同设备清单中所有设备进行了其所认为必要的所有测试，认为一切完全满意并予以验收。在租赁期间，承租人承诺将遵守上述租赁合同的任何条款之约定。"

2012年12月7日，仲利公司向昌盛公司支付买卖合同价款人民币7212360元，剩余买卖合同价款仲利公司主张与昌盛公司应向其支付的融资租赁合同项下首付租金人民币6460260元相互折抵。截至2014年9月19日仲利公司起诉时，昌盛公司已向仲利公司支付第1~6期全部租金、第7期部分租金人民币277000元；2014年10月8日，昌盛公司向仲利公司支付租金人民币50000元，仲利公司将该款项计入支付的第7期租金，截至此时，按照合同约定，昌盛公司尚欠仲利公司第7期租金人民币236000元；后昌盛公司于2015年2月16日、2015年2月17日分别向仲利公司支付租金人民币500000元；截至法庭辩论终结时，昌盛公司共计向仲利公司支付租金人民币4705000元，其中包括第1~8期全部租金、第9期部分租金人民币201000元，尚欠仲利公司已到期之第9期剩余租金人民币362000元、第10期租金人民币469000元、第11期租金人民币469000元、第12期租金人民币469000元，以上到期未付租金总计人民币1769000元。

仲利公司系外国法人独资设立的从事融资租赁业务的企业法人，已获得我国行业主管部门的审批，允许其开展融资租赁及相关业务。

昌盛公司对仲利公司到期未付租金，故仲利公司诉至法院，请求判决解除《租赁合同》，并判决昌盛公司立即返还租赁物，立即支付已到期租金、逾期利息和违约金。并请求判决昌盛公司支付《租赁合同》解除始至昌盛公司实际返还仲利公司租赁物期间的租赁物占有使用费。

各方观点

昌盛公司观点：双方于2012年12月1日签订的买卖合同根本没有履行，因为合同规定30日内付清货款13672620元，但该款项分文未付，合同中的标的物也丝毫没有发生转移，买卖合同不成立就谈不上租赁。双方签订的买卖合同和租赁合同是不对等的、不真实的，是以合法的形式掩盖非法放贷的目的，买卖合同中双方确定的标的物价格是13672620元，租赁合同如果正常履行则租金总额是9192000元，而仲利公司依据买卖合同实际向昌盛公司支付的价款是7212360元，两份合同如果履行完毕，仲利公司付出的只有7212360元，得到的是价值13672620元的标的物和9192000元的租金。实际上是仲利公司不具有提供经营性贷款的资质，用买卖和租赁的合法形式虚构了买卖租赁合同，掩盖民间借贷的非法目的，所以仲利公司与昌盛公司签订的买卖合同和租赁合同是无效的。因合同无效，按照相关规定，本案应该按照实际的借贷法律关系处理。

昌盛公司已向仲利公司归还了部分借款。买卖合同根本没有履行，租赁合同也没有成立，机器货款仲利公司也没有给付，所以仲利公司不能享有买卖合同上标的物的权利。根据双方签订的租赁合同的最后一条，昌盛公司有优先购买权，优先购买权的价格是零元。所以双方签订的租赁合同和买卖合同都是为了掩盖非法放贷的目的。

仲利公司观点：仲利公司以融资租赁方式出租并交付租赁标的物予昌盛公司使用，《租赁合同》《买卖合同》及《租赁物交付与验收证明书》表明双方成立融资租赁合同关系。双方合同履行期间，昌盛公司自 2014 年 1 月 2 日起即出现迟延支付的违约情形，经仲利公司多次催收，目前仍拖欠到期租金未付。嗣后仲利公司现场查看得知，昌盛公司经营十分困难，置仲利公司的租金权利于非常危险之处境，其上述违约行为已严重侵害了仲利公司的合法权益。

法院观点

一审法院观点：

第一，根据仲利公司与昌盛公司签订的《买卖合同》及《租赁合同》的内容，昌盛公司将其所有的设备转让给仲利公司，再从仲利公司处租回设备使用，并按期向仲利公司支付租金，以实现融资的目的，以上权利义务内容符合融资租赁合同的特征。虽昌盛公司主张双方实为借贷法律关系，但其提供的证据并不足以证实其主张，仲利公司与昌盛公司之间应确定为融资租赁法律关系。仲利公司具备从事融资租赁相关业务的行业许可，且上述合同系双方当事人真实意思表示，未违反法律法规的强制性规定，应认定为合法有效。

第二，合同签订后，仲利公司依约履行了购买并向昌盛公司交付租赁物的义务，但昌盛公司仍欠付租金，其行为已构成违约。仲利公司据此行使合同解除权，符合双方《租赁合同》的约定及相关法律规定。仲利公司起诉后，一审法院向昌盛公司送达了起诉状，亦可视为仲利公司对昌盛公司进行了催告，昌盛公司自催告后仍未足额支付全部已到期租金，仲利公司现请求解除与昌盛公司签订的《租赁合同》，并要求昌盛公司返还《租赁合同》项下租赁物、支付已到期租金，于法有据，予以支持。

第三，关于仲利公司主张的逾期利息及违约金，违约金在本质上具有补偿性，违约责任的范围也应以实际损失为限，仲利公司一并主张逾期利息和违约金，该两项之和明显高于仲利公司实际所遭受的损失，综合考虑合同的履行情况及守约方可得利益等因素，仲利公司主张的逾期利息足以弥补其因昌盛公司逾期履行支付租金义务所遭受的损失。故，对仲利公司诉请的违约金部分不予支持。

第四，关于仲利公司主张的自《租赁合同》解除之日起至昌盛公司实际返还租赁物期间的租赁物占有使用费，因该项主张没有法律依据，亦未有合同约定，一审法院不予支持。

第五，白某、孙某、张某向仲利公司出具保证书，承诺就《租赁合同》项下昌盛公司对仲利公司所负债务承担连带保证责任，仲利公司要求保证人承担连带保证责任，于法有据，一审法院予以支持。

综上，一审法院判决如下：一、确认仲利公司与昌盛公司签订的《租赁合同》解除；二、被告昌盛公司返还仲利公司《租赁合同》项下租赁物；三、被告昌盛公司偿付仲利公司已到期租金；四、被告昌盛公司支付仲利公司逾期利息；五、被告白某、孙某、张某对上述第三、四项金钱给付义务承担连带偿付责任，代偿后，有权就各自已承担部分向被告昌盛公司追偿；六、驳回仲利公司其他诉讼请求。

二审法院观点：

第一，仲利公司与昌盛公司签订的《买卖合同》及《租赁合同》系双方真实意思表示，并不违反法律法规的强制性规定，合法有效，双方当事人均应依照合同内容履行。两份合同内容显示，昌盛公司将其所有的设备转让给仲利公司，再从仲利公司处租回设备使用，并按期向仲利公司支付租金，以实现融资的目的，以上权利义务内容符合融资租赁合同的特征，虽昌盛公司主张双方实为借贷法律关系，但未能提供足以证明其主张的证据，本案中仲利公司亦具备从事融资租赁相关业务的行业许可，故昌盛公司与仲利公司之间成立融资租赁法律关系。

第二，合同签订后，仲利公司依约履行了购买并向昌盛公司交付租赁物的义务，昌盛公司应按照合同约定的方式按期支付租金，欠付租金的行为已构成违约，经仲利公司多次催收，其仍未按约支付已到期租金，仲利公司据此行使合同解除权，符合双方《租赁合同》的约定及相关法律规定，因此一审法院确定《租赁合同》于 2015 年 3 月 24 日解除并无不当，予以维持。

第三，关于违约，租赁合同中载明："承租人如未依约清偿、发生票据退票情事或财务状况实质上发生恶化，或有其他情形，出租人得终止租赁合同、请求返还租赁物，承租人并应无条件立即付清全部租金（包括未届期）、损害赔偿及其他费用。”根据以上合同约定，仲利公司诉讼请求上诉人返还诉争租赁合同项下的租赁物、支付租赁合同解除前之全部已到期租金及未付租金的逾期利息具有事实和法律依据，原一审法院据此判决昌盛公司返还租赁合同项下的租赁物、偿付仲利公司已到期租金以及支付仲利公司逾期利息并无不当。

综上，二审法院认定一审判决认定事实清楚、适用法律正确，应予维持。上诉人的上诉请求缺乏事实和法律依据，不予支持，驳回上诉，维持原判。

法官评析

法律关系就是法律规范在调整社会关系的过程中形成的人们之间的权利义务关系。本案主要涉及融资租赁法律关系的认定和售后回租模式的合法性问题。

1. 融资租赁法律关系的特征和认定

《民法典》第735条规定：“融资租赁合同是出租人根据承租人对出卖人、租赁物的选择，向出卖人购买租赁物，提供给承租人使用，承租人支付租金的合同。”法院在认定当事人之间是否构成融资租赁法律关系时，一般从以下三个方面来进行判断：

（1）当事人之间的合同权利义务是否符合《民法典》第735条的规定

融资租赁合同兼具融资与融物的双重属性，《民法典》第735条规定了融资租赁法律关系中各方的主要权利义务。融资租赁交易的法律形式一般涉及三方主体，在直租式融资租赁业务中，涉及的主体分别为出卖人、出租人、承租人；而在售后回租式融资租赁业务中，由于承租人和出卖人为同一主体，因此涉及的主体分别为出租人和承租人。但无论是何种业务模式，融资租赁法律关系中均包含两个合同：一是出卖人与出租人之间的买卖合同，二是出租人与承租人之间的融资租赁合同。两种合同相结合才构成广义的融资租赁法律关系。

（2）标的物是否适格

标的物是否适格系认定融资租赁法律关系是否成立的重要考量因素。对于标的物选取的范围，我国虽未制定专门的融资租赁法，但融资租赁行业监管部门对此作出了一定限制。其中，银监会颁布的《金融租赁公司管理办法》第4条规定，“适用于融资租赁交易的租赁物为固定资产”；商务部颁布的《外商投资租赁业管理办法》第6条规定，“本办法所称租赁财产包括：（一）

生产设备、通信设备、医疗设备、科研设备、检验检测设备、工程机械设备、办公设备等各类动产；（二）飞机、汽车、船舶等各类交通工具；（三）本条（一）、（二）项所述动产和交通工具附带的软件、技术等无形资产，但附带的无形资产价值不得超过租赁财产价值的二分之一”。虽然上述部门规章对标的物选取范围的规定不尽相同，但作为融资租赁合同的标的物，须符合一定的基本特征，即标的物需是确定的、独立的、可转让的、非消耗的有体物。若当事人选择的标的物不符合前述标准，则有可能被法院认定为不构成融资租赁合同关系。

（3）标的物的价值、租金的构成是否合理

如法院认定标的物的价值明显低于融资租赁的融资金额（标的物本身价值极低），抑或是约定的租金明显高于标的物价值（标的物具有一定价值，但租金的构成明显超出正常范围），那么整个交易就有可能被法院认定为仅有融物之名，并无融物之实，从而否定双方之间存在融资租赁法律关系。

2. 不构成融资租赁合同关系时合同效力的认定

《融资租赁合同司法解释》第1条第2款规定：“对名为融资租赁合同，但实际不构成融资租赁法律关系的，人民法院应按照其实际构成的法律关系处理。”根据该条规定，对于不构成融资租赁法律关系的合同，不应当然地将该合同认定为无效合同。合同性质的变更不应影响合同的效力，对于名为融资租赁，实为其他法律关系的合同，应按照实际构成的合同类型（如借款合同、租赁合同、分期付款买卖合同等）确定当事人之间的权利义务关系。

在司法实践中，最为常见的是名为融资租赁，实为借款的合同。相比较而言，融资租赁合同具有融资与融物相结合的特征，而借款合同仅有融资的特性。在名为融资租赁的合同丧失了融物特征后，即存在无实际标的物、标的物不适格、标的物低值高估等情形时，仅具有融资属性的融资租赁合同与借款合同具有较高的相似度，因此在很多情况下，不构成融资租赁法律关系的合同可能会被认定为借款合同关系。

而对于法律性质发生改变的该类合同，其合同中约定的条款效力如何认定，目前在司法上并无统一的判定标准。在实务中，被认定为借款法律关系的融资租赁合同多采用售后回租的业务模式，因此笔者认为，应结合我国现有法律规定和合同约定确定借款法律关系中的各项内容。

3. 售后回租模式的合法性

按照《民法典》第735条的规定，主体典型的融资租赁模式存在三方主体，即出卖人、出租人（买受人）、承租人。但是，当融资租赁的出卖人与承租人主体合二为一之时，就出现了回租式融资租赁合同，即售后回租的情形。售后回租是指承租人将自制或外购的资产即自有资产出售给出租人，然后向买方租回使用，同时向出租人支付租金的融资租赁模式。这种方式可以使得承租人迅速收回租赁物的资金，加速资金周转，缓解资金压力。立法虽并未明确禁止承租人与出卖人同一的情形，但理论界曾对此存在争议。有观点认为，售后回租合同在法律关系的性质上属于抵押贷款，而不构成融资租赁合同关系，并在此前提下，认定此类合同无效。司法实践中也有将售后回租视为以合法形式掩盖的非法借贷、变相抵（质）押贷款、附让与担保机制的借贷的情形。《融资租赁合同司法解释》第2条规定："承租人将其自有物出卖给出租人，再通过融资租赁合同将租赁物从出租人处租回的，人民法院不应仅以承租人和出卖人系同一人为由认定不构成融资租赁法律关系。"这条规定消除了长期以来在理论和司法实践中存在的争议，明确了融资租赁售后回租模式的合法性。

二、回租式融资租赁合同的租赁物无法特定化时，合同性质如何认定

——兴业公司与浩博公司等融资租赁合同纠纷案①

关 键 词： 回租式融资租赁合同　借款合同　租赁物特定化　所有权转移

问题提出： 回租式融资租赁合同的租赁物无法特定化时，合同性质是融资租赁合同还是借款合同？

裁判要旨： 租赁物客观存在且所有权由承租人转移给出租人，系回租式融资租赁合同区别于借款合同的重要特征。当在案证据不足以使租赁物明确化、特定化，无法证明租赁物真实存在时，应认定没有确定的、客观存在的租赁物，亦不存在租赁物的所有权转移。合同性质应认定为借款合同而非融资租赁合同。

① 一审法院为天津市高级人民法院，案号：（2014）津高民二初字第0011号；二审法院为最高人民法院，案号：（2016）最高法民终286号。

案情简介

上诉人（一审被告）：浩博公司

上诉人（一审被告）：联盛公司

被上诉人（一审原告）：兴业公司

被上诉人（一审被告）：大土河公司

被上诉人（一审被告）：邢某某

被上诉人（一审被告）：李某某

2011 年 6 月 20 日，兴业公司与浩博公司、联盛公司签订《融资租赁合同》，约定乙方（浩博公司）将其拥有真实所有权并有处分权的租赁物转让给甲方（兴业公司），再由甲方（兴业公司）将租赁物出租给乙方（浩博公司）和丙方（联盛公司）使用，甲方支付租赁物转让款后，依法取得租赁物所有权，租赁期限内由承租人占有和保管租赁物；乙方须在合同签订当日向甲方提交租赁物所有权凭证原件、租赁物购货合同、销售发票原件、租赁物保险凭证原件（若有）以及甲方认为证明乙方拥有租赁物完整所有权所需的其他必要文件、资料；甲方在检查完毕上述材料后，留存租赁物所有权凭证原件、乙方加盖公章的租赁物购货合同、销售发票及其他材料的复印件；租赁物的转让价款为 300000000 元整，租赁期限为三年；租金以租赁成本和租赁利率为基础计算，由租赁成本与租赁利息构成，租赁利息按中国人民银行公布的人民币一至三年期贷款基准利率上浮 20%；租赁期限内，如遇中国人民银行公布的一至三年期贷款基准利率调整时，甲方将按照新公布的利率上浮 20% 重新确定租赁利率；承租人应向甲方支付租赁手续费 9000000 元、租赁保证金 30000000 元。

同日，兴业公司与邢某某签订《保证合同》。2011 年 6 月 24 日，兴业公司与大土河公司签订《保证合同》，约定大土河公司、邢某某为上述《融资租赁合同》项下承租人的全部债务提供不可撤销的连带保证责任，李某某作为邢某某的配偶在《保证合同》中确认同意邢某某在保证合同下作出的所有承诺与保证，并严格履行保证合同下保证人邢某某所负的全部义务。

2011 年 7 月 7 日、2012 年 6 月 8 日、2012 年 7 月 6 日，中国人民银行三次调整人民币贷款利率，兴业公司按照合同约定调整了租赁利率并计算了租金金额，承租人对此进行了确认。

涉案《融资租赁合同》所附的《所有权转移证书》虽载明涉案合同项下

的租赁物所有权转移给兴业公司，但并未载明租赁物的具体名称、型号。浩博公司2010年的资产负债表及2009年、2012年的审计报告也未载明租赁物的名称及型号；柳经贸字〔2009〕27号、晋经能源字〔2007〕429号、晋环函〔2007〕年793号、吕水行审字〔2009〕20号文件批复系对相关项目的审批而并未涉及租赁物的名称及型号。兴业公司提交的证据未能证明特定租赁物实际存在。

兴业公司起诉请求：1. 浩博公司、联盛公司向兴业公司支付到期未付租金112734901.2元；2. 浩博公司、联盛公司向兴业公司支付自2013年9月18日起（后明确第9期租金支付时间自2013年9月20日起算）至实际支付租金之日止，因未支付到期租金产生的违约金；3. 大土河公司、邢某某、李某某对上述第1、2项给付义务承担连带给付责任；4. 浩博公司、联盛公司不支付上述第1、2项款项时，浩博公司、联盛公司协助兴业公司对租赁物进行处理，处理所得价款用于支付上述第1、2项款项；5. 本案诉讼费由浩博公司、联盛公司、大土河公司、邢某某、李某某依法承担。

各方观点

兴业公司观点：涉案《融资租赁合同》属于回租式融资租赁合同，浩博公司应当提供拥有所有权的租赁物进行融资租赁交易。浩博公司已在合同中承诺、保证并确认在转让前租赁物真实存在，并将所有权转让给兴业公司。涉案《融资租赁合同》附件一《租赁物清单》列明的租赁物清晰、明确、可识别，足以与浩博公司的其他资产相区分，不会与其他设备混同。浩博公司、联盛公司此前亦认可涉案租赁物真实存在。据此，涉案《融资租赁合同》项下租赁物真实存在，兴业公司、浩博公司、联盛公司之间存在合法有效的融资租赁法律关系。

浩博公司、联盛公司观点：第一，涉案《融资租赁合同》性质系借款合同而非融资租赁合同。本案虽有租赁物，但租赁物价值就是租金本身，合同约定租金体现的不是租赁物购买价值及出租人的出租成本的利润，而是承租人借用资金的利息成本。第二，涉案《融资租赁合同》违反禁止企业间互相借贷的规定，属于《合同法》第52条[①]第5项规定的情形，应当认定合同无效。合同无效应返还、赔偿并追缴本金。

① 对应《民法典》总则编第六章第三节的规定。

大土河公司观点：涉案《融资租赁合同》性质为借款合同，借款金额应当以实际收取的261000000元为准，并以此为基数确定利息及违约金。

邢某某、李某某未发表观点。

法院观点

一审法院观点：

案涉《融资租赁合同》系各方当事人真实意思表示，且约定的内容并不违反有关融资租赁合同的相关法律、行政法规的强制性规定，合法有效，各方当事人均应依约履行。合同签订后，兴业公司依约履行了合同义务，浩博公司、联盛公司欠付到期租金显属违约。兴业公司依合同约定，按照浩博公司、联盛公司确认的租金调整通知书上的租金数额主张相应欠付租金应予支持。各一审被告抗辩主张到期租金数额应扣除租赁保证金，因《融资租赁合同》中已明确约定租赁保证金的冲抵顺序，故各一审被告主张保证金只应冲抵到期租金，一审法院不予支持。因本案兴业公司仅主张违约金与租金，故保证金应按先违约金后租金的顺序予以扣除。双方签订的《融资租赁合同》约定，若承租人未按合同约定支付到期应付租金、租赁保证金等款项，承租人应就逾期未付款项向兴业公司支付违约金，直至全部付清之日止。兴业公司依该约定主张浩博公司、联盛公司支付相应违约金，符合合同约定，一审法院予以支持。《企业破产法》第46条规定，未到期的债权，在破产申请受理时视为到期。附利息的债权自破产申请受理时起停止计息。因山西省吕梁市中级人民法院已于2015年3月6日裁定受理相关债权人对浩博公司、联盛公司的重整申请，故浩博公司、联盛公司给付违约金的期限应为各期租金付款日届满次日至2015年3月6日。

关于各保证人承担保证责任问题。本案所涉两份《保证合同》均系签订合同各方当事人真实意思表示，内容不违反相关法律、行政法规的强制性规定，合法有效，各方当事人均应依约履行。《保证合同》约定，大土河公司、邢某某的保证责任范围为融资租赁合同项下兴业公司对承租人享有的全部债权，包括但不限于承租人按照合同应向兴业公司支付的全部租金、约定损失赔偿金、租赁手续费、租赁保证金、留购价款、违约金、损害赔偿金等全部款项，以及兴业公司为实现债权而支付的各项费用，保证方式为连带保证责任。李某某作为《保证合同》的共同义务人，承诺履行《保证合同》下保证人邢某某所负的全部义务，亦应对上述《融资租赁合同》项下承租人的全部债务承担连带保证责任。基于上述约定，大土河公司、邢某某、李某某应当对浩博公司及联盛公司因履行《融资租赁合同》所负债务承担连带保证责任。大土河公司、邢某某、李某某在承担保证责任后，有权向浩博公司和联盛公司追偿。

关于兴业公司主张浩博公司、联盛公司不支付诉请第一、二项款项时，应协助兴业公司处理租赁物，所得价款优先受偿的诉讼请求。一审法院认为，兴业公司的该项诉请实为要求收回租赁物，与其给付全部租金的主张相矛盾，故对兴业公司的该项诉讼请求，一审法院不予支持。

一审法院判决：一、浩博公司、联盛公司于判决生效之日起十日内给付兴业公司到期未付租金 112734901.2 元及违约金（以 28183725.3 元为基数，分别自 2013 年 9 月 21 日、2013 年 12 月 21 日、2014 年 3 月 21 日、2014 年 6 月 29 日始，至 2015 年 3 月 6 日止按日万分之五计算），前述给付事项，应扣除已付保证金 30000000 元，扣除顺序为违约金、租金；二、大土河公司、邢某某、李某某对上述给付义务承担连带给付责任；三、驳回兴业公司的其他诉讼请求。

浩博公司、联盛公司不服一审判决，提出上诉：1. 撤销一审判决；2. 改判驳回兴业公司主张租金中 39000000 元及全部违约金的诉讼请求或将案件发回重审；3. 案件受理费由兴业公司、大土河公司、邢某某、李某某负担。

二审法院观点：

本案争议焦点是：一、涉案《融资租赁合同》的性质及效力；二、还款金额的计算及数额。

争议焦点一：租赁物客观存在且所有权由出卖人转移给出租人系融资租赁合同区别于借款合同的重要特征。没有确定的、客观存在的租赁物，亦无租赁物的所有权转移，仅有资金的融通，不构成融资租赁合同关系。兴业公司与浩博公司、联盛公司签订的《融资租赁合同》，虽名为“融资租赁合同”，并就租赁物及租金等问题作出了明确约定，且附有《租赁物所有权转移证书》《租赁物清单》，但《租赁物所有权转移证书》仅载明了租赁物所有权转移而未载明具体的租赁物名称及型号，《租赁物清单》仅列明了租赁物的供货商、租赁物名称、入账金额、入账时间、已提折旧及账面净值。入账金额、时间、折旧、账面净值系财务记账方式，供货商及设备名称尚不足以使得租赁物特定化。该合同第 3 条“租赁物的购买与交付”第 2 款约定，浩博公司须在合同签订当日向甲方提交租赁物所有权凭证原件、租赁物购货合同、销售发票原件、租赁物保险凭证原件（若有）以及兴业公司认为证明浩博公司拥有租赁物完整所有权所需的其他必要文件、资料；兴业公司在检查完毕上述材料后，留存租赁物所有权凭证原件、浩博公司加盖公章的租赁物购货合同、销售发票及其他材料的复印件。根据该条约定，兴业公司亦可通过提供上述书面文件，证明合同所约定的租赁物真实存在，并转移所有权。但兴业公司在本案诉讼期间未提交上述书面文件，也未提供兴业公司取得租赁物所有权时对租赁物进行过实物检视、租赁物的现状及存放地点以及其他能够证明特定租赁物真实存在的证据。仅凭《租赁物所有权转移证书》《租赁物清单》尚不足以证明存在能与《租赁物清单》所列租赁物一一对应的特定租赁物，也不足以证明涉案《融资租赁合同》履行过程中存在租赁物的所有权转移，故现有证据不足以认定三方当事人之间系融资租赁合同关系。因现有证据仅能证明涉案当事人之间有资金的出借与返还关系，而不足以证明存在实际的租赁物并转移了租赁物的所有权，故应认定兴业公司与浩博公司、联盛公司之间系借款合同关系而非融资租赁合同关系。

争议焦点二：兴业公司主张涉案《融资租赁合同》的租赁成本为300000000 元，合同第 7 条亦约定浩博公司、联盛公司应当向兴业公司支付9000000 元租赁手续费，并由兴业公司扣收 30000000 元租赁保证金，但兴业公司并未提供有效证据证明其在履行过程中办理了相应的“租赁”手续且产生了相应的 9000000 元手续费；30000000 元保证金亦已由兴业公司在支付全部款项时预先扣除，实际发生的借款金额为 261000000 元而非 300000000 元，故浩博公司、联盛公司与兴业公司之间的借款本金应当认定为 261000000 元。

涉案《融资租赁合同》有关计息标准的约定不违反法律、行政法规的强制性规定，可以作为案涉借款利息计算的依据。浩博公司、联盛公司所借本金为 261000000 元，截至 2013 年 9 月 20 日应付利息为 45206505 元，扣除各方一致确认浩博公司、联盛公司已还款 226070116. 08 元。截至 2013 年 9 月 20 日，浩博公司、联盛公司尚欠兴业公司本金 80136388. 92 元。

浩博公司、联盛公司未按照《融资租赁合同》的约定于 2013 年 9 月 20 日支付第 9 期款项，构成违约，故浩博公司、联盛公司应自 2013 年 9 月 21 日起，按日万分之五的标准承担逾期付款的违约金。兴业公司所主张的欠付款项不仅包括欠付本金，也包括欠付利息，且其在一审诉请中同时主张了违约金。依照《民间借贷司法解释》第 30 条规定，兴业公司同时主张利息和违约金，应当以年利率24%为限，超过部分，二审法院不予支持。[①]

二审法院判决：一、撤销一审判决；二、浩博公司、联盛公司于判决生效之日起十日内给付兴业公司欠付本金80136388.92元、利息及违约金（以80136388.92元为本金，以中国人民银行公布的同期人民币一至三年期贷款基准利率上浮20%计息，按照等额本息法，分别自2013年9月21日、2013年12月21日、2014年3月21日、2014年6月29日始，至2015年3月6日止，确定每期欠付本息，并就逾期未付款项按日万分之五的标准计付违约金，利息及违约金的总额以年利率24%为限）；三、大土河公司、邢某某、李某某对浩博公司、联盛公司的上述第二项给付义务承担连带给付责任，大土河公司、邢某某、李某某承担保证责任后，有权向浩博公司、联盛公司追偿；四、驳回兴业公司的其他诉讼请求。

法官评析

融资租赁是目前国际上最为普遍、最为基本的非银行金融形式，系出租人根据承租人对租赁物件的特定要求和对供货人的选择，出资向供货人购买租赁物件并租给承租人使用，承租人分期向出租人支付租金，在租赁期内租赁物件的所有权属于出租人所有，承租人拥有租赁物件的使用权。由此可见，融资租赁是一种集融资与融物于一体的综合性交易，融资是承租人的目的，融物是出租人债权的保障。除传统的直租式融资租赁合同外，目前更为普遍、通行的融资租赁形式是回租式融资租赁合同，指承租人将自己所有的物件卖给出租人，同时与出租人签订一份融资租赁合同，再将该物件租回使用的一种租赁形式，其中出卖人同时是承租人，买受人同时是出租人。与直租式融资租赁合同相比，回租式融资租赁合同具有以下特点：(1) 买卖合同的出卖人与租赁合同的承租人系同一人；(2) 租赁物为承租人的自有物；(3) 租赁物交付多采取占有改定的方式。基于回租式融资租赁合同租赁物及交付方式的特殊性，现实交易中，存在当事人名义上订立回租式融资租赁合同，实质履行借款合同，以规避相关法律规定的情形，主要包括：(1) 没有真实的租赁物；(2) 以特殊标的物作为租赁物；(3) 对租赁物低值高买、租赁物上设

---

① 根据《最高人民法院关于修改〈最高人民法院关于在民事审判工作中适用《中华人民共和国工会法》若干问题的解释〉等二十七件民事类司法解释的决定》，《民间借贷司法解释》对此作了修正，其第28条第1款规定，借贷双方对逾期利率有约定的，从其约定，但是以不超过合同成立时一年期贷款市场报价利率四倍为限。下略。

有权利负担。出现上述情形，将会对融资租赁合同法律关系的认定及合同效力、法律后果产生不同程度的影响。因此，准确甄别合同性质，成为审理融资租赁合同纠纷的首要问题。

1. 回租式融资租赁合同与借款合同的区别

（1）回租式融资租赁合同与普通借款合同的区别。回租式融资租赁合同有真实的租赁物；租赁物所有权由承租人转移至出租人；存在买卖合同、租赁合同两个合同关系，出租人、承租人、出卖人三方主体，其中出卖人与承租人系同一主体。普通借款合同无真实的租赁物，仅有货币的转移交付，无租赁物所有权转移；存在借款合同一个合同关系，借款人、出借人两方主体。

（2）回租式融资租赁合同与抵押借款合同的区别。回租式融资租赁合同出租人拥有对租赁物的所有权；承租人通过融资租赁形式实现对物的占有，其对物的占有、使用、收益基于承租人支付的租金及出租人对其物权的让渡；存在买卖合同、租赁合同两个合同关系。抵押借款合同的贷款人拥有对标的物的担保物权；借款人对物的占有是基于对物的所有权，其以自有物设置抵押，以保障债权实现及物的占有；存在借款合同、抵押合同两个合同关系。

通过以上分析可知，回租式融资租赁合同和借款合同的根本区别在于租赁物是否真实存在、租赁物所有权是否实际转移。

2. 回租式融资租赁合同的租赁物应当是真实存在的特定物

《融资租赁合同司法解释》第1条在坚持从权利义务关系角度对融资租赁作出认定的同时，将租赁物作为融资租赁合同关系认定的依据。租赁物作为认定依据的前提是租赁物真实存在并能够特定化。若租赁物无法特定化，缺乏明确的指向性，则无法证明该租赁物真实存在。此时，融资租赁合同就缺乏融物特征，不能成立融资租赁法律关系，而仅能成立借贷法律关系。

通说认为，融资租赁合同的标的物一般应为有体物。对于有明确权属登记机关的租赁物，根据登记情况与其他同类型有体物作出区分，进行特定化较为容易。对于无法登记的租赁物，将其特定化则较为困难。一般采取的方法是：（1）在融资租赁合同中，对租赁物予以明确约定，把租赁物的生产厂家、名称、型号、规格、数量、技术性能作为融资租赁的主要条款加以约定；（2）在买卖合同中，对出租人向承租人购买租赁物作出明确约定；（3）承租人向出租人出具租赁物所有权证明、购货凭证等证明租赁物真实存在的书面文件。

本案中，兴业公司与浩博公司、联盛公司签订的《融资租赁合同》附件

《租赁物所有权转移证书》未载明租赁物具体名称、型号，《租赁物清单》仅列明租赁物的供货商、租赁物名称。上述记载不足以证明租赁物系真实存在的特定物。

3. 回租式融资租赁合同的租赁物的所有权应归属于出租人

融资租赁合同兼具融资、融物的属性，融物以出租人享有租赁物的所有权为前提，租赁物实际上起到一种物权担保的功能，如承租人未依约履行支付租金的合同义务，出租人可以收回租赁物。判断融资租赁合同当事人之间是融资租赁关系还是借贷关系，不仅要看租赁物是否为真实存在的特定物，还要审查合同履行过程中是否真实发生了租赁物所有权的转移。对于有明确权属登记机关的租赁物，出租人、承租人之间签订的买卖合同不直接产生租赁物所有权转移的法律后果，应当通过办理租赁物所有权变更登记，证明租赁物的所有权已经由承租人转移至出租人名下。对于没有登记的租赁物，依照《民法典》物权编的规定应以占有为所有权公示方式。在回租式融资租赁模式中，租赁物始终由承租人占有，故占有无法证明所有权是否转移及所有权归属。此时，仅能依据租赁物是否真实存在、买卖合同约定租赁物是否与实际存在的租赁物一致、能够证明租赁物所有权的证明材料是否转移、承租人向出租人出具的租赁物受领凭证以及出租人与承租人实地勘验、办理租赁物交接手续的证明等，综合判断租赁物所有权是否实际转移。

本案中，兴业公司、浩博公司在《融资租赁合同》中明确约定浩博公司须在合同签订当日向甲方提交租赁物所有权凭证原件、租赁物购货合同、销售发票原件、租赁物保险凭证原件（若有），兴业公司在检查完毕上述材料后，留存租赁物所有权凭证原件、浩博公司加盖公章的租赁物购货合同、销售发票及其他材料的复印件。兴业公司未能提交上述书面文件，亦未能提供其取得租赁物所有权时对租赁物进行过实物检视、租赁物的现状及存放地点的证据，未能证明其所主张的租赁物已完成所有权转移手续。

4. 出租人负有证明租赁物真实存在、租赁物所有权转移的举证责任

从证明标准角度看，借款合同证明标准较低，仅需要证明资金融通即可成立；融资租赁合同证明标准较高，除需证明资金融通外，还需证明合同具备融资租赁特征和实际履行的融物性。借款合同中，借款人支付的利息除需符合合同约定外，还需符合国家规定的银行贷款利率范围。在融资租赁合同中，租金包括设备价款、融资利息、银行费用总成本的回收及手续费、保险费等出租人的经营费用及可得利润，租金一般高于同期银行贷款本息。故而，

当事人之间成立融资租赁合同关系而非借款合同关系，对出租人有利而对承租人不利。也鉴于此，在融资租赁合同纠纷发生后，出租人一般会主张成立融资租赁合同关系，承租人则会主张成立借款合同关系。根据“谁主张，谁举证”原则，出租人除证明资金融通外，还需证明合同具备融资租赁特征以及租赁物真实存在、租赁物所有权转移等事实。

5. 名为融资租赁合同实为借款合同的效力及法律后果

对于名为融资租赁法律关系，实为借贷法律关系或其他法律关系的，不应一律认定合同无效，而应当审查现行法律对实际构成的合同关系的效力有无特殊规定以及实际构成的合同关系是否构成合同无效情形。本案中，兴业公司与浩博公司、联盛公司三方之间签订的《融资租赁合同》实际构成的法律关系为借款合同关系，该法律关系是各方当事人真实意思表示，未违反借款合同专项法律、司法解释的禁止性规定，亦不具备合同无效情形，监管部门亦未对此类业务作出无效或禁止的监管要求，故三方实际构成的借款合同关系应认定为有效，并可作为确定各方权利义务的依据。

当事人之间实际构成借款合同关系，应依照《民法典》合同编借款合同一章及《民间借贷司法解释》相关规定处理，产生如下法律后果：（1）在融资租赁合同关系中，出租人享有租赁物所有权，出租人收取租赁费用拥有所有权作为保障；被认定为借款合同关系之后，出租人的所有权保障消除，出租人无权取回租赁物。（2）在融资租赁合同关系中，出租人可以向承租人收取租金、保证金、手续费等费用；被认定为借款合同关系之后，出租人无权向承租人收取租金、保证金、服务费，仅能收取借款本金及利息，借款本金还应依据扣除保证金、服务费后的实际出借本金认定，利息、违约金等综合费率之和不能超过法律规定的标准。

6. 回租式融资租赁合同签订、履行过程中的风险防范

如前所述，融资租赁合同被认定为借款合同，将对出租人明显不利。因此，出租人应注意以下几方面风险防范，避免因租赁物无法特定化而使合同性质被认定为借款合同：

（1）在融资租赁合同订立过程中，出租人应对租赁物尽可能地作出详细约定，不仅约定租赁物的种类、型号，还应对租赁物的特定化标识进行约定（如汽车的车架号、房屋的产权证号、机械设备的铭牌号都属于独一无二的特定标识），将租赁物与其他种类物明确地区分开来，以证实租赁物真实、特定存在。

（2）在融资租赁合同履行过程中，出租人应担负起更多的注意义务。在

回租式融资租赁合同模式下，不能简单地只作书面交付而忽视实际勘验和交接，最好进行交接手续的全程录像。

（3）为避免融资租赁交接和资金发放过程中产生的纠纷，在回租式融资租赁合同模式下，可以将付款条件约定为双方验收确认无误后，方可发放融资款项。

三、售后回租的房屋未办理所有权转移登记，是否构成融资租赁法律关系

——渤海租赁公司与五洋集团等融资租赁合同纠纷案[①]

关 键 词：抵押登记　转移登记　融物

问题提出：承租人将其自有房产出售给出租人并回租，但未办理所有权转移登记手续的，是否构成融资租赁法律关系？

裁判要旨：融资租赁交易应具有融资和融物的双重属性，因渤海租赁公司与五洋集团签订的《融资租赁合同》和《资产转让合同》约定的租赁物所有权并未转移至渤海租赁公司名下，该类融资不具备融资租赁法律关系的双重属性，依照《融资租赁合同司法解释》第1条之规定，双方系借贷法律关系。

案情简介

上诉人（一审被告）：五洋集团

上诉人（一审被告）：丁某

被上诉人（一审原告）：渤海租赁公司

一审被告：五洋酒店公司

2016年10月18日，渤海租赁公司与五洋集团签订多份合同，包括《资产转让合同》《融资租赁合同》《房产抵押合同》以及两份《融资租赁合同补充协议》《租赁服务协议》。

其中，《资产转让合同》约定，五洋集团将其位于浙江省杭州市清波街的

① 一审法院为天津市高级人民法院，案号：（2017）津民初60号；二审法院为最高人民法院，案号：（2018）最高法民终192号。

国有土地使用权、两处房产以6亿元的价格转让给渤海租赁公司，于6个月内完成产权变更登记。未按时完成变更登记的，须向渤海租赁公司一次性支付违约金，金额相当于未过户租赁物价值的5%。

《融资租赁合同》约定采用售后回租的方式开展融资租赁合作，租赁物及价款均同于《资产转让合同》，租赁利率为中国人民银行五年期贷款基准利率加2.45%即7.2%，并实行浮动利率。如果五洋集团未按合同约定向渤海租赁公司支付约定款项，应当就逾期金额按日万分之五的标准支付迟延利息。五洋集团未按期、足额向渤海租赁公司支付约定款项即视为根本违约，渤海租赁公司有权追索合同项下应付的所有到期款项，提前终止本合同，渤海租赁公司因实现权利产生的所有费用由五洋集团承担，并有权要求五洋集团赔偿因违约造成的全部损失和费用。

《房产抵押合同》约定，五洋集团将租赁物抵押给渤海租赁公司，作为《融资租赁合同》项下的全部债务的担保（双方于2016年11月1日办理了抵押登记）。两份《融资租赁合同补充协议》约定五洋集团向渤海租赁公司分别支付3000万元、2800万元作为保证金。《租赁服务协议》约定五洋集团向渤海租赁公司一次性支付租赁服务费2000万元（2016年11月7日，五洋集团确认租赁服务费一经支付，渤海租赁公司在任何情况下均无需返还）。

为担保《融资租赁合同》项下的债权，渤海租赁公司又先后设定了数个担保，分别是：

2016年10月18日，渤海租赁公司与五洋酒店公司签订《应收账款质押合同》，五洋酒店公司将其全部日常经营收入的应收账款质押给渤海租赁公司，双方于2016年11月11日办理了应收账款质押登记。

2016年11月4日，渤海租赁公司分别与五洋集团、丁某签订《股权质押合同》，五洋集团、丁某将其分别持有的五洋酒店公司3%和97%的股权及其派生权益质押给渤海租赁公司。两份《股权质押合同》均约定，如果五洋集团未按主合同的约定支付款项，渤海租赁公司有权立即行使质权，质押人需向渤海租赁公司支付主合同项下已支付的租赁物转让价款的5%的违约金。2016年11月18日，五洋集团、丁某分别就其持有的上述股权办理了质押登记。

2016年11月7日至8日，渤海租赁公司分四笔向五洋集团支付了全部租赁物转让款，共计6亿元。2016年11月8日，五洋集团分两笔向渤海租赁公司支付保证金共计5800万元以及2000万元租赁服务费。渤海租赁公司于2016年11月10日出具的五洋集团予以确认的《租金支付表》显示：租赁本金6亿元，租金共分20期支付，第1～4期租金本金均为1500万元，租赁利息分别为1272万元、1041.3万元、1048.8万元、1021.2万元。其中，第1期租金的起息日为2016年11月7日、支付日为2017年2月15日；第2期租金的起息日为2017年2月21日、支付日为2017年5月17日；第3期租金的起息日为2017年5月21日、支付日为2017年8月16日。留购价款1元。

渤海租赁公司以五洋集团未履行融资租赁合同项下的义务为由向人民法院起诉，要求五洋集团承担违约责任、相关担保人承担担保责任，请求：1. 五洋集团向渤海租赁公司支付到期应付租前金103833000元，以及上述款项的迟延利息；2. 五洋集团向渤海租赁公司支付全部未到期租前金/租金644410000元、留购价款1元，以及上述款项的迟延利息；3. 五洋集团向渤海租赁公司支付渤海租赁公司为保护自身权利而产生的律师费、诉讼财产保全责任保险费等，暂计66万元，以实际发生数额为准；4. 判令渤海租赁公司对五洋集团名下位于浙江省杭州市清波街的国有土地使用权行使抵押权，渤海租赁公司对该等抵押物拍卖或变卖的价款在五洋集团欠付渤海租赁公司全部债务的范围内享有优先受偿权；5. 渤海租赁公司对五洋酒店公司的日常经营收入的全部应收账款行使质押权，渤海租赁公司对全部应收账款在五洋集团欠付渤海租赁公司全部债务的范围内享有优先受偿权；判令渤海租赁公司有权要求监管银行华夏银行杭州分行营业部从应收账款专用账户扣划《融资租赁合同》项下五洋集团对渤海租赁公司所欠全部款项，如果应收账款专用账户中的资金不足以清偿的，渤海租赁公司有权要求监管银行将此后一段时间内新增的资金直接划交渤海租赁公司，直至五洋集团的债务全部清偿为止；6. 渤海租赁公司对五洋集团持有的五洋酒店公司3%股权行使质押权，渤海租赁公司对该股权所拍卖或变卖的价款在五洋集团欠付渤海租赁公司全部债务的范围内享有优先受偿权；判令渤海租赁公司有权直接从保管账户扣取五洋集团尚未偿还的全部应付款项；判令五洋集团向渤海租赁公司支付违约金3000万元；7. 渤海租赁公司对丁某持有的五洋酒店公司97%股权行使质押权，渤海租赁公司对该股权的拍卖或变卖的价款在五洋集团欠付渤海租赁公司全部债务的范围内享有优先受偿权；判令渤海租赁公司有权直接从保管账户扣取五洋集团尚未偿还的全部应付款项。判令丁某向渤海租赁公司支付违约金3000万元；8. 判令五洋集团向渤海租赁公司支付因未履行《资产转让合同》项下租赁物过户义务而应支付的违约金3000万元；9. 五洋集团、丁某、五洋酒店公司承担本案全部案件受理费及保全费。

各方观点

五洋集团观点：一、撤销一审判决第一项，改判五洋集团偿还借款本金5.42亿元，并支付相应的利息和迟延利息；二、撤销一审判决第二项，改判五洋集团支付违约金1500万元；三、由渤海租赁公司承担一、二审的诉讼费用。主要事实和理由为：1. 对于《租金支付表》约定的前两期租金，一审判决除判令承担年利率7.2%的利息外，还判令承担迟延利息，属于重复计算利息。且一审判决参照《融资租赁合同》约定的迟延利率标准，认定迟延利息的利率为日万分之五，明显过高，应当将迟延利息的利率调整为合同约定年利率上浮50%。2. 因双方为借贷关系，《资产转让合同》无实际履行的必要，五洋集团不应承担《资产转让合同》约定的未履行产权过户义务的1500万元违约金。

丁某观点：丁某并非借贷关系的相对方，不应承担五洋集团未如约还款的违约责任，且一审法院未明确该责任的法律性质及丁某承担该责任后的权利主张。请求：1. 撤销一审判决第八项，驳回渤海租赁公司要求丁某支付违约金的诉讼请求；2. 由渤海租赁公司承担一、二审诉讼费用。

渤海租赁公司观点：一审判决认定事实清楚、适用法律正确，五洋集团、丁某的上诉请求不能成立，请求依法予以驳回。

法院观点

一审法院观点：

一、关于案涉《融资租赁合同》的性质及效力。融资租赁交易应具有融资和融物的双重属性，因渤海租赁公司与五洋集团签订的《融资租赁合同》和《资产转让合同》约定的租赁物所有权并未转移至渤海租赁公司名下，该类融资不具备融资租赁法律关系的双重属性，依照《融资租赁合同司法解释》第1条之规定，双方系借贷法律关系。因《资产转让合同》《融资租赁合同》不存在合同无效法定情形，两份合同均为有效。

二、关于五洋集团应向渤海租赁公司偿还款项的具体数额。因本案系借款合同关系，借款金额及还款本金应当按照借款合同关系确定。据此确定五洋集团与渤海租赁公司之间的借款本金为5.42亿元。

三、关于五洋集团、丁某是否应向渤海租赁公司支付合同约定的违约金问题。两份《股权质押合同》约定的违约金实质也是对五洋集团未如约还款作出的惩罚，法院对本案借款法律关系中过高的融资成本予以了调整，酌情将上述两笔违约金数额调整为1500万元。《资产转让合同》还约定，如果五洋集团未完成租赁物的产权变更登记，应向渤海租赁公司支付未过户部分租赁物的5%作为违约金，因租赁物完成产权变更登记并非一方的义务，需要双方配合才能完成，故将未完成租赁物过户的责任全部由五洋集团承担欠妥，法院对该笔违约金数额酌情调整为1500万元。

四、关于担保。本案《房产抵押合同》《应收账款质押合同》和《股权质押合同》均是各方当事人真实意思表示，不违反法律、行政法规的强制性规定，均为合法有效。《房产抵押合同》约定的担保物已办理抵押登记手续，渤海租赁公司对上述抵押物享有抵押权，有权以上述房地产折价或者以拍卖、变卖该抵押物所得的价款在合同约定的抵押担保范围内优先受偿。五洋酒店公司与渤海租赁公司按照《应收账款质押合同》的约定办理了应收账款质押登记，渤海租赁公司对依法登记的应收账款享有优先受偿权，可按照《应收账款质押合同》的约定，直接要求质押人五洋酒店公司承担担保责任。因《应收账款质押合同》约定的应收账款专用账户问题涉及案外人及《账户监管协议》，渤海租赁公司应另行解决。《股权质押合同》约定五洋集团和丁某分别以各自持有的五洋酒店公司3%和97%股权向渤海租赁公司提供质押担保，并办理了质押登记手续，渤海租赁公司依法对质押股权拍卖、变卖或折价处置后的所得价款享有优先受偿权。

渤海租赁公司与丁某签订的《股权质押合同》中并未对股权质押的实现方式作出约定，根据《物权法》的相关规定，渤海租赁公司应先就债务人五洋集团提供的物保实现债权后，才能要求丁某就本案的债务承担质押担保责任。关于《股权质押合同》中约定的保管账户问题，渤海租赁公司主张直接从保管账户扣取五洋集团尚未偿还的全部应付款项，因该账户系以渤海租赁公司名义开立，其无需要求法院支持其对自身账户中的款项进行扣取，如果该账户涉及案外人以及其他账户监管协议，可另行解决。

另外，关于渤海租赁公司主张的30万元诉讼财产保全责任保险费的问题，《融资租赁合同》第27.3条约定，因五洋集团违约，渤海租赁公司有权要求五洋集团赔偿全部损失和其他一切费用，因此渤海租赁公司主张五洋集团支付30万元保险费符合合同约定，一审法院予以支持。关于律师费的问题，渤海租赁公司未提交《委托代理合同》，其主张五洋集团支付36万元律师费证据不足，不予支持。

综上，一审法院判决：一、五洋集团于判决生效之日起10日内偿还渤海租赁公司借款本金5.42亿元，并支付相应的利息和迟延利息（利息的计算方式为：以5.42亿元为基数，年利率7.2%，自2016年11月9日起计算至2017年7月19日止；迟延利息由两部分构成：1. 分别以《租金支付表》前两期租金本金为基数，按照日万分之五标准，自当期租金本金支付之日始计算至借款实际清偿之日止；2. 以5.12亿元为基数，按照日万分之五标准，自2017年7月20日起计算至借款实际清偿之日止）；二、五洋集团于判决生效之日起10日内向渤海租赁公司支付违约金3000万元；三、五洋集团于判决生效之日起10日内赔偿渤海租赁公司诉讼财产保全保险费30万元；四、五洋集团以其所有的位于浙江省杭州市清波街109号的国有土地使用权就上述第一、二、三项给付事项承担抵押担保责任。渤海租赁公司就上述抵押物折价或者拍卖、变卖所得的价款在合同约定的范围内优先受偿；五、渤海租赁公司有权以五洋酒店公司享有的应收账款（日常经营收入）就上述第一、二、三项给付事项优先受偿，五洋酒店公司承担责任后，有权向五洋集团追偿；六、渤海租赁公司有权以五洋集团持有的五洋酒店公司3%股权折价或者拍卖、变卖该财产所得价款优先受偿；七、渤海租赁公司就五洋集团提供的物保未受清偿的债权，其有权以丁某持有的五洋酒店公司97%股权折价或者拍卖、变卖该财产所得价款优先受偿，丁某承担责任后，有权向五洋集团追偿；八、丁某于判决生效之日起10日内向渤海租赁公司支付违约金1500万元；九、驳回渤海租赁公司其他诉讼请求。案件受理费4246302元、保全费5000元，共计4251302元，由五洋集团、五洋酒店公司、丁某共同负担。

二审法院观点：

一、关于五洋集团应否承担《资产转让合同》项下未履行过户登记义务的违约责任问题。五洋集团与渤海租赁公司在同一天签订了《资产转让合同》与《房产抵押合同》。根据《资产转让合同》，渤海租赁公司将取得案涉土地的国有土地使用权以及相关房产的所有权。而根据《房产抵押合同》，则其仅能取得针对前述标的物的抵押权。针对同一标的物，渤海租赁公司不可能既取得所有权（或国有土地所有权），又取得抵押权。可见，前述两份合同相互冲突，不能并存，只能择其一而行使权利。从合同履行的情况看，双方实际办理的是标的物的抵押登记而非产权过户登记。此后，渤海租赁公司并未举证证明要求涂销抵押登记并要求办理产权过户手续，表明其已经放弃了要求五洋集团办理产权过户登记的权利。在此情况下，渤海租赁公司以五洋集团未履行产权过户手续请求其承担违约责任缺乏事实和法律依据，一审法院依据《资产转让合同》判决五洋集团承担违约责任确有不当，法院予以纠正。

二、关于丁某应否承担违约金责任问题。丁某在其与渤海租赁公司签订的《股权质押合同》中，除约定股权质押事宜外，还约定了违约金责任。鉴于《股权质押合同》系双方当事人真实意思表示，并未违反法律、行政法规的强制性规定，应当认定合法有效。在丁某未举证证明违约金条款存在无效或可撤销事由的情况下，对其关于不应承担违约金责任的请求，法院不予支持。

三、关于案涉借款是否存在重复计算利息以及利息是否过高的问题。本案中，渤海租赁公司已经向五洋集团支付了《融资租赁合同》项下的全部款项，五洋集团负有及时足额支付租金的义务。因五洋集团未及时足额支付租金，渤海租赁公司于第 3 期租金支付期限尚未届满的情况下就向法院提起本案诉讼。就案涉《融资租赁合同》项下的利息而言，要区别加速到期前第 1、2 期租金与加速到期后的租金，同时区分利息和迟延利息进行具体分析。具体来说：（1）关于第 1 期租金及利息。该期租金 1500 万元，起息日为 2016 年 11 月 7 日、支付日为 2017 年 2 月 15 日。五洋集团未及时支付该笔租金，自支付日的次日起构成迟延履行，应支付迟延利息。据此，该期应交纳的利息为：以 5.42 亿元为基数，按照年利率 7.2% 标准，从 2016 年 11 月 9 日起计付至 2017 年 2 月 14 日止；迟延利息为：以 1500 万元为基数，按照日万分之五标准，从 2017 年 2 月 16 日起计付至付清之日。（2）关于第 2 期租金及利息。同理，该期应交纳的利息为：扣除第 1 期租金本金，以 5.27 亿元为基数，按照年利率 7.2% 标准，从 2017 年 2 月 15 日起计付至 2017 年 5 月 16 日；迟延利息为：以 1500 万元为基数，按照日万分之五标准，从 2017 年 5 月 18 日起计付至付清之日。（3）关于剩余未付租金及利息。鉴于五洋集团未及时支付前两期租金及利息，已构成根本违约，渤海租赁公司以诉讼方式请求五洋集团支付所有未到期租金及其利息符合约定。五洋集团于 2017 年 7 月 19 日收到起诉状副本，一审法院将该日作为全部租金提前到期日，双方对此并无争议，法院予以确认。据此，2017 年 5 月 17 日至 2017 年 7 月 19 日，五洋集团应以 5.12 亿元为基数按照年利率 7.2% 标准支付利息，但 2017 年 7 月 20 日之后，则需要以 5.12 亿元为基数按日万分之五标准支付迟延利息。可见，在全部租金加速到期前，对第 1 期、第 2 期以及加速到期前的其他租金，应分阶段根据不同标准计算利息。一审法院一概以 5.42 亿元为基数计算利息，导致多计算了部分计息，有欠妥当，二审法院予以纠正。五洋集团主张按照《中国人民银行关于人民币贷款利率有关问题的通知》（银发〔2003〕251号）中关于逾期借款利率的规定，将迟延利率调整为以约定年利率为基础上浮50%，鉴于该项主张与合同约定不符，法院不予支持。

综上，五洋集团的上诉请求部分成立，丁某的上诉请求不能成立，一审判决认定部分事实错误，裁判结果部分不当，应予纠正。二审法院判决：一、维持一审判决第三项、第四项、第五项、第六项、第七项、第八项、第九项；二、维持一审判决第一项中关于本金和迟延利息部分，将该项有关利息的计算方式变更为：1. 以5.42亿元为基数，按照年利率7.2%标准，自2016年11月9日起计算至2017年2月14日止；2. 以5.27亿元为基数，按照年利率7.2%标准，自2017年2月15日起计算至2017年7月19日止；3. 以5.12亿元为基数，年利率7.2%，自2017年5月17日起计算至2017年7月19日止；三、将一审判决第二项变更为：五洋集团于本判决生效之日起10日内向渤海租赁公司支付违约金1500万元。

法官评析

1. 承租人将其自有房产出售给出租人并回租，但未办理所有权转移登记手续的，是否构成融资租赁法律关系

融资和融物兼具，是融资租赁合同最核心的特点，是融资租赁合同区别于其他合同的根本特点。与民间借贷合同相比，融物是融资租赁合同的根本标志；与租赁合同相比，融资是融资租赁合同的根本标志。在二者关系上，"融物"是前提和目的，租赁物的存在为"融资"提供物的担保，"融资"是手段和结果，为"融物"提供资金。所以无论是要准确认定融资租赁合同性质，还是要准确理解和解决融资租赁相关问题，正确认识融资和融物的结合及关系，都是最根本的。

本案中，双方《融资租赁合同》约定的融资租赁模式为售后回租。按照银监会《金融租赁公司管理办法》的规定，售后回租，是指承租人将自有物件出卖给出租人，同时与出租人签订融资租赁合同，再将该物件从出租人处租回的融资租赁形式。在售后回租业务中，承租人和供货人为同一人。这种模式与《民法典》规定的标准融资租赁模式（通常称之为直租模式，包含出卖人、出租人、承租人三个主体）区别较大。对此，《融资租赁合同司法解释》第2条专门规定，承租人将其自有物出卖给出租人，再通过融资租赁合

同将租赁物从出租人处租回的，人民法院不应仅以承租人和出卖人系同一人为由认定不构成融资租赁法律关系。

在售后回租模式中，租赁物原本为承租人所有，在被出售给出租人后又被承租人所租赁，在租期内自始至终不改变占有人，约定回购条款的，则自签订合同前至合同履行完毕终结后都不改变占有人。因此，确定是否融物是进而确定是否为融资租赁合同售后回租模式融资租赁关系的关键点。

在其他要素都符合融资租赁法律关系的法律规定情况下，租赁物所有权是否真实转移，是决定其法律关系性质的分水岭：已转移，则构成融资租赁法律关系；没有转移，则不能构成融资租赁法律关系。如何认定所有权是否真实转移，要以《民法典》关于物权变更的规定为准。该法第 209 条第 1 款规定“不动产物权的设立、变更、转让和消灭，经依法登记，发生效力；未经登记，不发生效力，但是法律另有规定的除外”。第 214 条规定“不动产物权的设立、变更、转让和消灭，依照法律规定应当登记的，自记载于不动产登记簿时发生效力”。第 216 条第 1 款规定“不动产登记簿是物权归属和内容的根据”，第 217 条规定“不动产权属证书是权利人享有该不动产物权的证明”。因此，在售后回租模式的融资租赁交易中，作为不动产的租赁物所有权是否转移，必须以所有权是否变更登记为准，而不能以双方约定所有权归属为准。

本案双方当事人虽然约定承租人出售涉案房产给出租人，但双方既未改变租赁物为承租人实际占有的事实状态，亦未在约定登记期限内办理所有权转移登记，改变所有权的法律状态。同时，在正常融资租赁交易中，由于“融物”已经为“融资”提供了充分足额担保，在出租人取得租赁物所有权后，一般不需要再设定其他担保。而本案中，对于出租人融出资金这一债权，双方不仅没有办理租赁物所有权自承租人变更为出租人所有的转移登记，而且在租赁物上设定抵押之后，另行签约设定了应收账款质押和股权质押。也就是说，本案既没有“融物”，也不存在以“融物”为“融资”的担保。

正是基于以上原因，两级法院均认定未发生所有权变更，并进一步根据《融资租赁合同司法解释》第 1 条的规定，确认本案法律关系为民间借贷关系。

2. 融资租赁合同不成立融资租赁关系，合同有效，但应按实际法律关系和履行情况确定权利义务

本案中，因渤海租赁公司与五洋集团签订的《融资租赁合同》和《资产

转让合同》约定的租赁物所有权并未转移至渤海租赁公司名下，该类融资不具备融资租赁法律关系的双重属性，依照《融资租赁合同司法解释》第 1 条之规定，双方系借贷法律关系。因《资产转让合同》《融资租赁合同》不存在合同无效法定情形，两份合同均为有效。因为双方并未实际按照融资租赁关系的构成要件来履行合同，此时对违约责任的处理，不能机械地依照《融资租赁合同》的约定，而应依照实际履行状况，尤其应结合双方过错责任的划分进行处理。以本案为例，由于在合同中既约定了融资租赁，又约定了租赁物以抵押的方式为出租人提供担保，双方实际上按照借贷加抵押的模式进行融资，因此房屋未能过户系合同双方在合同实际履行过程中的共同选择，承租人并无过错，无需按照融资租赁合同的约定承担违约责任。

3. 融资租赁关系和借贷关系的区分认定

《民法典》第 667 条规定："借款合同是借款人向贷款人借款，到期返还借款并支付利息的合同。"《民法典》第 735 条规定："融资租赁合同是出租人根据承租人对出卖人、租赁物的选择，向出卖人购买租赁物，提供给承租人使用，承租人支付租金的合同。"从以上法律关系的定义来看，在借贷关系中，仅存在借款和返还借款及利息的权利义务，只有资金的流通；而在融资租赁关系中，不但有资金的流通，还伴随着租赁物的选择和购买，融资租赁交易应同时具有融资和融物的双重属性。因此，伴随着融资租赁的进行，必然发生租赁物所有权的变更。对于如何认定借贷关系和融资租赁关系，《融资租赁合同司法解释》并没有给出详细的方法，而只是在第 1 条规定：人民法院应当根据《民法典》第 735 条的规定，结合标的物的性质、价值、租金的构成以及当事人的合同权利和义务，对是否构成融资租赁法律关系作出认定。成立借贷关系的要件比较简单，成立融资租赁关系需要符合物的流通要件。结合本案，应通过如下几个方式来认定合同性质：

（1）融资租赁合同仅规定了租金相关事项，而不涉及租赁物的选择与购买的，直接认定为民间借贷合同。融资租赁合同如果在合同中并未涉及租赁物的相关情况的，从合同定义上来看就不符合融资租赁关系的法律特征。这种情况在司法实践中比较容易判断，直接认定为民间借贷关系即可。

（2）融资租赁合同虽然约定了租赁物的选择和购买等相关事项，但实际上并未购买租赁物，而是由出租人直接将款项支付给承租人，应认定为民间借贷合同。融资租赁合同虽然对租赁物的选择与购买等事项作出了约定，但在融资租赁的实际履行过程中，并未按照合同履行，而是放弃了租赁物的相关履行事项，仅仅履行了资金流通方面的合同约定，不存在物的流通，应认定为民间借贷关系。

(3) 融资租赁合同既约定了租赁物的选择和购买，又约定了租赁物的抵押。在合同的实际履行中，按照实际履行的情况确定合同性质。如在合同实际履行中，对租赁物采用了购买方式，转移了租赁物所有权，则形成融资租赁关系。如采用了抵押方式，租赁物所有权并未转移，则形成借贷关系。

4. 如何避免售后回租模式的融资租赁交易因缺乏“融物”属性而被认定为其他法律关系

交易是融资租赁还是其他法律关系，对于交易双方来说权利义务差别很大。通常来说，在交易因为不具有“融物”特性而导致融资租赁性质不被法院认可时，法院会根据仅剩的“融资”属性认定双方交易为民间借贷。一旦被认定为民间借贷，则根据《民间借贷司法解释》，所有承租人预先支付的保证金、手续费等融资租赁交易中的正常费用，都会被认定为预先支付的利息而不被法院认可，直接将其从融资总额中扣除；利息之外双方约定的事后承担费用，会与利息一并计算，综合衡量是否超出相关标准。所以，对于出租人来说，要尽量避免售后回租交易因缺乏“融物”属性而被法院认定为民间借贷。

其中诀窍仍需从“融物”着手，更明确地说，是从所有权变更着手。第一，要现实交付，主要是资料交付、所有权转移的形式交付，不管是动产还是不动产；第二，要有从承租人交付给出租人的手续，同时有出租人再交付给承租人的手续；第三，要依法交付，这主要是指对于不动产以及要求或可以登记的动产，要及时办理所有权转移登记手续。

四、租赁物买卖合同解除后，融资租赁合同是否必然解除

——华融公司与瑞达公司等船舶融资租赁合同纠纷案①

关 键 词：买卖合同　解除　融资租赁合同　对价　可得利益损失

问题提出：买卖合同解除，当事人对合同权利义务有约定的，融资租赁合同是否当然解除？

---

① 一审法院为宁波海事法院，案号：(2014) 甬海法商初字第448号；二审法院为浙江省高级人民法院，案号：(2015) 浙海终字第292号。

裁判要旨： 基于当事人承诺，在诉讼和涉案船舶续建过程中，承租人和担保人继续承担涉案船舶融资租赁合同项下的全部义务，并愿意承担船舶交接、续建过程中增加的所有费用和风险，保证配合出租人签署新的融资租赁合同、船舶建造合同和办理该船舶所有权属出租人的所有手续。另案生效判决解除涉案船舶建造合同后，船舶融资租赁合同并不当然解除，该合同对合同双方仍然具有拘束力。

案情简介

上诉人（一审被告）：瑞达公司

上诉人（一审被告）：余甲

上诉人（一审被告）：余乙

上诉人（一审被告）：余丙

上诉人（一审被告）：余丁

上诉人（一审被告）：余戊

被上诉人（一审原告）：华融公司

一审被告：航畅公司

2007年6月1日，航畅公司与瑞达公司签订《23800DWT散货船合作建造协议》一份，约定：双方合作出资建造"航畅二号"散货船，航畅公司占40%，瑞达公司占60%，船舶建造期限为2008年8月30日至2010年12月30日，船价11500万元，前期4600万元由航畅公司负责，后期6900万元由瑞达公司负责，双方设立共管账户进行投资，共同经营、共担风险、共负盈亏。后因船舶建造中资金困难，经双方协商决定融资建造。

2010年7月8日，华融公司与瑞达公司签订了编号为华融租赁（10）直字第1002903104号的《融资租赁合同》，约定：华融公司根据瑞达公司对船舶建造人与船舶的选择，向作为船舶建造人的被告航畅公司定造一艘23800载重吨的散货船用于融资租赁，租赁物总价款为6000万元，租期为约60个月，月租息率为4.9‰，服务费为270万元，保证金为1200万元，名义货价为90万元，租金支付计划为将第一期租金支付日定于起租日所在月后第1个月之15日，以后每1个月对应日支付一期租金；船舶建造人不履行船舶建造合同义务的，由瑞达公司行使索赔的权利并承担索赔费用，不影响瑞达公司按合同约定向华融公司支付租金；租赁物不符合船舶建造合同约定或者不符合使用目的的，华融公司不承担任何责任，不影响瑞达公司按本合同约定向华融公司支付租金；合同还约定违约处理，瑞达公司不履行合同义务时，华融公司有权要求瑞达公司赔偿损失，直至要求解除合同；瑞达公司若延长支付租金，应按延付金额的每日万分之五向华融公司支付违约金；瑞达公司出现任何一期租金拖欠15日以上或出现第二次租金延付时，华融公司可以要求瑞达公司立即支付全部到期、未到期租金及其他款项，华融公司也可以解除合同，收回全部融资物，并要求瑞达公司立即支付到期租金、违约金、经济损失赔偿金；一方如有违约或侵权行为，须承担另一方为实现债权而支出的诉讼费用、律师代理费和其他费用。航畅公司、余甲、余乙、余丙、余丁、余戊均作为保证人在租赁合同上签字盖章，为瑞达公司与华融公司形成的债务提供连带责任担保。

同日，华融公司与瑞达公司、航畅公司签订编号为1002903104的《船舶建造合同》一份，约定：华融公司根据瑞达公司对船舶建造方和船舶的选择而与航畅公司订立建造合同，以及建造合同项下的船舶即为租赁合同项下的租赁物的事实；船舶建造总价为6000万元，第一期在本合同签订后20天内支付4000万元，第二期在第一期造船款全额支付完毕后满3个月、收到已下水证明、付款通知书及4000万元收据后支付1000万元，第三期在船舶交付并有相关单据后支付500万元，最后500万元须在华融公司收到全额发票和该船的所有权登记证书后再支付；交船期为2010年12月31日前；航畅公司与瑞达公司依《23800DWT散货船合作建造协议》等产生的债权债务由双方自行解决，与华融公司无涉；由瑞达公司派驻代表进船厂监造，瑞达公司代表有权进入与船舶建造有关的各工作场所，航畅公司提前一个工作日书面通知瑞达公司代表参加试验和检查项目的时间和地点，瑞达公司代表应当书面确认，航畅公司不通知瑞达公司代表参加而进行的检验无效；租赁物不符合船舶建造合同约定或者不符合使用目的的，华融公司不承担任何责任，不影响瑞达公司按本合同约定向华融公司支付租金；在建造期内本船所有权归华融公司所有，未经华融公司同意，航畅公司不得处分该船，《交接船议定书》签署前，本船风险由航畅公司承担，《交接船议定书》签署后，本船风险同时转移至瑞达公司。

签约后，瑞达公司按约于2010年7月29日支付了服务费270万元、保证金1200万元，华融公司按约于2010年7月29日向航畅公司支付了4000万元建造款，2010年11月9日航畅公司向华融公司提供了有航畅公司和瑞达公司盖章并有余六签名的《付款通知书》及《内河通航水域安全作业报备书》、航畅公司说明以及照片，《付款通知书》载明，船舶已于2010年11月9日正式下水，要求华融公司支付第二期1000万元造船款，并由瑞达公司和航畅公司加盖公章和代表人签字确认。华融公司经书面形式审查后于2010年11月16日向航畅公司支付了第二期1000万元造船款。发生纠纷后经核查，涉案船舶并未于2010年11月9日下水，系航畅公司、瑞达公司等因其资金短缺需提前支取而故意为之。本案在审理过程中，经鉴定，《付款通知书》及《内河通航水域安全作业报备书》的盖章并非瑞达公司备案的公章，《付款通知书》上余六的签名亦并非其本人签名。

华融公司付款后，航畅公司未按合同约定进行重新开工建造，瑞达公司未履行监造义务，涉案船舶的后续建造一直拖延。瑞达公司从2011年2月15日起至同年9月15日止按租金支付计划表支付租金，但从次月起逾期支付部分租金且一直没有支付，虽经华融公司多次催讨，均以经济困难为由拖延履行融资租赁合同。

航畅公司后又因多起其他债务纠纷使租赁物被视为航畅公司财产扣押，无法履行造船、交船义务。2012年6月5日台州市江都物资有限公司在执行程序中申请对涉案船舶为航畅公司财产进行保全，因涉案在建船舶面临被其他债权人查封、拍卖的风险，瑞达公司、航畅公司向华融公司出具书面《请求报告（兼承诺函）》，华融公司据此于同月6日向宁波海事法院提起解除建造合同、确权之诉。瑞达公司业务经办人余六参与（2012）甬海法台商初字第106号案件（以下简称106号案）开庭审理，余六代表瑞达公司当庭陈述“原告（华融公司）按约向航畅公司交付了5000万元……对原告（华融公司）陈述的事实经过及理由没有意见”（瑞达公司证据第3组开庭笔录第4页）。余六在瑞达公司提交的补充证据3-3的该案谈话笔录中，对华融公司按约向航畅公司交付了5000万元的事实没有意见。据此，一审法院作出（2012）甬海法台商初字第106号民事判决，确认建造合同于2012年6月10日解除、租赁物的船舶属华融公司所有。华融公司还于2012年6月14日对前述台州市江都物资有限公司的保全提出执行异议，一审法院在同年8月13日作出（2012）甬海法执异字第6号裁定，中止保全措施。同时瑞达公司、航畅公司承诺另行选择新的船舶建造厂家予以续建，在此诉讼和续建过程中，继续承担《融资租赁合同》项下的全部义务，承担上述船舶交接、续建过程中增加的所有费用和风险，并承诺：在此诉讼和续建过程中，承租人和担保人继续承担华融租赁（10）直字第1002903104号《融资租赁合同》项下的全部义务；愿意承担上述船舶交接、续建过程中增加的所有费用和风险等。但后续涉案在建船舶的交付或续建事宜，因航畅公司其他问题，经各方多方努力无法协调解决，未在原船台上续建，涉案在建船舶一直闲置在原地。

华融公司于2014年6月10日向一审法院起诉称：2010年7月8日，华融公司与瑞达公司签订了涉案融资租赁合同，航畅公司、余甲、余乙、余丙、余丁、余戊均作为保证人在租赁合同上签字盖章，自愿为瑞达公司与华融公司形成的债务提供连带责任担保。同日，华融公司与瑞达公司、航畅公司签订案涉船舶建造合同，确认华融公司根据瑞达公司对船舶建造方和船舶的选择而与航畅公司订立建造合同以及建造合同项下的船舶即为租赁合同项下的租赁物的事实等。上述合同签订后，华融公司依约向航畅公司支付了前两期4000万元和1000万元的船舶建造款。航畅公司在收到上述款项后却未按约定进程施工，无限期拖延租赁物的建造，还因多笔到期债务不能支付而使租赁物处于被拍卖的危险中。2012年6月，华融公司根据瑞达公司、航畅公司出具的《请求报告（兼承诺函）》，向宁波海事法院起诉解除建造合同并确认在建船舶的所有权。宁波海事法院经审理作出判决，判决生效后，就涉案在建船舶的交付或续建问题，各方既不能达成一致意见，也不能实际履行后续建造。瑞达公司、航畅公司亦未按租赁合同及《请求报告（兼承诺函）》的承诺履行相应的义务。瑞达公司、航畅公司的根本性违约行为已经实际上导致租赁合同的目的不能实现。

为此，华融公司请求判令：1. 解除编号为华融租赁（10）直字第1002903104号《融资租赁合同》；2. 瑞达公司赔偿华融公司因华融租赁（10）直字第1002903104号《融资租赁合同》解除而产生的相应损失人民币暂定45854141.22元（庭后变更为41574054.53元）[相应损失=已到期未付租金32173264.13元+未到期租金15142673.88元+逾期支付租金违约金7433220.36元（暂计算至2014年6月9日，以后按拖欠金额每日万分之五计算至实际付款日）+名义货价900000.00元-未投放的10000000.00元-保证金12000000.00元及利息2075003.84元（利息计算至2014年6月9日）=41574054.53元]；3. 瑞达公司赔偿华融公司为实现债权而支付的律师费50000元；4. 航畅公司、余甲、余乙、余丙、余丁、余戊对瑞达公司的上述债务承担连带赔偿责任等。

各方观点

华融公司观点：租赁合同和建造合同签订后，原告按约履行各项义务，分别于2010年7月29日、2010年11月16日向被告航畅公司支付了前两期4000万元和1000万元的船舶建造款。但是被告航畅公司在收到上述款项后却未按约定进程施工，无限期拖延租赁物的建造，还因多笔到期债务不能支付而使租赁物处于被拍卖的危险中。2012年6月，原告根据被告瑞达公司、航畅公司向原告发出的书面《请求报告（兼承诺函）》，向宁波海事法院起诉解除建造合同并确认在建船舶的所有权。宁波海事法院在（2012）甬海法台商初字第106号民事判决书中判决建造合同于2012年6月10日解除。但是就涉案在建船舶的交付或续建问题，既不能达成一致意见，也不能实际履行后续建造。

根据租赁合同第6条约定，鉴于原告系根据被告瑞达公司对船舶建造人及租赁物的选择而与船舶建造人订立建造合同的事实，船舶建造人不履行船舶建造合同义务的，由被告瑞达公司向船舶建造人行使索赔的权利，不影响被告瑞达公司继续按合同约定支付租金。同时，被告瑞达公司、航畅公司在《请求报告（兼承诺函）》中亦承诺在建造合同解除后继续承担租赁合同项下的全部义务。但是被告瑞达公司自2011年11月起未再向原告支付每月租金，在原告的多次催收之下均表示资金紧张，运营困难，无力支付，严重损害了原告的租金债权。被告瑞达公司、航畅公司的根本性违约行为已经实际上导致租赁合同的目的不能实现。

瑞达公司、余甲、余乙、余丙、余丁、余戊观点：第一，本案船舶建造合同因被告航畅公司未完全履行而被解除，融资租赁合同已在6月10日在船舶建造合同解除时一并解除；第二，被告瑞达公司不存在选择错误而应承担赔偿责任，原告未产生实际损失，原告提起本案诉讼没有诉权，也是滥用诉权，原告依据《融资租赁合同司法解释》第16条向被告主张赔偿，不符合规定；第三，涉案承诺函是原告单方制作，并要求被告瑞达公司强行盖章的函件，特别是承诺函中被告瑞达公司愿意继续承担融资租赁项下的义务是有条件的，即原告提起诉请，虽然原告提起了诉请，但未安排续建，导致涉案融资租赁合同的标的一直处于停建无法完工的状态。故原告的行为导致了涉案融资租赁合同履行不能，合同目的早已落空，被告瑞达公司早已无需按承诺函承担融资租赁合同项下的义务；第四，原告在此前的106号案中，已确认了解除涉案船舶建造合同后的债权债务均由其与被告航畅公司自行协商，因此原告不应当再起诉被告瑞达公司；第五，在2012年6月10日，宁波海事法院判决解除涉案的建造合同后，原告严重怠于行权，未及时要求被告航畅公司交付在建的船舶安排续建或采取善后措施，拖延到船舶市场进入低谷，原告为避免坏账，将责任推给被告，故因市场变坏造成的差价损失应由原告承担，不应转嫁给被告瑞达公司；第六，原告在2010年向被告航畅公司支付了1000万元，此时在建船舶并未下水，至今也未下水，原告的此项付款违反了船舶建造合同第4条第5项规定，此1000万元扩大损失应由原告自行承担；第七，原告的诉请本身存在明显的错误且自相矛盾，显然不能成立。原告依据《融资租赁合同司法解释》第16条规定，此条只规定融资租赁合同的损失因建造合同解除的损失为直接损失，即原告解除合同时支付的款项与在建船舶的差额及利息损失，并非原告在本案中诉请的全部履行下包括的已到期、未到期租金、违约金等。且原告第一项诉请是解除合同，第二项诉请又包括未到期租金，其要求支付全部未到期租金就是要求继续履行，这两项诉请是相互矛盾的；第八，鉴于被告瑞达公司不承担涉案债务，故其他自然人被告也不存在连带担保责任。而且从承诺函和民事判决书可以看出，在整个原告与被告主合同的债权债务人对于涉案融资租赁合同的解除或者是在讨论对于船舶进行续建的过程当中，事实上担保人并没有参与，因此担保人不应当承担相应的责任。综上，请求法院驳回原告对被告瑞达公司、余甲、余乙、余丙、余丁、余戊的全部诉请。

航畅公司观点：涉案船舶已经判给原告，那时船舶状况是好的，已经归原告所有，航畅公司没有任何权利。

法院观点

一审法院观点：

华融公司在签约后已经依约向航畅公司支付了租赁物两期建造款5000万元，合同约定的租赁物建造义务因瑞达公司、航畅公司的过错已无法实际履行。瑞达公司虽履行了支付租金和利息至2011年9月15日止的义务，但之后未按合同约定的租金支付计划期限支付后续租金，显属违约。故华融公司依据合同约定有权请求解除《融资租赁合同》、要求瑞达公司等赔偿华融公司因此造成的经济损失，并承担为实现债权而支出的诉讼费用、律师代理费和其他费用。瑞达公司向华融公司支付的 1200 万元保证金，华融公司有权用保证金的本息来冲抵未偿付债务，对不足部分的经济损失应由瑞达公司予以赔偿。航畅公司、余甲、余乙、余丙、余丁、余戊作为担保人依约应当对上述债务承担连带保证责任。

一审法院判决：一、编号为华融租赁（10）直字第 1002903104 号的《融资租赁合同》于 2014 年 6 月 10 日解除；二、瑞达公司自判决生效之日起十日内赔付华融公司因解除合同而产生的相应经济损失 41574054.53 元，并赔付华融公司为实现债权而支付的律师费 50000 元；三、航畅公司、余甲、余乙、余丙、余丁、余戊对瑞达公司的上述债务承担连带赔偿责任；四、航畅公司、余甲、余乙、余丙、余丁、余戊在履行担保责任后，有权就其履行担保责任范围内的款项向瑞达公司追偿。

二审法院观点：

一、华融公司是否有权提起本案诉讼

本案各方当事人对涉案的船舶融资租赁合同及船舶建造合同无异议，依法应予确认。虽然华融公司在 2012 年 6 月 6 日向法院起诉，请求判令解除涉案船舶建造合同并确认在建船舶及相应的配件等归其所有，并得到了 106 号案生效判决的支持，但涉案船舶融资租赁合同项下的租赁物为在建船舶，而对在建船舶的所有权目前我国法律并未作出明确规定。尽管涉案融资租赁合同约定租赁物属华融公司所有，但这仅是对合同各方具有拘束力，对外并不发生公示效力。根据查明的事实，华融公司在提起 106 号案前，涉案租赁物因航畅公司其他债权人的申请，在执行程序中涉案租赁物作为航畅公司财产被采取强制措施。为了避免涉案租赁物面临因航畅公司的其他债务被拍卖的风险，瑞达公司、航畅公司分别出具了承诺函，瑞达公司、航畅公司在该承诺函中明确请求华融公司对航畅公司提起诉讼。因此，华融公司提起 106 号案系三方意思自治的体现，其目的是通过诉讼确认租赁物的所有权，使其对外具有公示效力。瑞达公司、航畅公司在前述承诺函中明确承诺：在此诉讼和续建过程中，承租人和担保人继续承担涉案船舶融资租赁合同项下的全部义务，并愿意承担船舶交接、续建过程中增加的所有费用和风险，保证配合华融公司签署新的融资租赁合同、船舶建造合同和办理该船舶所有权属华融公司的所有手续。故 106 号案生效判决解除涉案船舶建造合同后，船舶融资租赁合同并不当然解除，该合同对合同双方仍然具有拘束力。

在融资租赁中租赁物的所有权与使用权相分离，租赁物的所有权虽归出租人享有，但租赁物的占有、使用和收益权归承租人享有。涉案船舶至今既未建成，亦未交付。虽然华融公司在106号案中以自行与航畅公司协商交付为由撤回了交付在建船舶的诉请，但根据融资租赁合同的约定，涉案租赁物及船舶建造人由瑞达公司选择；船舶建造人不履行船舶建造合同义务的，由瑞达公司行使索赔的权利并承担索赔费用，不影响瑞达公司按合同约定向华融公司支付租金；租赁物不符合船舶建造合同约定或者不符合使用目的的，华融公司不承担任何责任，不影响瑞达公司按本合同约定向华融公司支付租金。在华融公司提起106号案前，瑞达公司在前述承诺函中亦作出了承诺，愿意承担船舶交接、续建过程中增加的所有费用和风险。且华融公司已书面明确表示放弃涉案在建船舶，故在作为承租人的瑞达公司未付租金的情况下，华融公司有权提起本案诉讼。此外，从华融公司的诉请看，其在本案中的诉请为解除船舶融资租赁合同和赔偿损失，两者并不存在矛盾。瑞达公司、余甲、余乙、余丙、余丁、余戊认为华融公司无权提起本案诉讼的上诉理由不能成立，难以采信。

二、涉案船舶融资租赁合同解除的时间及原因

根据前述分析，涉案船舶融资租赁合同并不因船舶建造合同的解除而解除，故瑞达公司主张涉案船舶融资租赁合同已在2012年6月10日随着船舶建造合同的解除而解除，不予支持。鉴于瑞达公司等在二审时提交的涉案船舶的评估报告是以2012年6月10日作为评估基准日，且在一审时瑞达公司亦申请对涉案船舶的价值予以评估，经一审法院多次催缴而瑞达公司拒不缴纳评估费，后在一审庭审时明确表示不申请评估，故对瑞达公司在二审时提交的评估报告应不予认定。根据查明的事实，涉案船舶始建于2008年，船舶建造过程中因缺乏资金基本处于停建状态时，瑞达公司才向华融公司进行融资，涉案船舶融资租赁合同签订后，华融公司支付了5000万元的融资款，但航畅公司并未按约完成船舶建造。对此瑞达公司在106号案中陈述，航畅公司没有将华融公司支付的融资款用到涉案船舶上，才使船舶无法如期交付。而华融公司、航畅公司、瑞达公司签订的涉案船舶建造合同约定，瑞达公司对涉案船舶的建造具有监造义务，华融公司支付了融资款项后，部分资金被挪用，致使船舶未能按期完成建造，这与瑞达公司监造不力不无关系。106号案判决生效后，就涉案船舶的交付及续建事宜，虽经各方努力，但因涉案船舶的社会集资等问题，最终未能协调解决，致使船舶闲置至今。瑞达公司等认为系华融公司怠于行权，不履行续建义务所致的理由不能成立。一审据此判决认

定涉案船舶至今未建造完成且闲置，系航畅公司和瑞达公司共同所致并无不当。瑞达公司作为融资租赁合同项下的承租人按约支付租金系其主要合同义务，根据查明的事实，瑞达公司未按约支付租金，虽经华融公司催讨，但均以经济困难为由长期拖延履行融资租赁合同，其行为已构成根本违约。一审据此判决认定瑞达公司的根本违约行为系造成涉案融资租赁合同解除的直接原因，融资租赁合同自2014年6月10日起解除并无不妥。

三、一审判决对损失数额的认定是否正确

1. 华融公司共支付融资款5000万元的事实清楚，对其中的1000万元即第二期融资款，涉案船舶建造合同约定：第二期在第一期造船款全额支付完毕满3个月，收到已下水证明、付款通知书及4000万元收据后支付1000万元。华融公司支付第二期融资款时，航畅公司向其提供了付款通知书及内河通航水域安全作业报备书（以下简称安全报备书）等。虽然一审时经法院委托鉴定机构鉴定，前述付款通知书及安全报备书上所盖的瑞达公司的公章与瑞达公司报备的公章不一致，付款通知书上余六的签名亦非其本人签名，但根据瑞达公司在106号案的陈述，其在该案的庭审过程中明确表示：融资租赁合同签订后，华融公司按照合同约定如期交付了5000万元……对华融公司陈述的事实经过及理由没有意见。可见，瑞达公司对华融公司支付的第二期融资款1000万元并无异议。一审据此判决认定瑞达公司对第二期融资款1000万元系知情并予以确认并无不当。瑞达公司、余甲、余乙、余丙、余丁、余戊上诉认为事先未得到瑞达公司的认可，系擅自违约付款的理由不能成立。

2. 根据前述分析，华融公司已按约支付融资款5000万元，履行了涉案融资租赁合同的主要义务，瑞达公司未按约支付租金的行为已构成根本性违约，其应对华融公司因此所受的损失承担赔偿责任，作为担保人的航畅公司、余甲、余乙、余丙、余丁、余戊应承担连带赔偿责任。根据《融资租赁合同规定》第22条的规定，承租人违约导致融资租赁合同解除时，赔偿出租人的损失应以弥补出租人的可得利益损失为限，按照合同正常履行情况下出租人能够获得的合同利益作为赔偿标准，即全部未付租金及其他费用。华融公司在本案中的诉请为解除涉案融资租赁合同和赔偿损失，其主张的损失数额为已到期未付租金+未到期租金+逾期支付租金违约金+名义货价－未投放的融资款－保证金及利息和其他费用，并未超出前述规定的范围。虽然106号判决确认租赁物的所有权归华融公司所有并解除涉案船舶建造合同，但根据前述分析，涉案融资租赁合同并不因此而解除，且该判决亦未涉及因船舶建造合同的解除而造成的损失。一审判决认定华融公司存在实际损失并对其主张的损失数额予以认定并无不当。瑞达公司、余甲、余乙、余丙、余丁、余戊就此提出的上诉理由不能成立，法院不予支持。

法官评析

1. 租赁物买卖合同与融资租赁合同是否为主从关系

《民法典》第735条规定："融资租赁合同是出租人根据承租人对出卖人、租赁物的选择，向出卖人购买租赁物，提供给承租人使用，承租人支付租金的合同。"因此，融资租赁法律关系中除了会有融资租赁合同之外，还必然存在一个租赁物买卖合同。这是由融资租赁合同"融资"兼"融物"的特点决定的。"融物"需购买租赁物以供承租人使用，"融资"需先有购买租赁物带来的所有权保留为"融资"之担保。二者相互联系、相互影响。合同之间虽然存在时间上的先后顺序，但并不是主合同与从合同的关系，而是相互独立的。因为，凡不依他种合同的存在为前提的合同为主合同，反之，必须以他种合同的存在为前提始能成立的合同为从合同。对于融资租赁交易中单独存在的租赁物买卖合同，其合同本身可以单独成立，不以融资租赁合同的存在为前提。融资租赁合同的成立亦不以买卖合同的存在为前提。

2. 租赁物买卖合同解除，是否必然导致融资租赁合同的同时解除

虽然双方不是主从关系，但依然相互联系、相互影响，如果买卖合同被解除，融资租赁合同是否必然同时被解除呢？对于这个问题，《民法典》第754条规定："有下列情形之一的，出租人或者承租人可以解除融资租赁合同：（一）出租人与出卖人订立的买卖合同解除、被确认无效或者被撤销，且未能重新订立买卖合同……"需要明确的是，法律为何如此规定？个中缘由正在于上述融资租赁"融资"与"融物"并存的特殊性。对于承租方来说，同时"融资"与"融物"是其追求的合同目的。对于出租方来说，"融物"为出租方供给的"融资"提供了物的担保。租赁物的存在，一方面是承租人"融物"的需求，另一方面以出租人所有权保留为"融资"提供物的担保。一般来说，出租人与出卖人订立的买卖合同解除、被确认无效或者被撤销的，往往表明作为买卖合同标的物的租赁物已无法被出租人获得所有权，也无法被承租人获得使用权。无法获得所有权，则出租人不能得到租赁物的担保，"融资"获利的合同目的无法实现；无法获得使用权，则承租人不能实现"融物"的合同目的。因此，租赁物的所有权、使用权能否依约转让，才是买卖

合同解除后融资租赁合同应否解除的关键。

本案中，虽然华融公司在2012年6月6日向法院起诉，请求判令解除涉案船舶建造合同并确认在建船舶及相应的配件等归其所有，并得到了106号案生效判决支持，但这一生效判决认定的事实中隐含了以下问题：

其一，解除租赁物买卖合同（本案中为船舶建造合同）是否为合同当事人的真实意思表示？根据判决查明的事实，在华融公司提起106号案前，涉案租赁物因航畅公司其他债权人的申请，在执行程序中作为航畅公司财产被采取强制措施。为了避免涉案租赁物因航畅公司的其他债务而产生被拍卖的风险，瑞达公司、航畅公司分别出具了承诺函，明确请求华融公司对航畅公司提起诉讼。也就是说，瑞达公司、航畅公司本意并不是要解除船舶建造合同、消灭三方权利义务，而是以解除该合同为手段来追求排除他案执行本案中租赁物、避免自身损失的目的，正因如此，华融公司才予以配合，应其请求提起了106号案的诉讼。因此，解除买卖合同（船舶建造合同）并非三方真实意思表示。

其二，船舶建造合同权利义务是否因合同解除而消灭？瑞达公司、航畅公司在前述承诺函中承诺：在此诉讼和续建过程中，承租人和担保人继续承担涉案船舶融资租赁合同项下的全部义务，并愿意承担船舶交接、续建过程中增加的所有费用和风险，保证配合华融公司签署新的融资租赁合同、船舶建造合同和办理该船舶所有权属华融公司的所有手续。该承诺中提到的全部义务实乃他们在船舶建造合同中的全部义务。即船舶建造合同虽然在形式上解除了，华融公司的权利、另外两方（瑞达公司、航畅公司）的义务却并不因此而消灭。

其三，最关键的一点，出租人华融公司对租赁物的所有权是否受到合同解除的影响？涉案融资租赁合同和船舶建造合同均明确约定租赁船舶所有权归华融公司所有，三方并无争议，106号案生效判决也确认租赁物船舶属华融公司所有。显然，华融公司对租赁物的所有权并未受到船舶建造合同解除的影响。

可以看出，本案租赁物买卖合同（船舶建造合同）虽然解除，但租赁物所有权归出租人享有、使用权归承租人享有，这一“融物”的关键并未受到任何影响，确保了融资租赁合同“融资”兼“融物”这一根本性质及合同目的的实现。

而且，涉案《融资租赁合同》明确约定，华融公司根据瑞达公司对船舶建造人与船舶的选择，向作为船舶建造人的航畅公司定造租赁物；船舶建造人不履行船舶建造合同义务的，由瑞达公司行使索赔的权利并承担索赔费用，不影响瑞达公司按合同约定向华融公司支付租金；租赁物不符合船舶建造合同约定或者不符合使用目的的，华融公司不承担任何责任，不影响瑞达公司按本合同约定向华融公司支付租金。瑞达公司、航畅公司在承诺函中也明确承诺“在此诉讼和续建过程中，承租人和担保人继续承担华融租赁（10）直字第1002903104号《融资租赁合同》项下的全部义务”，故《船舶建造合同》虽经一审法院判决于2012年6月10日解除，但华融公司与瑞达公司之间的融资租赁合同关系依合同约定和法律规定并不因《船舶建造合同》的解除而自然解除，瑞达公司和航畅公司应按约继续履行《融资租赁合同》项下的全部义务，其他担保人在未加重其担保责任的情况下应负有连带担保责任。

故，106号案生效判决解除涉案船舶建造合同后，船舶融资租赁合同并不当然解除。

3. 承租人根本违约导致融资租赁合同解除后赔偿的是不是“可得利益损失”

《融资租赁合同司法解释》第11条规定：“出租人依照本解释第五条的规定请求解除融资租赁合同，同时请求收回租赁物并赔偿损失的，人民法院应予支持。前款规定的损失赔偿范围为承租人全部未付租金及其他费用与收回租赁物价值的差额。合同约定租赁期间届满后租赁物归出租人所有的，损失赔偿范围还应包括融资租赁合同到期后租赁物的残值。”本案一审、二审法院都没有清晰说明的是：虽然三方约定在建船舶所有权归华融公司所有，但是在建船舶还不是完全形态的船舶，尚未成为法律意义上的单独的物，自然也未产生法律意义上的物的所有权。三方的约定只是一个为了产生对外公示效力而缔结的债权约定，按照物权法定原则，并不会由此就形成一个所有权；涉案在建船舶始终未完成续建，自始至终未交付出租人华融公司；华融公司未主张收回在建船舶；在建船舶未建设完成，过错在瑞达公司与航畅公司。加之，106号案判决并未涉及华融公司因船舶建造合同解除遭受的损失，因此，对于华融公司主张解除融资租赁合同、赔偿损失之诉讼请求，一审、二审法院均认定其损失数额为：已到期未付租金+未到期租金+逾期支付租金违约金+名义货价-未投放的融资款-保证金及利息和其他费用。

需要强调的是，这个损失并非二审判决书里所认为的“可得利益损失”，《融资租赁合同司法解释》第11条规定的赔偿范围本身也不是可得利益损失。法官有此一说，恐系对融资租赁合同中的租金对价有错误认识，误以为租金对价系租赁物的使用价值。

融资租赁合同名为"租赁"，实为以"融物"——更准确地说——以租赁物为担保，以出租人支付租赁物价款形式放贷给承租人"融资"，以购买标的物并交付承租人使用的形式"融物"，承租人以按期支付"租金"的形式偿还融资本金的特殊金融借款类合同。"租金"对价并不是租赁物的使用价值，而是出租人"融资"本金及利息、其他费用。融资租赁合同履行中，出租人先支付价款购买承租人选定的租赁物，然后承租人才开始支付租金。这种"融资"兼"融物"的特质决定了租赁物的价值需与出租人提供的"融资"本金即租赁物购买价款相当。因此，《融资租赁合同司法解释》第1条就规定，对于是否构成融资租赁法律关系，要"结合标的物的性质、价值、租金的构成以及当事人的合同权利和义务"来认定；《民法典》第752条又规定，承租人违约后，出租人要么要求支付全部租金，要么主张解除合同并收回租赁物，不能既要求全部租金又要求收回租赁物。因为租赁物是对全部租金的担保，全部租金已经收回，当然不能再主张担保权利来收回租赁物。

然而，本案中，法院实际支持了华融公司既主张解除融资租赁合同又要求全部租金的要求，看起来似乎违背了法律和司法解释的规定。《融资租赁合同司法解释》第10条可是明文规定："出租人既请求承租人支付合同约定的全部未付租金又请求解除融资租赁合同的，人民法院应告知其依照民法典第七百五十二条的规定作出选择。出租人请求承租人支付合同约定的全部未付租金，人民法院判决后承租人未予履行，出租人再行起诉请求解除融资租赁合同、收回租赁物的，人民法院应予受理。"

这里，必须再次强调前述两级法院均未重点强调的事实——融资租赁合同约定的租赁物实际未完成建造，在法律上尚不存在约定的租赁物；这个未完成的租赁物始终处于出卖人的占有之下，既未交付给出租人，也未交付给承租人；租赁物未如约生产、交付的原因在承租人、出卖人。换句话说，就是租赁物不存在，保障出租人利益的物的担保无法实现。在这个事实背景下，法院既判决支付全部租金，又判决解除融资租赁合同，并没有产生、也无法产生承租人返还租赁物给出租人，使得出租人双重受偿的结果出现。法院如此判决，是正确的。

对于出租人华融公司来说，其已提供了绝大部分租赁物对价融资款，在承租人瑞达公司根本违约后，遭受的损失就体现为减轻名义货价后未收回租金的融资款成本及利息，法院将违约金一并计入损失，属于结果正确、定性错误。

五、出租人无资质而超越经营范围订立融资租赁合同，该合同并不当然无效

——某建设机械有限公司与某担保有限公司等借款合同纠纷案①

关 键 词：特许经营　合同效力　固定资产

问题提出：出租人不具有融资租赁业务的资质是否影响《融资租赁合同》的法律性质和法律效力？

裁判要旨：《融资租赁合同司法解释》第1条规定，人民法院应当结合标的物的性质、价值、租金的构成以及当事人的合同权利义务，对是否构成融资租赁法律关系作出认定。《合同法司法解释一》第10条规定，关于超越经营范围订立的合同，人民法院不因此认定合同无效的规定，但违反国家限制经营、特许经营以及法律、行政法规禁止经营规定的除外。即使出租人未取得融资租赁资质，人民法院也会依据融资租赁双方的具体情形对法律关系进行认定，如果双方的法律关系不违反国家限制经营、特许经营及法律、行政法规禁止经营的规定，且符合法律对融资租赁关系设置的条件，法院不会仅因未取得融资租赁资质而认定合同无效。

案情简介

再审申请人（一审原告、二审被上诉人）：某建设机械有限公司

被申请人（一审原告、二审上诉人）：某丝绸公司

被申请人（一审被告）：某担保有限公司、某生物科技有限公司、某网络科技有限公司、颜某勤、何某、颜某

某建设机械有限公司（出租人/买受人）与某丝绸公司（承租人/出卖人）签订的《融资租赁合同》约定：根据某丝绸公司的要求，某建设机械有

① 二审法院为河北省高级人民法院，案号：（2016）冀民终584号；再审审查法院为最高人民法院，案号：（2017）最高法民申2175号。

限公司购买某丝绸公司的电子提花机、变电供电设备系统、供水管网系统及天然气管网，并回租给某丝绸公司使用以收取租金。原审法院认定某建设机械有限公司并未依法取得从事融资租赁的金融许可，其不具备与某丝绸公司签订融资租赁合同的主体资格。故某建设机械有限公司与某丝绸公司之间的融资租赁关系，名为融资租赁实为借贷，融资租赁合同无效。

再审申请人某建设机械有限公司不服原审判决，提起再审申请。再审裁定进行了程序性审理，再审法院认为尽管原审判决结果并无不当，驳回了其再审申请，但对原审的法律适用错误进行了确认。再审法院认为，某建设机械有限公司与某丝绸公司在实质上构成融资租赁法律关系，双方签订的《融资租赁合同》有效。

各方观点

某建设机械有限公司观点：

其一，融资租赁作为以租赁物为载体的一种特殊的融资方式，是否兼具“融资”与“融物”的双重属性，是判断融资租赁法律关系是否构成的关键所在。就“融物”而言，法律、法规并未有针对本案所涉及租赁物的禁止性规定。《金融租赁公司管理办法》（2014）第 4 条规定，“适用于融资租赁交易的租赁物为固定资产”。电子提花机、变电供电设备系统、供水管网系统及天然气管网均为固定资产，其实质均为完整的生产设备，具有使用价值。以上租赁物所有权归某建设机械有限公司所有，某建设机械有限公司可对其主张所有权，具有担保功能，至于租赁物本身担保功能强弱与否，属于融资租赁公司的经营风险问题，不属于融资租赁合同的认定问题。因此，某建设机械有限公司与某丝绸公司在实质上构成融资租赁法律关系，其租金及违约金应按合同中约定的条款予以支付。原审判决根据《融资租赁合同司法解释》第 1 条关于“结合标的物的性质、价值、租金的构成以及当事人的合同权利和义务，对是否构成融资租赁法律关系作出认定”的规定，认定某建设机械有限公司与某丝绸公司之间的融资租赁关系，名为融资租赁实为借贷，适用法律错误。

其二，根据《融资租赁合同司法解释》第 3 条关于“承租人对于租赁物的经营使用应当取得行政许可的，人民法院不应仅以出租人未取得行政许可为由认定融资租赁合同无效”以及《合同法》第237条[①]关于“融资租赁合同是出租人根据承租人对出卖人、租赁物的选择，向出卖人购买租赁物，提供给承租人使用，承租人支付租金的合同”的规定，租赁物经营使用的行政许可约束的是承租人利用租赁物开展的经营行为，并不涉及出租人与承租人之间的合同效力问题。某建设机械有限公司虽未取得从事融资租赁业务的金融许可，但与某丝绸公司签订的《融资租赁合同》系双方真实意思表示，且符合《合同法》第237条[②]有关融资租赁合同的定义，系某建设机械有限公司根据某丝绸公司的要求，购买电子提花机、变电供电设备系统、供水管网系统及天然气管网，并回租给某丝绸公司使用，某丝绸公司支付相应租金的合同，应当认定其真实有效。原审判决认定“某建设机械有限公司并未依法取得从事融资租赁的金融许可，其不具备与某丝绸公司签订融资租赁合同的主体资格”，适用法律错误。

其三，某担保公司、某生物科技有限公司、某网络科技有限公司、颜某勤、何某、颜某签订《无限连带责任保证书》，承诺对涉案合同项下某丝绸公司的全部债务向某建设机械有限公司“提供不可撤销的连带责任保证”，故上述被申请人应按合同约定承担连带责任。

法院观点

原一、二审法院观点：第一，某建设机械有限公司并未依法取得从事融资租赁的金融许可，其不具备与某丝绸公司签订融资租赁合同的主体资格。第二，覆盖全厂区的电网、煤气管网、自来水管网已于2012年开始使用，且不是独立的可分割物，无法实现租赁物的担保功能。综上，原审判决认定本案中某建设机械有限公司与某丝绸公司的法律关系名为融资租赁，实为抵押担保借贷。

再审法院观点：

第一，某丝绸公司与某建设机械有限公司签订的《融资租赁合同》，系某丝绸公司按照双方约定，将自有租赁物出卖给某建设机械有限公司，再通过融资租赁合同将租赁物从某建设机械有限公司处租回，符合《融资租赁合同司法解释》第2条关于售后回租亦构成融资租赁法律关系的规定。

---

① 对应《民法典》第735条。
② 对应《民法典》第735条。

第二，根据《合同法司法解释一》第 10 条关于超越经营范围订立的合同，人民法院不因此认定合同无效的规定，某建设机械有限公司虽不具有融资租赁业务的资质，但不影响《融资租赁合同》的法律性质和法律效力。

第三，本案融资租赁标的物具备融资与融物相结合的特征，亦不存在仅有资金空转的情形，原审判决以覆盖全厂区的电网、煤气管网、自来水管网已于 2012 年开始使用，且不是独立的可分割物，无法实现租赁物的担保功能为由，否定融资租赁关系的成立不妥。

第四，因融资合同的租赁标的物可能实际上无法收回，或者起不到物权担保的作用导致出租人权利受损，故实践中存在承租人向出租人提供担保以确保出租人债权实现的情形。因法律法规未就融资租赁关系中设定担保予以禁止，故某建设机械有限公司与某丝绸公司、其他保证人另行签订担保合同保障某建设机械有限公司债权的安全，不影响融资租赁合同的法律性质。

综上，再审法院认为原审法院认定中某建设机械有限公司与某丝绸公司之间的融资租赁关系，名为融资租赁实为借贷，属于适用法律错误。双方合同真实有效，且成立融资租赁法律关系。但判决结果并无不当，故原审法院裁定驳回某建设机械有限公司的再审申请。

法官评析

我国的现代租赁业开始于 20 世纪 80 年代的改革开放，为了解决资金不足和从国外引进先进技术、设备和管理的需求，作为增加引进外资的渠道，我国从日本引进了融资租赁的概念，以中国国际信托投资公司为主要股东，成立了中外合资的东方租赁有限公司和以国内金融机构为主体的中国租赁有限公司，用这种方法开展融资租赁业务，从国外引进先进的生产设备、管理、技术，改善产品质量，提高中国的出口能力。

1988 年，国内融资租赁业务发展到第一个顶峰，但在随后的时间里，由于租赁主体权责不明确、风险管理能力弱等问题，融资租赁遭遇系统性风险，如全行业承租人拖欠租金等，导致整个行业发展缓慢。在此背景下，我国开始加强融资租赁行业法律制度等方面的建设。近年来，国家吸取过去该行业发展中的经验教训，从注册资金门槛与企业试点资格控制两方面，对融资租赁行业发展进行宏观调控。因此在我国，融资租赁的经营活动是作为特许经营行业来管理对待的。自 2018 年 4 月 20 日起，商务部将制定融资租赁公司、商业保理公司、典当行业务经营和监管规则职责划给银保监会，银保监会自4月20日起履行相关职责，融资租赁行业的监管将更加严格。既然在我国融资租赁业务具有特许经营的性质，那么未取得融资租赁的资质是否会影响融资租赁合同的性质呢？笔者认为，应当从以下两方面进行评价：

1. 未取得融资租赁的资质并不影响合同的性质

融资租赁经营资质对融资租赁业务的影响，在最高人民法院层面存在三个规范性文件，分别为1996年5月27日颁布的《融资租赁合同规定》，1999年12月19日颁布的《合同法司法解释一》、2014年2月24日颁布的《融资租赁合同司法解释》。在《融资租赁合同司法解释》颁布之前，当事人未取得融资租赁经营资质，双方签订的融资租赁合同无效，如上海市第二中级人民法院（2011）沪二中民六（商）终字第184号海迪辰汽车租赁有限公司与上海恒盟汽车租赁有限公司租赁合同纠纷案。

2014年3月1日施行的《融资租赁合同司法解释》改变了《融资租赁合同规定》直接规定的合同无效情形，本着鼓励交易、维护市场稳定的目的，谨慎认定合同无效。在该司法解释施行后，人民法院改变了原来以出租人未取得融资租赁经营资质而认定合同无效的情形，在审理案件时，主要是通过考察双方之间交易结构是否符合融资租赁的特征来判定融资租赁关系是否存在，即便双方之间的交易不符合融资租赁特征，也应当以双方之间实际构成的法律关系进行审理。目前判断融资租赁合同是否有效，应根据《民法典》总则编第六章第三节以及合同编第三章的规定。

《合同法司法解释一》第4条规定："合同法实施以后，人民法院确认合同无效，应当以全国人大及其常委会制定的法律和国务院制定的行政法规为依据，不得以地方性法规、行政规章为依据。"《外商投资租赁业管理办法》《融资租赁企业监督管理办法》和《金融租赁公司管理办法》等分别规范了外商投资的融资租赁公司、内资试点的融资租赁公司以及金融租赁公司的行业准入、市场监管、注册资本的管理要求，并明确规定从事融资业务的企业均需要经过主管部门的审批。这些文件属于银监会或商务部发布的规范性文件，都属于部门规章，在效力层级上不足以否定融资租赁合同的效力。但合同有效不等于合规经营。

如上所述，即便出租人未取得融资租赁经营资质，如果其与承租人签订的合同交易模式符合融资租赁交易的特征，那么该行为属于《合同法司法解释一》第10条规定的超越经营范围问题，人民法院也应当按照融资租赁的法律规定及双方之间的合同约定作出裁判，不能因为超越经营范围认定合同无效。

2. 未取得融资租赁经营资质但长期从事融资租赁业务的法律评价

《融资租赁合同司法解释》施行后，法院不再直接以此认定合同无效，但这并不意味着从事融资租赁业务不需要取得特许经营资质。《外商投资租赁业管理办法》《融资租赁企业监督管理办法》和《金融租赁公司管理办法》等分别规范了外商投资的融资租赁公司、内资试点的融资租赁公司以及金融租赁公司的行业准入、市场监管、注册资本的管理要求，并明确规定从事融资业务企业均需要经过主管部门的审批。如企业长期在无资质的情况下从事融资业务，违反银监会及商务部监管规定从事融资租赁业务，仍属违规经营，有权部门仍可依照部门规章进行监管、纠正违规乃至处罚。若公司预备新三板挂牌或上市时，相关业务仍会被视为不合规而要求整改。

出租人若不具有融资租赁主体资质，还会带来税收上的麻烦。以内资试点融资租赁公司为例，实践中，省级区域内成立融资租赁企业，首先必须取得省级商务主管部门推荐同意后，再到工商部门注册登记获取工商法人执照。获取经营执照后，经省级商务部门上报国家商务部取得国家试点企业资格，才可以享受增值税优惠政策（营改增前是营业税优惠）。

在本案中，某建设机械有限公司虽不具有融资租赁业务的资质，却从事融资租赁业务。虽然上述情况并不影响《融资租赁合同》的法律性质和法律效力的认定，但如果该公司长期从事融资租赁业务却未能获得融资租赁资质，必然面临行政违法的法律风险。

六、租赁物因管理性规定而被禁止销售，融资租赁合同效力如何

——中成机械公司与苏某等融资租赁合同纠纷案①

关 键 词： 租赁物　禁止销售　合同效力

问题提出： 承租人以公告（管理性规定）禁止销售租赁物为由，主张融资租赁合同无效，如何认定？

---

① 一审法院为黑龙江省哈尔滨市中级人民法院，案号：（2014）哈民四商初字第37号；二审法院为黑龙江省高级人民法院，案号：（2016）黑民终95号。

裁判要旨： 涉案融资租赁合同为2012年5月签订。工信部2013年发布的《车辆生产企业及产品公告》（以下简称《公告》）并非效力性强制性规定，亦未禁止已销售的起重机使用，同时，该规定的效力不能溯及既往。故租赁物属于国家批准生产销售的产品，可以继续使用。承租人主张《融资租赁合同》无效及其依据合同无效而主张返还租金等缺乏依据。

案情简介

上诉人（一审被告、反诉原告）：苏某

被上诉人（一审原告、反诉被告）：中成机械公司

一审被告：杨某

一审被告：李某

一审第三人：徐工租赁公司

2012年5月14日，出租人徐工租赁公司（甲方）与承租人苏某（乙方）、出卖人中成机械公司（丙方）三方签订《融资租赁合同》一份，合同编号：XGRZ－01－201205－0267。合同第一条约定，甲方根据乙方对丙方和租赁设备的选择，向丙方购买租赁设备即徐工牌全地面汽车起重设备一台（型号：QAY260），单价为1150万元。第二条约定，设备租赁期限为自正式交付之日起48个月，即四十八期，首个月租金付款日为2012年7月1日。第三条约定，租赁设备的交付地点、时间、方式以及相关费用由乙方和丙方约定，除另有约定外，由丙方将租赁设备直接交付至乙方指定交付地点。租赁设备到达交付地点后即视为本合同项下的租赁设备交付完成。乙方有义务接收租赁设备，乙方因任何原因拒收设备所造成的损失，由乙方承担全部的责任。租赁设备正式交付后，无论因何种原因毁损、灭失的，均由乙方承担全部责任。第五条约定，乙方每月支付租金为251704元，本合同确定的月租金总额为12081792元，本合同确定的租金总额为13231792元。第六条约定，本合同租赁年利率为7.8%，除非另有说明，本合同项下的各种利率均以年利率表示，其换算为月利率按一年12个月折算，换算日利率时按一年360天折算；月利率换算日利率时按一月30天折算。第七条约定，承租期内，租赁设备的所有权属甲方，乙方仅有使用权。根据机动车辆上牌照管理规定，为方

便乙方使用，该租赁设备直接以乙方的名义上牌照，一切费用由乙方承担，但租赁设备所有权并不因此转移给乙方。租期届满后，若乙方能够按约支付租金，且无违约行为，甲方为乙方出具所有权转移证明后，设备所有权转移至乙方。第八条约定，租赁设备应当购买保险，保险费用由乙方承担。保险应注明第一受益人为甲方，保险单原件由甲方保存，待合同完全执行结束后统一移交给乙方。第十四条第二款约定，GPS定位系统的安装及使用费用每台5000元，由乙方承担。在租赁期内，GPS的监控由甲方行使。第十四条第三款约定，乙方发生拖欠租赁设备租金及其他应付款项超过5天的，甲方有权通过GPS定位系统对租赁设备进行断电，因租赁设备断电造成的一切损失由乙方自行承担。第十七条第一款约定，如乙方出现下列情形，属乙方根本性违约：1. 乙方拖欠应收租金及其他应付款项超过5日……如乙方出现上述违约行为，甲方有权停止设备运转、履约保证金不予退还，并采取下列措施（甲方有权选择）要求乙方承担违约责任并赔偿甲方全部损失……3. 单方停止设备的运转，由此造成的损失由乙方自行承担；4. 解除本合同，收回租赁设备……因乙方违约造成合同解除，收回设备时（除履约保证金作为违约金不予返还外），乙方还应继续承担拖欠的租金及逾期付款利息（计算至设备收回之日），且每日按照设备总金额的千分之一承担违约金（自拖欠租金之日计算，截至设备返还之日）。乙方无权就已付款项向甲方主张返还。第十七条第五款约定，因乙方违约造成甲方停止设备运转或收回设备，乙方承担因此产生的一切费用和后果（包括但不限于收回设备的运输费用及甲方通过合法途径维护甲方权益的评估费用、差旅费用、诉讼费用、律师代理费用、收回或处分租赁设备而发生的费用等）。

同日，徐工租赁公司与苏某签订《抵押担保合同》一份，约定为保证《融资租赁合同》的履行，苏某提供房产及五台吊车作为抵押物。同日，苏某与徐工租赁公司、李某签订《保证担保合同》一份，约定李某对苏某根据《融资租赁合同》向徐工租赁公司应偿还的设备租金、违约金等其他应付款项承担连带担保责任。同日，徐工租赁公司与苏某、李某签订《保证担保合同》一份，合同第二条约定李某对苏某应偿还的设备租金、违约金等其他应付款项承担连带责任。如苏某不按主合同的约定偿付设备租金及相应的费用，徐工租赁公司有权直接向李某追偿。当日，苏某向徐工租赁公司签署了承诺书，承诺：1. 严格按合同约定，若有违约行为，自愿接受合同中约定的违约责任。2. 若本单位（人）出现拖欠租金或相关费用的行为，出租人将相关权利转让给第三方后，第三方向本单位（人）追偿的，可在原告所在地人民法院管辖。同时签署《产品质量和售后服务确认书》，确认：1. 本产品为客户与制造厂协商确定，经客户指定选择本设备。2. 制造厂确认产品质量符合出厂标准，并按售后服务条款进行售后服务。3. 用户同意制造厂的质量和服务条款，并直接与厂商进行沟通，并享有索赔权，承诺不因产品质量和服务问题，而延期、减少或停止支付所欠租赁公司的租金等款项。

合同签订后，2012 年 7 月 1 日，苏某给付徐工租赁公司租金 251740 元。徐工租赁公司派人将车辆送到佳木斯市，苏某在《客车接车交接表》上签字，确认设备资料齐全。苏某在接收车辆后办理了相关牌照，并实际使用。2012 年 12 月 1 日，苏某给付徐工租赁公司租金 251740 元。2013 年 1 月 1 日，苏某给付徐工租赁公司租金 50000 元。

2013 年 9 月 30 日，徐工租赁公司（甲方）与中成机械公司（乙方）签订《合同权利转让协议书》，约定：1. 甲方在 2012 年 5 月 14 日与客户苏某签订《融资租赁合同》（合同编号：XGRZ－01－201205－0267），将型号为 QAY260 的徐工牌全地面起重机设备出租给客户。截至本协议签订之日，客户已经逾期支付租金 2718744 元，逾期租金产生利息 196321 元。2. 甲方现将上述合同所涉权利转让给乙方，转让的权利包括：收取租金的权利、与客户解除合同收回设备的权利、向客户追偿违约责任及损失的权利等（扣除履约保证金的权利除外）。3. 甲方将上述合同权利转让给乙方，乙方应自协议签订之日起十二个月内与甲方达成关于转让款以及转让款支付方式的书面协议。如果乙方在规定期限内未与甲方达成协议，该权利转让协议自始无效。在此期间产生的损失，由乙方承担。同时，徐工租赁公司为中成机械公司出具《合同权利转让证明》，证明合同权利转让给中成机械公司，中成机械公司享有向苏某追究违约责任的权利。同日，徐工租赁公司向苏某发出《权利转让通知书》，通知苏某权利已转移给中成机械公司，苏某可向中成机械公司履行合同义务。徐工租赁公司委托王某就《权利转让通知书》以特快专递的方式向苏某邮寄的情况向哈尔滨市松北区公证处申请公证，哈尔滨市松北公证处作出（2014）黑哈松证内经字第 285 号《公证书》。2014 年 2 月 26 日，中成机械公司与徐工租赁公司签订《协议》，约定：双方共同确认转让的待收租金数额为 11528384 元，逾期利息的数额按照《融资租赁合同》约定的方式计算，以实际产生为准，由中成机械公司承担，中成机械公司应于 2014 年 12 月 30 日前一次性向徐工租赁公司支付转让款 11528384 元以及实际产生的逾期利息。如中成机械公司未能按协议内容履行，将承担原《转让协议》约定的违约责任。

2014 年 3 月 13 日，中成机械公司将争议起重机从苏某处拉回，起重机至今仍在中成机械公司处保管。截至 2014 年 3 月，苏某拖欠租金（按每月 251704 元计算）共计为 3725560 元，迟延交纳租金所产生的罚息为 370611.01 元，合计 4096171.01 元。

中成机械公司提起诉讼，请求判令：1. 解除中成机械公司与苏某所签订的《融资租赁合同》；2. 苏某、杨某立即将型号为 QAY260 的徐工牌全地面汽车起重机返还给中成机械公司；3. 苏某、杨某向中成机械公司给付所拖欠的租金 3725560 元及迟延交纳租金所产生的罚息 370611.01 元，共计 4096171.01 元；4. 中成机械公司对苏某抵押的五台吊车拍卖、变卖的价款优先受偿；5. 李某承担连带担保责任；6. 律师费 5 万元及起重机设备拖回运费 5 万元（拖车费以实际发生为准）由苏某、杨某、李某共同承担。案件受理费由苏某、杨某、李某共同承担。

各方观点

中成机械公司观点：1. 《融资租赁合同》依法成立，合法有效。合同系双方达成合意后自愿签署，形式要件具备，内容合法，没有《合同法》第 52 条规定的情形。苏某主张合同无效，于法无据。2. 本案所涉及的徐工牌全地面起重机在工业与信息化部第 217 批公告、第 227 批公告中均已公告，公告总质量为 53230kg，该车在行驶状态不允许携带该车配备的臂端单滑轮、其中臂 3－7 节、副起重臂、所有平衡重、吊钩、副起升机构、副起升机构钢丝绳索具、前后活动支腿（含油缸等）。2012 年 11 月 6 日，中机车辆技术服务中心发布了《关于规范汽车起重机完整状态界定条件的通知》，该车自 2013 年 4 月 10 日起停止生产销售，但该车在此之前生产销售均属合法。3. 在签订《融资租赁合同》前，承租人先行签署了《风险告知书》。《风险告知书》明确约定，承租人不得因产品质量问题而停止支付租金，产品质量问题可以直接向制造商主张权益。同时签署《产品质量和售后服务确认书》，该确认书明确产品为客户与制造厂协商确定，经客户指定选择设备。用户同意制造厂的质量及服务条款，直接与厂商进行沟通，并享有索赔权，承诺不因产品质量和服务问题而延期、减少或停止向徐工租赁公司支付所欠租金。以上足以证明，苏某已明确知道因融资购买的产品，其产品质量责任由制造商承担，与承租人无关。《融资租赁合同》第一条第二款第一项约定，租赁设备及丙方由乙方自主选择，乙方对租赁设备的选择负全部责任，甲方不承担任何责任。4.《融资租赁合同》合法有效，苏某应当依法履行合同内容，支付拖欠租金。苏某提出的返还车辆租金及其他赔偿问题，没有法律依据。

苏某观点：双方之间的《融资租赁合同》无效，中成机械公司诉讼请求不成立，应予驳回。2012 年 5 月 14 日苏某与中成机械公司及徐工租赁公司三方共同签订《融资租赁合同》，约定由中成机械公司卖给苏某一台全地面起重机，由徐工租赁公司作为出租人。依照合同约定，苏某向徐工租赁公司交纳了车辆首付款，徐工租赁公司派人将车送到佳木斯市交给苏某。苏某收车后持车辆相关手续找当地车辆代办人员将此车落户。车的登记重量为 53 吨，而实车实重为 70 吨，车辆实重已超过国家允许的最大车辆自重，这样的车型没有特别手续是不允许上路的。苏某才知道当时中成机械公司出卖给苏某的车辆属于没有经过国家公告的车型，但为了弥补损失只好强行经营。后车辆多次出现质量问题，该车辆没经过国家公告无法使用，导致苏某与案外人签订的施工合同无法履行，直接经济损失为 884000 元。苏某多次到徐工租赁公司反映此车问题并要求退车，徐工租赁公司说退车可以，但还应按照合同交纳车辆租金，最终未达成退车协议。中成机械公司于 2014 年 3 月 13 日将苏某保管的争议车辆强行抢回。故苏某提出反诉，请求：1. 苏某与中成机械公司签订的《融资租赁合同》无效；2. 返还苏某已交车辆租金和其他费用 2293408 元及利息 402493.09 元；3. 赔偿苏某损失 884000 元；4. 赔偿维权支出费用 130000 元。

徐工租赁公司观点：1. 徐工租赁公司 2012 年 5 月与苏某签订《融资租赁合同》，将起重机租赁给苏某，合同系双方真实意思表示，自签订之日成立并生效。合同签订后，徐工租赁公司依约履行了合同，但苏某在提取设备后，并未按合同约定支付租金。2014 年 9 月 30 日，徐工租赁公司将该合同项下权利转让给中成机械公司。2. 依据融资租赁的性质，出租人根据承租人对出卖人、租赁物的选择，向出卖人购买租赁物，提供给承租人使用。对租赁物不符合约定或者不符合使用目的的，承租人不承担责任。《融资租赁合同》约定"自租赁物设备交付之日起，租赁设备在质量保证期间出现的任何质量或权利瑕疵时，甲方不承担任何责任"，因此在苏某以设备存在质量问题提出反诉的诉讼中，徐工租赁公司不应承担任何责任。

法院观点

一审法院观点：

案涉《融资租赁合同》系各方当事人的真实意思表示，不违反相关法律规定，合法有效。徐工租赁公司按合同约定向苏某交付了起重机，苏某亦实际接收并办理牌照进行使用。苏某虽主张合同约定起重机的质量为53吨，而实际交付起重机的质量为70吨，不符合国家公告的车辆型号，但苏某签署了《风险告知书》《承诺书》《产品质量和售后服务确认书》，且苏某在签署《客车接车交接表》时并未提出异议。根据中机车辆技术服务中心下发的中机函〔2012〕209号《关于规范汽车起重机完整状态界定条件的通知》（以下简称《起重机完整状态界定通知》）规定，汽车起重机专用装置结构必须包括主吊臂（包括基本臂和伸缩臂）、转台、固定平衡重等；汽车起重机专用装置结构可不包括活动平衡重、副臂、活动支腿、钢丝绳、吊钩以及液压油等。而案涉起重机在不包括副臂、吊钩等设备时符合合同约定的自重55吨车型。苏某虽主张案涉起重机实际自重70吨超过限制上路的上限吨数，但《提示书》已明确该起重机属于特种车辆，需要办理特种设备使用许可证，且该《提示书》对车辆行驶状态不允许携带的相应部分配件亦详细载明，故苏某主张车辆不符合合同约定且未经公告，导致合同无效的反诉请求不予支持。

二审法院观点：

案涉《融资租赁合同》系各方当事人的真实意思表示，其内容并不违反法律、行政法规的效力性强制性规定，且无导致合同无效的其他情形，一审判决认定合法有效正确。本案中，案涉《融资租赁合同》系苏某与中成机械公司、徐工租赁公司于2012年5月14日签订，而工信部在此之前即2011年10月20日已发布公告允许生产销售该型号起重机，根据《关于完善车辆生产企业及产品公告管理有关事项的通知》的规定，产品有效期限是指车辆产品从《公告》公布之日起至《公告》公布撤销之日止。在此有效期内，车辆产品为国家批准的产品。工信部虽于2013年4月10日以案涉起重机不符合《公告》管理规定为由发布停止生产销售的《公告》，但该《公告》并非效力性强制性规定，亦未禁止已销售的起重机使用，其效力不能溯及既往，故案涉起重机属于国家批准生产销售的产品，可以继续使用。虽然苏某主张《公告》中未对起重机在道路行驶状态下应拆卸部件予以注明，进而导致案涉起重机在道路行驶时被交通管理部门以自重与《公告》的总质量不符而予查扣，但其并未提供足以证明案涉起重机被交通管理部门查扣的相关证据，且中机车辆技术服务中心于2012年11月6日作出的《起重机完整状态界定通知》系管理性文件，亦非强制性规定，该通知对之前的《公告》内容亦不具有溯及力。而案涉《提示书》已就此类起重机在道路行驶状态下不允许携带的相关部件向苏某履行了告知义务，苏某业已在该《提示书》上签字并捺手印，并签署了《风险告知书》《承诺书》《产品质量和售后服务确认书》等相关文件，应当视为苏某对案涉起重机在道路行驶状态下应当拆卸前述相关部件是明知的，如其未按《提示书》《承诺书》等文件要求使用案涉起重机，所造成的后果应由其自行承担。因此，苏某主张案涉《融资租赁合同》无效及其依据合同无效、请求返还租金和赔偿各项损失缺乏事实根据和法律依据。综上所述，苏某的上诉请求不能成立，应予驳回；一审判决认定事实清楚，适用法律正确，应予维持。二审法院依照《民事诉讼法》第170条第1款第1项规定，判决如下：驳回上诉，维持原判。

法官评析

国家相关法律法规或各层级的规范性文件对租赁物流转有多种多样的限制或审批，如何判断这些规定对融资租赁合同效力的影响，法律并没有统一明确的规定，实践中标准也不一。

1. 违反法律、行政法规的合同效力识别的历史沿革

我国民法学理论界和实务界对合同效力的认识，可以说是逐步深化的。原《合同法》第52条规定，违反法律、行政法规的强制性规定，合同无效。该规定明确人民法院确认合同无效，应当以全国人大及其常委会制定的法律和国务院制定的行政法规为依据，不得以地方性法规、行政规章等为依据。随后，《合同法司法解释二》进一步将强制性规定界定为效力性强制性规定，限缩了合同无效的范围。但是实践中，如何准确区分效力性强制性规定与管理性强制性规定仍未能形成一致的裁量标准。之后，根据实践的发展，《最高人民法院关于当前形势下审理民商事合同纠纷案件若干问题的指导意见》第15条再次对效力性强制性规定进行了强调和细化。《民法典》第153条第1款尽管没有采纳效力性强制和管理性强制的概念，但是规定"该强制性规定不导致该民事法律行为无效的除外"。可见，上述法律沿革总体贯彻了尊重民事权利主体合同自由、减少国家干预并限制合同无效范围的基本思路和发展趋势。

对此，笔者认为，正确理解识别强制性规范，不仅关系到融资租赁合同效力的维护，也影响融资租赁交易的安全及行业的长远发展。对于可以导致融资租赁合同无效的强制性规定的认定，应当综合判断，即结合立法目的、权益种类、交易安全和规制对象等多种因素考量。

一般而言，在肯定性识别上，首要的判断标准是该强制性规定是否明确规定了违反的后果是合同无效，如果明确规定了违反的后果是合同无效，则该规定属于效力性强制性规定。同时，法律、行政法规虽然没有规定违反该规定将导致合同无效，但违反该规定使合同继续有效将损害国家利益和公序良俗，也应当认定该规定是效力性强制性规定。在否定性识别上，如果法律、行政法规的强制性规定仅关系合同主体的利益或者仅是为了行政管理的需要，一般都不属于效力性强制性规定。具体来说，首先，从立法目的看，若该强制性规定是为了实现管理的需要而设置的，并非针对行为内容本身，则可认定不属于效力性强制性规定。其次，从强制性规定的调整对象来判断，效力性强制性规定针对的都是行为内容，而管理性强制性规定很多时候单纯限制的是主体的行为资格。

2. 安全审定类的强制性法律规范，应该属于管理性强制性规定

本案中汽车起重机作为租赁物涉嫌违反《公告》及相关规定，该规定是效力性强制性规定还是管理性强制性规定呢？我们认为，对于强制性规定性质的认定应按照上述的方法从立法目的等出发综合判断。

2004年7月1日，《国务院对确需保留的行政审批项目设定行政许可的决定》依照《行政许可法》和行政审批制度改革的有关规定，对国务院所属各部门的行政审批项目进行了全面清理，对“道路机动车辆生产企业及产品公告”决定予以保留并设定行政许可。

2004年5月21日，国务院批准《汽车产业发展政策》，规定统一的道路机动车辆生产企业和产品的准入管理制度，符合准入管理制度规定和相关法规、技术规范的强制性要求并通过强制性产品认证的道路机动车辆产品，登录《公告》，由国家发展改革委和国家质检总局联合发布。

2006年7月28日，国家发展改革委发布《关于完善车辆生产企业及产品公告管理有关事项的通知》，该通知明确为加强车辆生产企业及产品管理工作，对《公告》管理流程进行适当调整，加强生产一致性管理。

2009年6月18日，根据《国务院对确需保留的行政审批项目设定行政许可的决定》和《汽车产业发展政策》的有关规定，工业和信息化部制定了

《专用汽车和挂车生产企业及产品准入管理规则》。可见，汽车起重机作为专用汽车，我国对其实行道路机动车辆产品准入管理，《公告》及相关规定规范性文件就是落实准入管理的具体制度，该制度应当属于法律行政法规中的管理性强制性规定，不能作为判断合同效力的依据。具体原因分析如下：

首先，道路机动车辆产品准入管理制度效力层级上属于行政法规设立的行政许可范围。《行政许可法》第14条规定，尚未制定法律的，行政法规可以设定行政许可。必要时，国务院可以采用发布决定的方式设定行政许可。道路机动车辆产品准入管理制度正是依照《国务院对确需保留的行政审批项目设定行政许可的决定》设立并由《汽车产业发展政策》《专用汽车和挂车生产企业及产品准入管理规则》等文件细化落实的行政许可。

其次，道路机动车辆产品准入管理制度属于管理性强制性规定。从立法目的看，上述制度只是为了行政管理的需要，提高产品质量和安全，促进汽车产业的技术进步，并非针对产品买卖；从调整对象来判断，也主要是针对产品的检验、检测、检疫本身，即生产、销售的物品必须经过检验、检测、检疫，以确保其产品质量，并不指向以需检验、检测和检疫的物品为标的的买卖合同，买卖合同并不受该类强制性规范的约束；从法律后果角度看，如果违反该类强制性规范，对买卖合同来说，出卖人交付给买受人的物品是一个未经检验、检测和检疫的瑕疵物品，不符合当事人约定的或国家、行业要求的质量标准，应适用《民法典》关于买卖合同瑕疵担保的责任规则；从法律规定考察，违反该类强制性规范的后果，行政法规有明确的规定，由行政主管或行业主管部门给予行政处罚，没有必要否定民事合同的效力。

所以，上述安全审定类的强制性法律规定，应该属于管理性强制性规定，而非效力性强制性规定。

需要注意的是，本案中《公告》并不是一项具体的法律法规，而是一项行政许可的名称，其具体规定散见于《国务院对确需保留的行政审批项目设定行政许可的决定》《行政许可法》《专用汽车、挂车生产企业及产品准入管理规则》等，实践中应综合分析该规范性文件的效力层级及内容、立法目的等。同时，国家发展改革委《关于完善车辆生产企业及产品公告管理有关事项的通知》也已经失效。这些都是民事诉讼中经常忽视的地方。

七、如何界定融资租赁公司为了筹集资金而签订的《融资租赁资产收益权转让服务协议》的法律性质

——三某度公司与某基宏融资租赁公司等合同纠纷案①

关 键 词： 资产收益权　服务协议　民间借贷

问题提出： 何为融资租赁资产收益权？如何界定融资租赁公司为了筹集资金而签订的《融资租赁资产收益权转让服务协议》的法律性质？

裁判要旨： 名为《融资租赁资产收益权转让服务协议》，实为民间借贷法律关系的，利息、逾期利息应依照《民间借贷司法解释》规定处理。

案情简介

原告：三某度公司

被告：某基宏融资租赁公司

被告：某基宏供应链公司

被告：黄某玲

第三人：某纳资产公司

2014年3月22日，三某度公司与某纳资产公司签署《投资服务协议》，约定：三某度公司委托某纳资产公司作为其投资服务方，为三某度公司提供投资服务，三某度公司用于投资并委托某纳资产公司提供服务的资金不超过30000000元，具体金额以实际支付为准；三某度公司目标年收益为实际交付及委托资金的14.4%（即月利率1.2%），收益按月支付给三某度公司。

同年9月2日，某纳资产公司与某基宏融资租赁公司签订《融资租赁资产收益权转让服务协议》（以下简称《资产收益权转让协议》），约定：某基宏融资租赁公司拟转让金额不超过25000000元的融资租赁资产收益权进行融资，委托某纳资产公司在上述收益权产品的转让交易中提供相关服务；产品

① 审理法院为广东省深圳前海合作区人民法院，案号：（2015）深前法商初字第133号。

年利率为16.8%（月利率1.4%），按月付息，到期还本；某纳资产公司将展开对本协议项下产品的市场推广工作，某纳资产公司通过自己或第三方机构合作的渠道启动对产品的认购；每期产品认购完成，某基宏融资租赁公司与某纳资产公司进行确认后某纳资产公司将资金转入某基宏融资租赁公司指定的账户；某基宏融资租赁公司按约偿还所有本金、利息后，涉及融资租赁资产收益权转让的相关协议立即失效终止；产品从资金到账第二日起开始计息，按月计息，产品到期时某基宏融资租赁公司应一次性偿还本金及最后一期利息；如未能按照上述约定还本付息的，需支付逾期利息，按逾期天数、逾期金额，以每日0.1%的标准计算；某基宏融资租赁公司未能履行本协议项下产品的还本付息义务，某纳资产公司可根据投资人的委托向某基宏融资租赁公司进行求偿。

同日，某基宏供应链公司、黄某玲分别为某基宏融资租赁公司与某纳资产公司签订的《资产收益权转让协议》出具《担保函》，承诺对某基宏融资租赁公司在上述协议项下的还本付息义务提供连带保证责任。

9月11日至10月23日，某纳资产公司分三次向某基宏融资租赁公司指定账户支付14760000元。

2015年8月1日，某纳资产公司向三某度公司出具《投资资金确认函》，确认：根据双方签订的《投资服务协议》，自2014年6月11日至2014年10月22日，某纳资产公司共收到三某度公司委托投资款27780346.3元，其中14760000元投资于某基宏融资租赁公司发行、深圳市金某联融资担保有限公司担保的融资租赁资产收益权产品。年利率16.8%，期限6个月，计息日为投资日次日。

三某度公司请求法院依法判决：1. 被告某基宏融资租赁公司向原告返还投资本金人民币14760000元；2. 被告某基宏融资租赁公司向原告支付利息暂计10000元；3. 被告某基宏融资租赁公司向原告支付逾期利息暂计10000元；4. 判令被告某基宏供应链公司、黄某玲对被告某基宏融资租赁公司的上述债务承担连带清偿责任；5. 请求判令三被告承担本案诉讼费用。

各方观点

三某度公司观点：某基宏融资租赁公司、某基宏供应链公司、黄某玲未能依约定、依承诺向三某度公司偿还本金、利息，违反合同约定，侵害了三某度公司的合法权益。请求依法判决：1. 某基宏融资租赁公司向三某度公司返还投资本金14760000元；2. 某基宏融资租赁公司向三某度公司支付利息；3. 某基宏融资租赁公司向三某度公司支付逾期利息；4. 某基宏供应链公司、黄某玲对某基宏融资租赁公司上述债务承担连带清偿责任；5. 某基宏融资租赁公司、某基宏供应链公司、黄某玲承担本案诉讼费用。

某基宏融资租赁公司、某基宏供应链公司、黄某玲观点：1. 三某度公司与某基宏融资租赁公司、某基宏供应链公司、黄某玲之间没有任何法律关系，请求依法驳回三某度公司的诉求；2. 某基宏融资租赁公司与某纳资产公司虽签订了《资产收益权转让协议》，但并没有实际的转让关系，双方只存在14760000元的资金往来关系，某基宏供应链公司、黄某玲并没有对该资金往来关系提供担保，无需承担担保责任。

法院观点

三某度公司与某纳资产公司签订的《投资服务协议》、某纳资产公司与某基宏融资租赁公司签订《资产收益权转让协议》均系当事人的真实意思表示，内容合法有效，双方均应依约履行义务。

关于本案诉讼主体问题。三某度公司与某纳资产公司因签订《投资服务协议》成立委托合同关系，三某度公司系委托人，某纳资产公司系受托人。某基宏融资租赁公司未履行《资产收益权转让协议》约定义务，三某度公司作为委托人可依照《合同法》第403条[①]规定，行使某纳资产公司的相应权利。

关于本案实体处理问题。某基宏融资租赁公司未依照涉案《资产收益权转让协议》约定期限履行还本付息义务，构成违约，依法应承担违约责任，其应向三某度公司偿还款项本金14240000元。《资产收益权转让协议》实质上系民间借贷关系，有关利息、逾期利息应按照《民间借贷司法解释》计算，三某度公司请求按照《资产收益权转让协议》约定的利息、逾期利息计算，但该协议约定的利息、逾期利息累计已超过年利率24%的计算标准，对于超过部分法律不予保护。三某度公司诉请某基宏融资租赁公司支付截至起诉之日即2015年9月30日止的利息、逾期利息金额共计20000元，符合法律规定；对于2015年10月1日之后的利息，应以14240000元为本金，按照年利率24%标准计算，计至实际付清之日。某基宏供应链公司、黄某玲自愿为

---

① 对应《民法典》第926条。

《资产收益权转让协议》项下某基宏融资租赁公司的还本付息义务提供连带保证责任，应依法承担连带清偿责任。

法院判决：一、某基宏融资租赁公司应于判决生效之日起十日内向三某度公司支付本金14240000元；二、某基宏融资租赁公司应于判决生效之日起十日内向三某度公司支付利息（截至2015年9月30日止的利息20000元；之后利息以14240000元为基数，按年利率24%标准，自2015年10月1日起计算至实际履行之日止）；三、某基宏供应链公司、黄某玲对某基宏融资租赁公司的上述债务承担连带清偿责任；四、驳回三某度公司的其他诉讼请求。

法官评析

1. 融资租赁资产收益权的法律性质分析

《民法典》第116条规定“物权的种类和内容，由法律规定”，明确了物权法定原则。目前，全国人大及其常委会制定的法律中尚无资产收益权的规定，仅在最高人民法院制定的《担保法司法解释》第97条中规定了“以公路桥梁、公路隧道或者公路渡口等不动产收益权出质的，按照担保法第七十五条第（四）项[①]的规定处理”，该司法解释将部分不动产收益权纳入《担保法》权利质押的范围。

虽然法律并未明确规定资产收益权及其转让的权利义务内容，但是资产收益权转让实际促进了市场交易，提高了资产利用效率，实现了社会资源的优化配置，故而我国金融市场已经开展了较长时间的与资产收益权相关的业务。2016年，银行业信贷资产登记流转中心印发了《银行业信贷资产登记流转中心信贷资产收益权转让业务规则（试行）》，对于信贷资产收益权作出了定义，即指获取信贷资产所对应的本金、利息和其他约定款项的权利。这也是金融管理部门首次对资产收益权作出完整的定义。

对于资产收益权的法律性质，主要有三种观点：一是认为资产收益权属于所有权范畴，是其中的收益权能，仅是将原名称“收益”更换为“收益权”。二是认为资产收益权属于担保物权范畴，参照《担保法司法解释》第97条规定，将资产收益权列入权利质押的范围；三是认为资产收益权属于债权的一种，理由为资产收益权的权利义务主体通常是非常具体和确定的个人，除资产收益权交易法律关系当事人外，资产收益权的实现不会影响到其他人，

---

① 对应《民法典》第440条第7项。

资产收益权的履行多表现为债务履行。

我们认为，资产收益权不属于物权范畴：一是依照物权法定原则，物权的种类、内容均由法律规定，不能自由创设。我国法律并未规定资产收益权的权利类型，故其不属于物权；二是收益权不等同于收益权能，二者是两个独立概念。收益权是一项具体的权利，是一种概括性的权利，是依据基础法律关系所形成的所有权利的综合。收益权能作为所有权的一项权能，是与占有权能、使用权能、处分权能共同组成所有权的一项具体权能，也是所有权实现的具体表现方式。通过排除可知，资产收益权应属于债权的一种，具有债权属性。理由在于资产收益权核心在于“收益”，通常不具有人身色彩，而具有比较明显的财产权利属性，依法可以作为交易客体。融资租赁资产权利本身含有包括收益权能在内的多项权能，权利人可以将其中一项或多项权能转让给他人行使，而融资租赁资产收益权作为一种债权，转让行为之性质与资产转让存在根本差异。因此，资产收益权应定性为债权，其处置应当参考债权转让的相关原理，不宜按照物权方式进行处置。

最高人民法院以判决形式采纳了上述观点，(2016) 最高法民终 215 号民事判决理由部分论述道，“作为约定权利的特定资产收益权不宜作为物权的权利客体。除了物权法定原则之外，我国法律对其他财产性权利并未禁止。而债权虽为相对权，但其内部亦存在多项权能可以明确分辨，这就为其权能与权利的分离提供了基础”。

2. 融资租赁资产收益权转让合同的法律性质分析

针对融资租赁资产所产生的收益权交易，合同核心内容应以基础财产权利即融资租赁资产所产生收益为基础，是通过合同关系创设的一种新的债权债务关系，其本质在于“收益”，即获取基于融资租赁资产而产生的经济利益的可能性，包括本金、利息等资金利益。收益权虽然依附于融资租赁资产，甚至收益权与融资租赁资产在内涵与价值上高度重叠，但在各方主体选择以收益权作为交易标的的情形下，各方并无转让和受让融资租赁资产的意思表示。需要指出的是，此类交易并未转移融资租赁中出租人对承租人的权利，即融资租赁资产收益权转让法律关系与承租人无关，融资租赁收益权转让之后，融资租赁公司仍是融资租赁法律关系一方主体，其融资租赁出租人、租赁物所有权人的地位并未发生改变；融资租赁公司不负有将转让事宜通知承租人的义务，承租人仍负有向融资租赁公司支付租金的义务。目前司法判例均认定投资人仅享有租金收益请求权，合同性质属于民间借贷合同。

本案中，涉案《资产收益权转让协议》约定了由某基宏融资租赁公司对产品的真实性及合法性负责，在某基宏融资租赁公司按约偿还本金和利息后，产品的基础资产及其收益权仍为某基宏融资租赁公司所有等内容，表面看来具备真实融资租赁物作为底层资产。然而，双方未就租赁物进行特定化约定，无充分证据证明存在特定的租赁物，并且实际转让了租赁物的相应权益。因此，本案没有确定的、客观存在的租赁物，亦无租赁物相应权益的转移，仅有资金的融通，不构成融资租赁合同关系。

3. 融资租赁债权转让与收益权转让的辨析

与融资租赁资产收益权转让不同，债权转让的债权受让方（投资人）与债权转让方（融资租赁公司）签订债权转让合同，融资租赁公司将其享有的租赁债权及租赁物所有权一并转让给投资人，投资人支付转让款。在债权转让模式之中，融资租赁公司对承租人租金债权已经转让，融资租赁公司退出原有的融资租赁法律关系，租赁债权的购买人成为新的债权人，依法享有对承租人的租金债权。

近年来，借助P2P平台、资管计划、信托公司信托计划、私募基金等方式筹集资金后，投资人（可能为某资管计划、信托计划甚至私募基金如有限合伙等主体形式）以该笔资金购买融资租赁公司的租金债权，融资租赁公司通过出售租金债权获得融资，众多个人投资者通过购买或认购P2P平台产品、资管计划、信托计划、私募基金等间接成为融资租赁中新的债权人。此种交易模式的实质为债权拆分转让。

债权拆分转让是融资租赁公司将对承租人的单一债权根据投资者人数拆分多个债权，使债权份数与投资人数匹配，本质是在对债权拆分重组后将其转让给大众投资者。现实中，由于信托计划、资管计划、P2P平台资产计划、私募基金等可登记、可交易的性质，实质是将租金产生的债权变为了证券，即通过第三方机构将租金债权的拆分重组变为了更容易流通和交易的金融产品。在我国现行的《证券法》中，证券的范围仅仅包括上市股份公司的股票、符合条件公司发行的公司债券或者企业债券、政府债券与证券投资基金份额，有限责任公司的股权、信托计划、有限合伙份额、债权拆分份额等均未纳入证券的范围，因此不存在所谓的债权拆分转让为证券发行行为的问题。我国合法的融资租赁资产证券化产品是通过证券公司以具备风险隔离特征的资管计划SPV受让融资租赁公司债权，并在交易所发行、交易的融资租赁债权资产支持证券，即融资租赁ABS。

八、租赁物为未取得商品房预售许可证明的商品房，能否成立融资租赁法律关系

——国泰租赁公司与鑫海投资公司等企业借贷纠纷案①

关 键 词：融资租赁合同　企业借贷　商品房　预售许可证明

问题提出：售后回租的租赁物属于商品房且未取得商品房预售许可证明，能否据此否认成立融资租赁合同关系？

裁判要旨：融资租赁合同具有"融资""融物"双重属性，如无实际租赁物，或者租赁物所有权未从出卖人处转移至出租人，或者租赁物转让价值明显偏低而无法担保租赁债权，应认定该类合同没有融物属性，系以融资租赁之名行借贷之实。

案情简介

上诉人（一审被告）：鑫海投资公司

上诉人（一审被告）：鑫海担保公司

被上诉人（一审原告）：国泰租赁公司

一审被告：三威置业公司

一审被告：张甲

一审被告：张乙

2011年7月12日，国泰租赁公司与三威置业公司签订《融资租赁合同》，约定三威置业公司将"大地锐成"项目137套商品房所有权转让给国泰租赁公司，然后回租该商品房，融资金额100000000元，租赁年利率20%，租金总额105001000元（含1000元名义价款），租赁期限自2011年7月12日起至2011年10月12日止；租赁期内，若遇人民银行基准利率上调，国泰租赁公司将对租赁利率作出等额上调；自本合同签订之日起90日内，三威置业公司应会同国泰租赁公司到房地产主管部门办理网签手续，否则视为三威置业公

① 一审法院为山东省高级人民法院，案号：（2013）鲁商初字第33号；二审法院为最高人民法院，案号：（2014）民二终字第109号。

司违约；本合同签订后，国泰租赁公司向三威置业公司履行支付购房款义务；三威置业公司付清租金等款项后，本合同项下租赁物由三威置业公司按1000元名义价款留购。

同日，国泰租赁公司与鑫海投资公司、鑫海担保公司签订《保证合同》。约定鑫海担保公司、鑫海投资公司同意就三威置业公司在《融资租赁合同》项下对国泰租赁公司所负的全部债务提供不可撤销的连带责任保证。三威置业公司法定代表人张甲和公司股东张乙出具个人担保声明书，自愿就三威置业公司合同项下债务承担连带责任保证。

同日，国泰租赁公司即将100000000元通过网银打入三威置业公司的账户。

涉案的租赁物为大地锐城小区的2、4、6号楼盘中的137套商品房，共计19582.58平方米。大地锐城小区原规划超过了规划部门的建设要求。济南市城市管理行政执法局依法认定2、4、6号楼属于超规划建设的违章建筑，责令三威置业公司立即停止违法建设。2013年8月14日，济南市规划局向三威置业公司下发对超面积予以规划确认的复函，对大地锐城项目中住宅建设现状及超面积部分予以规划确认。涉案的租赁物至今未取得预售许可证。

2011年12月26日，国泰租赁公司与张甲签订《质押合同》，约定张甲以其所持三威置业公司49%股权就上述合同项下债务提供质押担保，并在山东省工商行政管理局办理了股权出质设立登记。

协议履行过程中，三威置业公司共支付6330000元（其中5000000元为租赁期限内支付，其余为展期期间支付），2011年12月20日的补偿协议到期后，三威置业公司未再支付租金或租息。

一审审理过程中，国泰租赁公司与三威置业公司达成《协议》：三威置业公司欠付国泰租赁公司借款及利息、违约金的总金额按如下方式确定：合同期限内（2011年7月12日至2011年10月12日），以借款本金100000000元为基数，以合同约定年利率20%计算利息；合同期满后，即2011年10月13日以后，以借款本金100000000元为基数，以年利率10%计算利息。三威置业公司已向国泰租赁公司付清融资合同期限内（2011年7月12日至2011年10月12日）的利息5000000元，并已支付合同期满后即2011年10月13日后的利息1330000元。

国泰租赁公司提出诉讼请求：1. 三威置业公司向国泰租赁公司支付租金147228296.2元及逾期租金占用利息、违约金（暂计至2013年8月31日为7356937.14元）；2. 三威置业公司赔偿国泰租赁公司因本案支付的律师费；

3. 鑫海投资公司、鑫海担保公司、张甲、张乙对第一、二项请求承担连带清偿责任；4. 国泰租赁公司对张甲所持有的三威置业公司49%股权享有优先受偿权；5. 三威置业公司、鑫海投资公司、鑫海担保公司、张甲、张乙承担本案全部诉讼费用。

各方观点

国泰租赁公司观点：涉案《融资租赁合同》应认定为企业间借贷法律关系。国泰租赁公司的真实意思表示是以融资租赁方式向三威置业公司提供融资，而非直接放贷获取非法高额利息，不存在以合法形式掩盖非法目的的情形。国泰租赁公司不以发放贷款为主业，不以放贷收益作为主要利润来源，亦从未直接对外发放贷款，不属于违反国家金融管制的强制性规定情形。涉案《融资租赁合同》系双方当事人真实意思表示，未违反法律、行政法规的强制性规定，应认定为合法有效。

三威置业公司观点：涉案《融资租赁合同》系以合法形式掩盖非法目的，名为融资租赁合同，实为企业间借贷合同，依法应认定为无效合同。国泰租赁公司主张的利息、逾期利息、违约金等过高，依法应予减免。

鑫海投资公司观点：国泰租赁公司与三威置业公司签订的《融资租赁合同》实为企业间违规借贷合同。主合同无效，作为鑫海投资公司与国泰租赁公司之间从合同的保证合同也无效。鑫海投资公司对此无过错，不应承担担保责任。

鑫海担保公司、张甲、张乙观点与鑫海投资公司一致。

法院观点

一审法院观点：

关于本案合同的性质及效力问题。根据《融资租赁合同司法解释》第1条规定，人民法院应根据《合同法》第237条[①]规定，结合标的物的性质、价值、租金的构成以及当事人的合同权利义务，对是否构成融资租赁法律关系作出认定。对名为融资租赁合同，但实际上不构成融资租赁法律关系的，人民法院应按照实际构成的法律关系处理。《合同法》第237条[②]规定，融资租

① 对应《民法典》第735条。
② 对应《民法典》第735条。

赁合同是出租人根据承租人对出卖人、租赁物的选择，向出卖人购买租赁物，提供给承租人使用，承租人支付租金的合同。从该规定对融资租赁合同的定义中可以看出，融资租赁合同具有融资与融物相结合的特点，融资租赁关系中包括两个交易行为，一是供货人和出租人之间的买卖合同，二是承租人与出租人之间的租赁合同。两个合同相互结合，构成了融资租赁合同。山东省高级人民法院结合以上规定，对涉案合同性质分析如下：第一，本案出租人对租赁物并未实际享有所有权。本案中，虽有国泰租赁公司购买三威置业公司租赁物——商品房约定，但签订融资租赁合同时，涉案租赁物137套商品房尚属违章建筑，也未取得预售许可证，该租赁物的所有权无法转移给出租人（或买受人），事实上该租赁物所有权至今也未转移给国泰租赁公司。第二，涉案租赁物的价值与租金差异较大，买卖合同并不实际存在。国泰租赁公司所购的137套19582.58平方米的商品房，按照当时当地的同类型房价，该137套商品房价值不会低于1.6亿元，而合同约定的购房款为1亿元，该买卖合同并不是等价交换。因此，国泰租赁公司与三威置业公司之间并不存在真正的买卖合同交易行为。第三，涉案合同事实上不存在真实的租赁合同法律关系。《合同法》第212条[①]规定，租赁合同是出租人将租赁物交付给承租人使用、收益，承租人支付租金的合同。本案中所谓租赁物商品房的产权所有人是三威置业公司，三威置业公司单方对自己所属的商品房不可能产生租赁关系。一般情况下，融资租赁中的租金体现租赁物的价值。而本案的所谓租赁物的价值不低于1.6亿元，而合同约定的租金为1.05亿元，其租金并不能真正体现租赁物的价值。再结合本案租赁物商品房（住宅）的特性，三威置业公司回租该租赁物既无法使用，也无法通过占有、使用而取得收益。故本案当事人签订的合同，形式上虽有租赁条款的约定，但事实上并不存在租赁合同法律关系。第四，涉案合同名为融资租赁合同，实为资金借贷合同。合同中约定，国泰租赁公司付给三威置业公司1亿元，三威置业公司依据20%的年利率向国泰租赁公司支付租金，若遇人民银行基准利率上调，国泰租赁公司将对租赁利率作出等额上调，即双方实际上是“借钱还钱”关系。根据上述约定再结合该院前面的分析意见，本案所述主合同仅是单纯的融资，不存在融物。国泰租赁公司与三威置业公司之间是借贷关系。即本案合同的性质是名为融资租赁实为企业间借贷。

---

① 对应《民法典》第703条。

关于涉案合同的效力问题。国泰租赁公司作为商务部批准的融资租赁公司，三威置业公司等没有证据证明国泰租赁公司以发放贷款为主要业务，不符合无效的情形。况且，国泰租赁公司与三威置业公司的借贷行为，不违反法律法规强制性规定，涉案主合同为有效合同。鑫海投资公司、鑫海担保公司等辩称该合同及补充协议无效的理由不能成立，该院不予支持。

一审法院判决：一、三威置业公司于判决生效之日起十日内向国泰租赁公司支付借款本金100000000元及利息（2011年7月12日至2011年10月12日，以借款本金100000000元为基数，以合同约定年利率20%计算，2011年10月13日至判决生效之日，以借款本金100000000元为基数，以年利率10%计算，并扣除6330000元已付利息）；二、三威置业公司于判决生效之日起十日内向国泰租赁公司支付实现债权的费用592213元；三、鑫海投资公司、鑫海担保公司、张甲、张乙对三威置业公司上述一、二项债务承担连带责任；四、三威置业公司不履行上述一、二项债务时，国泰租赁公司有权对张甲所持有的三威置业公司49%的股权折价、或者以拍卖、变卖的价款优先受偿；五、驳回国泰租赁公司其他诉讼请求；六、鑫海投资公司、鑫海担保公司、张甲、张乙承担担保责任后，有权向三威置业公司追偿。

二审法院观点：

关于案涉《融资租赁合同》的性质及效力问题，融资租赁合同与其他类似合同相比具有以下特征：一是通常涉及三方合同主体（即出租人、承租人、出卖人）并由两个合同构成（即出租人与承租人之间的融资租赁合同以及出租人与出卖人就租赁物签订的买卖合同）；二是出租人根据承租人对出卖人和租赁物的选择购买租赁物；三是租赁物的所有权在租赁期间归出租人享有，租赁物起物权担保作用；四是租金的构成不仅包括租赁物的购买价格，还包括出租人的资金成本、必要费用和合理利润；五是租赁期满后租赁物的所有权从当事人约定。从以上特征可以看出，融资租赁交易具有融资和融物的双重属性，缺一不可。如无实际租赁物或者租赁物所有权未从出卖人处转移至出租人或者租赁物的价值明显偏低无法起到对租赁债权的担保，应认定该类融资租赁合同没有融物属性，仅有资金空转，系以融资租赁之名行借贷之实，应属借款合同。

本案所涉《融资租赁合同》系房地产售后回租业务，出卖人和承租人均为三威置业公司，租赁物系三威置业公司在建137套商品房。在合同订立前，该租赁物已被有关行政主管部门认定为超规划建设的违章建筑；在租赁期间，该项目亦未取得商品房预售许可，故案涉商品房（即租赁物）所有权无法从出卖人三威置业公司移转至出租人国泰租赁公司。由此产生的实际法律关系是，国泰租赁公司作为名义上的商品房买受人和出租人，并不享有租赁物的所有权，作为专业的融资租赁公司，其对案涉租赁物所有权无法过户亦应明知，故其真实意思表示并非融资租赁，而是出借款项；三威置业公司作为租赁物的所有权人，虽名为“承租人”，但实际上不可能与自己所有的房产发生租赁关系，其仅是以出卖人之名从国泰租赁公司获得1亿元款项，并按合同约定支付利息，其真实意思表示也并非售后回租，而是借款。由此可以看出，案涉融资租赁交易，只有融资，没有融物，双方之间的真实意思表示名为融资租赁，实为借款法律关系。依照《融资租赁合同司法解释》第1条之规定，案涉合同应认定为借款合同。一审法院将案涉《融资租赁合同》性质认定为名为融资租赁实为企业间借款合同，定性准确，本院依法予以维持。

因案涉主合同性质为企业间借款合同，故应按企业间借款合同判断合同效力，进而确定各方当事人的权利义务。国泰租赁公司作为内资融资租赁业务试点企业，虽未取得发放贷款资质，但并没有证据表明其以发放贷款为主要业务或主要利润来源。国泰租赁公司与三威置业公司的案涉企业间借款系双方的真实意思表示，且不违反法律、行政法规的禁止性规定，一审关于案涉主合同不符合借款合同无效情形的认定并无不当，本院对此予以维持。鑫海投资公司、鑫海担保公司关于案涉主合同无效的上诉请求不能成立，本院依法予以驳回。

二审法院判决：驳回上诉，维持原判。

法官评析

融资租赁发端于生产设备的租赁。在融资租赁较为发达的欧美国家，租赁物均以工业、交通运输业、信息产业的设备为主。近年来，我国的融资租赁公司逐渐扩大业务范围，涌现出以房地产、工业厂房、地下管网、道路等不动产为租赁物的融资租赁合同。由此产生的争议是：这类以不动产作为租赁标的物的融资租赁合同是否有效?《金融租赁公司管理办法》规定，融资租赁的标的物是固定资产。《融资租赁企业监督管理办法》规定，融资租赁的标的物应为能发挥经济功能，并能产生持续经济效益的财产。由此可见，行业管理部门对标的物的定义界定模糊，给从业者带来了许多疑虑。《融资租赁合同司法解释》第1条将标的物的性质、价值作为认定是否构成融资租赁法律关系的考量因素。关于房地产等不动产是否可以作为租赁物的问题争议很大。最高人民法院在司法解释中并未涉及此类合同的效力问题，但也并未明确否定以房地产为租赁物的融资租赁合同的效力。

对于此类合同能否构成融资租赁合同关系。我们认为，审查基本原则为基于租赁物法律性质进行分析。融资租赁是融资与融物的结合，如果缺失“融物”要素，则不能称其为融资租赁。融资租赁标的物应当具备适合于租赁的特性，在融资租赁合同期限届满时或者承租人根本违约时，具有取回原物的可能性。若按标的物的特性，正常使用情况下，其在期限届满时不可能返还的，则客观上无法作为融资租赁关系的标的物，相应法律关系亦不得被认定为融资租赁关系。需要指出的是，虽然《民法典》第758条第2款规定当事人约定租赁期间届满租赁物归出租人所有，因租赁物毁损、灭失或者附合、混合于他物导致承租人不能返还的，出租人有权请求承租人给予合理补偿，但此条款仅是规定了租赁物无法返还时的救济途径，并不意味着不具备租赁特性的物可以成为融资租赁的标的物。审查具体方法为：以标的物的性质、价值、租金的构成以及当事人之间的权利义务关系作为认定融资租赁合同关系的主要因素，结合个案分情形具体分析。在房地产融资租赁的实践中，具体的业务操作方式有所不同，有的出租人要求将房地产过户到出租人名下，以实现租赁物的担保功能。有的出租人、承租人为了避免过户的税费，采取了不过户的操作方式。我们倾向性认为，认定是否构成融资租赁法律关系，关键在于审查不动产所有权是否移转。对于已经移转所有权给出租人的，可以认定构成融资租赁关系；对于明知不能移转所有权的，因该情形与出租人取得对租赁物所有权的要求不符，则不构成融资租赁关系。

对于企业为生产经营需要而以融资租赁方式取得的厂房、商业地产，如出租人取得租赁物的所有权，且承租人确实以占有使用租赁物为目的的，对此类承租人而言，厂房、商业地产也属于固定资产，可以认定构成融资租赁合同关系。

对于以城市道路作为租赁物的，租赁物无论是道路占地的土地使用权，还是依附于土地上的混凝土混合物，抑或是包括二者在内的土地与路的结合体，该类物权都不能移转或者单独移转，事实上，在承租人违约的情况下，出租人也无法通过行使取回权的方式，取得租赁物。此类租赁多为在货款收紧的金融背景下，地方政府融资平台以政府信用作担保的一种借贷方式，融资租赁有名无实，一般不构成融资租赁合同关系。

对于以在建商品房项目作为融资租赁的标的物，通常涉及商品房预售和商品房融资租赁两个行为。商品房预售，即房地产开发企业将正在建造中或已竣工的房屋预先出售给买受人，由买受人支付价款的行为。由于在订立合同时作为融资租赁标的物的房屋尚在建设之中，房屋所有权还没有经过登记设立，出卖人享有的只是一种物权期待权。为了维护交易秩序，保护消费者的利益，防止损害国家利益，国家对商品房预售行为有特殊的要求和规定，建立了商品房预售的行政许可制度。本案中，在建房地产项目尚未取得商品房销售许可，依照《最高人民法院关于审理商品房买卖合同纠纷案件适用法律若干问题的解释》第2条“出卖人未取得商品房预售许可证明，与买受人订立的商品房预售合同，应当认定无效”之规定，涉案双方当事人属于明知出租人不可能实际取得在建房地产的所有权的情形，因此《融资租赁合同》不符合融资租赁法律关系的特征，应认定不构成融资租赁合同关系。地方法院的裁判指导意见也有类似规定。例如，《天津法院融资租赁合同纠纷案件审理标准》第4.1.2条规定，根据出租人取得融资租赁经营资质以及标的物的性质、价值、租金的构成、当事人权利和义务，依据合同法第二百三十七条①的规定认定融资租赁法律关系。其中，以不动产为租赁物的售后回租，承租人未移转所有权给出租人的，不认定为融资租赁合同关系；以在建商品房项目、保障房项目为租赁物并以房地产开发商作为承租人的售后回租，不认定为融资租赁合同关系。

司法实践中，一些公司没有融资租赁经营资质，其签订的融资租赁合同如何定性？合同是否有效？当事人超越经营范围订立合同，人民法院不因此认定合同无效，但违反国家限制经营、特许经营以及法律、行政法规禁止经营规定的除外。企业法人超越经营范围签订的合同并非一概无效，是否无效要审查有无违反国家限制经营、特许经营以及法律、行政法规禁止经营规定的情况，无效情形仅明确限定为未取得行政许可的情形。

但需要注意的是，司法上不否定合同效力，不意味着出租人超越经营范围就不需要承担不利后果。比如，违反银监会及商务部监管规定从事融资租赁业务仍属违规经营，监管部门仍可依照部门规章进行监管、纠正乃至处罚；出租人不具有融资租赁资质，可能无法享受到相应的优惠政策。

---

① 对应《民法典》第735条。

九、以动产抵押物作为租赁标的，售后回租融资租赁法律关系效力如何

——万丰公司与金太源公司等融资租赁合同纠纷案①

关 键 词：抵押物　售后回租　合同效力

问题提出：已设定动产抵押的租赁物作为标的的售后回租合同是否为融资租赁法律关系？合同是否有效？出租人行使合同解除权并要求承租人支付未付租金而不要求返还租赁物的主张有无法律依据？

裁判要旨：合同双方签署的《融资租赁合同》及其附件内容对售后回租的约定完全符合关于融资租赁合同的规定，虽然承租人在签署该《融资租赁合同》之前，已将该合同项下的租赁物进行了抵押，并办理了抵押登记，且出租人、抵押权人均是事后知晓此事，但该事项并不影响《融资租赁合同》的效力，并不能因此将《融资租赁合同》认定为借贷合同。

双方当事人可就融资租赁合同解除条件、解除后租赁物的归属以及违约责任等作出约定，若双方在《融资租赁合同》中将“支付未到期租金”作为购回租赁物的组成部分，出租人在请求解除合同之外，仍有权利依据《融资租赁合同》关于违约责任的约定而请求承租人支付全部未到期租金。出租人所主张的应付租金属于解除合同后承租人购回租赁物应付价款的构成，性质上不同于继续履行《融资租赁合同》应付的租金。

案情简介

原告：万丰公司

被告：金太源公司、薛某某

2013 年 4 月 9 日，万丰公司与金太源公司签订《融资租赁合同》，双方约

① 一审法院为上海市浦东新区人民法院，案号：(2014) 浦民六（商）初字第 1664 号；二审法院为上海市第一中级人民法院，案号：(2014) 沪一中民六（商）终字第 347 号。当事人不服一审判决提起上诉，后撤回上诉，一审判决生效。

定：万丰公司出资人民币5000万元向金太源公司购买中密度板备料工段、锅炉之热能中心和锅炉之设备制作等三套设备，再将该三套设备租赁给金太源公司使用。《融资租赁合同》第5.2.1条约定，“承租人出现违约事项，出租人有权要求立即解除合同，承租人以已到期租金（本金和利息）、未到期租金本金、回购价款、违约金等出租人应收款的总金额（如有保证金，该总金额扣除保证金）购回租赁物”。第5.2.2条约定，“一方如有违约或侵权行为，须承担另一方为实现债权而支出的诉讼费用、律师代理费和其他费用”。

万丰公司与金太源公司同时还签署《卖据》作为《融资租赁合同》附件1，明确金太源公司自愿以5000万元的价格将合同附件2《租赁设备清单》上所列的租赁物出让给万丰公司，并承诺在签订合同之前该设备的权属是明确地、无争议地归金太源公司所有。

2013年4月9日，薛某某及案外人王某某、邱某某作为保证人向万丰公司出具《保证函》，明确：三保证人应金太源公司要求，为金太源公司履行万丰公司与金太源公司之间于2013年4月9日签署《融资租赁合同》及其附表、附件项下之全部和任何义务承担连带保证责任；担保期间为自《保证函》生效之日起至《融资租赁合同》项下的债务履行期限届满之日后两年止；万丰公司在合同项下加速合同到期或解除合同，保证人同意立即履行保证责任，包括向万丰公司支付合同项下全部到期和未到期的所有租金、利息、违约金、损害赔偿金、租赁物件留购价款及其他应付款项和万丰公司实现权利的费用（包括诉讼费用、仲裁费用、律师费用、公证费用、执行费用等）。

万丰公司于2013年4月12日，在扣除金太源公司应向万丰公司支付的保证金750万元后，向金太源公司支付了剩余的租赁物购买价款4250万元。金太源公司分别于2013年4月19日、5月20日、6月20日、7月19日及8月20日按照约定向万丰公司支付了第1至5期的租金共计7674933.15元，但自2013年9月20日起金太源公司未再按约支付相应的租金。2013年11月28日，万丰公司向金太源公司发出《催收函》，其后，金太源公司仍未支付租金，万丰公司遂起诉至法院。

关于本案系争《融资租赁合同》项下涉及的租赁设备，常州联合锅炉容器有限公司、江苏维美轻工机械有限公司2010年至2011年间向金太源公司出售时发票记载总金额为83418811.78元（不含税）。金太源公司于2011年11月以上述设备为抵押物，为其向湖北银行股份有限公司枝江支行授信借款提供担保，并办理了相应的抵押登记。湖北银行股份有限公司枝江支行事后知晓金太源公司又就已抵押的设备与万丰公司签订了《融资租赁合同》。万丰公司亦是事后知晓《融资租赁合同》项下的租赁物上已设有抵押权。

2014 年 1 月 7 日，万丰公司与枝江市马家店法律服务所签订《委托代理合同》，约定：万丰公司因与金太源公司融资租赁合同纠纷一案，委托枝江市马家店法律服务所代理诉讼、执行及破产事宜；由该所法律工作者林某与湖北某律师事务所律师胡某作为代理人；诉讼代理费为 6 万元，直接打入枝江市马家店法律服务所收款人林某的银行账户。同月 15 日，万丰公司向林某的银行账户汇入 6 万元，收款人林某于 2014 年 1 月 8 日通过湖北省枝江市国家税务局向万丰公司开具相应的发票。

万丰公司诉讼请求：1. 解除原告与金太源公司签订的《融资租赁合同》；2. 金太源公司支付原告租赁物回购款 41874230. 20 元、律师代理费 6 万元和其他损失 10 万元，其中租赁物回购款的具体金额由扣除保证金 750 万元后的未付租金 41798265. 36 元、至 2013 年 11 月 30 日到期未付租金的逾期罚息 74530. 62 元、复利 434. 22 元和租赁期满租赁物名义回购价 1000 元构成；3. 被告薛某某对金太源公司的义务承担连带清偿责任。

各方观点

万丰公司观点：根据万丰公司与金太源公司签署的《融资租赁合同》第 5. 2. 1 条关于违约事件及违约责任的约定，"承租人出现违约事项，出租人有权要求立即解除合同，承租人以已到期租金（本金和利息）、未到期租金本金、回购价款、违约金等出租人应收款的总金额（如有保证金，该总金额扣除保证金）购回租赁物"，合同第 5. 2. 2 条还约定，"一方如有违约或侵权行为，须承担另一方为实现债权而支出的诉讼费用、律师代理费和其他费用"。万丰公司认为，万丰公司与金太源公司之间的融资租赁合同合法有效，金太源公司未按约支付租金已构成违约，应承担违约责任，被告薛某某作为保证人亦应承担相应的担保责任，遂诉请法院判决：1. 解除万丰公司与金太源公司签订的《融资租赁合同》；2. 金太源公司支付万丰公司租赁物回购款 41874230. 20 元、律师代理费 6 万元和其他损失 10 万元，其中租赁物回购款的具体金额由扣除保证金 750 万元后的未付租金 41798265. 36 元、至 2013 年 11 月 30 日到期未付租金的逾期罚息 74530. 62 元、复利 434. 22 元和租赁期满租赁物名义回购价 1000 元构成；3. 被告薛某某对金太源公司的义务承担连带清偿责任。

金太源公司观点：万丰公司与金太源公司签订的虽是《融资租赁合同》，但租赁物具体指向、评估价值等均不明确，且因金太源公司之前已将该合同项下的有关租赁设备抵押给了银行，再将设备出售给万丰公司属无权处置，故该《融资租赁合同》是无效合同，万丰公司由此没有取得租赁物的所有权，亦不能再将其出租给金太源公司，双方之间实际上是借贷关系，万丰公司支付给金太源公司的钱款系借款，万丰公司只能主张金太源公司返还扣除已付租金金额后的借款款项。至于万丰公司基于融资租赁合同有效而提出的解除合同及支付租金、赔偿损失等诉请，被告认为，万丰公司要么要求解除合同返还租赁物，要么要求支付租金，只能择其一主张。

薛某某观点：同意金太源公司的答辩意见。《融资租赁合同》无效，保证合同作为从合同自然无效，且被告薛某某在保证函上签字非本人自愿，是应金太源公司原法定代表人邱某某要求所为，故其不应承担保证责任。

法院观点

1. 万丰公司与金太源公司之间是融资租赁关系还是借贷关系以及该法律关系是否有效？融资租赁合同是出租人根据承租人对出卖人、租赁物的选择，向出卖人购买租赁物，提供给承租人使用，承租人支付租金的合同。我国商务部《融资租赁企业监督管理办法》第 8 条规定，融资租赁企业可以在符合有关法律、法规及规章规定的条件下采取直接租赁、转租赁、售后回租、杠杆租赁、委托租赁、联合租赁等形式开展融资租赁业务。因此，售后回租属于合法的业务形式。

综观本案万丰公司与金太源公司签署的《融资租赁合同》及其附件的内容以及金太源公司原购买系争租赁设备的发票，双方业务方式为售后回租，租赁物名称、数量及价值指向明确，租赁物真实存在，租金由租赁本金即万丰公司向金太源公司支付的设备购买款和租赁利息组成，租金总额亦低于金太源公司原购买设备的总价款，并且租赁期限、租金支付方式以及其他权利义务的约定均符合我国原《合同法》关于融资租赁合同的规定，故万丰公司与金太源公司之间的交易构成融资租赁法律关系，并非单纯的借贷关系。

虽然金太源公司在与万丰公司签署《融资租赁合同》前已将该合同项下的有关租赁设备抵押给了相关银行，相关银行和万丰公司对此均是事后知晓，但根据抵押权人湖北银行股份有限公司枝江支行寄交法院的《情况说明》及《函告》的内容和作为抵押物受让人的万丰公司在本案中的诉称意见，抵押权人和抵押物受让人即万丰公司并没有对该抵押设备的转让主张无效，况且万丰公司在本案中的诉讼请求亦不影响抵押权人的利益，金太源公司作为抵押人现以其自身擅自转让抵押物而主张《融资租赁合同》无效，缺乏法律依据，故被告将租赁物出售给万丰公司时租赁物上已设抵押权的事实不影响万丰公司对租赁物所有权的受让和本案《融资租赁合同》的效力。万丰公司与金太源公司之间的《融资租赁合同》系双方真实意思表示，不违反法律、行政法规强制性规定，应为合法有效，两被告认为租赁物具体指向不明、万丰公司没有取得租赁物的所有权、《融资租赁合同》无效以及双方实为借贷关系的抗辩，法院不予采纳。

2. 被告薛某某的保证行为是否有效？被告薛某某认为《融资租赁合同》无效，保证合同作为从合同自然无效，且其在保证函上签字非本人自愿，不应承担保证责任。对此，法院认为，被告薛某某系金太源公司的法定代表人，具有完全民事行为能力，作为保证人在《保证函》上签名系其本人行为，亦未提供证据证明该行为系受欺诈、胁迫所为而违背其真实意思。《融资租赁合同》合法有效，被告薛某某就此提供的担保，不违反法律、行政法规强制性规定，亦属合法有效，应承担相应的保证责任。被告薛某某认为保证合同无效，其不应承担保证责任的抗辩，法院不予采纳。

3. 万丰公司行使合同解除权要求金太源公司支付应付租金而不要求返还租赁物的主张是否有合同及法律依据？对此，法院认为，当事人可就融资租赁合同解除条件、解除后租赁物的归属以及违约责任等作出约定。本案金太源公司未按合同约定的期限和金额支付租金，构成违约，符合本案《融资租赁合同》约定的解除条件，经万丰公司催告后至今仍不支付，万丰公司由此可以行使合同解除权，并依双方约定要求被告承担违约责任。现万丰公司主张解除合同的同时要求金太源公司按约定价款购回租赁物，系依据《融资租赁合同》第5.2.1条的约定主张权利，其所主张的应付租金属于万丰公司解除合同后金太源公司购回租赁物应付价款的构成，性质上不同于继续履行《融资租赁合同》应付的租金，与我国《合同法》第248条[①]“承租人经催告后在合理期限内仍不支付租金的，出租人可以要求支付全部租金；也可以解除合同，收回租赁物”的规定并不相悖，故万丰公司请求解除融资租赁合同、要求金太源公司按应付租金、已到期租金的逾期罚息、复利及名义出让金额

---

① 对应《民法典》第752条。

等万丰公司应收款项购回租赁物，符合《融资租赁合同》的约定，法院应予支持。关于应付租金的具体金额，法院确认扣除保证金750万元后为41798265.36元；关于已到期未付租金的逾期罚息及复利的具体金额，万丰公司明确主张至2013年11月30日的到期未付租金的逾期罚息及复利，两被告亦认可合同约定的计算方式，经法院审核，万丰公司诉请中关于逾期罚息及复利的计算方式和金额符合本案《融资租赁合同》的约定，故法院确认至2013年11月30日金太源公司到期未付租金4769959.89元的逾期罚息为74530.62元、复利为434.22元；关于名义出让金额，法院确认为1000元；综合上述具体金额，法院确认被告应支付万丰公司合同解除后回购租赁物的价款为41874230.20元。

4. 万丰公司主张的律师代理费及其他损失有无事实依据？两被告认为万丰公司在本案中的代理律师与收款人不一致，律师代理费由个人收取亦不合法，万丰公司主张律师代理费缺乏事实依据。对此，法院认为，万丰公司与金太源公司在《融资租赁合同》第5.2.2条约定：一方如有违约或侵权行为，须承担另一方为实现债权而支出的诉讼费用、律师代理费和其他费用。现万丰公司提供的证据表明其向案外人林某所支付的6万元系万丰公司委托枝江市马家店法律服务所代理万丰公司与金太源公司间的融资租赁合同纠纷一案诉讼而支付的法律服务费，万丰公司与枝江市马家店法律服务所签订的《委托代理合同》明确由该所法律工作者林某与湖北某律师事务所律师胡某作为万丰公司代理人，诉讼代理费直接打入该所法律工作者林某的银行账户，此代理费的支付方式是否违反有关收费管理规定，属于行政监管查处范围，不影响万丰公司为本案诉讼已实际支付律师代理费的事实，本案万丰公司诉讼代理人与收款人不一致亦不影响此费用支出的事实，该笔费用属于因金太源公司违约造成万丰公司的经济损失，按照双方合同约定应由金太源公司承担，并且该费用金额低于湖北省律师服务收费政府指导价标准和湖北省乡镇法律服务收费标准，故万丰公司依合同约定要求金太源公司承担万丰公司为实现债权而支出的律师代理费的诉请，法院予以支持。至于万丰公司要求金太源公司承担其他损失10万元的主张，因万丰公司未提供相应的证据证明损失的实际发生，故两被告认为该项诉请缺乏事实依据的答辩意见，法院予以采纳。

综上，法院判决：一、解除万丰公司与金太源公司于2013年4月9日签订的《融资租赁合同》；二、金太源公司应于本判决生效之日起十日内支付万丰公司租赁物回购款人民币41874230.20元，金太源公司支付该款项后，《融资租赁合同》项下的租赁物归金太源公司所有；三、金太源公司应于本判决生效之日起十日内支付万丰公司律师代理费人民币60000元；四、被告薛某某对金太源公司的上述第二、三项付款义务承担连带清偿责任，被告薛某某承担保证责任后，有权向金太源公司追偿；五、驳回万丰公司的其他诉讼请求。

法官评析

1. 售后回租型融资租赁的特征

融资租赁交易最常见的模式有直租模式和售后回租模式。《民法典》第735条规定，融资租赁合同是出租人根据承租人对出卖人、租赁物的选择，向出卖人购买租赁物，提供给承租人使用，承租人支付租金的合同。此即通常所说的直租模式。直租模式涉及两个合同、三方基本当事人。两个合同一是租赁物的买卖合同，二是融资租赁合同。三方当事人是出卖人、出租人和承租人，有的合同里面可能存在保证人，但不多见。除了直租模式，我国经济生活中逐渐出现了售后回租模式融资租赁。售后回租，按照银监会（现银保监会）《金融租赁公司管理办法》第5条的规定，是指承租人将自有物件出卖给出租人，同时与出租人签订融资租赁合同，再将该物件从出租人处租回的融资租赁形式。售后回租业务是承租人和供货人为同一人的融资租赁方式。

实践中，由于融资租赁法律关系特征与普通租赁关系、借贷关系的特征存在诸多相似、交叉之处，极易发生混淆。对此，《融资租赁合同司法解释》第1条规定："人民法院应当根据民法典第七百三十五条的规定，结合标的物的性质、价值、租金的构成以及当事人的合同权利和义务，对是否构成融资租赁法律关系作出认定。对名为融资租赁合同，但实际不构成融资租赁法律关系的，人民法院应按照其实际构成的法律关系处理。"第2条规定："承租人将其自有物出卖给出租人，再通过融资租赁合同将租赁物从出租人处租回的，人民法院不应仅以承租人和出卖人系同一人为由认定不构成融资租赁法律关系。"

具体到售后回租型融资租赁法律关系的认定，需紧扣上述法律规定及《金融租赁公司管理办法》的规定，把握以下几点：（1）承租人同时也是出售人，出租人同时也是购买人；（2）租赁物应为承租人的自有之物，租赁物出售给出租人的价格应与其实际价格相当，全新的物品应与其购买价大致相当，已经使用的物品应与其折旧后价格相当；（3）租金总和应与出租人购买价格总额及其适当利息、利润、其他双方约定费用之和相当；（4）租赁物应为法律上、经济上适合转让、租赁的物品；(5) 租赁物所有权确实自承租人转移至出租人；(6) 承租人继续占有、使用租赁物；(7) 租赁到期后，承租人依照双方约定支付名义货价购回租赁物所有权。

万丰公司与金太源公司之间的《融资租赁合同》合法有效。本案万丰公司与金太源公司签署的《融资租赁合同》及其附件的内容以及金太源公司原购买系争租赁设备的发票表明双方业务方式为售后回租，租赁物名称、数量及价值指向明确，租赁物真实存在，租金由租赁本金即万丰公司向金太源公司支付的设备购买款和租赁利息组成，租金总额亦低于金太源公司原购买设备的总价款，并且租赁期限、租金支付方式以及其他权利义务的约定均符合关于融资租赁合同的规定，故万丰公司与金太源公司之间的交易构成融资租赁法律关系，并非单纯的借贷关系。

2. 以抵押物作为租赁标的的售后回租合同效力

在融资租赁中，因出租人享有租赁物的所有权，却由承租人对租赁物实际占有、使用，二者都可能在租赁物上设立抵押。出卖人（承租人）在融资租赁之前享有对租赁物的所有权，有权在自有财产上设立抵押并办理登记。同时，占有是动产公示的主要方式，现实中买方（出租人）容易基于对出卖人占有抵押物的权利外观产生信赖而无意之间购得抵押物。在实践中，出卖人在融资租赁合同签署之前，已在标的租赁物上设定了抵押并办理抵押登记，之后又作为出卖人（承租人）与出租人签订融资租赁合同，使得租赁物上产生权利冲突的情况屡有发生。出租人在融资租赁交易开始履行后才发现租赁物上设置了抵押权的，就要被迫承担抵押权实现的风险——当抵押权的实现条件成就时，抵押权人将就租赁物的价款优先受偿，使出租人利益受损。

《民法典》第406条规定："抵押期间，抵押人可以转让抵押财产。当事人另有约定的，按照其约定。抵押财产转让的，抵押权不受影响。抵押人转让抵押财产的，应当及时通知抵押权人。抵押权人能够证明抵押财产转让可能损害抵押权的，可以请求抵押人将转让所得的价款向抵押权人提前清偿债务或者提存。转让的价款超过债权数额的部分归抵押人所有，不足部分由债务人清偿。"法律并未禁止抵押物的转让。转让需要通知抵押权人而不需征得其同意。同时应当告知受让人（融资租赁合同中的买方、出租人），由受让人自行决定是否购买，是否愿意承担物的权利瑕疵风险。对于转让合同的效力，具体到本案来说，就是融资租赁合同的效力，与物权转让行为的效力应当区别判定。当转让合同有效而物权行为无效时，受让人无法基于有效的合同取得物权，无法实现债的履行。受让人可以以此为由，要求解除买卖合同并要求卖方（融资租赁合同中的承租人）承担违约责任。

《民法典》第754条规定："有下列情形之一的，出租人或者承租人可以解除融资租赁合同……（三）因出卖人的原因致使融资租赁合同的目的不能实现。"承租人（出卖人）出售已设立抵押权的租赁物，导致出租人（买受人）通过购买租赁物以租赁物为融资设定物的担保目的不能实现时，双方约定的融资租赁合同关系由于缺少"融物"这一核心特征，转化为民间借贷关系。此时，"出租人（买受人）"可以按照民间借贷合同关系主张权利并要求对方承担违约责任，也可以主张解除融资租赁合同，而不能主张融资租赁合同无效。

本案中，金太源公司在与万丰公司签署《融资租赁合同》前已将该合同项下的有关租赁设备抵押给了湖北银行股份有限公司枝江支行，作为抵押权人的相关银行和作为融资租赁出租人（购买人）的万丰公司对此均是事后知晓。被告将租赁物出售给原告时租赁物上已设抵押权的事实不影响本案《融资租赁合同》的效力。

出租人如何避免此种不利情况呢？现有法律规定对此似无良策。《融资租赁企业监督管理办法》第20条第2款规定，融资租赁企业在签订售后回租协议之前，应当审查租赁物发票、采购合同、登记凭证、付款凭证、产权转移凭证等证明材料，以确认标的的权属关系。根据现有规定和司法判例，在融资租赁关系中，出租人负有核实租赁物客观存在及权属的义务，若未履行此义务，在合同的订立和履行过程中存在过失的，面临融资租赁合同被认定为借款合同的风险。但该条规定仅涉及出租人审核租赁物权属的义务，对于租赁物存在的权利瑕疵，并无强制约束力。

3. 售后回租合同中出现出租人行使合同解除权时要求承租人支付全部租金回购租赁物而不是要求返还租赁物的约定是否合法

《民法典》第752条规定："承租人应当按照约定支付租金。承租人经催告后在合理期限内仍不支付租金的，出租人可以请求支付全部租金；也可以解除合同，收回租赁物。"《融资租赁合同司法解释》第10条也规定："出租人既请求承租人支付合同约定的全部未付租金又请求解除融资租赁合同的，人民法院应告知其依照民法典第七百五十二条的规定作出选择。出租人请求承租人支付合同约定的全部未付租金，人民法院判决后承租人未予履行，出租人再行起诉请求解除融资租赁合同、收回租赁物的，人民法院应予受理。"

《民法典》的规定要求出租人对于收回全部租金和收回租赁物作出选择，其根本目的在于避免出租人双重获利。而依照前述《融资租赁合同司法解释》的规定，出租人在诉讼时可以根据个案情形不同，先选择一种诉讼策略，若不能获偿，待前案法律程序彻底终结后，可再行选择另一种诉讼策略。这种制度安排，首先还是为了避免出租人在一案中双重获利的可能性，其次则避免出租人因为选择或然性致使债权落空风险加大。

本案中法院支持了万丰公司解除融资租赁合同和要求承租方支付剩余全部租金的诉讼请求。一方面固然是依据《融资租赁合同》第5.2.1条关于违约责任的约定："承租人出现违约事项，出租人有权要求立即解除合同，承租人以已到期租金（本金和利息）、未到期租金本金、回购价款、违约金等出租人应收款的总金额（如有保证金，该总金额扣除保证金）购回租赁物。"另一方面则是因为如前所述，本案租赁物由于设定抵押权，万丰公司作为出租人（买受人）已事实上不可能取得租赁物的所有权，也就根本不存在有关法律、司法解释所力图避免的双重受偿可能性。

从融资租赁交易的本质来说，租金总和的对价本身即出租人所支付的租赁物购买价款及约定利息、其他费用，而不是租赁物的实际使用价值，租赁物的存在本身是对出租人向承租人融资提供的物的担保。在租赁物的所有权由于在融资租赁交易之前被设定抵押权而无法转移至买受人（出租人）名下之后，出租人要求解除融资租赁合同并主张收回全部租金，既符合我国融资租赁法律制度的基本精神，也符合融资租赁交易活动的本质。

十、租赁物因设置抵押而致所有权无法移转，售后回租融资租赁关系能否成立

——北车公司与华通公司融资租赁合同纠纷案①

关 键 词： 不动产抵押　所有权变更登记　售后回租

问题提出： 出租人（买受人）因租赁物已抵押而无法获得其所有权，融资租赁关系是否有效？

① 审理法院为天津市高级人民法院，案号：（2015）津高民二初字第0040号。

裁判要旨：在售后回租交易模式中，不动产租赁物已经设定了抵押，在抵押撤销之前，出租人无法办理所有权转移登记并取得所有权。出租人签订融资租赁合同，如果并非通过买卖取得所有权后又向承租人出租来实现合同目的，而是通过另行签订《抵押担保合同》，以抵押权作为债权保障完成资金融通。这与融资租赁法律关系中，出租人对租赁物享有所有权的法律关系特征不符，应按照借款关系处理。

案情简介

原告：北车公司

被告：华通公司

2013年9月12日，北车公司与华通公司签订了编号为TJ融－201309－11的《融资租赁合同》（含附件）。约定：租赁物为位于四川省资阳市安岳县石桥铺镇资阳经济技术开发区安岳工业园内的厂房、仓库、办公楼。租赁物由北车公司向华通公司购买，并且在华通公司完全付清所有租金后，所有权转移给华通公司。因租赁物系由北车公司向华通公司购买并出租给华通公司，出租人无需实际交付租赁物。

同日，原、被告双方签订了《工业厂房办公楼买卖合同》。根据《融资租赁合同》，北车公司拟以售后回租交易方式向华通公司出资购买合同项下租赁物并租回给华通公司使用。具体为北车公司购买华通公司坐落于四川省资阳市安岳县石桥铺镇资阳经济技术开发区安岳工业园内厂房、仓库、办公楼，建筑面积总计61656.4平方米，其附着的土地面积为313820.3平方米，土地使用权证书编号为安国用（2008）第05917－05925号。经双方委托评估，确定转让价格为人民币100000000元，并明确此款即《融资租赁合同》约定之租赁物购买价款，同时列明了转让房产的清单与单价。双方还约定北车公司在支付租赁物价款时取得租赁物的所有权，该所有权转移的同时视为北车公司将租赁物交付给华通公司。华通公司保证在租赁物所有权转移前或同时，租赁物不存在任何权利上的瑕疵或限制，也不会在租赁物上设定任何担保物权。《融资租赁合同》期限届满时，租赁物所有权转移给华通公司。

同日，原、被告签订编号为TJ融（保）20130911－03的《抵押担保合同》（含附件）。约定华通公司以蜂蜜柠檬茶生产线、利乐包装生产线作抵押担保，以保障《融资租赁合同》的履行。抵押财产的抵押价值为一亿元，被担保债权为抵押权人向抵押人提供的一亿元的融资租赁款。前述抵押物均已办理抵押登记。

上述合同签订后，北车公司于2013年9月17日以银行转账方式分三笔向华通公司付款10000000元、40000000元和50000000元，共计100000000元，银行业务回单中均注明“售后回租”字样。华通公司取得融资款项后仅支付了前三期的租金，第四、五期租金未付。

安岳房地产交易监理所核发的在建工程抵押登记证明记载，2011年8月25日，华通公司作为抵押人、安岳农村信用合作联社作为抵押权人，共同就坐落于石桥铺镇工业园区的在建工程办理了抵押登记。2013年5月17日，安岳国土资源局核发了安他项（2013）第0127－0135号他项权利证明书，记载安岳农村信用合作联社等四单位是华通公司名下位于安岳工业园（石桥铺镇秀才村6、7组）的国有土地使用权的土地他项权利人。受华通公司委托，四川振华资产评估有限责任公司于2013年9月12日出具川振资评报字（2013）第011号《资产评估报告书》，认定华通公司所有的位于安岳石桥铺镇的部分房屋建筑物的评估总价为人民币121440000元。

北车公司诉讼请求为：1. 被告支付到期应付而未付租金12980703.58元（第四、五期）及违约金831414.07元（以到期应付而未付租金为基数，按日万分之七标准，自第四、五期租金逾期之日起计算至付清之日，暂计至2015年1月31日）；2. 被告提前支付未到期租金96643426.46元及逾期付款损失（以96643426.46元为基数，按人民银行同期贷款基准利率，自起诉之日起计算至付清之日）；3. 被告承担原告支出的律师费（首期30万元，最终金额以实际支出为准）；4. 原告就被告在《抵押担保合同》项下的蜂蜜柠檬茶生产线、利乐包装生产线折价或拍卖、变卖的价款对上述债务在一亿元的限额内优先受偿；5. 被告承担本案的公告、评估、拍卖、变卖等法定费用（以实际发生数额为准）；6. 本案诉讼费用由被告承担。

各方观点

北车公司观点：原告与被告于2013年9月12日签订《融资租赁合同》，约定租赁物为位于四川省资阳市安岳县石桥铺镇资阳经济技术开发区安岳工业园内的厂房、仓库、办公楼，租金总额为129807035.80元，由租金成本和利息构成。年利率 10.5%，租期 5 年，租金分 20 期支付。因被告不履行合同义务给原告造成损失的，应负责赔偿损失。同日，双方签订《抵押担保合同》，约定被告以蜂蜜柠檬茶生产线、利乐包装生产线作抵押担保，抵押价值为一亿元。抵押担保范围为主合同项下的主债权本金、利息（含罚息、复利）、违约金、损害赔偿金、抵押权人实现抵押权的费用等。抵押物已办理了抵押登记。此后，原告依约履行了合同义务，而被告仅支付了前三期的租金，第四、五期租金没有支付。截至 2015 年 1 月 31 日，到期应付而未付租金为 12980703.58 元，违约金为 831414.07 元，未到期租金为 96643426.46 元。综上，原告依法提起诉讼。

华通公司观点：原、被告所签协议虽名为融资租赁合同，但是租赁物为在建工程及土地。因土地不属融资租赁范围，房屋系在建工程，未取得权属证明，且涉诉房屋和土地在双方签订融资租赁合同之前就已经抵押给了被告所在地的四家信用社并办理抵押登记，故融资租赁合同项下约定的租赁物并不存在。对于租赁协议的效力问题，应该按照实际的关系来处理，根据相关司法解释，应该认定为借贷关系，而非融资租赁关系。对于担保合同效力问题，担保合同的基础是融资租赁合同，如果作为主合同的融资租赁合同无效，那么担保合同也无效。

法院观点

本案的争议焦点是涉诉《融资租赁合同》《抵押担保合同》及《工业厂房办公楼买卖合同》的性质和效力，进而确定北车公司本案诉请应否予以支持。

本案涉及的《融资租赁合同》《工业厂房办公楼买卖合同》及《抵押担保合同》等系列配套协议是各方当事人自愿签订的，意思表示真实，不违反相关法律规定且已实际履行，均为合法有效。具体分析如下：融资租赁合同是出租人根据承租人对出卖人、租赁物的选择，向出卖人购买租赁物，提供给承租人使用，承租人支付租金的合同。在融资租赁法律关系中，出租人享有租赁物的所有权。虽然本案《融资租赁合同》第 1 条明确记载，原、被告共同确认双方的融资形式为承租人华通公司以筹集资金为目的，将其所有的租赁物——《工业厂房办公楼买卖合同》项下的不动产转让给出租人北车公司，再从北车公司处租回租赁物继续使用，并在租赁期内向北车公司支付租金，体现的内容是融资租赁法律关系项下的售后回租交易模式，但是由于合同项下的房产已经设定了抵押，在抵押撤销之前北车公司是无法办理所有权转移登记手续并取得相应房产的所有权的，北车公司对此应为明知。因此，北车公司签订《工业厂房办公楼买卖合同》《融资租赁合同》，并非以买卖方式取得所有权后又通过向华通公司出租租赁物来实现合同目的，而是通过另行签订《抵押担保合同》，以抵押权作为债权保障完成资金融通。这与融资租赁法律关系中出租人对租赁物享有所有权的法律关系特征不符，故本案不构成融资租赁法律关系，而应按照借款关系处理。

关于华通公司提出的租赁物系在建工程不具备融资租赁物的法律特征且租赁物存在低值高评嫌疑，导致《融资租赁合同》无效的主张，本院认为，双方约定的租赁物系位于安岳工业园内的部分房屋。为签订涉诉合同，华通公司委托专业评估机构对于该房屋的价值进行了评估。评估报告中不仅描述了评估对象已于 2012 年 6 月建成并投入使用，而且认定总价值为人民币 121440000 元。因华通公司为实现融资目的而委托评估，其在与北车公司就融资事项进行磋商时，不仅对评估报告的真实性不持异议，而且从未质疑租赁物的客观存在。同时，华通公司正是基于已经实际投入使用的租赁物的评估价值与北车公司达成了房产买卖的合意，进而签订了本案涉诉融资租赁合同并取得了融资款项。华通公司在没有相反证据足以推翻评估结论的情况下，提出租赁物系在建工程且存在低值高评的抗辩，有违诚信原则，本院不予支持。

法院判决：一、被告华通公司于本判决生效后十日内偿还原告北车公司人民币 12980703. 58 元及违约金（以 6490351. 79 元为基数，自 2014 年 9 月 18 日始，按照日万分之一的标准计付至 2014 年 12 月 17 日；以 12980703. 58 元为基数，自 2014 年 12 月 18 日始，按照日万分之一的标准计付至 2015 年 3 月 23 日）；二、被告华通公司于本判决生效后十日内向原告北车公司偿还人民币 96643426. 46 元；三、原告北车公司就被告华通公司在 TJ 融（保）20130911 - 03 号《抵押担保合同》项下的蜂蜜柠檬茶生产线、利乐包装生产线（详见《抵押担保合同》附件一《抵押设备清单》）折价或拍卖、变卖的处置价款，以人民币 100000000 元为限享有优先受偿权；四、驳回原告北车公司其他诉讼请求。

法官评析

在售后回租交易模式中，承租人未经抵押权人同意，将已设定抵押的不动产租赁物转让给出租人并与出租人开展融资租赁交易，是否成立融资租赁合同关系，实践中曾存在争议。

一种观点认为，不构成融资租赁合同关系，本案即如此。主要理由为，由于合同项下的房产已经设定了抵押，在抵押撤销之前北车公司是无法办理所有权转移登记手续并取得相应房产的所有权的，北车公司对此应为明知。因此，北车公司签订《工业厂房办公楼买卖合同》《融资租赁合同》并非以买卖方式取得所有权后又通过向华通公司出租租赁物来实现合同目的，这与融资租赁法律关系中，出租人对租赁物享有所有权的法律关系特征不符，故本案不构成融资租赁法律关系。持类似观点的判决还有浙江夏之远船舶经营有限公司与宁波侨汇融资租赁有限公司融资租赁合同纠纷案。①

另一种观点认为，不影响融资租赁合同关系的效力，如丹阳银球针纺服饰有限公司与江苏金融租赁有限公司融资租赁合同纠纷案。② 其主要理由为，原《物权法》第 191 条第 2 款规定，抵押期间，抵押人未经抵押权人同意，不得转让抵押财产，但受让人代为清偿债务消灭抵押权的除外。该规定中的“不得转让”既不属于原《合同法》第 51 条规定的无权处分，也不是原《合同法》第 52 条所称强制性规定，其立法本意着眼于行为的禁止，无意否定转让抵押财产合同的效力。因此，以租赁物已经设定抵押为由主张融资租赁合同无效的意见不成立。《民法典》第 406 条规定：“抵押期间，抵押人可以转让抵押财产。当事人另有约定的，按照其约定。抵押财产转让的，抵押权不受影响。抵押人转让抵押财产的，应当及时通知抵押权人。抵押权人能够证明抵押财产转让可能损害抵押权的，可以请求抵押人将转让所得的价款向抵押权人提前清偿债务或者提存。转让的价款超过债权数额的部分归抵押人所有，不足部分由债务人清偿。”这一规定由“经抵押权人同意”变为“通知抵押人”，这一转变意味着对于抵押财产物权变动不在禁止之列，更不会影响合同效力。

在当前的融资租赁实务中，融资租赁双方基于不同目的以融资租赁的形式实现资金借贷的现象比较常见，如双方明知租赁物不存在、租赁物价值低值高估、租赁物所有权未移转等情形。法院在实践中对该行为的性质和效力如何认定？

我们认为，《民法典》第 146 条规定：“行为人与相对人以虚假的意思表示实施的民事法律行为无效。以虚假的意思表示隐藏的民事法律行为的效力，依照有关法律规定处理。”这一条文系关于通谋虚伪表示的明确规定，为我们

---

① 参见浙江省舟山市中级人民法院（2015）舟普商初字第 345 号民事判决书。

② 参见江苏省南京市中级人民法院（2014）宁商终字第 350 号民事判决书。

分析上述情形提供了充分的法律依据。所谓通谋虚伪行为，是指行为人与相对人通谋以虚假的意思表示实施的民事法律行为，属于意思与表示的故意不一致。在通谋虚伪表示的情况下，行为人与相对人都知道双方所表示的意思并非真实意思，表示意思与内心真意并不一致。其特征在于双方都明知表示出来的意思不是真实意思，该法律行为欠缺发生法律效力的法效意思，双方均不希望该表示出来的意思在双方之间真正发生法律上的效力。通谋虚伪行为包括两个行为：一是伪装行为，即行为人和相对人通谋表示虚假意思的行为；二是隐藏行为，即被伪装行为所掩盖的，代表行为人和相对人真实意思的行为。通谋虚伪行为应当具备四个要件：一是须有意思表示，二是表示与内心目的不一，三是有虚伪故意，四是行为人与相对人通谋。就通谋虚伪表示的性质和效力而言，双方的虚伪行为无效，隐藏行为的效力并不当然无效，需要根据有关法律规定处理，也就是按照民事法律行为的一般规定判断性质和效力。

融资租赁交易具有融资与融物的双重属性，融物是其基本特征之一，简言之，就是合同双方必须有出租人取得租赁物所有权的意思表示。在具体交易中，如果合同双方形式上具有融资租赁的意思表示，但双方订立合同时明知租赁物所有权事实上不能转移或者放任所有权转移不能，属于形式上具有融物的意思表示但实质上并未希望融物的意思表示发生法律效力，则符合通谋虚伪行为的构成，伪装的融资租赁合同无效，隐藏行为的性质和效力可根据相关法律规定处理。

具体到本案中，争议焦点在于未经抵押权人同意的抵押财产是否可以转让？我国立法及司法实践有一个转变的过程。原《担保法》第 49 条第 1 款规定，抵押期间抵押人转让抵押物应当通知抵押权人，否则转让行为无效。原《担保法司法解释》第 67 条第 1 款规定，抵押权存续期间，抵押人转让抵押物未通知抵押权人或者未告知受让人的，如果抵押物已经登记的，抵押权人仍可以行使抵押权。原《物权法》第 191 条第 2 款规定，抵押期间，抵押人未经抵押权人同意，不得转让抵押财产，但受让人代为清偿债务消灭抵押权的除外。可见，原《担保法》采纳了限制转让且转让无效说，对转让最为严厉；《担保法司法解释》采纳了自由转让说，对转让最为宽松；而原《物权法》则一边采纳限制转让说，一边区分了合同效力和转让效力，较为折中。《第八次全国法院民事商事审判工作会议（民事部分）纪要》规定，“物权法第一百九十一条第二款并非针对抵押财产转让合同的效力性强制性规定，当事人仅以转让抵押房地产未经抵押权人同意为由，请求确认转让合同无效的，不予支持。受让人在抵押登记未涂销时要求办理过户登记的，不予支持”。因此，未经抵押权人同意的抵押财产转让合同有效，但未办理过户登记的不发生物权移转效力。依照《民法典》第406条规定，对于抵押财产转让已不再限制，仅需通知抵押权人。

本案裁判作出时，《民法典》尚未施行。本案系融资租赁法律关系项下的售后回租交易模式，由于合同项下的房产已经设定了抵押，在抵押撤销之前北车公司是无法办理所有权转移登记手续并取得相应房产的所有权的，双方对此应为明知，而在签订合同时又未获得抵押权人的同意、出租人又未代为清偿以租赁物作为抵押担保的负债、合同中也未约定如何涂除抵押登记等情形，同时双方另行签订《抵押担保合同》，以抵押权作为债权保障完成资金融通，因此双方签订《工业厂房办公楼买卖合同》《融资租赁合同》，并非是以买卖方式取得所有权后又通过向华通公司出租租赁物来实现合同目的，合同双方的真实意思表示与出租人对租赁物享有所有权的法律特征不符，而与借贷关系法律特征符合，故合同双方的意思表示构成通谋虚伪表示，作为虚伪行为的融资租赁法律行为无效，作为隐藏行为的意思表示因符合借贷行为的特征，且不违反法律行政法规的强制性规定和公序良俗，合法有效。需要注意的是，尽管抵押物移转所有权存在一定的限制，如果融资租赁合同的双方在订立合同时已经充分考虑这一情况，并约定相关可行的措施促进所有权的移转，不存在隐藏行为，应当认定融资租赁合同有效，至于履行过程中发生的履行不能，可按违约或相关制度处理。

十一、以保障出租人在融资租赁合同中债权的实现为目的的回购协议是否等同于保证合同

——国旺融资租赁公司与三环印刷公司融资租赁回购合同纠纷案①

关 键 词： 回购协议 保证合同

问题提出： 以保障出租人在融资租赁合同中债权的实现为目的的回购协议是否等同于保证合同？

① 一审法院为江苏省南京市建邺区人民法院，案号：（2015）建南商初字第35号。

裁判要旨：融资租赁回购合同是在融资租赁行业发展过程中新兴的合同形式。根据融资租赁回购协议的约定，出卖方除承担交付租赁物义务外，还负有在承租方违约等相关条件成就时向出租方履行回购租赁物的义务。尽管出卖方签订回购协议的目的是保障出租方在融资租赁合同中债权的实现，但不能因此将回购协议等同于保证合同，进而适用担保规则确定双方的权利义务关系。

案情简介

原告：国旺融资租赁公司

被告：三环印刷公司

第三人：森鹏文具公司

2013年3月3日，原告国旺融资租赁公司与第三人森鹏文具公司签订《委托购买合同》，约定：原告（出租人）委托第三人（承租人）直接与被告三环印刷公司（供应商）签订《买卖合同》，订购型号为YPS1AIF（920）的对开双面平板印刷机2台，作为融资租赁合同项下的租赁物出租给第三人使用。同日，被告与第三人共同盖章并向原告出具一份《关于委托购买的确认书》，对原告委托第三人向被告购买租赁物的相关事宜进行确认。同日，原告与第三人签订《融资租赁合同》，约定：原告将上述《委托购买合同》指向的2台印刷机出租给第三人使用，租赁期限为2年；租赁期间租赁物所有权归原告所有；第三人应该按照支付预定表向原告支付租金；第三人发生一次或一次以上迟延支付租金等违约情形时，原告有权解除合同，并要求第三人承担支付违约金等责任。

之后，原告与被告签订了《设备回购协议》，约定：原告根据被告的推荐和要求，与被告的客户即第三人森鹏文具公司签订了融资租赁合同，为使原告在该融资租赁合同中的合法权益得到全部实现，被告承诺当第三人违约时，将遵照本协议履行责任；在原告与第三人之间融资租赁合同项下全部债权债务关系消灭前，当发生第三人逾期缴纳租金，并在60日内未全部付清时，或者原告与第三人经人民法院调解、判决终止租赁合同等情形时，被告即应承担本协议所约定之债权收购及租赁物回购义务；当发生回购情形时，不论原告是否已经收回租赁物，也不论所涉租赁物是否已经出现损坏、损毁、灭失或贬值等情况，在原告向被告发出要求收购债权及回购租赁物书面通知的情况下，被告都应无条件负责收购原告在租赁合同中的剩余租赁债权及回购租赁物，并由被告自行负责对租赁物的收回、修理、转卖等，原告应给予被告必要的配合和协助，但对租赁物进行收回、修理、转卖等处置时所发生的费用应由被告承担；债权收购及租赁物回购的最后期限为：发生第三人逾期支付租金的情形时，自逾期之日起至第60天止，或者发生其他情形后，原告通知被告之日起7日内完成；被告实施上述债权收购及租赁物回购时的价格（以下简称回购对价）应等于原告的剩余租赁债权，包括到期应收未收的租金及延滞利息和未到期租金的本金余额；延滞利息的利率按照人民银行公告的1~3年期短期基本贷款利率（目前年息为6.15%）加上4%；在被告向原告支付完全部回购对价后，剩余租赁债权和租赁物的所有权正式发生转移；如被告未按约定履行债权收购及租赁物回购之责任时，被告应按回购对价1%每日加收违约赔偿金。

上述合同及协议签订后，原告按约定向被告给付了货款。由于第三人发生迟延支付租金的违约行为，原告向苍南县法院提起诉讼，请求判令：1. 依法解除原告与第三人森鹏文具公司签订的融资租赁合同；2. 森鹏文具公司立即返还融资租赁合同项下的租赁物，并承担返还租赁物所需费用；3. 森鹏文具公司立即支付租金75790元；4. 森鹏文具公司承担违约责任，支付逾期付款违约金1515.8元；5. 三环印刷公司承担连带保证责任。原告与第三人在浙江省苍南县人民法院达成调解协议，约定解除融资租赁合同，第三人将租赁物归还给原告。

各方观点

国旺融资租赁公司观点：2013年3月3日，原告与第三人森鹏文具公司签订了《委托购买合同》，原告委托第三人直接与被告三环印刷公司签订《买卖合同》，订购型号为YPS1AIF（920）的对开双面平板印刷机2台，作为融资租赁合同项下的租赁物出租给第三人使用。同日，原告与第三人签订《融资租赁合同》，约定租赁期限为2年，租赁期间租赁物所有权归原告所有。此外，原告与被告签订了《设备回购协议》，约定在原告与第三人之间关于融资租赁合同项下的全部债权债务关系消灭之前，当发生约定的情形，被告应承担本协议所约定之债权收购及租赁物回购义务，如被告未按约定履行债权收购及租赁物回购之责任时，被告除向原告支付回购对价外，还应支付违约赔偿金。合同签订后，原告按约定将租赁物交付给第三人使用，并依约向被告支付了租赁物价款。但第三人自 2014 年 1 月 25 日起，不再支付租金。原告与第三人在浙江省苍南县人民法院达成调解协议，约定解除融资租赁合同，第三人将租赁物归还给原告。截止到原告提起本次诉讼时，第三人未按协议约定履行归还租赁物义务。原告于 2014 年 7 月 29 日向被告发出设备回购通知书，被告收到通知书后仍未履行回购义务。

三环印刷公司观点：原告与被告签订的《设备回购协议》，是《融资租赁合同》的保证合同。原告与第三人之间达成的调解协议第二条约定，担保债务的最后履行期限为 2014 年 5 月 5 日，根据法律规定，保证期间为 6 个月，但在 2014 年 11 月 5 日前，原告未要求被告承担保证责任。虽然原告曾向被告发出通知，但是被告未收到，签收人不是合同签订人、法定代表人或者经被告授权的人。故原告的主张已经超过保证期间，应当予以驳回。

法院观点

本案的争议焦点为：《设备回购协议》是否属于保证担保的性质，原告是否有权要求被告承担债权收购及设备回购义务。

关于《设备回购协议》性质问题：一方面，商事合同的各方当事人在缔结合同的过程中所作的最大限度地维护自身合同权益、降低合同潜在风险的相关约定，若未违反法律禁止性规定，应遵循契约自由原则，从而保护商事活动的稳定和效率。本案系争《设备回购协议》有关被告在回购条件成就时履行回购义务的约定，并不违反法律禁止性规定，被告作为商事主体，理应知晓其在《设备回购协议》中所负回购义务的含义、内容以及应当预见到签订该《设备回购协议》的法律后果。另一方面，融资租赁回购合同是在融资租赁行业发展过程中新兴的合同形式。根据融资租赁回购协议的约定，出卖方除承担交付租赁物义务外，还负有在承租方违约等相关条件成就时向出租方履行回购租赁物的义务。尽管出卖方签订回购协议的目的是保障出租方在融资租赁合同中债权的实现，但不能因此将回购协议等同于保证合同，进而适用《担保法》规定确定双方的权利义务关系。综上，《设备回购协议》不属于保证担保合同，不应适用《担保法》相关规定确定当事人应承担的权利义务内容，而应根据协议的约定和法律的相关规定确定当事人的权利义务内容。对于被告认为《设备回购协议》属于保证担保合同，原告行使权利已经超过《担保法》规定的保证期限的意见，不予采纳。

法官评析

在融资租赁业务实务操作中，为了确保融资租赁合同顺利履行并在承租人拒绝履行其义务时分散因承租人的拒绝履行带来的风险，出租人往往会要求与出卖人签订回购协议，约定在一定条件成就时出卖人回购租赁物以及剩余债权。因为这种情况下的出租人与出卖人往往有推荐关系，即出卖人向出租人推荐承租人并签订融资租赁合同，所以出卖人与承租人有一定的信赖关系，因而也往往同意这样的请求。此时，回购协议的性质就出现了争议。

原《担保法》第6条[①]规定，“本法所称保证，是指保证人和债权人约定，当债务人不履行债务时，保证人按照约定履行债务或者承担责任的行为”。虽然定义中未表述保证担保为合同，但依据该法第13条[②]的内容，保证人与债权人应当以书面形式订立保证合同。以此作体系解释，保证担保指代的是合同关系，所以该保证的定义也即保证合同的定义。《民法典》将保证合同规定在合同编典型合同分编。有的观点认为，依据保证合同的定义，回购协议与保证合同在某些内容上极其相似，尤其是在合同的目的上回购协议与保证合同是相同的，所以回购协议就是保证合同。除此之外，还有的观点认为，回购协议是附条件的买卖合同。对于这个问题，可以从合同的成立、形成的法律关系以及合同的特点三个方面进行比较，辨析回购协议的性质。

合同是一种双方法律行为，合同的存在必定有双方或多方当事人的存在，仅有一方当事人，合同不能成立，自不多言。民事法律行为的核心在于意思表示，合同成立的根本标志也在于意思表示的一致，即达成合意。在保证合同中，需要有保证人作出明确的保证的意思表示，当事人对保证产生合意并符合形式要件后保证合同才能成立。

在回购合同中，出卖人使用了“收购”一词，表明其购买租赁物的意思表示。然而《民法典》第466条规定：“当事人对合同条款的理解有争议的，应当依据本法第一百四十二条第一款的规定，确定争议条款的含义。合同文本采用两种以上文字订立并约定具有同等效力的，对各文本使用的词句推定具有相同含义。各文本使用的词句不一致的，应当根据合同的相关条款、性质、目的以及诚信原则等予以解释。”合同解释旨在探求当事人真意，出卖人

---

① 对应《民法典》第681条。

② 对应《民法典》第685条。

回购的意思表示表面上看是买卖，实际上是借助买卖的形式对融资租赁合同进行担保，目的是保证融资租赁合同能够顺利履行并在承租人拒绝履行义务时分担出租人的风险，而不是单纯地购回租赁物及剩余债权。据此并依照目的解释，回购合同的意思表示既包含买卖也包含保证。所以，在意思表示上，将回购合同的性质等同于保证合同或买卖合同，在内心真意方面比较看来都是不确切的。

《民法典》第685条第1款规定："保证合同可以是单独订立的书面合同，也可以是主债权债务合同中的保证条款。"但无论何种形式，都要求采取书面形式。保证合同是典型的要式合同，回购合同往往以书面形式出现，但现行法律法规并未强制要求回购合同以书面形式订立或禁止其以书面以外的形式出现，所以可以认定回购合同是不要式合同。

1. 法律关系辨析

依据保证合同的定义，在保证担保的法律关系中，主合同的债务人不履行债务时承担责任或代替债务人清偿剩余债务的人为保证人，被担保债务履行的人为保证人，主合同的债权人既是主合同的债权人，又是保证合同的债权人。当债务人不履行债务时，保证人应当按照约定履行债务。保证人履行了债务后，可以向债务人追偿。

从回购合同的内容上看，融资租赁法律关系中的出租人是回购合同回购请求权的权利人，出卖人是回购义务人。在合同所附条件成就后，出卖人应当按照约定收购租赁物和剩余债权，并向出租人支付相应价款，之后出卖人依照该债权向承租人作相应请求。从以上分析来看，相较于保证合同，回购合同更接近于附条件的买卖合同，但将回购合同认定为附生效条件的买卖合同又忽视了其担保的实质作用。

2. 合同类型辨析

(1) 单务合同与双务合同

依照双方当事人在合同成立后是否具有互负对价意义的债务，可将合同分为单务合同和双务合同。单务合同中仅一方当事人负担给付义务，双务合同中当事人互负给付与对待给付的义务。在保证合同中，仅保证人对债权人在主合同债务人不履行债务时承担保证责任，并无债权人向保证人支付对价的义务，因此债权人只拥有债权，保证人只承担义务，保证合同是单务合同。

在回购合同中，出租人和出卖人之间不仅约定了在条件成就时出卖人无条件收回租赁物所有权及剩余债权的义务，也约定了出租人还负有向出卖人支付相应价款的义务，二者形成对待给付。所以回购合同是双务合同，与保证合同的单务合同特征并不相符，反倒与买卖合同颇为相似。

（2）诺成合同与实践合同

诺成合同仅需要当事人的意思表示一致即可认定合同成立，而实践合同除了意思表示之外，还需要支付标的物或完成其他给付才能够成立。实践合同在我国民法中有特别规定，只有定金合同、自然人之间的借款合同、借用合同、保管合同和代物清偿协议是实践合同，其余均是诺成合同。保证合同和回购协议均不在特别规定中，实为诺成合同。

（3）要式合同与不要式合同

以合同的成立是否要求一定的方式为标准，可将合同分为要式合同和不要式合同。要式合同是指必须依据法律规定的方式而成立的合同，不要式合同是指对其成立法律没有要求采取特定方式的合同。根据《民法典》第685条第1款规定，“保证合同可以是单独订立的书面合同，也可以是主债权债务合同中的保证条款”，所以保证合同是典型的要式合同。回购合同往往以书面形式出现，但现行法律法规并未规定回购合同的出现形式，所以可以认定回购合同是不要式合同。

（4）附条件的合同

保证合同是附条件的合同，债权人的权利和保证人的保证责任只有在约定的条件成就之后，保证合同才发生效力。在回购协议中，约定承租人为或不为特定行为时承租人的回购请求权以及出卖人的回购义务发生效力。附条件的合同，所附条件的本质特征在于发生法律效力所依据的情况具有不确定性。回购协议所附条件具有这种不确定性的特点，并且条件于未来发生且不违反法律法规的强制性规定，因此回购协议与保证合同均是附条件的合同。

（5）主合同与从合同

依照合同之间是否具有主从关系，可以将合同分为主合同和从合同。从合同是指以其他合同的存在为其存在前提的合同。保证合同的目的在于担保主合同债权的实现，以主合同的存在而存在，以主合同的消灭而消灭；主合同变更，从合同一般也同样发生变更，不能独立于主合同而单独存在。保证合同遵循这样的规则，是典型的从合同；回购合同也遵循这样的规则，具体分析如下：

存续上的从属性。主合同成立，保证合同成立。反观回购合同，其存在的目的是确保融资租赁合同顺利履行，并分担因承租人不履行或未按照合同要求履行合同时产生的风险，因此回购合同是伴随着融资租赁合同成立的。

转移上的从属性，即保证随主债权的移转而移转。依照《民法典》第696条第1款规定，“债权人转让全部或者部分债权，未通知保证人的，该转让对保证人不发生效力”。在没有特别约定时，主债权的移转不影响保证的效力，保证合同一并移转。回购协议的目的是保障融资租赁合同的履行，若融资租赁合同的债权人移转，那么为了保障融资租赁合同的履行，而且由于信赖关系产生于出卖人和承租人之间，与出租人无涉，因此实践中回购合同一般都会随着主债权的转移而转移。

变更上的从属性，即保证随主合同债务的变更而变更。根据《民法典》第697条的规定，债务人的变更和主合同债务的变更必须经过保证人的书面同意，否则将导致保证向消灭方向变更。在回购合同中，订立回购合同的出卖人多与融资租赁合同的承租人有信赖关系，本案的承租人即由出卖人推荐而来。也就是说，出卖人基于对承租人的信赖而签订回购协议，保证融资租赁合同的履行，因此这里的回购义务似乎有一定的专属性。若承租人将债务转让给他人且未经出卖人同意，则承租人签订回购协议的信赖基础丧失，保证责任也就随之消灭。所以在变更上的从属性上，保证合同与回购协议异曲同工。

消灭上的从属性，指主合同债务消灭后保证也随之消灭。从回购合同的内容上来看，主债权债务消灭后，回购合同的目的已然实现，合同因此而终止。

3. 本案的回购合同并非保证合同

通过以上比较不难发现，保证合同、附条件的买卖合同与回购合同虽然相似，但是在成立要件、特征、法律关系的构造上并不完全相同。若将回购合同的性质认定为保证合同，则无视了回购合同具有部分买卖的合意、双务合同以及不要式的特征；如果将回购合同定位为附条件的买卖合同，则忽视了其具有的出卖人保证的合意、合同担保主债权的目的和作用。考虑到回购合同并未在我国民法中以有名合同的形式出现，因此笔者更倾向于将该类型的合同认定为无名合同。本案中，出租人与出卖人签订的《设备回购协议》属于无名合同，无名合同适用《民法典》合同编通则的规定，并参照合同编典型合同分编或者其他法律最相类似的规定。

十二、非经司法程序的重组或重整是否影响融资租赁合同效力

——兴业公司与泰业公司等融资租赁合同纠纷案①

关 键 词：重组 债务免除 强制性规定 管理性规定

问题提出：未经司法程序的重组或重整是否产生免除个别债务的效力？违反管理性强制性规定是否影响合同效力？

裁判要旨：未经司法程序的重组或重整，当事人即便参加了相关会议，但未正式签订或参与重组或重整协议的，也不受相应重组协议或重整协议的约束。融资租赁合同仅违反管理性强制性规定，未违反效力性强制性规定的，应认定为合法有效。

案情简介

上诉人（一审被告）：泰业公司

上诉人（一审被告）：联盛公司

上诉人（一审被告）：哪哈沟公司

上诉人（一审被告）：俊安公司

上诉人（一审被告）：邢某某

上诉人（一审被告）：李某某

被上诉人（一审原告）：兴业公司

2012 年 2 月 10 日，兴业公司与泰业公司、联盛公司，在天津市经济技术开发区签订《融资租赁合同》，约定：甲方（兴业公司）委托乙方（泰业公司）购买租赁物，再由甲方将租赁物出租给承租人乙方和丙方（联盛公司），甲方支付委托购买价款，卖方向承租人交付租赁物时租赁物的所有权归甲方所有，承租人占有和保管租赁物；租金由租赁成本与租赁利息构成；承租人应向甲方支付租赁手续费 3900000 元、租赁保证金 13000000 元，甲、乙、丙三方一致同意，该款项由甲方在支付委托购买价款时直接扣收；若承租人未

① 一审法院为天津市高级人民法院，案号：(2014) 津高民二初字第 12 号；二审法院为最高人民法院，案号：(2014) 最高法民二终 203 号。

按合同约定支付到期应付租金、租赁保证金等款项，承租人应就逾期未付款项按日万分之五向甲方支付违约金，直至全部付清之日止；承租人连续二期或累计三期未按合同约定向甲方支付到期租金视为承租人根本违约，若承租人发生预期违约或根本违约，甲方除有权按照合同约定要求承租人承担违约责任、赔偿损失外，还有权采取多项措施，包括提前终止合同，向承租人追索合同项下承租人应付的所有到期未付租金、违约金、损害赔偿金、全部未到期租金和其他应付款项。

同日，兴业公司与泰业公司签订《委托购买协议》，约定：约定的委托购买价款为130000000元。为办理涉案融资租赁业务，兴业公司依约收取泰业公司和联盛公司租赁手续费3900000元，该款在支付委托购买价款时直接扣收。兴业公司依泰业公司委托在支付委托购买价款时将租赁保证金13000000元一并扣收。兴业公司实际应向泰业公司支付的租赁物委托购买价款为113100000元，该笔款项兴业公司于2012年2月15日通过网上银行转账方式向泰业公司支付。租赁物于2012年4月10日交付给承租人。泰业公司和联盛公司依约向兴业公司支付了前6期租金，第7期租金经兴业公司催收后，泰业公司和联盛公司并未支付。

同日，兴业公司与俊安公司、邢某某、哪哈沟公司分别签订《保证合同》，约定俊安公司、邢某某、哪哈沟公司为上述《融资租赁合同》项下承租人的全部债务提供不可撤销的连带保证责任，李某某作为邢某某的配偶在《保证合同》中确认同意邢某某在保证合同下作出的所有承诺与保证，并严格履行保证合同下保证人邢某某所负的全部义务。

2015年3月6日，山西省吕梁市中级人民法院作出（2015）吕破（预）字第7-1号民事裁定书，裁定受理申请人中国工商银行股份有限公司吕梁石州支行对被申请人泰业公司的重整申请，并指定吕梁市人民政府市长为泰业公司重整清算组组长、泰业公司管理人负责人。同日，山西省吕梁市中级人民法院作出（2015）吕破（预）字第4-1号民事裁定书，裁定受理申请人华夏银行股份有限公司太原分行、国家开发银行股份有限公司、招商银行股份有限公司太原分行对被申请人联盛公司的重整申请，并指定吕梁市人民政府市长为泰业公司重整清算组组长、管理人、负责人。

各方观点

兴业公司观点：一、案涉《融资租赁合同》合法有效，对签约各方均有法律约束力，其中约定：对本合同进行的任何修改、补充或变更，须另行以书面形式经甲、乙、丙三方签字盖章。二、兴业公司无须在签订《融资租赁合同》之前取得租赁物的所有权。兴业公司是否在中国人民银行征信中心对租赁物的权属状况进行登记，并不影响《融资租赁合同》有效性或否定兴业公司是租赁物所有权人的事实。三、依照《融资租赁合同司法解释》第 20 条的规定，泰业公司、联盛公司、俊安公司、哪哈沟公司、邢某某、李某某所谓的"客观原因"，不属于法律规定或合同约定的免责条款。

兴业公司起诉请求：1. 泰业公司、联盛公司向兴业公司支付到期未付租金 9570034.92 元；2. 泰业公司、联盛公司向兴业公司支付自 2013 年 11 月 20 日起至实际支付租金之日止，因未支付到期租金产生的违约金；3. 泰业公司、联盛公司向兴业公司支付全部未到期租金 86130314.28 元；4. 泰业公司、联盛公司向兴业公司赔偿损失 4200000 元；5. 俊安公司、邢某某、李某某、哪哈沟公司对上述 1 ~4 项的给付义务承担连带给付责任；6. 泰业公司、联盛公司不支付上述 1 ~4 项款项时，泰业公司、联盛公司协助兴业公司对租赁物进行处理，处理所得价款用于支付上述 1 ~4 项款项；7. 案件受理费由泰业公司、联盛公司、俊安公司、哪哈沟公司、邢某某、李某某承担。

泰业公司、联盛公司、俊安公司、哪哈沟公司、邢某某、李某某观点：一、兴业公司无权直接依据《融资租赁合同》主张权利。2014 年 2 月 28 日，联盛公司债权人代表召开债权人会议，通过了《联盛战略重组方案》，兴业公司在场。同年 3 月 20 日，各相关债权人签署《联盛战略重组协议》，对各债权人的债权金额、债权偿还方式以及相关担保人的担保责任等作出了调整和变更，兴业公司虽然没有在《联盛战略重组协议》上签字，但是该协议仍然对兴业公司具有约束力。兴业公司在《融资租赁合同》项下权益应当纳入重组程序解决。二、兴业公司签订《融资租赁合同》的前提条件未成就。兴业公司未在中国人民银行征信中心对租赁物的权属状况进行登记，亦未提供其他证据证明其为租赁物的所有权人，故其签订《融资租赁合同》的前提条件未成就，存在违法进行融资租赁的基础事实。三、泰业公司、联盛公司、俊安公司、哪哈沟公司、邢某某、李某某未履行支付租金义务、未承担保证责任系客观情况所致，不应承担支付违约金等违约责任及保证责任。2013 年 11 月，联盛系企业爆发了债务危机，已不可能单独对任何一家债权人进行清偿或承担保证责任，未支付租金系泰业公司和联盛公司不可控制的原因所致，泰业公司和联盛公司不应承担按日万分之五的比例向兴业公司支付逾期付款的违约责任，俊安公司等亦不应承担保证责任。

法院观点

一审、二审法院观点：兴业公司虽在2014年2月28日《联盛债权人会议签到表》上签字，但并无证据反映兴业公司于2014年3月20日参加并签署了《联盛战略重组协议》，故泰业公司、联盛公司、俊安公司、哪哈沟公司、邢某某、李某某关于相关债权人签署了《联盛战略重组协议》，对各债权人的债权金额、债权偿还方式以及相关担保人的担保责任等作出了调整和变更的主张缺乏事实依据。

泰业公司、联盛公司、俊安公司、哪哈沟公司、邢某某、李某某主张“2013年11月，联盛系企业爆发了债务危机，已不可能单独对任何一家债权人进行清偿或承担保证责任，未支付租金系泰业公司和联盛公司不可控制的原因所致，泰业公司和联盛公司不应承担按日万分之五的比例向兴业公司支付逾期付款的违约责任，俊安公司等亦不应承担保证责任”等客观因素，并非《融资租赁合同》约定免责事由，亦并非法律规定的不可抗力因素，其据此主张免除违约责任及担保责任因缺乏依据不能成立。

一审法院判决：一、泰业公司、联盛公司于判决生效之日起十日内给付兴业公司到期未付租金9570034.92元；二、泰业公司、联盛公司于判决生效之日起十日内给付兴业公司自2013年11月20日起至实际支付租金之日止的违约金（计算基数为到期未付租金9570034.92元，按日万分之五计算）；三、泰业公司、联盛公司于判决生效之日起十日内给付兴业公司全部未到期租金86130314.28元；四、俊安公司、哪哈沟公司、邢某某、李某某对上述第一、二、三项泰业公司、联盛公司的给付义务承担连带给付责任；俊安公司、哪哈沟公司、邢某某、李某某承担保证责任后，有权向泰业公司、联盛公司追偿；五、驳回兴业公司其他诉讼请求。

二审法院判决：驳回上诉，维持原判。

法官评析

融资租赁涉及金额往往十分巨大，采用融资租赁方式进行经营的企业其经营规模和经营业务往往也十分庞杂。融资租赁过程中，也会存在一些不规范或者不完善的行为，这些不规范或者不完善的行为，能否对合同效力产生影响，需要进行深入的探讨。

1. 非经司法程序的重组或重整并不产生免除个别债务的效力

《企业破产法》第16条规定，人民法院受理破产申请后，债务人对个别债权人的债务清偿无效。第17条规定，人民法院受理破产申请后，债务人的债务人或者财产持有人应当向管理人清偿债务或者交付财产。债务人的债务人或者财产持有人故意违反前款规定向债务人清偿债务或者交付财产，使债权人受到损失的，不免除其清偿债务或者交付财产的义务。第64条规定，债权人会议的决议，由出席会议的有表决权的债权人过半数通过，并且其所代表的债权额占无财产担保债权总额的二分之一以上……债权人会议的决议，对于全体债权人均有约束力。

本案提及了“债权人会议”“重组”等字眼。然而，涉案“债权人会议”“重组”并非发生在经法院裁定的破产或者重整程序期间，而系当事人公司与公司债权人为达成债权债务解决方案而自行组织召开的会议以及公司的经营自救行为。该债权人会议并非破产法意义上的债权人会议，其所作出的决议并不具备对全体债权人均具有约束力的法律特征，而只能约束同意或者正式签署了该《联盛战略重组协议》的当事人。对没有同意或正式签署该协议的当事人不具备任何法律上的约束力。参与了债权人会议，并不能够视为当然同意或参与前述该协议并受该协议的约束。因此，本案中联盛公司召开的债权人会议以及会议的相关决议，不能够对兴业公司的融资租赁债权产生个别否定的法律支撑效果。

2. 违反管理性规定不属于合同无效的法定事由

无效合同是指不符合法律规定的合同要件，不能产生法律效力的合同。为了鼓励交易，对合同效力轻易不作否定性评价。就本案而言，应从以下几个方面来分析和辨别合同效力：

我国法律位阶较多，为了维持合同效力的稳定性，促进市场交易，避免地方保护主义或政府的肆意行政行为对合同效力产生的不利影响，原《合同法》规定只有违反法律和行政法规，才有可能导致合同无效。这意味着只有违反全国人民代表大会及其常务委员会制定的法律，以及国务院制定的行政法规或依据全国人大的特别授权所制定的规范性文件，才可能构成合同无效的法律情形；如果仅是违反地方性法规、规章、自治条例和单行条例、经济特区的经济法规、国际条约和协定，则不能构成合同无效的法律支撑。

原《合同法司法解释二》第14条规定，原《合同法》第52条第5项规定的“强制性规定”，是指效力性强制性规定。由此可见，《合同法司法解释二》对《合同法》规定的强制性规定作了限制解释，这里所谓的“强制性规定”仅指效力性强制性规定。《民法典》第153条规定：“违反法律、行政法规的强制性规定的民事法律行为无效。但是，该强制性规定不导致该民事法律行为无效的除外。违背公序良俗的民事法律行为无效。”

强制性规定，指法律及行政法规明确规定违反了这类禁止性规定将导致合同无效或者合同不成立的规范；或者是法律及行政法规虽然没有明确规定违反这些禁止性规范后将导致合同无效或者不成立，但是违反了这些禁止性规范后如果使合同继续有效将损害国家利益和社会公共利益的规范。管理性规定，指法律及行政法规没有明确规定违反此类规范将导致合同无效或者不成立，而且违反此类规范后如果使合同继续有效也并不损害国家或者社会公共利益，而只是损害当事人的利益的规范。

识别强制性规定，可以采取以下两个方法。第一，肯定性方法。其一，审查该强制性规定是否存在“违反的后果是合同无效”等明确性表述；其二，审查该强制性规定是否存在“合同继续有效将损害国家利益、社会利益”等表述，若存在上述表述，应认定为效力性强制性规定。第二，否定性方法。应当明确法律、行政法规的强制性规定仅关系当事人利益，或者强制性规定是为了行政管理或纪律管理需要考虑，该类强制性规定一般属于管理性强制性规定，不属于效力性强制性规定。具体方法，其一，从强制性规定的立法目的判断，若其设置目的是实现管理的需要，并非针对行为内容本身，则可认为并非效力性强制性规定；其二，从强制性规定的调整对象判断，若其目的仅是单纯限制主体的行为资格，而非行为内容，一般可认定为管理性强制性规定。

通过以上方式，就能够对本案中所涉规定是否导致合同无效作出简单而迅速的区分。当事人援引的“融资租赁公司在办理融资租赁业务时，应在中国人民银行征信中心的融资租赁登记公示系统办理租赁物权属状况登记”，从肯定性角度分析，明显无涉及合同效力的内容，也未涉及国家利益、社会利益，仅涉及当事人之间的权利义务。从否定性角度分析，该规定是为了行政管理需要，其立法目的是实现管理的需要，并非针对行为内容本身。因此，本案当事人援引强制性规定的性质应认定为管理性强制性规定，兴业公司违反该强制性规定并不产生《融资租赁合同》无效的法律后果。

十三、承租人向出卖人交付部分款项而主张分期买卖，是否仍可以认定为融资租赁关系

——中联融资公司与十九局桥梁处等融资租赁合同纠纷案

关 键 词：融资租赁　分期买卖

问题提出：融资租赁合同的承租人向出卖人交付部分款项而主张分期买卖，是否仍可以认定为融资租赁关系？

裁判要旨：根据《融资租赁合同司法解释》第1条第2款的规定，对于法律关系的认定要按照合同的实质性内容来确定。在本案中，案涉《融资租赁合同》明确约定：中联融资公司系出租人，中联科技公司系出卖人，中联科技公司已将设备交给承租人马某。马某虽在之前向出卖人中联科技公司员工交纳过部分款项，但此后均向中联融资公司账户分期交纳租金，马某称其与中联科技公司之间系按揭买卖合同，却未提交在签订融资租赁合同后向中联科技公司或银行支付按揭款的证据，故马某与中联融资公司之间的融资租赁关系成立。此外，出租人中联融资公司是否向出卖人中联科技公司支付租赁物购买对价，不是认定本案《融资租赁合同》效力的前提。

案情简介

再审申请人（一审被告、二审上诉人）：十九局桥梁处

被申请人（一审原告、二审被上诉人）：中联融资公司

被申请人（一审被告、二审上诉人）：马某

2009年8月2日，中联融资公司（出租人）与马某（承租人）签订《融资租赁合同》一份，约定承租人向出租人租入8台混凝土搅拌车。同日，中联科技公司（出卖人）与中联融资公司（买受人）签订《产品买卖合同》，约定：买受人向出卖人购买8台混凝土搅拌车。其后，马某（承租人）收到《融资租赁合同》中所述的8台混凝土搅拌车。为确保马某履行上述融资租赁合同义务，中联融资公司（债权人、出租人）与马某（债务人、承租人）、十九局桥梁处

（保证人）签订《连带责任保证合同》一份，合同约定：十九局桥梁处为马某在《融资租赁合同》项下的租金及利息债务共计4104937.52元承担连带保证责任。

其后，中联融资公司（甲方、出租人）与马某（乙方、承租人）、十九局桥梁处（丙方、第三人）签订《协议书》，约定：甲方购买中联科技公司混凝土搅拌车设备捌台，融资租赁予乙方，乙方与甲方于2009年8月2日签署了《融资租赁合同》，现乙方和丙方因经营需要，共同要求将融资租赁设备的整机发票名称开具在丙方名下，同时将车辆登记在丙方名下，乙方和丙方是乙方将设备挂靠在甲方关系；应乙方、丙方要求，甲方授权中联科技公司将机动车发票开给乙方指定的第三方丙方，并同意将车辆登记在丙方名下，三方确认设备所有权不因设备发票、机动车登记证书开具在丙方名下而归属丙方，设备所有权仍然是甲方所有，乙方、丙方不得有损害甲方所有权的行为。涉案八台混凝土搅拌运输车，所有权人登记为十九局桥梁处。

上述合同签订后，中联融资公司按照合同约定履行了相关义务，但马某未按照约定向中联融资公司支付租金，仅向中联融资公司支付了前四期租金共计528138.88元（其中租金本金451427.04元，利息76711.84元）。中联融资公司多次催款未果，为维护自身合法权益，诉至一审法院长沙市中级人民法院。一审法院判决马某支付中联融资公司租金本金人民币2253486.08元和相应的违约金111600元。十九局桥梁处对上述债务承担连带清偿责任，十九局桥梁处承担连带清偿责任后有权向马某追偿。马某、十九局桥梁处不服，上诉至二审法院湖南省高级人民法院。二审法院驳回上诉，维持原判。

各方观点

中联融资公司观点：《融资租赁合同》《连带责任保证合同》真实、合法有效。马某应当向其支付到期租金和利息。十九局桥梁处对上述诉请承担连带责任。

马某和十九局桥梁处观点：1. 本案中，马某与中联融资公司不存在事实上的融资租赁合同关系，中联融资公司采取欺诈手段签订的《融资租赁合同》和《连带责任保证合同》，应属无效合同。2. 本案争议的债权债务关系，其法律特征和实质，确属卖方为中联科技公司附赠送买方马某设备为条件的按揭分期付款的设备买卖关系，不是融资租赁合同关系。

法院观点

一审法院观点：

一、《融资租赁合同》及其附件、《连带责任保证合同》、《协议书》系双方当事人真实意思表示，且不违反法律法规的强制性规定，合同合法有效，当事人应按照合同的约定全面履行自己的义务。合同签订后，中联融资公司按照合同约定履行了购买混凝土搅拌运输车并交付车辆等相关义务，马某未按照约定按时足额向中联融资公司支付租金（包括利息），其逾期行为已构成违约，依法应承担相应的民事责任。

二、对于中联融资公司要求十九局桥梁处对马某的上述债务承担连带责任的诉求，十九局桥梁处以该担保无公司权力机构有效的审批决议及同意对外担保的审批手续为由认为该担保无效。《公司法》第16条第1款规定："公司向其他企业投资或者为他人提供担保，依照公司章程的规定，由董事会或者股东会、股东大会决议；公司章程对投资或者担保的总额及单项投资或者担保的数额有限额规定的，不得超过规定的限额。"该条款并未明确规定公司违反其规定对外提供担保会导致担保合同无效，该条款也并非效力性强制规定；且其调整的是公司内部关系，而担保协议为债权人、债务人与担保人的外部关系，公司内部决议程序，不得约束善意第三人，现十九局桥梁处没有任何证据证实中联融资公司非善意第三人，故中联融资公司的该项诉讼请求，于法有据，依法予以支持。

二审法院观点：

一、一审法院程序是否不当。关于本案管辖异议问题，长沙市中级人民法院一审期间已作出（2014）长中立民初字第01175号民事裁定，驳回马某、十九局桥梁处对管辖权提出的异议。马某、十九局桥梁处不服上述裁定，提起上诉；后上诉被驳回，维持原裁定。因此，关于本案的管辖问题，已有生效裁定，马某、十九局桥梁处关于本案管辖权的上诉意见，不再审查。

二、涉案法律关系是融资租赁合同关系还是按揭买卖合同关系，马某是否应当返还涉案设备。《合同法》第237条①规定，融资租赁合同是指出租人根据承租人对出卖人、租赁物的选择，向出卖人购买租赁物，提供给承租人使用，承租人支付租金的合同。由此可知，融资租赁合同具有下列特征：出租人根据承租人对出卖人、租赁物的选择购买租赁物；出租人将购买的租赁物租给承租人使用；承租人向出租人支付租金。涉案融资租赁合同约定中联融资公司系出租方，中联科技公司为出卖方，出卖方中联科技公司已将设备交给承租人，马某虽在之前向中联科技公司的员工交纳过部分款项，

① 对应《民法典》第735条。

但在此之后马某均向中联融资公司的账户分期交纳租金，马某与十九局桥梁处称本案系马某与中联科技公司之间的按揭买卖合同，却未提交在签订融资租赁合同后向中联科技公司或是银行支付按揭款的证据，故马某与中联融资公司之间的融资租赁关系成立，一审将本案认定为融资租赁合同纠纷并无不当。

三、十九局桥梁处是否应当承担连带保证责任。《公司法》第16条第2款关于"公司为公司股东或者实际控制人提供担保的，必须经股东会或者股东大会决议"的规定，其立法本意在于限制公司主体行为，防止公司的实际控制人或者高级管理人员损害公司、小股东或其他债权人的利益，股东会决议的实质是内部控制程序，不能以此对外约束善意交易相对人。《连带责任保证合同》明确约定了主债权的数额和分期付款期限，并约定了具体期限，该合同已具备了担保合同的主要要件，赠送设备协议和付款比例是否告知担保单位十九局桥梁处亦不影响保证合同的效力，马某、十九局桥梁处以此主张合同无效的主张亦不予支持。

法官评析

融资租赁合同是出租人根据承租人对出卖人、租赁物的选择，向出卖人购买租赁物，提供给承租人使用，承租人支付租金的合同。融资租赁的租赁物往往是大型机械设备，通常发生在承租人需要使用机械设备而又资金短缺的时候。此时，承租人可以与融资租赁公司签订融资租赁合同，由融资租赁公司出资购买设备，承租人只需每月支付租金即可使用设备。可见，融资租赁集借贷、租赁、买卖于一体，是将融资与融物结合在一起的交易方式。

实践中，有的产品生产商与融资租赁公司合作，用以租代售方式与承租人签订融资租赁合同。融资租赁合同与保留所有权的分期付款买卖合同存在根本区别，具体表现在：

1. 合同的交易主体及其资格要求不同

融资租赁合同的交易主体由三方当事人构成，分别包括承租人、出租人、供货商。承租人与出租人签订的是租赁合同，出租人与供货商签订的是买卖合同。我国目前对融资租赁业存在多头监管的"双轨制"监管局面，对融资租赁合同中出租人主体资格有着较为严格的要求。

保留所有权分期付款合同的交易主体仅为买卖两方组成，该种合同与普通的买卖合同相比，无非就是多了买方分期付款和卖方保留所有权。所以，我国对该种合同双方当事人的主体资格没有特别限制，合同主体为一般民事主体，即只要具有民事行为能力的公民或法人均可以成为合同的签订主体。

2. 当事人的交易意图不同

在保留所有权的分期付款买卖合同中，一方当事人的交易意图是出让标的物的所有权，获取价金，对方当事人的交易意图是支付价金，获取标的物的所有权；而在融资租赁合同中，出租人虽为承租人的使用购买租赁物，但出租人所购买的物件却是归出租人所有，出租人仅将物的使用、收益权利授予了承租人。仅在当事人双方有特别约定的情况下，承租人方可以在租赁期满时，取得租赁物的所有权。

3. 融资租赁合同的租赁期中承租人无期待权

保留所有权的分期付款合同作为一种特殊交易制度，有与出卖人之所有权处于相对状态并形成消长关系的买受人的期待权，其目的在于取得标的物所有权，系取得所有权之前阶段，因条件成就而变为所有权，故属于物权化的债权或兼具物权与债权两种因素之特殊权利。与此相反，在融资性租赁的整个租赁期间，承租人并无取得租赁物所有权的期待权。

4. 期间届满后标的物所有权归属不同

保留所有权的分期付款买卖，乃以支付全部价金为移转标的物所有权之延缓条件。一旦条件成就，即买受人支付全部价金，标的物所有权便当然移转于买受人，无须另订协议。而在融资租赁合同中，必须有特别约定，承租人方可于租赁期满时取得租赁物的所有权。

此外，融资租赁合同租金的构成与分期付款买卖合同价金构成不同。分期付款买卖合同，应适用法律特别保护消费者利益的规定，而融资租赁合同中则无此内容。

《融资租赁合同司法解释》第1条规定："人民法院应当根据民法典第七百三十五条的规定，结合标的物的性质、价值、租金的构成以及当事人的合同权利和义务，对是否构成融资租赁法律关系作出认定。对名为融资租赁合同，但实际不构成融资租赁法律关系的，人民法院应按照其实际构成的法律关系处理。"符合融资租赁合同成立的三个要件，属于融资租赁合同，否则属于分期付款买卖合同。融资租赁合同成立的一般要件包括：（1）出租人根据承租人对出卖人和租赁物的选择出资购买租赁物；（2）承租人向出租人交付租金；（3）出租人将租赁物交付承租人使用收益。凡符合上述所有条件，应认定为融资租赁合同成立。如不满足上述任一条件，即使合同名称为某某融资租赁合同，也应按照其实质认定为分期付款买卖合同。如果在案件中，融资租赁公司提供的是事先拟定的格式合同，当事人的合同权利和义务不符合融资租赁法律关系的要件，那么即使出租人与承租人签订了名义上的融资租赁合同，也应当认定为分期买卖合同。

本案中，案涉融资租赁合同约定中联融资公司系出租方，中联科技公司为出卖方，出卖方中联科技公司已将设备交给承租人马某，马某虽在之前向中联科技公司的员工交纳过部分款项，但在此之后马某均向中联融资公司的账户分期交纳租金，马某与十九局桥梁处称马某与中联科技公司之间签订的是按揭买卖合同，却未提交在签订合同后向中联科技公司或是银行支付按揭款的证据，故马某与中联融资公司之间的融资租赁关系成立。马某与中联融资公司签订的《融资租赁合同》及其附件、《协议书》系双方当事人真实意思表示，十九局桥梁处提出《融资租赁合同》系受欺诈所签，但并未提出相应证据证明，故上述协议不违反法律法规的强制性规定，合法有效，当事人应按约履行。中联融资公司是否向中联科技公司支付了购买设备对价，不是认定本案《融资租赁合同》效力的前提。虽然在马某与中联融资公司签订融资租赁合同之前，马某与中联科技公司签订了赠送设备协议，但马某并未对中联科技公司提出诉讼请求，该协议是否已实际履行、中联科技公司是否应赠送设备及设备是否存在质量问题均系另一法律关系，不属于本案的审理范围，马某据此抗辩支付租金的理由亦不能成立。

十四、出租人将租赁物抵押给自己对于融资租赁合同的效力是否有影响

——易鑫融资公司与胡某融资租赁合同纠纷案①

关 键 词： 融资租赁　抵押　效力

问题提出： 融资租赁公司将租赁物进行抵押，该行为如何认定？融资租赁合同的效力是否会受到影响？

---

① 一审法院为云南省昆明市五华区人民法院，案号：(2017) 云0102 民初1978 号；二审法院为云南省昆明市中级人民法院，案号：(2018) 云01 民终114 号。

裁判要旨：融资租赁公司将所有权属于自己的租赁物抵押给自己，即出租人把租赁物登记在承租人名下，又设立抵押以承租人作为车辆租赁物的名义所有权人，将车辆抵押予出租人。车辆登记并不影响对车辆实际所有权的认定，该行为并不影响融资租赁合同的效力。

案情简介

上诉人（原审原告）：易鑫融资公司

被上诉人（一审被告）：胡某

胡某作为承租人与易鑫融资公司作为出租人于2016年2月19日签订《易鑫融资公司汽车租赁合同（通用条款）》等，约定易鑫融资公司向胡某提供融资租赁业务，由胡某购买某品牌汽车一辆，融资金额为52820元，租赁期为24个月，每月租金为2608.5元，同时双方约定违约责任：1. 承租人违反合同规定的，出租人有权提前解除合同，承租人即刻付清租金余额及其他合同规定应付款项，并按应付租金每日1.2‰计收滞纳金；2. 承租人还应承担出租人因诉讼产生的诉讼费、鉴定费、律师费等，出租方委托第三方机构催收所发生的成本，其中律师函500元/次。胡某于2016年3月11日取得前述合同约定车辆的权属登记，并办理抵押登记，抵押权人为易鑫融资公司。另查明，易鑫融资公司支付律师费3000元。截至2016年9月8日，胡某未还融资本金为41225.92元。

另外，易鑫融资公司与胡某在《易鑫融资公司汽车租赁合同（通用条款）》中约定，胡某连续两期未向易鑫融资公司支付租金或累计十期未按时向易鑫融资公司支付租金，易鑫融资公司有权提前解除合同，控制车辆，胡某应同时即刻付清租金余额及其他合同规定之应付款项。胡某共向易鑫融资公司融资52820元，约定租赁期24期，每期偿还租金2608.5元。易鑫融资公司认可胡某已支付6期租金，最后一期付至2016年9月8日。

各方观点

易鑫融资公司观点：一、一审判决认可双方签订的合同系融资租赁合同，且已经依据《合同法》第248条[①]的规定认可易鑫融资公司作为出租人，在承

① 对应《民法典》第752条。

租人迟延履行租金的情形下有权主张租金到期，但在判决主文中却自相矛盾，适用法律错误。一审判决采取了“借款合同”的思路，划分融资本金、融资利息，并以收益金额不宜超过法律对资金占用利率的限制性规定为由，调整年利率为24%，一审判决将缩短租赁期限（将租息计算到2016年11月28日，应为租金加速到期日），进而否定了易鑫融资公司的合法租金诉求。二、依据相关法律规定，在承租人违约的情形下，导致承租人原本按期支付租金的期限利益丧失，出租人有权要求承租人提前付清所有到期、未到期租金，这是租金的加速到期，不是租赁本金的加速到期，更不是租赁期限的减少。故要求撤销一审判决第一项、第三项，改判支持易鑫融资公司的所有诉讼请求或发回重审。

胡某二审未发表答辩意见。

法院观点

一审法院观点：

合同是当事人之间设立、变更、终止民事关系的协议，依法成立的合同，受法律保护。本案中，双方签订的《易鑫融资公司汽车租赁合同（通用条款）》《易鑫融资公司汽车租赁合同附件一》系真实意思表示，且合同内容未违反法律、法规的强制性规定，故一审法院对《易鑫融资公司汽车租赁合同（通用条款）》《易鑫融资公司汽车租赁合同附件一》的合法性予以确认，合同当事人应按照合同约定的内容履行各自义务。但根据前述合同内容，易鑫融资公司所负合同义务为向胡某提供融资资金并因此享有收取相应资金占用费用的权利，故双方可以约定由胡某按期偿还“融资本金”并支付一定金额的因融资产生的收益，但该收益金额不应超过法律对资金占用收益的限制性规定，即年利率24%。基于前述理由及双方在《易鑫融资公司汽车租赁合同（通用条款）》中关于“提前支付未到期租金”的约定，一审法院确认由胡某偿还易鑫融资公司未付“融资本金”41225.92元及该款项自2016年10月8日起至还清款项之日止的“融资收益”，计息年利率为24%。易鑫融资公司主张因实现前述合法债权而支出的律师费3000元及律师函费500元，该费用属于易鑫融资公司实际支出的费用，亦属于双方约定应由胡某承担的费用，故一审法院对易鑫融资公司的该项请求予以支持。判决：一、由胡某向易鑫融资公司支付融资本金41225.92元及该款项自2016年10月8日起至还清款项之日止的“融资收益”，计息年利率为24%；二、由胡某向易鑫融资公司支付其他损失：1. 律师费3000元；2. 律师函费500元；三、驳回易鑫融资公司的其他诉讼请求。

二审法院观点：

本案存在两个争议焦点：1. 易鑫融资公司与胡某成立何种法律关系；2. 易鑫融资公司的上诉请求应否得到支持。针对争议焦点1，易鑫融资公司作为出租人与胡某作为承租人签订了《易鑫融资公司汽车租赁合同（通用条款）》《易鑫融资公司汽车租赁合同（主要条款）》及附件，易鑫融资公司向汽车经销商支付购车融资款，取得车辆的所有权并将车辆交付出租给胡某使用，胡某分期向易鑫融资公司支付租金。根据《合同法》第237条[①]“融资租赁合同是出租人根据承租人对出卖人、租赁物的选择，向出卖人购买租赁物，提供给承租人使用，承租人支付租金的合同”及《融资租赁合同司法解释》第1条之规定，易鑫融资公司与胡某对合同权利、义务的约定与上述法律规定相符，依法应认定成立融资租赁关系。至于易鑫融资公司将车辆登记在胡某名下并办理了以易鑫融资公司为抵押权人的抵押登记，认为，车辆登记并不影响对车辆实际所有权的认定，根据《融资租赁合同司法解释》第9条“承租人或者租赁物的实际使用人，未经出租人同意转让租赁物或者在租赁物上设立其他物权，第三人依据物权法第一百零六条的规定取得租赁物的所有权或者其他物权，出租人主张第三人物权权利不成立的，人民法院不予支持，但有下列情形之一的除外：……（二）出租人授权承租人将租赁物抵押给出租人并在登记机关依法办理抵押权登记的”之规定，即使胡某作为名义上的车主将车辆抵押给易鑫融资公司，也不影响双方融资租赁关系的认定。综上，依法认定易鑫融资公司与胡某成立融资租赁法律关系。

针对争议焦点2，易鑫融资公司与胡某签订的融资租赁合同系双方真实意思表示，不违反法律的禁止性规定，合法有效，对双方具有约束力。易鑫融资公司依约支付了融资款，并将车辆出租给胡某使用，胡某亦应按照合同约定按期支付租金。易鑫融资公司认可胡某已支付2016年9月8日前的6期租金，胡某经一、二审法院传唤未到庭，也未对其租金支付情况举证证实，故对于易鑫融资公司主张的租金支付情况予以采信。胡某自2016年9月9日至2016年11月8日连续两期未支付租金，易鑫融资公司有权依据合同约定要求胡某即刻付清租金余额及其他合同规定的应付款项，故胡某应向易鑫融资公

① 对应《民法典》第735条。

司支付剩余18期租金，每期2608.5元，共计46953元。对于易鑫融资公司主张的滞纳金，合同约定按应付租金1.2‰/天计收，现易鑫融资公司自愿调减为以剩余租金为基数，自2016年11月9日起按照年利率24%计算，该计算方法不违反法律的强制性规定，亦未超过合同约定的计收标准，予以支持。一审法院虽认定双方合同有效，但只看到双方之间融资、还款的约定，未考虑到易鑫融资公司将车辆出租给邓某使用，由邓某享有车辆使用权益的约定，故一审法院依据民间借贷的审理思路计算融资本金并在年利率24%的民间借贷保护范围内计算融资收益，属法律关系认定不彻底，适用法律错误，依法予以纠正。一审判决认定事实不清，适用法律错误，予以纠正。判决：一、维持一审判决第二项；二、撤销二审判决第一项、第三项；三、被上诉人胡某向上诉人易鑫融资公司支付剩余租金46953元及该款项自2016年11月9日起至款项还清之日止，按照年利率24%计算的逾期付款滞纳金。

法官评析

该案存在以下几个关键点：1. 易鑫融资公司与胡某之间的法律关系属于融资租赁关系还是民间借贷关系。2. 案涉标的物登记在承租人名下且以出租人为抵押权人办理抵押登记，该行为是否影响到融资租赁合同的效力。

1. 该案法律关系的认定

融资租赁合同是出租人根据承租人对出卖人、租赁物的选择，向出卖人购买租赁物，提供给承租人使用，承租人支付租金的合同。人民法院应当结合标的物的性质、价值、租金的构成以及当事人的合同权利和义务，对是否构成融资租赁法律关系作出认定。

该案中，《易鑫融资公司汽车租赁合同（通用条款）》《易鑫融资公司汽车租赁合同附件一》约定易鑫融资公司向胡某提供融资租赁业务，由胡某购买某品牌汽车一辆，融资金额为52820元，租赁期为24个月，每月租金为2608.50元。合同签订后，承租人胡某取得前述合同约定车辆的权属登记，并办理抵押登记，抵押权人为易鑫融资公司。该案一审法院认定案涉合同属于民间借贷关系，而二审法院认定案涉合同属于融资租赁合同关系。

涉案合同内容显示，合同约定由承租人购买诉争汽车且以承租人为所有权人办理了权属和抵押登记。但是根据上述法律规定可知，该案法律关系的认定还需结合其他因素综合考虑，就本案而言，还需考虑租赁物是否发生了所有权转移，融资金额与租赁物自身价值是否悬殊，租金的构成、数额是否符合行业规范，就租赁物办理权属和抵押登记是否系出于出租人授意或者授权，租赁物是否在融资租赁系统公示所有权，以及承租人对本案法律关系为融资租赁关系的认可情况等。

由于该案中，承租人均未出庭参与一审和二审的审理，笔者亦未能获悉该案完整、具体的案件事实和材料，仅依据该案可查询到的裁判文书内容进行分析。商事交易法律关系性质的认定应首先从交易当事人的意思表示内容和交易本质来判断，最主要的就是当事人之间形成的交易合同。考虑到《易鑫融资公司汽车租赁合同（通用条款）》《易鑫融资公司汽车租赁合同（主要条款）》及附件均明确约定，出租人向承租人提供的系融资租赁业务，而且案涉租赁物符合融资租赁的法定形式，租赁物真实存在且得以特定化，根据二审判决可知系出租人易鑫融资公司而非承租人向汽车经销商支付了购车融资款，承租人胡某分期向出租人易鑫融资公司支付了若干笔租金，承租人放弃答辩等情况。笔者倾向于认为，案涉合同应被认定为融资租赁关系的可能性更大。

2. 租赁物的权属登记和抵押登记行为如何认定

融资租赁业务中，当事人约定将租赁物登记在承租人名下并以出租人为抵押权人办理抵押登记可能系出于多种考虑。

从承租人角度，承租人对租赁物进行管理和负责是融资租赁合同的显著特征，出租人虽享有所有权，却既不实际控制租赁物、也不对其使用承担责任，这与通常意义上的所有权具有一定区别。具体到汽车融资租赁，承租人需要自行承担与车辆有关的一切责任，包括自行承担税、自行处理机动车违章或交通事故等。因此，租赁物登记在承租人名下，是现有制度下保障承租人独立承担前述责任的较优方式。

从出租人角度，一方面，对于需要将租赁物登记在承租人名下的场合，就租赁物以出租人为抵押权人设立抵押得以有效防范承租人擅自处分租赁物。另一方面，对于因承租人违约或者承租人与第三人发生民事纠纷导致租赁物被法院查封或处置的场合，出租人若无法以所有权人身份通过执行异议排除执行的，希望通过抵押权人身份申请参与分配并优先受偿。

关于融资租赁业务中出租人将租赁物登记在承租人名下并为出租人办理抵押登记的效力。《民法典》第225条规定："船舶、航空器和机动车等的物权的设立、变更、转让和消灭，未经登记，不得对抗善意第三人。"特殊动产登记具有对抗第三人善意取得的公示效力。融资租赁业务中，在出租人授权承租人将租赁物抵押给出租人并在登记机关依法办理抵押权登记的场合，出租人甚至可以对抗善意第三人。

随着专门适用于融资租赁的登记和配套制度如动产融资统一登记系统等查询系统的上线和完善，出租人无须再通过抵押登记迂回防止租赁物被善意取得，届时上述现象将相应减少。

3. 抵押登记行为对融资租赁合同效力的影响

就本案而言，如果案涉合同被认定为融资租赁关系，租赁物实际归出租人所有的，如前所述，动产登记行为仅具有对外公示效力，无法直接作为认定确定标的物权属的依据。因此，即使易鑫融资公司将车辆登记在胡某名下并办理了以易鑫融资公司为抵押权人的抵押登记，该登记行为始终无法影响到关于租赁物实际所有权人为出租人的认定。

进而，本案法律关系依然符合关于融资租赁合同定义的相关法律规定，租赁物的权属和抵押登记作为维护承租人的合法权益的手段之一，虽然登记情况与实际情况不符，但并不属于导致合同无效或者撤销的情形，因此不应影响到本案融资租赁合同的效力。

第二章　合同的履行和租赁物的公示

一、出租人提供格式条款却未明确首付款性质，应否抵扣总租金

——甲租赁公司与陈某融资租赁合同纠纷案①

关 键 词： 租金抵扣　首付款　格式条款

问题提出： 出租人主张实际的租金总额为合同约定的“首付款 + 租金总计”；而承租人以融资租赁合同系格式合同为由，主张租金总额即为合同约定的“租金总计”。对于融资租赁合同中约定的“首付款”如何认定？

裁判要旨： 对格式条款的理解发生争议的，应当按照通常理解予以解释。对格式条款有两种以上解释的，应当作出不利于提供格式条款一方的解释。格式条款和非格式条款不一致的，应当采用非格式条款。如果融资租赁公司不能举证证明双方对于争议格式条款作出过约定，那么人民法院对于融资租赁公司提供的争议格式条款，依法应作出对其不利的解释。

案情简介

上诉人（一审原告）：甲租赁公司

上诉人（一审被告）：陈某

案外人：某印务公司

2007 年 1 月 29 日，上诉人陈某以案外人某印务公司的名义与上诉人甲租

① 一审法院为上海市卢湾区人民法院，案号：（2009）卢民二（商）初字第 800 号；二审法院为上海市第一中级人民法院，案号：（2010）沪一中民六（商）终字第 30 号。

赁公司签订《融资租赁合同》一份，约定某印务公司租赁上诉人甲租赁公司设备一台，首付款为人民币165000元，租期分为24个月，每一个月为一个支付周期，周期租金为19058元，租金共计457392元；租金在每个周期前支付，就任何到期未付租金及延迟付款利息，某印务公司须每月支付该到期应付金额的2%作为延迟利息；如果某印务公司未按期向上诉人甲租赁公司支付租金及其他应付款项，上诉人甲租赁公司可以要求某印务公司支付到期、未到期租金、承担律师费等。2007年1月29日，某印务公司自主选择案外人富士施乐实业发展（上海）有限公司为供应商，并签订《器材买卖确认书》。

但是，某印务公司实际并不存在，其签订《融资租赁合同》《器材买卖确认书》、接收租赁设备、支付首付款及租金等，均系上诉人陈某实施的行为，但上诉人陈某未按照合同约定向上诉人甲租赁公司支付到期租金，上诉人陈某仅支付上诉人甲租赁公司首付款及5期租金。上诉人甲租赁公司经催款无果，遂提起本案诉讼，要求上诉人陈某支付到期、未到期租金和延迟付款利息，并支付律师费。因陈某（承租人）欠付租金，甲租赁公司（出租人）诉至法院主张权利。系争融资租赁合同付款明细栏已约定，合同租金总计为457392元，该合同同时又有首付款为165000元的约定，但并未明确所谓首付款是否为租金的一部分，并导致双方当事人对此产生争议。

各方观点

甲租赁公司观点：融资租赁合同中承租人支付的所有价款均应被定性为租金，一审法院将上诉人陈某支付的钱款拆分为首付款和租金，并认定首付款可冲抵租金有误；有关付款明细及租金表仅为针对部分租金所作的汇总，并不代表租金总额，双方当事人实质将租金总额约定为首付款、分期付款及尾款三类，租金总额应为622492元，一审法院对此认定有误。上诉人甲租赁公司据此请求撤销原判第一、二项，改判上诉人陈某支付其租金362102元及相应利息。

陈某观点：融资租赁合同中承租人支付的所有价款均应被定性为租金，一审法院将上诉人陈某支付的钱款拆分为首付款和租金，并认定首付款可冲抵租金有误；有关付款明细及租金表仅为针对部分租金所作的汇总，并不代表租金总额，双方当事人实质将租金总额约定为首付款、分期付款及尾款三类，租金总额应为622492元，一审法院对此认定有误。上诉人甲租赁公司据此请求撤销原判第一、二项，改判上诉人陈某支付其租金362102元及相应利息。

法院观点

一审法院观点：上诉人陈某以不存在的某印务公司名义与上诉人甲租赁公司签订《融资租赁合同》，合同的权利义务应由上诉人陈某承担。上诉人甲租赁公司按约交付上诉人陈某承租设备后，上诉人陈某未按约支付上诉人甲租赁公司租金，违反了合同约定的付款义务，上诉人甲租赁公司有权依照合同约定，要求上诉人陈某支付到期、未到期租金、延迟付款利息及律师费。本案的上诉人陈某辩称，上诉人甲租赁公司提供的租赁设备存在质量问题，其诉讼请求的金额没有依据。按照合同约定，租赁设备发生质量问题由上诉人陈某向设备供应商主张权利。上诉人陈某已经支付上诉人甲租赁公司首付款及5期租金的事实，经法院审理已经查明，首付款可以冲抵租金。上诉人甲租赁公司主张的律师费用超过规定标准，应予调整。上诉人陈某主张尚有支付款项，并无依据，故对上诉人陈某的该辩称不予采信。综上，一审法院遂判决上诉人陈某支付上诉人甲租赁公司租金及延迟付款利息。

二审法院观点：系争融资租赁合同付款明细栏已约定，合同租金总计为457392元，该合同同时又有首付款为165000元的约定，但并未明确所谓首付款是否为租金的一部分，并导致双方当事人对此产生争议。《合同法》第41条[①]规定：对格式条款的理解发生争议的，应当按照通常理解予以解释。对格式条款有两种以上解释的，应当作出不利于提供格式条款一方的解释。格式条款和非格式条款不一致的，应当采用非格式条款。现系争融资租赁合同为上诉人甲租赁公司提供的格式条款，依照上述法律规定，应作出不利于上诉人甲租赁公司的解释，鉴于上诉人甲租赁公司亦未能举证证明双方当事人曾就租金总额为622492元达成合意，故对于系争融资租赁合同租金的约定应解释为租金总额即457392元，其中已包含首付款165000元。上诉人甲租赁公司关于租金总额为622492元的主张，缺乏事实和法律依据，不予采信。

系争融资租赁合同并未对付款日期作出明确约定，上诉人陈某亦已确认其付款日期均晚于相应发票的记载日期，据此可认定双方当事人间的实际收付款方式为上诉人甲租赁公司先开具发票，再由上诉人陈某支付相应租金，故不能仅以上诉人甲租赁公司开具的发票金额作为认定上诉人陈某支付钱款金额的依据。现上诉人陈某仅提供了其支付首付款及5期租金的凭证，对其

---

① 对应《民法典》第498条。

主张的其余付款行为未能举证证明，故难以认定上诉人陈某已支付了431812元的租金。上诉人陈某关于其系先付款再取得发票，部分租金的付款方式为现金支付的主张，缺乏事实依据，二审法院不予采信。

上诉人陈某另主张上诉人甲租赁公司构成商业欺诈且未能提供相应的维修服务，实际已单方终止了合同的履行。对此二审法院认为，系争融资租赁合同已约定如租赁设备发生质量问题，上诉人陈某应直接向设备供应商交涉，上诉人甲租赁公司亦非相应设备的供应商，故上诉人甲租赁公司并无为上诉人陈某提供维修服务的义务，上诉人陈某关于上诉人甲租赁公司构成商业欺诈且单方终止合同的主张，缺乏事实依据，二审法院亦不予采信。

综上，二审法院判决驳回上诉。

法官评析

在实务中，产生合同纠纷的原因可以在一定程度上归结为双方对合同条款约定的模糊和合同条款不完备，而合同条款的模糊及缺乏重要的条款会给该合同未来的履行带来一定的纠纷风险。因此，对合同纠纷进行事前预防尤为重要，如合同当事人在签订合同前对合法及风险漏洞进行严格审查，可以减少甚至避免未来合同履行期间产生不必要的纠纷。

1. 首付款的性质认定

尽管本案中，首付款被认定为了预付租金。但在实务中不能将首付款“一刀切”地机械认定为违约金或预付租金。首先，尊重当事人意思自治。审查合同中对首付款的约定，判别首付款是违约金（保证金）还是预付租金，前者独立于租金，一般不予在总租金中冲抵；后者属于总租金的一部分，应在总租金中冲抵。当发生承租人违约时，出租人要求将首付款优先抵扣违约金、迟延利息或作为总租金之外独立的一期租金抵扣的，应当具有合同依据。合同约定了首付款的性质、抵扣方式和顺序的，在该约定不违反法律规定的情况下，应从其约定。

其次，若对首付款的性质约定不明，从格式条款审理原则以及公平角度考虑，应当将首付款纳入总租金范畴。此外，根据常理和一般商业惯例，预先缴纳的款项，可冲抵合同债务。

再次，若明确约定首付款属违约金性质，但并未发生约定的罚没该首付款的违约情形，从公平角度考虑，亦应将承租人已缴纳的首付款纳入总租金范畴，可冲抵合同债务。

最后，若将首付款认定为违约金（保证金），应对支付首付款的一方当事人进行释明，可由其自主选择是否对约定违约金过高提出抗辩。在当事人启动违约金过高的抗辩程序后，在判断违约金是否属于过高范畴时，当事人主张约定的违约金过高请求予以适当减少的，人民法院应当以实际损失为基础，兼顾合同的履行情况、当事人的过错程度以及预期利益等综合因素，根据公平原则和诚实信用原则予以衡量，并作出裁决。当事人约定的违约金超过造成损失的30%的，一般可以认定为“过分高于造成的损失”。

2. 如何避免就首付款的定义发生纠纷

格式条款是当事人为了重复使用而预先拟定，并在订立合同时未与对方协商的条款。使用格式条款的好处是，简单、省时、方便、降低交易成本，适用于重复性强、金额小、批量大的交易，如保险公司针对某些险种，与投保人之间的《保险合同》；航空公司向旅客出售的飞机票，飞机票上所附的“旅客须知”——航空公司与旅客之间的一种格式条款合同。但其弊端在于，提供商品或者服务的一方（即提供格式条款一方）往往利用其优势地位，制定有利于自己而不利于交易对方的条款。因此，必须在立法上予以限制。所以，为了保护“弱势一方”（相对于提供格式条款一方，接受格式条款一方属于弱势）的利益，所以如果对格式条款有两种以上解释的，应作出不利于提供格式条款一方的解释。《民法典》第498条规定：“对格式条款的理解发生争议的，应当按照通常理解予以解释。对格式条款有两种以上解释的，应当作出不利于提供格式条款一方的解释。格式条款和非格式条款不一致的，应当采用非格式条款。”

在融资租赁领域，出租人作为融资融物的提供方，处于较为强势的缔约地位，体现在两方面：一是承租人多为资金短缺的自然人和小微型企业，在涉及重要合同条款的谈判磋商中话语权受到较大限制；二是回购人为租赁设备的制造商和经销商，出于销售利益驱动，在回购合同的签订过程中对回购条件、回购价款、回购租赁物交付等重要约定上鲜有异议。从融资租赁的交易模式和合同签订过程来看，融资合同文本均系出租人事先拟定印制的格式化合同文本。就本案而言，发生争议的融资租赁合同的条款即格式条款。如果融资租赁合同的双方就合同中格式条款的理解发生争议时，实务中，法院往往会采取不利于融资租赁公司一方的解释。

因此，不管从融资租赁公司自我保护角度，还是从减少融资租赁合同双方潜在诉讼成本角度来看，对融资租赁合同纠纷进行事前预防显得尤为重要。

除应当具备《民法典》第470条规定的基本事项外，从融资租赁合同的特殊性出发，结合审判实践，融资租赁合同还可以或者应当从如下方面进行约定，包括：合同履行地，租赁物所有权归属，租赁期间届满租赁物的归属，租赁物保管及维护义务，承租人占有租赁物期间租赁物毁损、灭失情况下的租金，租赁物价值。此外，如果融资租赁物是特定的机械设备，那么机身编码作为识别租赁物唯一性的标志是非常重要的，也应当根据现场状况，从有利自身的角度确定是否在合同中约定。

在融资租赁合同中有很多跟行业有关的专业关键字，如价款、首付款、首付租金、租金、保证金、首付费等琳琅满目的费用。对于每一项费用的性质、用途都应当在融资租赁合同的起草阶段作出明确的且不违反法律规定的约定。

二、出租人已完成融资义务，承租人可否因租赁物尚未交付拒付租金

——合库金公司与甬佳模具厂等融资租赁合同纠纷案[①]

关 键 词： 融资租赁　出租人　融资　承租人　租金

问题提出： 出租人主张租金，承租人以出卖人尚未交付租赁物为由抗辩拒付租金，是否成立？

裁判要旨： 融资租赁法律关系项下出租人本质上是为承租人融资，在承租人选定出卖人、租赁物的前提下，履行买卖合同的风险应由承租人承担。根据原《融资租赁合同司法解释》第6条[②]的规定，“在出租人已经履行其融资义务，而出卖方未交付货物，承租人应直接向出卖方索赔，除非出租人对租赁物的选择施加影响”，综合合同约定和法律规定，在出租人已按约支付租赁物买卖价款的情况下，承租人无权以未收到租赁物为由拒付租金。

---

① 一审法院为上海市松江区人民法院，案号：(2015) 松民二（商）初字第2725号；二审法院为上海市第一中级人民法院，案号：(2016) 沪01民终6312号。

② 对应《民法典》第742条。

案情简介

上诉人（一审原告）：合库金公司

被上诉人（一审被告）：甬佳模具厂

被上诉人（一审被告）：施某

一审第三人：雅奂公司

2015年4月14日，合库金公司与甬佳模具厂、施某签订《融资租赁合同》，合同约定：合库金公司将一台精密纵切数控车床和两台精密纵切数控车床租赁给甬佳模具厂使用；租赁期间自2015年4月29日起至2017年4月29日止，每一个月为一期，共24期；合库金公司购买租赁物成本为含税价人民币830000元，甬佳模具厂应于起租前支付雅奂公司首付租金330000元，并于起租日前支付合库金公司保险费506元、每月29日支付合库金公司租赁费24000元；如甬佳模具厂迟延付款，则自租金原定之给付日起至实际清偿日止，每迟延一日，按所欠租金额每日万分之五的标准计算违约金；甬佳模具厂违反本合同之约定，合库金公司有权宣布所有未到期租金立即到期，要求甬佳模具厂立即付清所有已到期未付及未到期租金及其他款项，并赔偿损失；施某愿意就甬佳模具厂在本合同项下的义务向合库金公司提供连带责任保证担保，保证范围为甬佳模具厂在本合同项下应向合库金公司支付的全部应付款项，包括全部租金、手续费、违约金、迟延利息、其他应付款项、损害赔偿金和实现债权的费用（包括但不限于催收费用、诉讼费、保全费、公告费、执行费、律师费、差旅费及其他费用）。另约定“如出卖人违约，包括但不限于出卖人延迟交货，所提供的租赁物与买卖合同所规定的内容不符，或在安装、调试、操作过程中及质量保证期间有质量瑕疵等状况，合库金公司不承担赔偿责任，其一切之危险与所受之损害，由甬佳模具厂按照买卖合同的约定直接向出卖人主张权利，与合库金公司无涉……甬佳模具厂同意，即使出现前述情况，甬佳模具厂均应按本合同规定向合库金公司支付租金及其他应付款项”。

2015年4月14日，合库金公司、甬佳模具厂与雅奂公司签订《租赁物买卖合同》，合同约定：合库金公司根据甬佳模具厂的指定，愿意购买雅奂公司所有的本合同项下指定的设备（硕方SZ－20C2精密纵切数控车床一台和硕方SZ－20C3精密纵切数控车床两台），以将该设备出租给甬佳模具厂使用；租赁物的购买价格为830000元；在本合同经各方签署后10个工作日内，根据合库金公司与甬佳模具厂签订的《融资租赁合同》中有关租金支付的条款，由甬佳模具厂将首付330000元支付给雅奂公司，并视为合库金公司支付雅奂公司之租赁物货款330000元，合库金公司应在此后10个工作日内将剩余货款500000元支付给雅奂公司；在租赁物货款支付完毕后10个工作日内，由雅奂公司将租赁物直接交付甬佳模具厂。另约定："鉴于本合同中的卖方及设备均由承租人自主选定，若卖方不能履行、不能完全履行、迟延履行或履行不符合本合同规定条件的……买方保留其对卖方的索赔权，并有权将该索赔权转让给承租人。若索赔权转让给承租人的，由卖方直接向承租人承担赔偿责任。索赔权转让后，索赔的费用和结果，由承租人承担和享有。"

上述合同签订后，雅奂公司向合库金公司出具《确认书》，表明：截至2015年4月29日，雅奂公司已收到甬佳模具厂支付的330000元，合库金公司可根据《租赁物买卖合同》的约定支付剩余货款500000元，并确认在合库金公司支付上述剩余货款后，该合同项下租赁物全部所有权转移至合库金公司名下。2015年4月29日，合库金公司向雅奂公司汇款500000元。甬佳模具厂分别于2015年4月29日、2015年6月2日向合库金公司支付24506元和24000元。

2015年8月31日，因甬佳模具厂未向合库金公司支付其余租金，故合库金公司向甬佳模具厂和施某发出《催告函》，通知其《融资租赁合同》项下未到期租金已全部提前到期，要求甬佳模具厂支付到期未付租金、提前到期租金及相应逾期违约金，同时要求施某对甬佳模具厂的上述债务履行承担连带清偿责任。因甬佳模具厂和施某未履行，合库金公司遂起诉请求判令：1. 甬佳模具厂支付全部未付租金（含到期未付及提前到期租金）528000元；2. 甬佳模具厂支付截至2015年9月23日的逾期违约金7068元及以528000元为基数，自2015年9月24日起至实际清偿之日止，按日万分之五计算的逾期违约金；3. 施某对甬佳模具厂的上述债务承担连带清偿责任。

各方观点

合库金公司观点：根据《融资租赁合同》的约定，合库金公司已经履行支付租赁物价款的义务，交货义务应由雅奂公司完成，雅奂公司未交货，甬佳模具厂可以向雅奂公司主张权利，但不能拒付租金。综上，请求撤销原判，改判支持合库金公司的一审全部诉请。

甬佳模具厂、施某观点：甬佳模具厂至今没有收到租赁物，所以租赁合同不存在，请求驳回上诉，维持原判。

法院观点

一审法院观点：本案的争议焦点在于甬佳模具厂是否已收到系争《融资租赁合同》项下的租赁物。根据现有证据，本案应认定甬佳模具厂尚未收到上述合同项下的租赁物。理由如下：其一，甬佳模具厂虽然在《租赁物接收确认单》上盖章，但合库金公司确认甬佳模具厂在签章时，其并未收到租赁物，故该《租赁物接收确认单》并不能证明甬佳模具厂已收到租赁物；其二，合库金公司确认其是于 2015 年 4 月 27 日租赁物交付当日，将租赁物的机号（即 SZ20150107、SZ20150108）登记在合同附件一中，而裕融公司早已于 2015 年 2 月 12 日在中国人民银行征信中心动产权属统一登记中作初始登记，表明其将两台机号分别为 SZ20150107、SZ20150108 的精密纵切数控车床出租给甬佳模具厂，合库金公司也认可甬佳模具厂从裕融公司处承租了上述两台车床；其三，现在甬佳模具厂处的另一台型号为 SZ－20C2 的精密纵切数控车床，并非合同约定的租赁物；其四，根据《租赁物买卖合同》的约定，应由雅奂公司直接将租赁物交付甬佳模具厂，但雅奂公司经合法传唤，无正当理由拒不出庭应诉，也未提供证据证明其已将合同约定的租赁物交付给甬佳模具厂；其五，甬佳模具厂确已支付合库金公司两期租金，但不能就此认定甬佳模具厂已收到租赁物。综上，鉴于甬佳模具厂尚未收到租赁物，故合库金公司的诉讼请求，依据不足，难以支持。遂判决驳回合库金公司的全部诉讼请求。

二审法院观点：融资租赁法律关系的特征决定了出租人的本质义务是为承租人提供融资，在承租人选定出卖人、租赁物的前提下，履行买卖合同的风险也应由承租人承担。因此，《融资租赁合同司法解释》第 6 条[①]规定，承租人对出卖人行使索赔权，不影响其履行融资租赁合同项下支付租金的义务，但承租人以依赖出租人的技能确定租赁物或者出租人干预选择租赁物为由，主张减轻或者免除相应租金支付义务的除外。该条规定中所称的“承租人对出卖人行使索赔权”，包括出卖人未交付或迟延交付租赁物时，承租人要求出卖人履行交付义务、赔偿损失等的权利。简言之，在出租人已经履行其融资义务，而出卖人未交付货物，承租人直接向出卖人行使索赔权的情况下，除非出租人对租赁物的选择施加了影响，否则承租人不得以未交付货物为由拒

① 对应《民法典》第 742 条。

付租金。

本案中，关于租赁物是否交付一节，系争《融资租赁合同》约定租赁物为型号 SZ－20C2 机器 1 台和型号 SZ－20C3 机器 2 台，而现有证据显示，合库金公司至现场勘验时记录机号信息的 2 台 SZ－20C3 机器系甬佳模具厂在本案《融资租赁合同》签订之前已经从案外人处租赁获得，故合库金公司将该二台机器机号登记于系争合同应系其错误的意思表示，该二台机器并非本案《融资租赁合同》项下交付的租赁物，而系争 1 台 SZ－20C2 机器无充分证据证明已经交付，甬佳模具厂亦辩称其没有收到过租赁物，故本院认定租赁物并未交付。案涉《租赁物买卖合同》第 4. 4. 2 条明确记载“本合同中的卖方及设备均由承租人自主选定”，该条并约定，若雅奂公司不履行买卖合同义务的，合库金公司可以将索赔权转让给甬佳模具厂，而系争《融资租赁合同》第 2 条第 2 款明确约定，出卖人违约的，应由甬佳模具厂直接向出卖人主张权利，不影响甬佳模具厂支付租金和其他款项的义务。综合上述合同约定内容，以及前引司法解释的相关规定，在合库金公司已经按约支付了租赁物买卖价款的情况下，甬佳模具厂无权以未收到租赁物为由拒绝支付租金，因此本案系争租赁物虽未实际交付，甬佳模具厂自第 3 期起拒付租金的行为亦已构成违约，合库金公司有权按合同约定宣布所有未到期租金立即到期。现经查明，合库金公司向甬佳模具厂和施某发送的提前到期通知于 2015 年 9 月 1 日签收，故合库金公司主张以该日作为所有未到期租金的提前到期日并无不当，本院予以采纳。合库金公司所主张的所有未付租金之和 528000 元，以及截至 2015 年 9 月 23 日的违约金 7068 元，经本院审查无误，均予支持。合库金公司另主张以 528000 元为基数，按每日万分之五计算，自 2015 年 9 月 24 日起至实际清偿日止的违约金，有合同约定为据，本院亦予支持。甬佳模具厂性质为个人独资企业，施某作为该企业投资人，按照《个人独资企业法》第 2 条的规定，投资人应以其个人财产对企业债务承担无限责任。况且本案系争《融资租赁合同》中约定施某应对甬佳模具厂在该合同项下的义务承担连带保证责任，施某在该合同上签字确认，因此合库金公司要求施某对甬佳模具厂的债务承担连带清偿责任，与法无悖，于约有据，本院亦予以支持。综上，一审查明事实基本清楚，但适用法律有误，依法改判：一、撤销上海市松江区人民法院（2015）松民二（商）初字第 2725 号民事判决；二、被上诉人甬佳模具厂于本判决生效之日起十日内支付上诉人合库金公司租金人民币 528000 元；三、被上诉人甬佳模具厂于本判决生效之日起十日内支付上诉人合库金公司截至2015年9月23日的违约金人民币7068元，以及以人民币528000元为基数，自2015年9月24日起至实际清偿之日止，按日万分之五计算的违约金；四、被上诉人施某对被上诉人甬佳模具厂依本判决第二、三项向上诉人合库金公司所负的义务承担连带清偿责任。

法官评析

1. 承租人是否收到租赁物的事实认定

本案的争议焦点之一是甬佳模具厂是否收到租赁物。当事人对自己提出的主张，有责任提供证据。合库金公司称，甬佳模具厂已收到租赁物，理由为：《融资租赁合同》签订当日（2015年4月14日），甬佳模具厂在合同附件三，即租赁物接收确认单上盖章，租赁物交付当日，合库金公司拍摄了照片，并将租赁物的机号登记在《融资租赁合同》附件一中；且甬佳模具厂已支付两次租金。但综合本案的证据情况，合库金公司并不能证明甬佳模具厂已收到租赁物，主要原因在于以下几点：

其一，租赁物接收确认单上的盖章与事实不符。虽然合库金公司提供的证据显示，《融资租赁合同》签订当日（2015年4月14日），甬佳模具厂在合同附件三，即租赁物接收确认单上盖章，租赁物交付当日，合库金公司拍摄了照片，并将租赁物的机号登记在《融资租赁合同》附件一中，合库金公司确认甬佳模具厂在签章时，其并未收到租赁物，故合库金公司将该二台机器机号登记于系争合同应系其错误的意思表示，该二台机器并非本案《融资租赁合同》项下交付的租赁物。但合库金公司又称，租赁物实际于2015年4月27日交付。但合库金公司并未提供2015年4月27日交付的确凿证据。因此，仅凭甬佳模具厂在确认单上的盖章，不足以证明甬佳模具厂收到租赁物。

其二，现场设备与《融资租赁合同》约定的租赁物不符。合库金公司确认其是于2015年4月27日租赁物交付当日，对租赁物拍摄了照片，并将租赁物的机号（即SZ20150107、SZ20150108）登记在合同附件一中。而实际上，甬佳模具厂另从案外人裕融公司处承租与《融资租赁合同》约定的租赁物同类的设备。并且，案外人裕融公司提供的设备已于2015年2月12日在中国人民银行征信中心动产权属统一登记中作初始登记。由此表明《融资租赁合同》附件一的机号分别为SZ20150107、SZ20150108的两台精密纵切数控车床，实际属于案外人裕融公司出租给甬佳模具厂，而非合库金公司所有。现场甬佳模具厂处的另一台型号为SZ-20C2的精密纵切数控车床，也并非合同约定的租赁物。

其三，租赁物出卖方未证实租赁物已交付甬佳模具厂。《融资租赁合同》约定，在租赁物货款支付完毕后10个工作日内，由租赁物出卖方雅奂公司将租赁物直接交付承租人甬佳模具厂，但雅奂公司经合法传唤，无正当理由拒不出庭应诉，也未提供证据证明其已将合同约定的租赁物交付给甬佳模具厂，租赁物出卖方未证实租赁物已交付甬佳模具厂。

其四，甬佳模具厂支付租金的行为并不能证明已收到租赁物。根据查清的事实，合库金公司及甬佳模具厂均确认，甬佳模具厂已支付合库金公司两期租金，但是，支付租金和收到租赁物并不存在因果关系。因此，也不能以甬佳模具厂支付租金的行为认定甬佳模具厂已收到租赁物。

2. 承租人无权以未收到租赁物为由拒付租金

融资租赁合同系出租人根据承租人对出卖人、租赁物的选择，向出卖人购买租赁物，提供给承租人使用，承租人支付租金的合同。由上述定义可见，与常见的买卖合同、租赁合同法律关系仅存在双方当事人的特征不同，融资租赁法律关系通常存在三方当事人，即出租人、承租人、出卖人。融资租赁中，出租人的主要义务在于为承租人提供融资，而出卖人及租赁物，通常均是由承租人选定。因此，在承租人选定出卖人、租赁物的情况下，当事人通常约定，履行买卖合同的风险由承租人承担。本案一审法院判决认定甬佳模具厂未收到租赁物，因此支持了甬佳模具厂不支付租金的抗辩，驳回了合库金公司的全部诉讼请求。但二审法院经审理终审改判，撤销了一审判决，支持了合库金公司的诉讼请求，二审法院的判决是正确的，主要原因在于：

第一，合库金公司根据甬佳模具厂的指定，购买了约定的租赁物。《租赁物买卖合同》约定“合库金公司根据甬佳模具厂的指定，愿意购买雅奂公司所有的本合同项下指定的设备”。2015年4月14日，合库金公司、甬佳模具厂与雅奂公司签订《租赁物买卖合同》，合同约定：合库金公司根据甬佳模具厂的指定，愿意购买雅奂公司所有的本合同项下指定的设备（硕方SZ－20C2精密纵切数控车床一台和硕方SZ－20C3精密纵切数控车床两台），以将该设备出租给甬佳模具厂使用。合库金公司根据《租赁物买卖合同》的约定支付了货款500000元，租赁物全部所有权转移至合库金公司名下。因此，合库金公司完成了《租赁物买卖合同》项下的主要义务。

第二，合同约定由承租人承担租赁物买卖的风险。《租赁物买卖合同》约定“若承租人在卖方对类似事项发生争议与买方无涉，不影响承租人与买方之间的《融资租赁合同》效力，不影响承租人在《融资租赁合同》项下的租金支付及其他义务”，并约定“如出卖人违约，包括但不限于出卖人延迟交货，所提供的租赁物与买卖合同所规定的内容不符，或在安装、调试、操作过程中及质量保证期间有质量瑕疵等状况，合库金公司不承担赔偿责任，其一切之危险与所受之损害，由甬佳模具厂按照买卖合同的约定直接向出卖人主张权利，与合库金公司无涉……甬佳模具厂同意，即使出现前述情况，甬佳模具厂均应按本合同规定向合库金公司支付租金及其他应付款项”。因此，根据约定，即使甬佳模具厂未收到租赁物，亦不能以此为由拒付租金。

第三，由承租人承担租赁物买卖风险的约定不违反法律法规。《民法典》第742条规定：“承租人对出卖人行使索赔权利，不影响其履行支付租金的义务。但是，承租人依赖出租人的技能确定租赁物或者出租人干预选择租赁物的，承租人可以请求减免相应租金。”由此可知，除非承租人依赖出租人的技能确定租赁物或者出租人干预承租人选择租赁物，否则，承租人以出卖人违约为由，主张减免相应租金支付义务的抗辩，不能得到法院的支持。二审法院即以此为裁判依据，撤销了一审判决，改判支持了合库金公司的诉讼请求。

三、承租人能否以租赁物存在质量问题为由拒绝支付租金

——公信公司与骆某等融资租赁合同纠纷案①

关 键 词：租赁物　质量问题　瑕疵担保责任

问题提出：承租人能否以租赁物存在质量问题作为拒绝支付租金的抗辩理由？

裁判要旨：融资租赁合同的租赁物不符合融资租赁合同约定时，出租人仅在承租人依赖出租人的技能确定租赁物或者出租人干预选择租赁物情形下承担瑕疵担保责任。承租人不能举证证明出租人存在上述情形的，不能以租赁物存在质量问题为由拒绝支付租金。

---

① 一审法院为江苏省徐州市云龙区人民法院，案号：（2014）云商初字第1115号；二审法院为江苏省徐州市中级人民法院，案号：（2015）徐商终字第00428号。

案情简介

上诉人（原审被告）：骆某

上诉人（原审被告）：周甲

上诉人（原审被告）：周乙

被上诉人（原审原告）：公信公司

骆某、周甲系夫妻关系。2011年2月16日，骆某与徐工公司签订《融资租赁合同》一份。合同约定：出租人（甲方）：徐工公司，承租人（乙方）：骆某，甲方根据乙方对出卖人和租赁设备的选择，向出卖人购买并出租给乙方使用的设备为徐工牌QY50K－2型汽车起重机一台，设备单价1570000元。合同第一条“租赁设备及其购买”约定：租赁设备由乙方自主选择，乙方对租赁设备的选择负全部责任，甲方不承担任何责任。第二条“起租日和租赁期限”约定：设备租赁期限为自正式交付之日起48个月，即48期，首个月租金付款日为2011年3月21日。第四条“履约保证金、首期租金、手续费”约定：乙方在合同签订后3个工作日内交付履约保证金78500元（设备金额的5%），首期租金157000元（设备金额的10%），手续费28260元（融资金额的2%）；因乙方任何情况下的违约，导致本合同终止，履约保证金不予退还。第五条“租金支付及延迟利息”约定：乙方每月支付租金33902元；乙方未按照合同规定支付应付到期租金和其他应付款项，或未按时偿还甲方垫付的任何费用时，甲方有权要求乙方按日双倍利率支付迟延款项在延迟期间的利息，利息将从乙方每次支付的租金款项中首先扣除，直至乙方向甲方偿付完毕全部逾期款项及利息为止。第六条“租赁利息”约定：本合同租赁年利率为7.1%，年利率换算为月利率时按一年12个月折算，换算为日利率时按一年360天折算，月利率换算为日利率时按一月30天折算。第十条“租赁设备的质量、维护与运营”第3项约定：自租赁设备交付之日起，租赁设备在质量保证期间出现任何质量或权利瑕疵时，应按照买卖合同的约定，由出卖人负责处理该瑕疵，甲方（徐工公司）不承担任何责任，与租赁设备瑕疵有关的索赔费用和结果均由乙方（骆某）承担和享有。在出卖人处理瑕疵期间，乙方仍应按照本合同的约定向甲方支付租金及其他应付款项。第16条“违约责任和争议解决方式”第1项约定：如乙方逾期支付租金超过5天或不履行合同规定的其他义务时，甲方有权停止设备运转、扣除乙方的履约保证金，并采取下列措施要求乙方承担违约责任并赔偿甲方全部损失。但甲方采取该措施并不等于免除本合同规定的乙方其他义务。(1) 要求乙方立即付清部分或全部租金及一切应付款项。(2) 解除本合同，收回租赁设备。

同日，骆某向徐工公司出具《产品质量和售后服务确认书》及经过其本人签字确认的《风险告知书》各一份，再次确认融资租赁设备为骆某与制造厂协商确定，客户自主选择设备，未受任何其他方面的影响和干预，制造厂确认产品质量符合出厂标准，并按售后服务条款进行售后服务，骆某不得以质量和服务问题而延期、减少或停止向徐工公司支付所欠租金等款项。

同日，为保证涉案《融资租赁合同》的履行，周乙、骆某与徐工公司三方签订了《保证担保合同》一份，周乙自愿为骆某的上述合同义务提供连带保证担保，保证范围包括租金、违约金等其他应付款项。

上述合同签订后，徐工公司按约履行了义务，骆某向徐工公司支付履约保证金78500元、首期租金157000元，并于2011年4月25日支付了第1期分期租金33902元。骆某未再按照合同约定及时向徐工公司支付分期租金，已经构成违约。

2012年6月9日，徐工公司（以下协议中称甲方）与公信公司（以下协议中称乙方）签订《债权转让协议》一份，协议约定：甲方基于《融资租赁合同》及《保证担保合同》将对骆某、保证人周乙享有的主债权以及从权利依法转让给乙方，乙方同意受让。甲乙双方共同确认的受让价为1721902元。

2012年7月2日，徐工公司向骆某、周乙邮寄送达《债权转让通知书》各一份，通知书载明：根据徐工公司与公信公司签订的《债权转让协议》，转让方已经将徐工公司与周乙双方于2011年2月16日签订的《融资租赁合同》所享有的主债权以及从权利依法转让给受让方公信公司，请你在收到本通知书之日起5日内向受让方履行债务。

公信公司起诉请求：1. 骆某、周甲共同给付公信公司因融资租赁起重机所欠租金1593394元，并支付从2011年3月21日起至判决确定的履行期限届满之日止的逾期付款利息（暂计算至2014年7月10日为311792.17元）；2. 周乙对上述诉讼请求承担连带清偿责任；3. 本案诉讼费用、保全费等实现债权的费用全部由骆某、周甲、周乙承担。

各方观点

公信公司观点：2011年2月16日，骆某向徐工公司提出融资租赁申请，并在同日与徐工公司签订《融资租赁合同》一份，约定由骆某选定出卖人和租赁设备，融资租赁 QY50K－2 起重机一台（车架号：LXGCPA41XBA001741），设备价款为 1570000 元。为保证上述合同的正常履行，周乙与徐工公司签订了《保证担保合同》，自愿为骆某提供连带保证担保。合同签订后，徐工公司履行了合同项下设备的交付等义务，但骆某没有完全履行合同约定的付款义务。2012 年 6 月 9 日，徐工公司与公信公司签订了《债权转让协议》，将其对骆某依据上述合同所享有的主债权以及合同从权利全部转让给公信公司。债权转让后，徐工公司已将该债权转让事宜通知被告，但骆某仍然没有履行债务。骆某、周甲系夫妻关系，其购买设备是用于家庭生活，所形成的债务为家庭共同债务。

骆某、周甲、周乙观点：公信公司不是本案适格主体，按照合同约定，债权转让应通知我方，但徐工公司在转让债权时，未通知我方，故转让行为不符合合同和法律规定，该转让行为无效。本案涉及标的 QY50－2 汽车起动机存在严重质量瑕疵，起重机存在动力不足、发动机气门螺丝脱落、松动、机油滤芯漏油等质量问题，我方多次申请厂家维修，已更换 4 台发动机，仍未能排除故障。我方多次要求徐工公司解决质量瑕疵问题，重新更换新车，赔偿损失，但问题一直未解决。合同关于逾期付款利息的约定，属于霸王条款，违反法律规定，不应受法律保护。公信公司主张 2011 年 3 月 31 日至起诉之日的租金 1593394 元，已超过诉讼时效，不应支持。

法院观点

一审法院观点：

一、公信公司与骆某、周甲、周乙之间存在有效的债权债务关系。理由如下：第一，骆某与徐工公司之间签订的《融资租赁合同》系双方真实意思表示，内容亦不违反法律、法规强制性规定，系有效合同。双方均应依约履行义务。徐工公司已经依约履行了提供租赁物的义务，骆某未履行给付租金的义务。第二，周甲与骆某系夫妻关系，融资租赁合同关系发生于夫妻关系存续期间，应视为夫妻共同债务，因此，周甲为该笔债务的共同还款责任人。第三，周乙系该融资租赁合同的保证人，依约应对该笔债务承担连带偿还责任。第四，徐工公司与公信公司签订了《债权转让协议》，将徐工租赁公司的涉案全部债权依法转让给公信公司，并按照骆某在《融资租赁合同》中预留的联系方式通过邮寄方式通知了骆某，符合《合同法》第 80 条[①]关于债权转让的生效要件，骆某亦当庭承认公信公司多次向其催款。骆某虽辩称未收到徐工公司邮寄的债权转让通知书，但并未能举证证明，因此其应按照涉案《融资租赁合同》约定向公信公司履行相应义务。综上，骆某、周甲、周乙应向公信公司履行还款义务。

二、本案中，双方当事人之间系融资租赁合同关系，《融资租赁合同》及其相关附件中明确约定租赁设备由骆某自主选择，骆某对租赁设备的选择负全部责任。出租人即徐工公司在骆某对出卖人和租赁物的选择上未起决定作用、未擅自变更，亦未干预或者要求其按照出租人意愿进行选择，则骆某对于徐工公司并不享有质量异议抗辩权。因此，骆某以租赁物存在质量问题为由拒付租金的抗辩主张不成立，该院依法不予支持。

三、因骆某未按时支付租金，根据合同约定，公信公司有权要求骆某支付全部租金及逾期利息。因公信公司已经主张逾期利息，故，骆某支付的租金中应扣除已经支付给公信公司的履约保证金，即全部租金 33902 元 ×48 - 已支付租金 33902 元 - 78500 元 = 1514894 元。

一审法院判决：一、骆某、周甲自判决生效之日起十日内支付公信公司租金 1514894 元及逾期利息（从 2011 年 3 月 21 日起至判决确定的履行期满之日止，以每期逾期数额为基数，按照合同约定的年利率 7.1% 的日双倍逾期利率分段计算）；二、周乙对上述骆某的债务向公信公司承担连带责任。如果未按判决指定的期限履行给付金钱义务，应当按照《民事诉讼法》第 253 条之规定，加倍支付迟延履行期间的债务利息。

二审法院观点：

骆某与徐工公司之间签订的《融资租赁合同》系双方之间的真实意思表示，且不存在合同无效的法定情形，双方当事人应当按照合同约定履行各自的义务，不得擅自变更或者解除合同。关于骆某、周甲、周乙主张涉案车辆存在质量问题，能否成为拒付租金的依据。首先，双方当事人在涉案融资租赁合同中明确约定，车辆存在质量问题或瑕疵，由承租人向出卖人主张权利，且出卖人处理质量问题期间，承租人仍应当按照合同约定支付租金。依据该约定，骆某、周甲、周乙应向车辆的出卖方主张质量问题，其以车辆存在质

① 对应《民法典》第 546 条。

量问题为由拒付租金，不符合双方之间的约定。其次，《合同法》第 244 条[①]规定，租赁物不符合约定或者不符合使用目的的，出租人不承担责任，但承租人依赖出租人的技能确定租赁物或者出租人干预选择租赁物的除外。骆某要求公信公司对涉案车辆的质量问题承担责任，必须举证证明出租人干预了承租人对出卖人、租赁物的选择。本案中，没有证据证明徐工公司在骆某选择出卖人、租赁物的过程中进行了干预。故，骆某、周甲、周乙以涉案车辆存在质量问题向出租人主张权利，拒付租金，既不符合约定，亦不符合法律规定。

关于涉案合同约定的逾期利息是否违反法律规定的问题。《合同法》第 114 条[②]第 1 款规定，当事人可以约定一方违约时应当根据违约情况向对方支付一定数额的违约金，也可以约定因违约产生的损失赔偿额的计算方法。双方当事人在合同中约定，在承租人未按合同约定支付款项的情形下，出租人有权要求承租人按照日双倍利率支付迟延款项的在迟延期间的利息。约定的利率标准未超过法律允许的范围，不违反法律的规定，合法有效。故，一审法院依据涉案融资租赁合同中关于违约责任的约定，判由承租人支付逾期利息，并无不妥。

骆某、周甲、周乙关于诉讼时效的抗辩主张亦不能成立。《最高人民法院关于审理民事案件适用诉讼时效制度若干问题的规定》第 5 条规定，当事人约定同一债务分期履行的，诉讼时效期间从最后一期履行期限届满之日起计算。《融资租赁合同司法解释》第 25 条亦规定，当事人因融资租赁合同租金欠付争议向人民法院请求保护其权利的诉讼时效期间为两年，自租赁期限届满之日起计算。涉案《融资租赁合同》约定租赁期限为 48 个月，首付租金日为 2011 年 3 月 21 日，租赁期间于 2015 年 2 月 21 日届满。公信公司在租赁期间尚未届满时提起本案诉讼，未超过诉讼时效。故骆某、周甲、周乙提出的诉讼时效抗辩亦不能成立，二审法院不予支持。

二审法院判决：驳回上诉，维持原判。

法官评析

融资租赁交易作为一种新型的信贷方式，承租人可以通过融资租赁方式

---

① 对应《民法典》第 747 条。

② 对应《民法典》第 585 条。

以较少的流动资金取得租赁物，解决自己一次性购买租赁物所需资金的不足，出租人则可以通过取得租赁物所有权、收回租赁物等方式获得较为稳妥的债权保障，并获取丰厚的利润，该利润主要体现为租金。鉴于融资租赁交易的特点，融资租赁合同的租金不同于传统租赁合同的租金，承租人以租赁物存在质量问题为由拒绝支付租金，需满足特定条件。

1. 融资租赁合同租金的性质

传统租赁合同中，承租人、出租人之间对价关系为承租人获取租赁物的使用权、出租人获取租赁物的租金收益，若承租人因租赁物存在质量瑕疵或其他原因而无法正常使用租赁物，其可拒绝支付租金。融资租赁合同中，承租人、出租人之间对价关系为承租人获取根据其特定使用目的而选择的租赁物、出租人获取其为购置租赁物而付出的成本及其为承租人提供融资而收取的利润。由于出租人系以租赁物换取对价而非租赁物的使用权换取对价，故出租人按照承租人要求购置租赁物之后，即全部履行已方所负义务，有权向承租人收取租金。换言之，承租人相当于向出租人借贷，其系以租金的形式偿还出租人为购买承租人指定租赁物所付出的对价。故而，融资租赁合同租金的性质不是承租人使用租赁物的对价，而是出租人向承租人提供融资的对价。

融资租赁合同租金构成一般包括成本和利润，即出租人为购置租赁物所支出的成本以及出租人开展融资租赁业务所预期取得的利润。出租人收取租金数额亦会根据双方当事人约定不同而存在差异，若双方当事人约定租赁期限届满租赁物归承租人所有，则出租人所收取租金的成本部分将包含出租人购置租赁物的全部成本和费用；若双方当事人约定租赁期限届满租赁物归出租人所有或者承租人需要额外支付价金方能留购租赁物，则出租人所收取租金的成本部分将减除租赁期限届满之后租赁物的残值。出租人收取租金的利润部分，主要由双方当事人协商，多参照借款利率确定。

2. 承租人有权要求出租人承担瑕疵担保责任的情形

由于融资租赁交易的租赁物系由承租人选择，出租人仅负责为承租人选择的租赁物提供融资，故出租人一般不承担租赁物的瑕疵担保责任。除非出现《民法典》第 747 条、《融资租赁合同司法解释》第 8 条规定的情形，出租人方承担瑕疵担保责任。其中，《民法典》第 747 条规定，租赁物不符合约定或者不符合使用目的的，出租人不承担责任，但承租人依赖出租人的技能确定租赁物或者出租人干预选择租赁物的除外。《融资租赁合同司法解释》第 8 条规定，租赁物不符合融资租赁合同的约定且出租人实施了下列行为之一，承租人依照《民法典》第744条、第747条的规定，要求出租人承担相应责任的，人民法院应予支持：（一）出租人在承租人选择出卖人、租赁物时，对租赁物的选定起决定作用的；（二）出租人干预或者要求承租人按照出租人意愿选择出卖人或者租赁物的；（三）出租人擅自变更承租人已经选定的出卖人或者租赁物的。承租人主张其系依赖出租人的技能确定租赁物或者出租人干预选择租赁物的，对上述事实承担举证责任。即，出租人只有在决定或干预租赁物选定时，方承担瑕疵担保责任。国际通行做法与我国相似，《国际融资租赁公约》第18条第1款规定，除本公约或租赁协议另有约定外，出租人不应对承租人承担设备方面的任何责任，除非承租人由于依赖出租人的技能和判断以及出租人干预选择供应商或设备规格而受到损失。结合《民法典》《融资租赁合同司法解释》相关规定，出租人承担瑕疵担保责任，应符合以下条件：

（1）租赁物存在瑕疵。该瑕疵系指租赁物质量瑕疵，标准应首先依据合同约定确定，在合同没有约定或约定不明时，可依照《民法典》第511条规定，即租赁物应符合该种物所应具备的通常性质及特征。需说明的是，租赁物权利瑕疵不受《融资租赁合同司法解释》第8条规制，因在融资租赁中，承租人最主要的缔约目的在于能够占有、使用租赁物，故出租人一项主要合同义务即为保证承租人对租赁物的占有和使用，因而只要出现承租人对租赁物享有合法权利受到干扰的情形，出租人就要承担责任，无需符合《融资租赁合同司法解释》第8条规定的三种情形。

（2）出租人依据其技能确定租赁物或干预选择租赁物。出租人依据其技能确定租赁物系指出租人对租赁物的选定起决定作用的情形，出租人仅提供出卖人名录、租赁物清单，但未提供进一步的意见或对出卖人、租赁物进行筛选时，不属于出租人对租赁物选定起决定作用，即不属于出租人依据其技能确定租赁物的情形。出租人干预选择租赁物系指出租人主动对租赁物的选择进行干预，即在承租人已选定某一出卖人、租赁物的情形下，向承租人推荐其他出卖人、租赁物，并要求其接受的情形。

（3）承租人不知晓租赁物存在瑕疵的事实。依据诚实信用原则，若承租人依赖出租人的技能确定或者受出租人干预选定租赁物时，已明知或应当知道租赁物存在瑕疵，却仍然选择将租赁物作为融资租赁合同标的物，则应认定承租人已作出接受瑕疵租赁物的真实意思表示，其无权要求出租人承担瑕疵担保责任。

本案中，骆某、徐工公司在《融资租赁合同》中明确约定，车辆存在质量问题或瑕疵，由承租人向出卖人主张权利，出卖人处理质量问题期间，承租人仍应当按照合同约定支付租金。骆某亦未能举证证明徐工公司在租赁物选定过程中存在《融资租赁合同司法解释》第8条规定的情形。故，骆某、周甲、周乙以涉案车辆存在质量问题向出租人主张权利，拒付租金，既不符合约定，亦不符合法律规定，其不得拒付租金。若租赁物确实存在瑕疵，骆某可向出卖人请求其承担瑕疵担保责任，并可要求公信公司提供必要的协助。

四、承租人向出卖人行使索赔权是否影响其向出租人支付租金的义务

——海翼公司与秦某等融资租赁合同纠纷案①

关 键 词：租赁物质量瑕疵　索赔权　租金给付义务

问题提出：承租人能否以向出卖人行使索赔权为由拒绝向出租人支付租金？

裁判要旨：租赁物存在质量瑕疵时，承租人可以依据约定直接向出卖人行使索赔权。对于非因出租人原因造成的租赁物质量瑕疵，承租人向出卖人行使索赔权并不影响其继续履行租赁合同项下包括支付租金在内的主要义务。

案情简介

上诉人（一审被告）：秦某

被上诉人（一审原告）：海翼公司

被上诉人（一审被告）：润通公司

被上诉人（一审被告）：润通旌德分公司

2012年12月26日，出租人海翼公司与承租人秦某签订了一份编号为ZLD－201212－14858的《融资租赁合同》，合同约定：经双方协商一致，出租人同意向承租人租出、承租人同意向出租人租入本融资租赁合同所述租赁

---

① 一审法院为安徽省合肥市蜀山区人民法院，案号：（2015）蜀民二初字第03161号；二审法院为安徽省合肥市中级人民法院，案号：（2016）皖01民终3536号。

物件；租赁物出卖人为润通旌德分公司，租赁物为厦工挖掘机壹台；起租日为2012年12月26日，租赁期限36个月，租赁到期日为2015年12月26日；租赁成本（设备价款）840000元、首付租金84000元、保证金37800元、手续费11340元；租赁年利率8.5%；首付租金、保证金、手续费由承租人在合同签署当日内足额支付，其余租金于融资租赁合同签署之后每月20日按时足额支付，第一次支付日为2013年1月20日，最后一次支付日为2015年12月26日，每次支付金额23865元；租赁物件是指出租人根据承租人的要求和选择，以租给承租人使用为目的，向承租人所指定的出卖人购买的厦工产品，详见租赁物明细表及租赁要件表；承租人自主选择租赁物件，承租人对租赁物件的名称、规格、型号、性能、质量、数量、技术指标和品质、技术保证、售后服务和维护以及价格、交货、验收时间等交易条件享有全部的决定权，并直接与出卖人商定上述交易条件，承租人对上述自主选择和决定负全部责任，出租人对交易条件的选定不承担任何责任；承租人同意并确认购买上述产品，并由出卖人、出租人、承租人三方签订《产品购买合同》，除购货的权利和向出卖人付款的义务外，购买过程中《产品购买合同》中所约定的出租人享有的其他权利和义务由承租人享有；若出卖人违约，包括但不限于出卖人延迟交货，所提供的租赁物件与本合同所约定内容不符，或在安装、调试、操作过程中及质量保证期间有质量瑕疵等情况，出租人不承担赔偿责任；基于租赁物件所发生的一切争议以及索赔、仲裁和诉讼均由承租人办理，全部费用和一切法律后果由承租人承担；承租人在本合同有效期内发生下列情形之一时，出租人有权采取本条第2款的救济措施：承租人未能支付任何到期款项，本条第2款约定，承租人在本合同有效期内发生本条第1款情形之一时，出租人无需再书面催告即有权采取下列救济措施：收回和处置租赁物件，承租人应无条件予以配合；在本合同有效期内，租赁物件的所有权属于出租人，由承租人占有、使用；承租人同意，出租人、出卖人有权在承租人未履约时，采取GPS定位、锁机及其他收回和处置租赁物件的紧急救济措施；在本合同租赁期限的最后一天，若承租人未发生违约行为，则其可选择行使留购、续租或退还租赁物件的权利；有关本合同的任何争议，双方应积极协商解决，协商不成，双方均可向本合同签订地有管辖权的人民法院提起诉讼等内容。同日，海翼公司（买方、甲方）、润通公司（卖方、乙方）、秦某（承租人、丙方）签订编号为ZLD－201212－14858号的《产品购买合同》，约定：由海翼公司购买润通公司的厦工挖掘机（合同总价840000元）供秦某租赁使用；甲方在收到丙方向甲方支付的首付租金、保证金、手续费等款项以及丙方出具的《租赁物件接收证书》等相关凭证单据后，根据甲乙双方签订的《融资租赁合作协议书》及附件约定，向乙方以转账、银行承兑汇票或其他方式支付本合同项下全额款项；丙方按产品制造商出厂标准进行验收，并及时向甲方出具《租赁物件接收证书》；产品的有关保修条例按照制造商及《产品保修卡》的相关规定执行；在产品保修期内，丙方必须按照制造商规定的相关要求进行维护和保养，同时甲乙两方不负责丙方因产品保修而产生的直接或间接经济损失；在产品超出制造商保修期以后，丙方需要维护、维修和更换配件的，必须自付费用委托制造商的指定特约维修服务中心对产品进行维护保养，并且使用制造商的专用配件、专用油品等，以利于产品保持良好的工作状态；乙方向甲方和丙方保证合同规定的货物的规格、质量、性能及其他全部条件均符合丙方使用目的；有关合同的货物质量保证及根据本合同乙方应提供的其他服务和义务，均由乙方直接向丙方负责，丙方就货物质量问题引起的更换、修复、赔偿等要求应直接向乙方主张，甲方不承担任何责任。

2012 年 12 月 26 日，润通公司依约交付 XG822LC 型厦工挖掘机（整机编号 CXG00822CLC1B2739）一台供秦某租赁使用，并由秦某出具租赁物件接收证书，接收证书载明：经验收，租赁物件在所有方面均满足承租人在《融资租赁合同》项下的租赁要求。

2012 年 9 月 26 日，秦某曾向润通公司出具投保确认函，载明：润通公司：本人秦某向贵司购买厦工挖掘机一台，所购机型 XG822LC，机号 CXG00822CLC1B2739，现已足额缴纳该机器的保险费用，并于 2012 年 9 月 26 日提取该机器，确定保险期限为 36 个月，请贵司向中国人民财产保险股份有限公司申请代办办理保险，后润通公司以秦某为被保险人办理了公众责任险及财产一切险，保险费用合计 22144 元；另 2012 年 12 月 26 日，润通公司（甲方，担保方）与秦某（乙方，承租人）、安徽弘茂投资担保有限公司（丙方，担保方）签订履约协议书一份，约定：乙方与海翼公司于 2012 年 12 月 26 日签订了编号为 ZLD－201212－14858 的《融资租赁合同》，基于甲、丙两方为乙方按期足额支付租金提供连带责任担保，以担保承租人履行其在租赁合同项下偿付租金及其他款项的义务；乙方向丙方支付担保管理费用 12456 元，该款乙方授权甲方代收并直接汇给丙方；乙方同意甲、丙两方为其租赁合同的担保人等。当日，秦某与海翼公司签订协议书一份，约定：双方一致同意在涉案上述租赁物上安装GPS设备，以保证租赁物的安全；秦某负责支付GPS的总费用为3460元，其中包括设备款2200元、GPS设备保修服务费900元及通讯费和平台使用费360元；GPS设备由甲方经销商根据国家规范及行业要求进行安装、调试，GPS设备所有权归甲方所有，未经甲方书面同意不得擅自拆除、处分GPS设备，融资租赁合同期满后，甲方有权回收GPS设备。

上述合同签订当日，秦某即通过润通公司支付海翼公司合同约定的首付租金84000元，合同项下手续费11340元、保证金37800元及GPS的安装和使用费3460元，合计136600元；另秦某向润通公司支付担保费12456元及保险费22144元，合计34600元，润通公司向安徽弘茂投资担保有限公司支付了上述12456元。后除2013年4月16日及2013年4月24日分别向海翼公司支付租金20000元及20000元后，秦某未按期向海翼公司支付租金直至海翼公司将涉案机器收回。

秦某于2013年8月23日向润通公司反映机器发动机耗机油，润通公司派工程师为秦某免费更换发动机四配套一套。在一份仅有润通公司盖章确认的协议书中载明：用户秦某于2012年9月12日购买厦工挖掘机壹台，机器在安徽黄山施工，乙方认为甲方机器出现发动机故障，要求延保，现就相关延保事宜，经甲乙双方友好协商，达成如下协议：一、甲方给予乙方免费更换发动机四配套一套；二、乙方机器在2013年9月9日顺延贰年或3000小时，以先到为准；三、延保范围按厦工质保范围执行；四、甲方给予乙方贰万伍仟元作为经济赔偿，其中贰万元在2014年2月后作为整机按揭款冲抵，伍仟元作为整机赠送件等。秦某主张涉案租赁物自2013年7月中下旬因发动机发生故障致无法使用，其通知出卖人润通公司后该公司将租赁物拉回修理厂维修直至被海翼公司收回，海翼公司则表示是秦某不再继续经营，故将机器送回润通公司。

2013年12月30日，海翼公司收回涉案租赁物。

秦某起诉请求：1. 解除秦某与海翼公司、润通旌德分公司签订的《产品购买合同》《融资租赁合同》；2. 海翼公司、润通公司、润通旌德分公司返还购机首付款及租金合计221440元及逾期付款利息51374元（按照中国人民银行同期贷款利率，自2013年5月起计算至起诉时止），共计272814元；3. 海翼公司、润通公司、润通旌德分公司承担租赁期间的租赁费损失90000元。

各方观点

秦某观点：涉案机器被收回是因为发动机质量问题，双方就机器维修赔偿等问题没有达成一致，润通公司未将机器归还秦某所致，而不是单纯因秦某违约拖欠租金而被收回机器。秦某实际使用期限不足7个月。润通公司2013年7月占有涉案机器后，又转交海翼公司占有至今，秦某的损失是由润通公司和海翼公司共同造成的，应当共同承担赔偿责任。

海翼公司观点：秦某与海翼公司签订《融资租赁合同》，机器所有权归海翼公司。秦某第一期租金就未按时支付，累计逾期三期，根据合同约定，海翼公司有权收回租赁物，并要求秦某支付使用期间的租金。机器使用期间出现质量问题由出卖方润通公司负责修理，修理期间不影响《融资租赁合同》项下债务的履行。

润通公司观点：秦某支付首付款及租金是润通公司代收代付给海翼公司，润通公司收取的担保费和保险费是实际产生的费用，且已支付给第三方，秦某要求润通公司返还购机首付款及租金没有事实和法律依据。仅凭一份协议就认定机器存在质量问题，要求润通公司赔偿9万元不合情也不合理。另机器是由海翼公司收回的。

法院观点

一审法院观点：

本案所涉《融资租赁合同》《产品购买合同》不违反法律法规的强制性规定，合法有效，对各方具有法律约束力。合同履行过程中，因秦某逾期支付租金致海翼公司将涉案租赁物收回，其收回租赁物的行为表达了解除合同的意思表示，且该合同现客观上已无法履行，故依法确认涉案融资租赁合同于2013年12月30日解除；在融资租赁合同解除后，买卖合同在买受人海翼公司及出卖人润通旌德分公司间继续有效，加之双方未主张解除合同，故对秦某要求解除产品买卖合同的诉请不予支持。秦某因涉案挖掘机发动机质量问题而停工并产生一定的损失，润通旌德分公司作为出卖人应承担相应的违约责任，现秦某要求润通旌德分公司赔偿三个月的租金损失有事实及法律依据，依法予以支持，但月租金的标准应参照融资租赁合同的租金标准（23865元/月），故润通旌德分公司应赔偿秦某租金损失合计71595元（23865元×3个月=71595元），超出的部分依法不予支持，润通旌德分公司系润通公司的分公司，其财产不足以清偿上述债务的，由润通公司以其他财产予以清偿。

在融资租赁法律关系中，海翼公司作为出租人承担依照秦某选择购买挖掘机并出租给秦某使用的义务，并因此享有收取租金的权利，其对依照秦某指示购买的挖掘机的质量瑕疵所致秦某的损失不承担赔偿责任。另秦某向润通旌德分公司支付的保险费用于向中国人民财产保险股份有限公司合肥市分公司为涉案挖掘机购买公众责任险（保险期间为自2012年9月27日起至2016年2月26日止，共计41个月）及财产一切险（保险期间为自2012年9月27日起至2016年2月26日止，共计41个月），秦某使用租赁物期间享有保险利益，而合同解除后保险利益由租赁物所有人即海翼公司享有，海翼公司应将相应的保险费14043元（640元+21504元=22144元，自2012年9月至2013年12月共计15个月，应退回22144元-22144元×15个月÷41个月=14043元）返还秦某，另因GPS设备被海翼公司取回，海翼公司应扣除折旧后按照比例向秦某返还GPS设备和使用维护费用2577元（3460元-3460元×12个月÷47个月=2577元），故海翼公司应返还秦某合计16620元。秦某早在2013年1月20日第一期时就开始拖欠租金，早于其主张机器因故障送厂维修的时间，而海翼公司收回挖掘机正是基于其拖欠租金的违约行为，且就秦某提供的证据可知，润通公司已就机器质量问题提出了解决方案，正是秦某自身的违约行为导致涉案挖掘机被海翼公司收回，故秦某要求返还首付款及租金并支付逾期利息的诉请无事实及法律依据，另因其向海翼公司支付的保证金37800元已经用于抵扣其拖欠的租金，且担保服务费由润通公司代为支付给安徽弘茂投资担保有限公司，故秦某要求三被告返还上述费用没有依据，对上述诉请，依法不予支持。

一审法院判决：一、海翼公司于判决生效之日起十日内返还秦某各项费用合计16620元；二、润通旌德分公司于判决生效之日起十日内赔偿秦某租金损失合计71595元；润通旌德分公司的财产不足以清偿上述债务的，由润通公司以其他财产予以清偿；三、驳回秦某的其他诉讼请求。

秦某不服一审判决，提出上诉：撤销一审判决，改判海翼公司、润通公司、润通旌德分公司返还秦某购机款及租金合计221440元及逾期利息，海翼公司、润通公司、润通旌德分公司承担租赁期间的租赁费损失90000元。

二审法院观点：

《融资租赁合同》已解除，一审法院依据机器被收回后保险利益由海翼公司享有、GPS设备被海翼公司收回的事实，并结合秦某实际租赁期限等因素，确定海翼公司按比例返还秦某保险费 14043 元及 GPS 设备和使用维护费用 2577 元适当。秦某交纳的保证金 37800 元已抵扣其拖欠的租金，秦某要求返还没有依据。租金系《融资租赁合同》项下的权利义务内容，质量问题则属于《产品购买合同》项下权利义务内容，两者属于不同法律关系。依照《融资租赁合同司法解释》第 6 条规定，承租人对出卖人行使索赔权，不影响其履行融资租赁合同项下支付租金的义务。秦某无权以机器存在质量问题为由拒付租金，涉案机器被收回系海翼公司基于秦某拖欠租金的事实根据《融资租赁合同》的约定行使其权利。因此，机器被海翼公司收回系秦某自身的违约行为导致，海翼公司收回机器的行为符合合同约定，秦某要求海翼公司退还首付租金、手续费、担保费没有依据。首付租金、手续费、担保费系《融资租赁合同》项下款项，润通旌德分公司并非《融资租赁合同》的相对方，亦不应承担返还责任。

海翼公司和润通公司在一审法院的确认内容、润通公司出具的《情况说明》及润通公司盖章确认的《协议书》，能够相互印证，证明案涉机器出现质量问题，并在润通公司修理过程中被海翼公司收回。即因质量问题，秦某不能正常使用案涉机器，润通旌德分公司作为出卖方应当承担相应的赔偿责任。现案涉机器已被出租方海翼公司收回，《融资租赁合同》已解除，润通旌德分公司应当赔偿合同解除前机器不能正常使用而造成的租金损失，一审法院根据秦某主张的租金时间及《融资租赁合同》的租金标准确定租金损失为 71595 元有事实和法律依据，应予确认。秦某虽认为一审法院认定的租金损失不足以弥补其收益损失，但未提供充分证据证明其收益损失。

二审法院判决：驳回上诉，维持原判。

法官评析

融资租赁交易是由买卖合同、租赁合同两个合同构成的交易，两个合同常常呈现效力上的相互交错，例如买卖合同的出卖人一般向租赁合同的承租人直接交付租赁物，承租人享有买受人对租赁物的权利等。然而，该种效力上的相互交错，并不能突破买卖合同、租赁合同的相对性，买卖合同履行存在瑕疵仅在特定情形下影响租赁合同的履行。

1. 承租人在租赁物存在质量瑕疵时的救济途径

出租人根据承租人的指示向出卖人购买租赁物之后，其享有租赁物的所有权，同时享有租赁物的全部权利、义务，其在出卖人履行买卖合同存在瑕疵而造成损失时，当然享有向出卖人索赔的权利。由于融资租赁合同的特殊性，出租人在履行向出卖人支付全部货款义务后并不实际占有、使用租赁物，其对租赁物的品质、性能无法充分了解，难以对租赁物的质量作出准确的判断。鉴于此，出租人往往将收货验收的权利让渡给承租人，并由承租人享有向出卖人索赔的权利。上述情形即为买卖合同、租赁合同效力上的相互交错。需说明的是，这种效力上的相互交错，是出租人、承租人、出卖人合意的产物，即出租人将其在买卖合同项下的权利让渡给承租人行使，承租人因此成为买卖合同的一方当事人，承租人对于出卖人所享有的权利系合同相对性的体现，而非合同相对性的例外。因此，本案的承租人秦某有权在租赁物出现质量瑕疵时直接向出卖人润通旌德分公司主张权利。

承租人在租赁物质量存在瑕疵时的具体救济途径应当依照买卖合同约定，以及《民法典》第582条规定的“履行不符合约定的，应当按照当事人的约定承担违约责任。对违约责任没有约定或者约定不明确，依据本法第五百一十条的规定仍不能确定的，受损害方根据标的的性质以及损失的大小，可以合理选择请求对方承担修理、重作、更换、退货、减少价款或者报酬等违约责任”来确定，即承租人可以要求出卖人修理、调换租赁物，折价补偿，支付违约金，赔偿损失等。本案承租人秦某要求出卖人润通旌德分公司调换发动机四配套一套，并起诉要求出卖人润通旌德分公司赔偿因租赁物存在质量瑕疵无法正常使用期间的租金损失，均属于行使索赔权的方式。承租人秦某因挖掘机发动机质量问题而停工并产生一定的损失，其要求出卖人润通旌德分公司赔偿三个月租金的主张，具有事实及法律依据，应当得到支持。

2. 承租人行使索赔权对租金给付义务的影响

如前所述，承租人向出卖人行使索赔权是当事人之间合意的产物，而非合同相对性的例外。买卖合同、租赁合同虽然存在效力上的相互交错，但是仍属于相互独立的合同。根据合同相对性原则，承租人在买卖合同项下享有的质量瑕疵索赔权并不影响出租人在租赁合同项下享有的租金收取权。出租人依约履行买卖合同支付租赁物价款的主要合同义务之后，有权要求承租人履行租赁合同项下支付租金的义务。对于非因出租人原因造成的租赁物质量瑕疵，承租人向出卖人行使索赔权的结果并不能影响其继续履行租赁合同项下包括支付租金在内的主要义务。本案中，承租人秦某所应支付的租金系《融资租赁合同》项下的权利义务内容，涉案租赁物存在的质量问题系《产品购买合同》项下的权利义务内容，两者分属于不同的法律关系。出租人海翼公司在依据承租人秦某选择购买挖掘机并支付全部价款之后享有收取租金的权利，承租人秦某无权以机器存在质量问题为由拒付租金。

承租人行使索赔权对租金给付义务的影响存在一种例外情形。依照《融资租赁合同司法解释》第6条规定，承租人在依赖出租人的技能确定租赁物或者出租人干预选择租赁物时，有权主张减轻或者免除相应租金支付义务。主要理由在于，出租人干预选择租赁物的情形下，其在融资租赁合同交易中承担的最主要义务除支付价款以购得租赁物之外，还有承担与租赁物本身有关的风险，其中包括租赁物的质量瑕疵担保责任。承租人在租赁物出现质量问题时，有权要求出租人以减免租金的方式，承担瑕疵担保责任。对于如何认定该种例外情形，主要依照《民法典》第747条“租赁物不符合约定或者不符合使用目的的，出租人不承担责任。但是，承租人依赖出租人的技能确定租赁物或者出租人干预选择租赁物的除外”以及《融资租赁合同司法解释》第8条“租赁物不符合融资租赁合同的约定且出租人实施了下列行为之一，承租人依照民法典第七百四十四条、第七百四十七条的规定，要求出租人承担相应责任的，人民法院应予支持：（一）出租人在承租人选择出卖人、租赁物时，对租赁物的选定起决定作用的；（二）出租人干预或者要求承租人按照出租人意愿选择出卖人或者租赁物的；（三）出租人擅自变更承租人已经选定的出卖人或者租赁物的。承租人主张其系依赖出租人的技能确定租赁物或者出租人干预选择租赁物的，对上述事实承担举证责任”的规定认定。

本案中，《融资租赁合同》明确约定承租人自主选择租赁物件，对租赁物件的名称、规格、型号、性能、质量、数量、技术指标和品质、技术保证、售后服务和维护以及价格、交货、验收时间等交易条件享有全部的决定权，并直接与出卖人商定上述交易条件，出租人对交易条件的选定不承担任何责任，故不属于承租人行使索赔权对租金给付义务的例外情形，承租人秦某无权拒绝支付租金。

五、侵犯承租人的占有使用权，出租人是否可以主张限制性措施期间租金

——迪尔融资公司与董某等融资租赁合同纠纷案①

关 键 词： 锁机　使用权　租金

问题提出： 出租人作为租赁物的所有权人，在承租人对设备享有占有及使用期间，可否对租赁物实施“锁机”？出租人是否有权主张锁机期间的租金？

裁判要旨： 出租人虽系租赁物的所有权人，其已将设备出租，承租人在租赁期间对设备享有占有及使用的权利，出租人无权就租赁物锁机期间的租金予以主张。

案情简介

上诉人（一审原告、反诉被告）：迪尔融资公司

上诉人（一审被告、反诉原告）：董某

被上诉人（一审被告）：华诚公司

2014年5月21日，迪尔融资公司（出租方）与董某（承租方）签订了《租赁协议》，约定出租方同意按本租赁协议载明的条款和条件向承租方出租，承租方同意按本租赁协议载明的条款和条件从出租方租赁本租赁协议附件一所述设备，及所有替代设备、附属设备，包括但不限于硬件和软件、配件和附加件、所有替换件和维修件以及对该设备所作的所有改装和改善。承租方确认，出租方保留设备的所有权，并且本租赁协议并不向承租方转让除本租赁协议中所述占有和使用设备的权利以外对设备的任何权利。本租赁协议将于附件一所述的开始日期起租，期限为自开始日期起算的本租赁协议附件一所述的月份数。就本租赁协议项下的设备租赁，承租方应按照第7.1条的规定支付附件一所述金额的首期租赁款并按照附件一和附件三规定支付设备租金。承租方亦应按照第7.1条的规定支付附件一所述金额的管理费和保险费。

① 一审法院为天津市滨海新区人民法院，案号：（2016）津0116民初1085号；二审法院为天津市第二中级人民法院，案号：（2017）津02民终3618号。

承租方应在设备交付给承租方时，将附件一所述管理费、保险费、保证金和首期租赁款以电汇或现金的方式支付给附件一所规定的卖方。承租方同意将本租赁协议项下的租金和所有其他款项支付至承租方在出租方认可的银行开立的承租方名下的银行账户，承租方不可撤销地授权出租方对于承租方名下银行卡进行协议项下应付款项的扣款、退款（如有），承租方确认并同意，自承租方上述银行账户扣款是出租方认可的唯一有效的付款方式，未经出租方书面同意，承租方不得改变上述还款方式及银行账户。承租方应就本租赁协议下到期应付未付的任何租金和其他款项，按月利率百分之二支付违约金（迟延支付罚金）直到其支付完毕，并支付出租方因检查设备和收取本租赁协议项下应付的款项而发生的费用和开支。承租方的付款义务将不受承租方与出租方、设备的制造商、供应商、保险商或卖方之间可能发生的任何争议，或设备的任何质量问题、损坏或不适用性的影响。承租方不得将针对任何卖方、供应商、保险商或生产商的索赔或者关于设备有质量问题、损坏或不适用的索赔用作对于出租方或出租方的受让人收取承租方在本租赁协议项下应付的所有款项或者收回设备的行为的抗辩、抵销或者反索赔。如果承租方未按要求适时履行其在本租赁协议项下的义务，出租方有权利用设备信息远程关闭设备。承租方未按时支付出租方的任何应付款项，承租方未履行或遵守本租赁协议项下的任何其他承诺、条件或义务，则在本租赁协议项下构成违约。如果承租方发生本租赁协议项下的违约，出租方有权采取以下所有行动，无论出租方是否选择终止本租赁协议，均可要求承租方在其提前五个工作日发出通知后支付根据第 20 条计算的终止价值连同所有适用税款以及通过诉讼或其他方式催收款项所发生的所有合理费用和开支。无需提出任何要求或发出任何通知，亦无需获得任何法院命令或通过其他法律程序，即占有设备或使设备无法使用。承租方在本租赁协议项下的义务，不因维修期间维护服务或设备的任何组件无法获得而减少，无论该等维护服务或设备组件是否在任何卖方、供应商或制造商的保证范围之内。

2014 年 5 月 21 日，迪尔融资公司（买方）与董某（承租方）、华诚公司（卖方）签订《买卖协议》。该协议约定，承租方自主选择了附件一所述的设备和卖方，承租方确认买方在承租方选择设备和卖方的时候并没有提供技术性或其他意见，也没进行干预。承租方希望买方根据本协议的条款从卖方处购买设备，买方对此表示同意，承租方确认其直接和卖方进行协商，并就设备的类型、型号、质量和价格达成了一致，这些内容在本协议准确无误地进行了描述并由卖方和承租方达成了一致。在遵守本协议条款和条件的情况下，并在买方接受本协议、租赁协议、承租方的支付和验收证明以及买方要求的所有其他文件前提下，卖方同意出售有关设备，且买方同意购买有关设备。作为出售有关设备的对价，买方应向卖方支付附件一所列的金额设备购买价款（含应付税款），买方和卖方均应负责依法缴纳和收取可能就本协议项下有关设备的买卖征收的税费，并应与对方合作，以在法律允许的范围内将一切税费降至最低。设备购买价款应在买方验收、签署并交付交易文件后由买方支付。设备购买价款应根据买方和卖方签署的合作协议约定的方式进行。在买方接受交易文件之前，有关设备的所有权始终为卖方所有，有关设备的所有权应在买方接受交易文件之日被视为由卖方转移给买方，承租方承认，其对设备没有所有权。

2014 年 5 月 21 日，华诚公司向迪尔融资公司出具《经销商担保和赔偿函（租赁专用）》，约定就董某（承租方）履行《租赁协议》项下的所有义务，包括但不限于承租方根据租赁协议向迪尔融资公司支付的任何租金、迟延支付罚金、迪尔融资公司因检查设备和催收承租方欠款所发生的费用以及其他应付款项，向迪尔融资公司作出担保。如果承租方未按照租赁协议的条款按时履行被担保义务，且逾期时间达到 30 天，则担保方同意按照迪尔融资公司的要求向迪尔融资公司履行该等被担保义务。在承租方应履行租赁协议项下被担保义务的期限届满之后的两年内，迪尔融资公司可以随时提出要求。担保方就被担保义务的履行与承租方承担连带责任。本担保和赔偿函构成迪尔融资公司和担保方间达成的完整谅解，一经担保方授权代表签字即告生效。

2014 年 5 月 21 日，华诚公司向迪尔融资公司出具《经销商收款确认函（融资租赁）》，确认已经收到承租人支付的其与迪尔融资公司签订的《租赁协议》项下的全额预收款共计 383168 元，明细如下：承租方董某，设备名称为挖掘机，首期租赁款 337500 元、管理费 0 元、保险费 45668 元、承租人保证金 0 元，小计 383168 元。根据我公司与迪尔融资公司的合作协议，我公司特此确认并同意就以上租赁协议向迪尔融资支付经销商保证金 25313 元，我公司特此同意并授权迪尔融资在向我公司支付上述设备购买价款时扣除以上合计 408481 元，由于约翰迪尔（中国）投资有限公司（以下简称迪尔投资公司）授予我公司信用额度，故同意并授权迪尔融资公司将所有应付我公司的款项支付给迪尔投资公司。2014 年 7 月 1 日，迪尔融资公司向迪尔投资公司汇款 2956183 元，其中包含本案应付款项 941519 元。

董某签署代扣业务授权书，授权中国建设银行按照收款单位指令的扣款金额及扣款频率从其指定账户 62 × × ×20 中扣取相应资金。

2014 年 9 月 19 日，迪尔融资公司和迪尔投资公司向华诚公司送达了关于经销商任命及业务合作终止的文件，称迪尔投资公司于 2013 年 12 月 19 日与华诚公司签署的《约翰迪尔经销商协议 – 工程机械》及其附件、《信用销售额度协议（工程机械）》及其所有附件、修订及增补以及迪尔融资公司于 2013 年 12 月 26 日与华诚公司签署的合作协议于 2014 年 9 月 19 日终止。依据法律规定，华诚公司应对其已经销售的约翰迪尔品牌产品继续提供三包服务。根据合作协议，华诚公司应停止向迪尔融资公司提交新的交易文件，但华诚公司应继续履行终止日前提交给迪尔融资公司的所有交易文件相关的义务，包括但不限于合作协议第 2 条关于保证金的义务、第 3 条关于经销商配合催收租金及其他款项、取回以及存储设备的义务，第 4 条关于承租方违约时经销商的代偿以及回购等付款义务。

迪尔融资公司向一审法院起诉请求：1. 董某向迪尔融资公司支付全部未付租金 785784.71 元；2. 董某向迪尔融资公司支付截至 2016 年 2 月 19 日的迟延支付罚金 29902.05 元及自 2016 年 2 月 20 日起至实际给付之日止的迟延支付罚金；3. 董某承担本案诉讼费用；4. 华诚公司对董某的前述所有债务和费用承担连带保证责任。董某向一审法院反诉请求：迪尔融资公司向董某支付经济损失 420000 元并承担本诉和反诉的一切诉讼费用。

各方观点

迪尔融资公司观点：出租人有权行使租赁设备所有权人的合法权利，一审法院以能否正常使用租赁物作为承租人支付租金的基础，作出暂缓支付租金及罚金的判决属于认定事实错误，适用法律不当，应当予以改判。

董某观点：一审法院认定租金总额有误，董某已支付了截至 2016 年 6 月 2 日的租金，因此迪尔融资公司有违约行为，一审法院认定事实错误，适用法律不当。

华诚公司观点：迪尔融资公司与董某之间是融资租赁合同关系，在设备被锁机后，董某无法使用，相应的租金不应给付，对此一审法院认定正确，应当予以维持。

法院观点

一审法院观点：迪尔融资公司（出租人）与董某（承租人）签订的《租赁协议》及迪尔融资公司（买方）与董某（承租方）、华诚公司（卖方）签订的《买卖协议》的内容显示，迪尔融资公司根据董某对出卖人、租赁物的选择，向华诚公司购买租赁物，提供给董某使用，董某向迪尔融资公司支付租金，以上权利义务内容符合融资租赁合同的特征，迪尔融资公司与董某之间应确定为融资租赁法律关系。本案迪尔融资公司具备从事融资租赁相关业务的行业许可，且上述合同系双方当事人真实意思表示，亦不违反法律行政法规的强制性规定，应认定为合法有效，双方均应依约履行。

关于融资租赁合同项下董某的付款义务，《租赁协议》明确约定“就本租赁协议项下的设备租赁，承租方应按照第 7.1 条的规定支付附件一所述金额的首期租赁款并按照附件一和附件三规定支付设备租金，承租方亦应按照第 7.1 条的规定支付附件一所述金额的管理费和保险费”。《租赁协议》的附件三《租赁支付表》分别约定了各项费用的金额，并列明了首期租赁款 337500 元的支付时间为 2014 年 6 月 2 日，租金 1141380 元分 36 期支付，支付时间为 2014 年 7 月至 2017 年 6 月的每月 2 日，每期租金 31705 元。因此，根据上述约定，董某应向迪尔融资公司支付首期租赁款 337500 元、36 期租金总计 1141380 元、保险费 45668 元，共计 1524548 元。

关于《租赁协议》和《买卖协议》的付款方式，迪尔融资公司与董某签订的《租赁协议》约定董某应在设备交付时，将附件一所述管理费、保险费、保证金和首期租赁款以电汇或现金的方式支付给华诚公司，再分 36 期将租金支付至迪尔融资公司认可的董某的银行账户。迪尔融资公司、华诚公司、董某共同签订的《买卖协议》未就付款方式进行明确说明，仅约定“设备购买价款应根据买方和卖方签署的合作协议约定的方式进行”，但从华诚公司为迪尔融资公司出具的《经销商收款确认函》可以看出，华诚公司认可由董某向其支付金额相当于《租赁协议》项下管理费、保险费、保证金和首期租赁款的全额预收款，剩余买卖价款由迪尔融资公司扣除经销商保证金后支付至迪尔投资公司。因此，由华诚公司代迪尔融资公司收取董某的管理费、保险费、保证金和首期租赁款作为迪尔融资公司向华诚公司支付的买卖合同项下预收款，是三方的真实意思表示，三方之间关于权利义务转移的约定对三方具有约束力。

关于董某的付款情况，董某主张已支付截至 2016 年 6 月 2 日的租金

748567.21元，并提交发票、现金交款单、董某名下的银行流水予以证明。迪尔融资公司主张其中保险费45668元、首期租赁款337500元系董某支付给华诚公司的，没有支付给迪尔融资公司，迪尔融资公司认可的已付租金为355605.29元、延迟支付罚金为10054.21元，并提交华诚公司出具的《经销商收款确认函》予以证实。华诚公司主张董某未向其足额支付保险费45668元、首期租赁款337500元，《经销商收款确认函》系应迪尔融资公司的要求而不是根据实际是否收到该款项进行确认的，应以银行流水作为付款标准。关于董某是否足额支付了保险费45668元、首期租赁款337500元的问题，迪尔融资公司已将向董某收取上述款项的权利转让给了华诚公司，本案中未针对保险费和首期租赁款提出诉讼请求，华诚公司如有异议可另行解决。关于租金支付情况，董某提交的首期租赁款发票和保险费发票不能作为其支付租金的依据。迪尔融资公司自认的已付租金金额为355605.29元，董某提交的发票中已付租金金额为285345元、2015年7月27日的现金交款单金额为70000元，迪尔融资公司自认的已付租金金额大于董某提交的租金发票和现金交款单金额之和，因此采信迪尔融资公司的陈述。迪尔融资公司自认的已付迟延支付罚金金额与董某提交的发票中已付逾期利息的金额均为10054.21元，对此予以确认。

关于董某是否违约的问题，根据董某提交的逾期利息发票，董某自第1期租金开始即陆续出现逾期支付的行为，并为此支付了逾期利息。结合迪尔融资公司、董某提交的证据和当庭陈述，2015年3月董某向迪尔融资公司支付13万余元，用于支付2014年12月2日至2015年3月2日的逾期租金和逾期利息，2015年7月27日董某向迪尔融资公司支付70000元，用于支付2015年4月2日至2015年6月2日的逾期租金，但2015年6月2日租金中的24854.71元和2015年7月2日的租金31705元仍逾期，共计56559.71元未支付，之后未支付租金。因此，2015年7月27日前，董某已经出现多次逾期支付租金的行为，截至2015年7月27日董某仍有两期租金逾期未付，远程锁机的时间无论是2015年8月10日，还是2016年2月13日，在迪尔融资公司采取锁机措施前，董某均存在违反《租赁协议》约定的行为。

关于远程锁机的时间问题，董某主张迪尔融资公司于2015年8月10日对租赁物进行远程锁机，该锁机行为没有依据，造成董某经济损失，要求迪尔融资公司予以赔偿。迪尔融资公司主张董某违约在先，迪尔融资公司依据《租赁协议》约定享有锁机的权利，锁机时间是2016年2月13日。董某提交的路桥公司租赁分公司出具的证明内容为“挖掘机自2015年7月1日至今日一直停放我公司机械租赁分公司院内”，该证明内容仅说明了租赁物停放时间，不能证明租赁物远程锁机的时间。西山派出所出具的接处警详细信息记录的报警内容为“西山风景区七里界十二组一群人乘坐面包车到一公司内强行搬走设备，请民警了解情况”，简要警情及处警结果为“2016年2月13日14时06分48秒，我所接110指令：七里界十二组有人强行搬东西，值班民警迅速赶到现场，未发现有人强行搬东西，联系报警人，报警人称人已离开”，上述内容未提及远程锁机一事，且事发时间为2016年2月13日，不能证明租赁物远程锁机的时间为2015年8月10日。董某提交的陈某出具的证明内容为“我是挖掘机的司机，证明事项：2014年6月，因租赁融资款问题，锁机一次，2015年8月又锁一次，挖掘机在拖车上锁到今天。本人工资：每月6000元，到目前款一年多未付，前面已领整”。与一方当事人或者其代理人有利害关系的证人出具的证言或无正当理由未出庭作证的证人证言不能单独作为认定案件事实的依据。根据陈某的证言，陈某与董某系雇佣关系，且陈某无正当理由未出庭作证，其证言不能单独作为认定案件事实的依据。迪尔融资公司提交的锁机系统截屏及翻译件，所载“最后读数”为2016年2月13日，不能直接证明锁机的时间为2016年2月13日。当事人对自己提出的主张，有责任提供证据。董某主张迪尔融资公司于2015年8月10日对租赁物进行远程锁机，有责任提供证据，本案租赁物在董某的控制范围内，出现锁机情形后，租赁设备无法启动，并提示设备处于锁机状态，董某具有及时获取并保存证据的能力，在作出判决前，董某提供的证据不足以证明其事实主张，应当承担不利的后果。对董某主张迪尔融资公司于2015年8月10日对租赁物进行远程锁机的事实不予采信，迪尔融资公司自认的锁机时间为2016年2月13日，对此应当予以确认。

关于违约责任的问题，截至2016年2月13日，董某已逾期支付9期租金，共计278494.71元。迪尔融资公司在董某违约的情形下，根据《租赁协议》的约定对租赁物进行远程锁机的行为不属于无正当理由妨碍、干扰承租人对租赁物的使用的情形，董某要求迪尔融资公司赔偿损失的反诉请求缺乏依据，不予支持。董某多次逾期支付租金的行为，违反了《租赁协议》的约定，根据《合同法》第248条[①]的规定，董某经催告后在合理期限内仍不支付

① 对应《民法典》第752条。

租金，迪尔融资公司可以要求董某支付全部未付租金785774.71元。该种救济方式的实质是因承租人的违约行为而导致承租人丧失未到期租金的期限利益，以此体现出对承租人违约行为的一定惩罚性，如果出租人选择要求支付全部租金，等于其放弃了租赁物，在此情形下，租赁物仍应当由承租人继续占有、使用。但迪尔融资公司锁定租赁物后，董某无法对租赁物正常使用、收益，现迪尔融资公司选择要求董某支付全部租金，就应保证董某对租赁物的使用，故在迪尔融资公司排除对租赁物的使用干扰前，租赁物被锁定后的租金507280元可以暂停支付。

关于违约金的问题，根据《融资租赁合同司法解释》第20条的规定，承租人逾期履行支付租金义务或者延迟履行其他付款义务，出租人按照融资租赁合同的约定要求承租人支付逾期利息、相应违约金的，人民法院应予支持。双方《租赁协议》中约定“承租方应就本租赁协议下到期应付未付的任何租金和其他款项，按月利率百分之二支付违约金（迟延支付罚金）直到其支付完毕”，现董某未按约定支付租金，应当承担相应的违约责任。

关于保证责任的问题，华诚公司向迪尔融资公司出具的《经销商担保和赔偿函》系双方当事人的真实意思表示，且不违反法律行政法规的强制性规定，该担保赔偿函约定一经担保方授权代表签字即告生效，华诚公司签字盖章后，保证合同即成立并生效。华诚公司以融资租赁合同没有其签章，担保赔偿函上没有迪尔融资公司的确认为由，要求免除华诚公司的担保责任，缺乏依据，不予支持。另，迪尔融资公司虽于2014年9月19日终止了其与华诚公司签署的合作协议，但未免除已经签署的合同中华诚公司的责任。保证合同明确约定了保证范围及保证期间，现董某在主合同规定的债务履行期届满没有履行债务，迪尔融资公司要求华诚公司在其保证范围内承担保证责任，于法有据，应当予以支持。保证人承担保证责任后，有权向债务人追偿。

一审法院判决：一、董某于本判决生效之日起十日内向迪尔融资公司支付《租赁协议》项下截至2016年2月2日的未付租金278494.71元；二、董某于本判决生效之日起十日内向迪尔融资公司支付《租赁协议》项下截至2016年2月13日的违约金24279.43元及自2016年2月14日起至判决确定的给付之日止的违约金（以278494.71元为基数，按月利率2%的标准计算）；三、华诚公司对上述第一项、第二项金钱给付义务承担连带清偿责任，华诚公司在承担保证责任后，有权就已承担部分向董某进行追偿；四、驳回迪尔融资公司的其他诉讼请求；五、驳回董某的反诉请求。

二审法院观点：二上诉人对于双方之间存在融资租赁合同关系不存异议，二审法院予以确认。关于租金总额，上诉人董某主张租金共计 1141380 元，但依据双方的租赁协议中的租金支付表，已明确记载首期租金款为 337500 元，此后租金共计 36 期，每期 31705 元，36 期共计 1141380 元，且融资租赁物的购买价款为 1350000 元，故上诉人董某主张租金总额为 1141380 元，无事实及法律依据，二审法院不予采信。上诉人董某依据租赁协议向上诉人迪尔融资公司支付的租金金额总计应为 1141380 元，一审法院对此认定准确，上诉人董某的该项上诉理由不能成立，本院不予支持。

关于锁机时间，一审法院综合双方当事人提供的证据及陈述，认定锁机时间为 2016 年 2 月 13 日并无不当，本院予以确认。因在此时，上诉人董某已欠付上诉人迪尔融资公司租金，上诉人迪尔融资公司依据合同的约定行使权利并无不当，上诉人董某要求上诉人迪尔融资公司赔偿损失依据不足，本院不予支持。上诉人迪尔融资公司虽系融资租赁设备的所有权人，但其已将设备出租予上诉人董某，因此在租赁期间，上诉人董某对设备享有占有及使用的权利，一审法院关于在设备被锁机期间的租金未予支持的处理结果是可行的，本院予以维持，上诉人迪尔租赁公司主张该期间的租金依据不足，本院不予支持。综上，一审法院所作判决事实清楚，适用法律正确，二审予以维持。

法官评析

工程机械或机动车作为租赁物的融资租赁交易中，出租人为了保证租赁物的安全和督促承租人履行义务，经常在租赁物上安装远程控制装置，在承租人欠付租金或非法转移租赁物时远程关闭租赁物的运行，这种限制性措施俗称“锁机”。实践中，“锁机”常常引发后续争议，比如出租人主张锁机属于自救行为有无正当依据，“锁机”期间出租人可否主张租金，承租人可否主张“锁机”期间无法使用租赁物产生的损失，各地司法裁判观点也不尽一致。

一种观点认为，出租人“锁机”侵犯承租人的占有使用权，出租人无权主张限制性措施期间租金，本案也是采纳的这种观点。主要理由为，出租人虽系融资租赁设备的所有权人，但其已将设备出租给承租人，因此在租赁期间承租人对设备享有占有及使用的权利，出租人的“锁机”行为干扰了承租人对租赁物的合理使用，构成违约，出租人主张在设备被锁机期间的租金依据不足。

另一种观点认为，如果合同约定了出租人在承租人违约时享有采取限制性措施的权利，基于合同自由原则，应当尊重合同约定，出租人可对承租人主张限制性措施期间的租金，例如杨某与康富国际租赁公司等融资租赁合同纠纷［北京市第一中级人民法院（2016）京01民终1682号民事判决书］，卡特彼勒（中国）融资租赁有限公司与张某、闻某融资租赁合同纠纷［云南省昆明市中级人民法院（2014）昆民四中字第140号民事判决书］，主要理由为，出租人虽已对租赁物锁机，但是合同中明确约定出租人在承租人严重违约情形下可以锁机并由承租人担责情形，出租人的锁机系针对承租人欠付租金的行为所采取的自力救济措施，其行为具有合法性及合理性，因此因锁机而无法使用租赁物并不影响出租人根据约定向承租人主张未付租金等应付款项。

我们认为，判断锁机行为的合法性，应当结合承租人欠付租金的情况和合同约定，整体平衡出租人的救济权利及承租人合法占有使用的权利。融资租赁合同是出租人根据承租人对出卖人、租赁物的选择，向出卖人购买租赁物，提供给承租人使用，承租人支付租金的合同。出租人应当保证承租人对租赁物的占有和使用。融资租赁合同项下，出租人的主要义务是提供租赁物给承租人使用，承租人的主要义务是向出租人支付租金。租金是使用租赁物的对价，出租人的租金请求权与保证承租人对租赁物的平静、安全占有和使用互为对价，也是融资租赁合同融资和融物双重属性的具体体现。《民法典》合同编及《融资租赁合同司法解释》确立的融资租赁合同违约救济体系根据承租人违约程度的不同作了区分。具体而言，当承租人欠付租金构成根本违约时，出租人可以选择物权救济，即解除合同、取回租赁物，也可要求债权救济，即请求继续给付租金；当承租人欠付租金不构成根本违约时，出租人只能主张债权救济，即请求继续给付租金。可见，承租人的违约程度与出租人的救济权利成反比，也就是说承租人违约程度越大，出租人的救济权利越强。同样，判断“锁机”行为的合法性，也应当结合承租人的违约程度。当承租人构成根本违约时，合同约定的锁机可以视为对行使同时履行抗辩权及合同解除催告行为具体方式的约定，具有合法性，不构成违约，承租人应当给付租金，但为平衡双方的利益，该权利的行使应当受到合理期间的限制，合理期间之后承租人仍未给付租金的，应当认为承租人拒绝履行合同，合同解除。解除之后，出租人应尽快行使取回权或寻求公力救济，承租人不再承担给付租金的义务。如果承租人欠付租金不构成根本违约，合同约定的长期锁机行为与欠付租金的违约行为不相当，不符合行使同时履行抗辩权的要件，不具有合法性，则承租人不需要给付租金。同时，结合违约行为和占有使用租赁物等具体情况，超出合理期间的视为出租人违约，出租人应当承担相应的违约责任。本案中，承租人长期不支付租金，已经构成根本违约，出租人“锁机”具有合法性，承租人应当负担合理期间内的租金。

六、手续费作为出租人提供融资服务的服务费，可否用于折抵租金

——万丰公司与金禾公司等融资租赁合同纠纷案①

关 键 词： 融资租赁　手续费　服务费　租金

问题提出： 出租人主张租金，承租人以手续费是格式条款、手续费应折抵租金为由抗辩，如何处理？

裁判要旨： 承租人提出手续费条款系格式条款，但其无法举证证明所涉条款存在免除义务人责任、加重权利人责任、排除权利人主要权利等法定无效事项，手续费条款并不违反法律禁止性规定，对当事人均具有法律约束力。因此，承租人主张手续费用于折抵租金缺乏合同及法律依据。

案情简介

上诉人（一审被告）：金禾公司

被上诉人（一审原告）：万丰公司

一审被告：张某

一审被告：朱某

一审被告：王某

一审被告：罗某

2015年4月8日，万丰公司与金禾公司签订《融资租赁合同》，约定承租人为金禾公司，出租人为万丰公司；出卖人系承租人指定的租赁物的生产、

① 一审法院为上海市浦东新区人民法院，案号：（2016）沪0115民初20886号；二审法院为上海市第一中级人民法院，案号：（2017）沪01民终5541号。

制造、代销商案外人山东A有限公司；租赁物为山东A有限公司供应的喷气织机100台；租赁物购买价款或设备总价款为1620万元，由承租人支付给出卖人的定金即162万元视为出租人已向出卖人支付了相应金额的租赁物购买价款，同时视为承租人向出租人支付了本合同项下相应金额的首付款，租赁物余款972万元由出租人直接支付给出卖人，设备尾款486万元于2015年4月13日后由承租人直接支付出卖人。因承租人直接向出卖人支付上述款项而在承租人和出卖人之间产生的债权债务关系由承租人和出卖人自行解决，与出租人无关，承租人尾款是否按时支付不影响出租人对本合同设备所有权的享有。首付款162万元；保证金634400元指承租人履行本合同的保证，不计利息，于起租日前一次性支付给出租人，保证金担保范围为本合同项下承租人应付的任何租金、逾期利息、违约金、租赁物件留购价款及其他所有承租人应付款项，出租人有权以保证金冲抵承租人对出租人的欠款；手续费340200元指承租人须于起租日前一次性支付出租人的服务费用，不论本合同是否提前终止、解除、无效或被撤销等任何情况发生，已收取的手续费不予退还；起租日是出租人向出卖人支付相应购买租赁物的购买价款之日，与租赁物实际交付与否无关。租赁期限为2015年4月13日至2018年4月13日；租金总额11410846.20元；租赁物系由出租人根据承租人的选择出资向出卖人购买或订造并以融资租赁方式出租给承租人使用的机械、设备等，租赁物和出卖人均由承租人自主选定，并未依赖出租人的技能确定，出租人也并未干预承租人对租赁物和出卖人的选择。若承租人未按约定期限支付租金或其他应付款项，就逾期履行部分，自逾期之日起按照日万分之六计收逾期利息，直至实际支付之日止；承租人逾期支付本合同项下任意一期租金或其他款项的，构成违约事件，出租人有权解除合同，收回租赁物，要求承租人立即支付所有到期租金及未到期租金、逾期利息、违约金、出租人遭受的损失；一方如有违约或侵权行为，须承担另一方为实现债权而支出的诉讼费用、律师代理费、担保服务费及其他费用。

该合同的附件四《租金计划表》及附件五《租金支付表》载明，租赁物购买价款为1620万元，起租日为租赁设备款支付日，租赁期限为3年，手续费340200元，租赁保证金634400元，租金期次36期，每期317200元，首末两期相应调整，手续费及保证金支付日期为2015年4月13日，第1期至第35期每期租金支付日为2015年5月起的每月10日，第36期租金支付日为2018年4月13日。

同日，万丰公司与金禾公司、案外人山东A有限公司签订《买卖合同（三方协议）》，约定：万丰公司为买方，案外人山东A有限公司为卖方，金禾公司为承租方；万丰公司根据金禾公司对卖方和卖方设备的完全自主选择，向卖方购买设备，以租给金禾公司使用，金禾公司向万丰公司支付租金，设备为喷气织机100台，设备价款1620万元；设备定金162万元由金禾公司直接支付至卖方账户，三方同意，在租赁合同和本合同生效情况下，金禾公司已向指定账户支付的上述款项即视为万丰公司向卖方支付了相应金额的租赁物件设备款，同时视为金禾公司已向万丰公司支付了租赁合同项下相应金额的首付款；设备尾款486万元于2015年4月13日后由金禾公司直接支付给万丰公司，因金禾公司直接向卖方支付上述款项而在金禾公司和卖方之间产生的债权债务关系由金禾公司和卖方自行解决，与万丰公司无关；设备余款972万元由万丰公司在本合同生效之日起五日内支付至卖方账户；本合同设备，由卖方直接交付给金禾公司，即视为卖方已经向万丰公司交付设备，设备所有权转移至万丰公司，金禾公司尾款是否按时支付不影响万丰公司对设备所有权的享有。

同日，万丰公司与金禾公司签订《融资租赁补充合同》，约定：将涉案《融资租赁合同》项下的融资金额972万元分期提款，本次提款金额为486万元，租赁期限为36个月，2015年4月13日至2018年4月13日。该补充合同的附件一《租金计划表》及附件二《租金支付表》载明，租赁物购买价款810万元，起租日为租赁设备款支付日，手续费170100元，保证金317200元，租金36期，每期158600元，手续费及保证金支付日期为2015年4月13日，第1期至第35期每期租金支付日为2015年5月起的每月10日，第36期租金支付日为2018年4月13日。

同日，张某、朱某、王某、罗某作为保证人向万丰公司出具《保证函》，均承诺为承租人金禾公司在涉案《融资租赁合同》及其补充协议项下的全部和任何义务承担连带保证责任，担保范围为金禾公司在涉案租赁合同项下应支付的租金、逾期利息、违约金、损害赔偿金、租赁物留购价款及其他应付款项、万丰公司为实现债权的费用（包括诉讼费用、律师费用、担保服务费等）；保证期间为保证函生效之日起至涉案租赁合同项下的债务履行期限届满之日后两年。

2015年5月27日，万丰公司与金禾公司、案外人山东A有限公司签订《融资租赁合同－补充协议》，约定：三方同意涉案《融资租赁合同》项下租赁物余款972万元分期支付，本次支付金额为486万元，将《买卖合同（三方协议）》项下的100台总价为1620万元的喷气织机分期提货，本次提取50台、总价为810万元的喷气织机；租赁期限为36个月，自2015年6月11日起至2018年6月11日止；设备尾款243万元，于2015年6月11日后由金禾公司直接支付案外人山东A有限公司，该尾款是否按时支付不影响万丰公司对设备所有权的享有。该补充协议附件《租金支付表》载明，手续费170100元、保证金317200元、首付款81万元，支付日期均为2015年5月26日，第1期租金157144.95元，支付日期为2015年7月10日，第2期至第35期租金每期158600元，支付日期为2015年8月至2018年5月的每月10日，第36期租金158694.09元，支付日期为2018年6月11日。

上述合同签订后，万丰公司于2015年6月16日向案外人山东A有限公司支付租赁物购买价款486万元。金禾公司于2015年9月10日向万丰公司支付10万元，于2015年11月18日向万丰公司支付5万元，于2016年3月20日由案外人河南B有限公司向万丰公司支付20万元，案外人河南B有限公司出具《证明》一份，载明该20万元系为金禾公司付给万丰公司的设备租金。后未再支付剩余租金。万丰公司为实现本案债权，与北京大成（上海）律师事务所于2016年3月14日签订《法律服务合同》，委托律师代理诉讼。

各方观点

万丰公司观点：原告与被告金禾公司于2015年4月8日签订《融资租赁合同》及《融资租赁补充合同》，于2015年5月27日又签订了《融资租赁合同－补充协议》。根据上述合同的约定，原告依据被告金禾公司的选择购买喷气织机，并将上述设备出租给被告金禾公司使用，被告金禾公司于2015年5月26日起按月向原告支付租金，租赁期间为3年，共36期租金，如被告金禾公司在租赁期间逾期支付任意一期租金，原告有权解除合同并要求被告金禾公司付清全部租金及其他应付款项，并就逾期部分按每日万分之六的逾期利率支付逾期利息。此外，被告金禾公司承担原告行使权利所发生的律师费用支出和其他合理支出。原告依约支付了租赁物件购买价款，并出租给被告金禾公司，租赁期限为2015年6月11日至2018年6月11日，租金总额为5708239.04元。被告张某、朱某、王某、罗某分别向原告出具《保证函》，愿意为《融资租赁合同》项下被告金禾公司应履行的全部义务承担连带保证责任。被告金禾公司拖欠多期租金，保证人亦未履行保证责任。

金禾公司、朱某、王某观点：第一，原告不能同时主张返还设备和全部未付租金；第二，原告计算损失依据不合理，既要求解除合同又要求赔偿损失，对现原告主张的租赁物价值确认方式无异议；第三，未付租金金额有误，被告金禾公司支付的保证金金额应该是50万元，已支付的租金是35万元；第四，原告收取被告手续费没有法律依据，手续费应当折抵租金；第五，对被告张某、朱某、罗某签订保证合同的事实予以确认，但被告金禾公司实际控制人是被告王某，被告王某与原告协商达成协议后为了与原告签署合同要求被告张某、朱某、罗某签字，被告张某、朱某、罗某对合同内容与签署合同代表的意义不知情，他们只是听从被告王某的安排，因此被告张某、朱某、罗某不应当承担保证责任。

张某、罗某未发表意见。

法院观点

一审法院观点：万丰公司与金禾公司在涉案《融资租赁合同》中明确约定了手续费金额及支付方式，应认为系双方的真实意思表示，且综合衡量手续费金额，亦不存在过高情况，故金禾公司、朱某、王某主张手续费折抵租金，缺乏合同及法律依据，不予采纳。万丰公司已经提供证据证明其支出的担保服务费为15000元，一审法院予以确认，对金禾公司、朱某、王某辩称不同意支付担保服务费的主张不予采纳。一审法院判决：一、万丰公司与金禾公司《融资租赁合同》于2016年10月17日解除；二、金禾公司于判决生效之日起十五日内向万丰公司返还《融资租赁合同》项下的租赁物；三、金禾公司于判决生效之日起十五日内向万丰公司赔偿损失，损失赔偿范围为金禾公司的全部未付租金、逾期利息、律师费及担保服务费之和与收回租赁物价值的差额；四、租赁物价值依万丰公司与金禾公司协议折价，或者拍卖、变卖涉案租赁物所得价款确定，如租赁物价值超过判决第三项确定的全部未付租金、逾期利息、律师费及担保服务费之和的，超过部分归金禾公司所有；五、张某、朱某、王某、罗某对金禾公司上述第三项付款义务承担连带清偿责任，张某、朱某、王某、罗某履行保证责任后，有权向金禾公司追偿。

二审法院观点：对于上诉人金禾公司提出手续费收取没有法律依据的主张，一审判决书已作详尽阐述。对于上诉人金禾公司提出手续费条款系格式条款的主张，上诉人金禾公司并未就所涉条款存在免除义务人责任、加重权利人责任、排除权利人主要权利等法定无效事项作举证说明。所涉手续费条款并不违反法律禁止性规定，对上诉人金禾公司与被上诉人万丰公司均具有法律约束力。上诉人关于手续费条款系格式条款及手续费应予折抵租金的主张缺乏合同及法律依据，二审法院不予采纳。二审法院判决驳回上诉，维持原判。

法官评析

1. 手续费收取条款合法有效

格式条款是当事人为了重复使用而预先拟定，并在订立合同时未与对方协商的条款。根据合同法的公平原则，在确定合同条款时，当事人应当遵循公平原则确定各方的权利和义务。因此，采用格式条款订立合同的，提供格式条款的一方应当遵循公平原则确定当事人之间的权利和义务，并采取合理的方式提请对方注意免除或者限制其责任的条款，按照对方的要求，对该条款予以说明。同时，为避免提供格式条款的一方滥用优势地位，导致明显不公平的结果发生，如果对格式条款的理解发生争议的，应当按照通常理解予以解释。对格式条款有两种以上解释的，应当作出不利于提供格式条款一方的解释。格式条款和非格式条款不一致的，应当采用非格式条款。并明确规定，格式条款如果存在《民法典》第506条规定情形，或者提供格式条款一方免除其责任、加重对方责任、排除对方主要权利的，该格式条款无效。

合同无效的判定应遵循严格的法定主义，主张合同无效的当事人应在诉讼中对合同存在无效的情形进行举证。本案中，金禾公司主张《融资租赁合同》手续费收取条款系格式条款，应属无效，万丰公司收取的手续费170100元应折抵租金。但是，金禾公司并未完成相应的举证义务。所以，金禾公司的主张并未得到一审法院及二审法院的支持。

2. 违反合同约定应承担相应的不利后果

依法成立的合同，受法律保护，当事人应当按照约定全面履行自己的义务。金禾公司与万丰公司签订的《融资租赁合同》及其补充协议合法有效，当事人均应恪守约定，全面履行自己的义务。万丰公司已按约履行了涉案《融资租赁合同》及其补充协议项下购买租赁物并交付给金禾公司使用的义务，而金禾公司未能按约支付相应的租金，已经构成违约，应承担相应的违约责任。

对于违约责任，涉案合同有明确的约定。涉案《融资租赁合同》第20.1条约定，承租人逾期支付本合同项下的任意一期租金或其他款项的，构成违约事件；第20.3条约定，一旦出现违约，出租人有权解除本合同，收回租赁物，要求承租人立即支付所有到期租金及未到期租金、逾期利息、违约金、出租人遭受的损失。该合同履行过程中，金禾公司未能按照合同约定的期限和数额支付租金，并且，金禾公司在收到诉讼材料后仍未向万丰公司支付相应款项。因此，万丰公司据此解除合同，同时请求收回租赁物并赔偿损失，具有合同及法律依据。

而关于损失赔偿的范围，金禾公司、朱某、王某辩称万丰公司收取的手续费没有法律依据，应折抵租金，但并未提供相应的证据予以证实，所以，该主张未得到法院的支持。因此，万丰公司收取的手续费 170100 元不应折抵租金，金禾公司应依合同约定赔偿万丰公司损失，具体的损失赔偿范围为：金禾公司的全部未付租金、逾期利息、律师费及担保服务费之和与收回租赁物价值的差额。

3. 手续费属于融资租赁的交易习惯

融资租赁手续费，是指出租人基于为承租人提供融资租赁服务，在租金之外，向承租人收取的费用。手续费通常以融资额或租金的一定比例计算。在融资租赁行业中，手续费是普遍存在的，而名称并不统一，或称“租赁服务费”“咨询服务费”“财务顾问费”“管理费”“管理服务费”等。

融资租赁自二十世纪八十年代引入中国，当时大量的租赁物都是进口的，所以出租人提供融资租赁服务的时候，涉及外汇、进出口、报关，除了提供融资服务，还要提供贸易方面的服务，基于此，租赁公司要收取一定的手续费。所以，在融资租赁业中，收取手续费的习惯保留了下来。手续费主要包括租赁公司的营业费用和一定的利润，实质上是融资租赁交易定价方式的组成部分，主要意义在于提高出租人内部收益率。

而从法律上分析，普遍存在于融资租赁行业的手续费应属于融资租赁业的交易习惯。交易习惯一般是指，在交易行为当地或者某一领域、某一行业通常采用并为交易对方订立合同时所知道或者应当知道的做法，当事人双方经常使用的习惯做法。但本案中，法院并未从援引交易习惯的有关规定对手续费条款进行分析，而是从是否属于格式条款及是否有效的角度对手续费条款进行判定。其原因在于，对于交易习惯，由提出主张的一方当事人承担举证责任，而本案中当事人并未从交易习惯的角度进行主张及抗辩。

七、融资租赁物被法院扣押后，承租人支付租金的时间应截至何时

——庞大乐业与张某等融资租赁合同纠纷案①

关 键 词：融资租赁　扣押　租金计算

问题提出：融资租赁物被法院扣押后，承租人未再占有与使用，承租人向出租人支付租金的截止时间应为约定的融资租赁截止日期还是扣押的前一日？

裁判要旨：因一审法院作出民事裁定书，将本案的融资租赁物予以了扣押，自此后该解放车未再被张某占有、使用，故被上诉人向上诉人支付租金的时间应截至一审法院作出民事裁定书的前一日。

案情简介

上诉人（一审原告）：庞大乐业

被上诉人（一审被告）：张某

被上诉人（一审被告）：马某某

2011年3月1日庞大乐业（甲方）与张某（乙方）签订融资租赁合同，马某某（丙方）为张某作连带责任保证担保。合同约定庞大乐业根据张某的指定从庞大华新处购买发动机号为51775758的车辆出租给张某，租赁期限为24个月，自签署租赁物交接确认函之日起计算。租赁物交接确认函日期为2011年4月17日。合同还约定总租金为584661.2元，融资租赁手续费为19075元，履约保证金为161000元，留购款为1000元；总租金分24个月付清，2011年5月20日至2013年3月20日每月租金17652.55元，2013年4月20日应交租金178652.55元，每月20日为交租日，乙方已支付的履约保证金可以转为乙方最后一个月的租金，不足部分由乙方补齐。2011年4月2日张某交纳履约保证金161000元，2011年8月17日至2011年12月26日共交

① 一审法院为河北省滦县人民法院，案号：（2014）滦民重字第11号；二审法院为河北省唐山市中级人民法院，案号：（2015）唐民四终字第166号。

纳租金70612.65元。截至2012年8月21日，张某共欠缴租金211828.15元。因张某长期欠缴租金，上诉人遂提起诉讼，要求被告张某支付全部租金。

二审查明，河北省滦县人民法院于2013年3月26日作出（2012）滦民初字第3253号民事裁定书，将被告张某的财产解放车一辆予以扣押。

各方观点

庞大乐业观点： 2011年3月1日，张某与原告方签订了融资租赁合同，从我原告方承租解放车一辆，由马某某为其还款提供了连带责任担保。由于张某未按合同约定按时还款，拖欠到期租金211828.15元，经我原告多次催要，被告仍不履行给付义务，依据合同和法律规定，原告有权要求张某给付到期租金及未到期租金共计353048.55元并收取违约金105914.57元，由马某某承担连带还款责任。

张某观点： 1. 被告从未与原告庞大乐业签订合同，事实上是被告与庞大华新签订车辆供求合同，并支付购车定金，该合同已生效，后庞大乐业与庞大华新串通制造了与被告的融资租赁合同，故该融资租赁合同无效。2. 从机动车销售统一发票、车辆行驶证及车辆购置纳税申报表可以看出哈密畅通为车辆登记车主，被告张某为实际车主，庞大乐业对车辆没有所有权也没有使用权，故其根本无权以本车辆同被告签订融资租赁合同，另原告购车租给被告却让被告缴纳车辆购置税的做法不符合融资租赁程序和常理；庞大乐业提供的租赁物买卖合同中没有庞大乐业的签字或盖章，其也没有提供购车的付款凭证，故该租赁物买卖合同无效，庞大乐业自然对该车辆无处分权，融资租赁合同无成立的法律基础。3. 庞大华新法定代表人杨某以家访为名，在签订购车合同后又以办理银行贷款为由骗取被告信任，使被告在不知合同内容的情况下签订了空白的融资租赁合同，当时也没给被告留下一份合同，而原告庞大乐业从未出面，故应认定两公司的上述行为属于欺诈，是无效的法律行为；另外该融资租赁合同为格式合同，手写所填部分既没有被告签字确认或按手印，也非被告书写，其有效性有问题。4. 庞大乐业与庞大华新是同居一个行业、二个招牌、一套财务和行政管理的“一家人”，存在共同欺诈、恶意串通的条件和牟取非法利益的共同目的及“温床”，双方恶意串通、共同欺诈行为导致融资租赁合同无效。5. 被告已付款情况：2011年4月2日支付给原告租赁手续费、留购款、履约保证金共181075元，支付庞大华新汽车销售公司还款保证金、家访费、GPS费、公证费、加抵费、保险保证金共计28350

元，被告支付定金 20000 元，缴纳车辆购置税 50128.21 元，向原告支付起租金 110000 元，分期租金 70612 元，以上合计 460165.21 元。被告已付上述款项显然超过购买车辆总价款。另外，原告的租金计算显然不合理，2011 年 4 月 2 日被告已交了 20 多万元车款，总车款 30 多万元，只剩下 10 万元左右，但计算是 59 万元，其计算方式明显不合理。6. 本案管辖法院应为新疆哈密市人民法院，因为合同实际上是在被告家（新疆哈密）以办理银行贷款为名签的，被告从来没到过河北滦县；车辆供求合同的实际履行地也是在哈密，滦县与该车辆供求无关，故该管辖权约定应为无效条款。7. 因车有质量问题，被告才没有缴纳后续银行贷款，双方也没有办理过公证。

马某某未发表答辩意见。

法院观点

一审法院观点：融资租赁合同系双方真实意思表示，合法有效。被告张某未按合同约定履行交纳租金义务，构成违约，理应交纳到期租金并支付相应违约金。故对原告庞大乐业所诉到期租金部分予以支持。据租金明细表，自 2011 年 5 月 20 日至 2012 年 8 月 21 日被告张某应交租金为 282440.8 元，实际交纳租金 70612.55 元，欠交租金 211828.15 元。又因被告张某交纳履约保证金 161000 元，折抵同等数额所欠租金 161000 元，故被告张某实际应向原告庞大乐业交纳所欠租金 50828.15（211828.15 - 161000）元。

二审法院观点：2011 年 3 月 1 日，上诉人庞大乐业与被上诉人张某签订的融资租赁合同是双方的真实意思表示，合法有效，双方均应依约履行。合同签订后，上诉人提交了融资租赁车辆，张某即应按照合同的约定按期交纳租金。因合同约定上诉人根据张某的指定从庞大华新处购买发动机号为 51775758 的车辆出租给张某，租赁期限为 24 个月，双方约定张某向上诉人交纳租金的期间为 2011 年 5 月 20 日至 2013 年 4 月 20 日。在此期间，张某并未依约交付租金，且现租金交付期间已经届满，故上诉人向被上诉人主张尚未交付的租金符合法律规定，应予支持。一审法院仅判决被上诉人向上诉人支付截至 2012 年 8 月 21 日的租金不妥，本院予以纠正。签订融资租赁合同对于承租方而言，其签订合同的根本目的即占有并使用融资租赁物。因 2013 年 3 月 26 日一审法院作出民事裁定书，将本案的融资租赁物予以了扣押，自此后该解放车未再被张某占有、使用，故被上诉人向上诉人支付租金的时间应截至 2013 年 3 月 25 日，扣除被上诉人已经交纳的履约保证金和租金，张某共计欠租金 338338.09 元 [353048.55 (584661.2 - 161000 - 70612.65) - 14710.46 (17652.55 ÷30 天 ×25 天)]。

法官评析

承租人与出租人双方对租金的计算存在争议，出租人要求给付全部租金，但是一审法院判决只要求承租人给付到期租金，对于未到期租金未作处理。二审法院依据原《合同法》第 248 条[①]要求承租人支付全部租金，但是对于最后一个月法院扣押期间的租金，法院未要求承租人支付，理由是承租人在此期间未使用租赁物。类似的判决还有“富士施乐租赁（中国）有限公司、广州市竞天图文快印有限公司与邹某融资租赁合同纠纷上诉案”[②]。在该案件中，法院的观点更加明确，认为就是构成显失公平。

在本案中，一方面，租赁物在被扣押之后仍然由承租人占有，从扣押之日起到判决生效之日为止，这个期间仍在约定的租赁期间内而且租赁物并未返还出租人，所以这个期间内承租人似乎仍应支付租金。但是另一方面，租赁物虽然由承租人管理，但已无法使用，强令承租人支付租赁期间中扣押期间的租金，这似乎不符合合同签订的本旨。又因为法律法规未对该问题作出规定，所以在实践中也存在争议。

这时就要从公平原则出发考虑如何分配权利。公平原则是民法的一项基本原则，它要求当事人在民事活动中应以社会正义、公平的观念指导自己的行为、平衡各方的利益，要求以社会正义、公平的观念来处理当事人之间的纠纷。顺着这个思路，公平原则实际上就是在一般社会正义的理念上平衡各方利益。

融资租赁合同以融资、融物为特征，出租人应承租人的要求购买租赁物，并交付承租人；承租人以支付租金为对价使用租赁物进行生产活动。对于承租人来说，融资租赁的目的是占有、使用租赁物，并借此进行生产、获取收益。对于出租人来说，融资租赁的目的是获取租金，并不在于占有该物或是获得租赁物的所有权。所有权在融资租赁的过程中仅仅具有担保承租人履行融资租赁合同的作用，待承租人拒绝履行给付租金的义务并达到约定的条件后，承租人可以选择取回租赁物以实现债权。

在租赁物被扣押的情况下，首先，承租人没有对租赁物进行使用，更没

---

① 对应《民法典》第 752 条。

② 参见上海市第二中级人民法院（2014）沪二中民六（商）终字第 5 号民事判决书。

有以此获取利润，不符合融资租赁合同签订的目的。如果苛求承租人继续支付扣押期间的租金，明显承租人支付了更多的对价，对承租人来说是不公平的。其次，承租人的目的并不是获取租赁物的所有权，即使立即解除合同、出租人收回租赁物，租赁物也不可能由出租人使用，通常的做法是出售租赁物获取残值。此时结果与在承租人处扣押并无二致。最后，扣押期间往往比较短，租赁物的价值在短时间内也不会有较大的变化，亦不会损害承租人利益。

所以，虽然融资租赁合同对租期以及产生的租金事先有约定，但出于公平原则的考量，法院仍然调整了租金。在最终的判决上，二审法院排除了扣押25天的租金，仅对这之前的租金要求承租人清偿，以这样的做法维护了合同双方的利益平衡。

八、当事人对承租人未按照合同约定给付租金的情形未约定催告义务，能否认定此系格式条款而归于无效

——*仲利公司与鑫裕公司等融资租赁合同纠纷案*[①]

关 键 词： 催告 合理期间 格式条款 效力

问题提出： 当事人在约定承租人未按照合同约定给付租金时，未约定催告义务，能否认定此系格式条款而归于无效？

裁判要旨： 出租人主张案涉《融资租赁合同》并未约定其需先行催告被上诉人后才能要求支付全部租金，但案涉《融资租赁合同》系采用出租人提供的格式条款所订立的合同，合同条款未约定出租人的催告义务，实质上排除了承租人在合理期间内补正迟延履行行为的主要权利，提供格式条款一方免除其责任、加重对方责任、排除对方主要权利的，该条款无效，案涉合同关于出租人未经催告即可要求承租人支付全部未到期租金的相关条款应认定无效。

---

① 一审法院为福建省福州市台江区人民法院，案号：(2017) 闽0103民初2332号；二审法院为福建省福州市中级人民法院，案号：(2018) 闽01民终3771号。

案情简介

上诉人（一审原告）：仲利公司

被上诉人（一审被告）：鑫裕公司

被上诉人（一审被告）：顾某某

被上诉人（一审被告）：武某某

2016年8月22日，仲利公司（出租人）与鑫裕公司（承租人）间签订了《融资租赁合同》，约定：出租人根据承租人指定，购买全自动爪式油压前帮机等31种机械设备作为租赁物出租给承租人使用；租赁期间为2016年8月31日至2019年8月31日，首付租金448311.76元应于2016年8月31日支付；除首付租金外，承租人应支付36期租金，其中第1期租金的给付日为2016年9月30日，以后各期为第一期租金支付日起每隔一个月至同一日；承租人未依本合同之约定按期、足额支付任何一期租金及其他费用，承租人除须付清应付款项外，还应当自应给付之日起至实际清偿之日止，按年利率百分之二十加付逾期利息；承租人未依约清偿任何一期租金及其他费用，出租人有权请求承租人支付全部未付租金、逾期利息、违约金及其他费用；承租人违约时，应按未到期租金总额之百分之三十向出租人加付违约金。合同亦对36期租金金额进行了明确约定，其中第8期租金金额为73600元，应付款时间为2017年4月30日。同日，顾某某、武某某作为保证人向仲利公司出具了《保证书》，承诺为鑫裕公司在《融资租赁合同》项下的债务承担不可撤销的连带责任保证。上述合同签订后，仲利公司依约向鑫裕公司交付了标的物，鑫裕公司足额支付了第1~7期的租金532622元。2017年4月30日，鑫裕公司未支付当日到期的第8期租金73600元。2017年5月12日，仲利公司诉至一审法院，起诉状上的落款时间为2017年5月3日。另外，仲利公司在2017年9月12日的一审庭审中确认已经于2017年5月3日收到鑫裕公司支付的第8期租金73600元，于2017年6月14日收到第8期租金逾期3天的利息121元，诉讼期间鑫裕公司亦足额支付了第9~12期租金，租金支付至2017年8月31日。

仲利公司向一审法院起诉请求：1. 判令鑫裕公司立即支付仲利公司《融资租赁合同》项下全部未付租金1872574元；2. 判令鑫裕公司立即支付仲利公司逾期利息（暂计至2017年5月3日为121元）；3. 判令鑫裕公司立即支付仲利公司违约金561772元；4. 判令顾某某、武某某承担连带清偿责任；5. 本案诉讼费用、保全费用由鑫裕公司、顾某某、武某某共同承担。

各方观点

仲利公司观点：2016年8月22日，仲利公司与鑫裕公司签订了《融资租赁合同》，约定仲利公司作为出租人以融资租赁方式将全自动爪式油压前帮机等租赁物出租给鑫裕公司使用；租赁期间自2016年8月31日起至2019年8月31日止，共计36期。合同还对各期租金及支付时间作了详细的约定。顾某某、武某某作为鑫裕公司的连带保证人向仲利公司提供连带保证，并签订了《保证书》。仲利公司向鑫裕公司交付租赁物后，鑫裕公司仅支付了第1期至第7期的租金合计532622元；已到期的第8期租金73600元（租金支付日为2017年4月30日）及未到期第9~36期租金合计1798974元尚未支付。因鑫裕公司未依约支付租金，故仲利公司依照《融资租赁合同》第十一条的约定要求鑫裕公司立即支付合同项下全部未付租金1872574元；依照《融资租赁合同》第四条的约定要求鑫裕公司支付第8期租金逾期3天的利息121元（73600元×20%×3天÷365天）；依照《融资租赁合同》第十二条的约定要求鑫裕公司支付违约金561772元（全部未到期租金1872574元×30%）；依照《保证书》的约定要求顾某某、武某某承担连带清偿责任。

鑫裕公司、顾某某观点：1. 鑫裕公司已经支付了12期租金（即2017年8月31日这一期），其他租金尚未到期。2. 第8期租金于2017年5月3日支付，确实延期3天。逾期利息121元鑫裕公司已经于2017年6月14日支付。3. 鑫裕公司不存在违约情形。

武某某未发表答辩意见。

法院观点

一审法院观点：仲利公司与鑫裕公司间签订的《融资租赁合同》合法有效，双方均应恪守约定并按约履行各自义务。合同签订后，鑫裕公司未能按期支付2017年4月30日当期的租金构成违约，故仲利公司有权依照合同约定要求鑫裕公司支付逾期3天的利息121元。因该项利息已在诉讼期间履行完毕，故一审法院不再判令鑫裕公司进行支付。仲利公司要求鑫裕公司依照合同约定一次性支付全部剩余租金。一审法院认为，根据《合同法》第248条①"承租人应当按照约定支付租金。承租人经催告后在合理期限内仍不支付租金

① 对应《民法典》第752条。

的，出租人可以要求支付全部租金；也可以解除合同，收回租赁物”的规定，在承租人出现迟延支付租金时，出租人应当进行催告，并赋予承租人一定的合理期限补正其迟延履行，承租人仍不支付租金的，出租人方能要求承租人提前支付全部未到期租金。本案中，承租人鑫裕公司虽拖欠租金，但仲利公司未进行催告并给予承租人一定的合理期限进行补正。仲利公司在鑫裕公司仅迟延3日（即2017年5月3日）的情况下即拟好起诉状，在鑫裕公司已于2017年5月3日足额补缴第8期租金的情形下，仍然于2017年5月12日诉至本院，显然未给予鑫裕公司合理的补正期限，故对仲利公司的该项诉请一审法院不予支持。一审法院判决：驳回仲利公司的诉讼请求。

二审法院观点：根据《合同法》第248条[①]关于“承租人应当按照约定支付租金。承租人经催告后在合理期限内仍不支付租金的，出租人可以要求支付全部租金；也可以解除合同，收回租赁物”之规定，出租人要求承租人提前支付全部租金的前提是承租人未按约定支付租金且在催告后的合理期限内仍不支付。本案中，被上诉人鑫裕公司虽未依约于2017年4月30日支付当期租金73600元，但其已于2017年5月3日支付了该期租金，亦即仲利公司于2017年5月12日提起本案诉讼时鑫裕公司已支付了到期租金。仲利公司在其未行催告而鑫裕公司就已付清到期租金的情况下，仍起诉要求鑫裕公司提前支付全部未到期租金，不符合上述规定。上诉人仲利公司主张案涉《融资租赁合同》并未约定其需先行催告被上诉人后才能要求支付全部租金，但案涉《融资租赁合同》系采用上诉人仲利公司提供的格式条款所订立的合同，合同条款未约定出租人的催告义务，实质上排除了承租人依照《合同法》第248条规定所享有的在合理期间内补正迟延履行行为的主要权利，根据《合同法》第40条[②]关于“……提供格式条款一方免除其责任、加重对方责任、排除对方主要权利的，该条款无效”之规定，案涉合同关于出租人未经催告即可要求承租人支付全部未到期租金的相关条款应认定无效。故，上诉人仲利公司要求被上诉人鑫裕公司支付未到期全部租金的上诉请求，缺乏依据，本院不予采纳。二审法院判决驳回上诉，维持原判。

法官评析

格式条款是指合同一方当事人为了达到与不特定的多数人签订同类合同

---

① 对应《民法典》第752条。

② 对应《民法典》第497条。

的目的，在确定合同相对方以前即已预先拟定，合同相对方只能对这份已事先拟定好的合同概括地表示全部同意或者不予接受，而不能与其进行协商的条款。格式条款具备三个特征：一是格式条款由当事人一人预先拟定，二是格式条款针对不特定人重复使用，三是格式条款未经当事人双方协商即订立。这也是判断是否属于格式条款必须满足的三个条件。

格式条款一般由当事人一方拟定，一般会明确记载在合同条文中，但实践中也存在当事人一方故意不将某些条款记载于合同中的情况，而这些条款的缺失损害了合同相对人的利益。也有观点认为这并不属于格式条款，因为它没有以条文明示，不具备格式条款的特征；合同生效后，当事人就质量、价款或者报酬、履行地点等内容没有约定或者约定不明确的，可以协议补充；不能达成补充协议的，按照合同有关条款或者交易习惯确定。相关的法律法规也对未约定的部分给予补正的机会或规制的方法，合同相对人应当对此明知，所以不会对其产生不公平的结果。笔者认为，格式合同的特征之一是当事人拟定，拟定不一定就是具象化为条文，刻意地回避义务的示明也是制定格式合同一方当事人的意思，因此不应当机械认定未载明的部分不属于格式条款。至于未载明的部分可以补充，实际上是条款的效力问题，这并不妨碍格式条款的认定。

判断未约定的内容为格式条款，主要是基于格式条款具有的重复使用以及不与合同相对人协商的特征。重复使用包含两层意思：一是适用对象的广泛性，二是适用时间的持久性。广泛性要求格式合同的使用不区分交易对象，持久性要求格式合同在一段时间内可以反复使用。这就要求格式合同定型。作为定型化的格式合同，对于报酬、价款等核心内容，通常没有遗漏。长期从事某些专业化较强的行业的主体，在制定格式合同时可能会刻意回避关于自己某些应当承担的义务，这些义务也没有法律强制规定，在订立合同时也不可能与对方协商。若仅以格式合同的条款来确定合同拟定一方的义务与责任，实际上加重了合同相对人的责任和风险，形成实质上的不平等。比如根据重庆市渝中区人民法院（2013）中区民初字第02215号民事调解书，双方当事人都想追究经纪方未在格式合同中明确首付款支付时间的责任，但鉴于格式合同中未约定经纪方就此应承担责任而未果，此案最后以经纪方不承担责任，而原被告自行就已支付定金调解结案。

《民法典》第752条规定“承租人经催告后在合理期限内仍不支付租金”，从行文上看，催告和经过合理期间被列为承租人请求权行使的前提条件，这应当是强制性法律规范，由于当事人不可约定排除法定义务，因此纵使承租人与出租人未约定出租人应当催告并给予承租人适当的准备时间，也应当遵守法定义务。

当事人未约定催告义务以及等待合理期限的义务，很容易侵害承租人利益，因此可以判断拟定合同一方即出租人未与承租人对该约定进行协商。结合前述分析，认定该约定为格式条款。该格式条款因免除自身责任而依据《民法典》第 497 条被认定为无效。

九、售后回租融资租赁模式下，占有改定有效实现所有权转移

——某融资租赁公司与某重工有限公司等融资租赁合同纠纷案[①]

关 键 词： 售后回租　占有改定　所有权　交付

问题提出： 在售后回租式融资租赁模式下，承租人（出卖人）通过占有改定方式向出租人（买受人）交付，租赁物所有权是否发生变动?

裁判要旨： 如果承租人（出卖人）拥有租赁物所有权，在其与出租人（买受人）订立融资租赁合同的同时，订立所有权转让协议，约定出租人（买受人）在支付租赁物的价款后，其即取得租赁物的所有权，但租赁物承租人（出卖人）原地继续占有使用的，上述约定符合占有改定的特征。租赁物通过占有改定将所有权转移给出租人（买受人），其取得租赁物所有权后有权出租。

案情简介

上诉人（一审被告）：某重工有限公司

被上诉人（一审原告）：某融资租赁公司

一审被告：左某、宫某、某工业设备安装公司

2013 年 10 月 30 日，某融资租赁公司作为甲方（出租人、买受人），某重工有限公司作为乙方（承租人、出卖人）签订《融资租赁合同》一份，成立

---

① 一审法院为江苏省南通市中级人民法院，案号：(2014) 通中商初字第 00514 号；二审法院为江苏省高级人民法院，案号：(2015) 苏商终字第 00404 号。

售后回租融资租赁关系。2013 年 10 月 30 日，某工业设备安装公司作为保证人，左某、宫某作为保证人与某融资租赁公司分别签订保证合同，两份合同均约定：保证人愿向债权人提供连带责任保证担保。2014 年 6 月 26 日，某融资租赁公司在中国人民银行征信中心动产权属统一登记平台进行了案涉租赁物的动产权属登记。

合同履行过程中，因某重工有限公司逾期未给付租金，某融资租赁公司于2014 年9 月16 日向某重工有限公司发出催款通知。因某重工有限公司上述违约行为，某融资租赁公司后起诉要求租金、违约金等。一审法院判决某重工有限公司支付某融资租赁公司剩余租金，逾期付款违约金，租赁物残值转让费，并判决某工业设备安装公司、左某、宫某对某重工有限公司的上述债务承担连带清偿责任。某重工有限公司不服一审判决，提起上诉。二审法院判决驳回上诉，维持原判。

各方观点

某融资租赁公司观点：请求判令某重工有限公司支付某融资租赁公司租金、逾期付款违约金、违约金等，请求判令某工业设备安装公司、左某、宫某作为保证人，对某重工有限公司的上述债务承担连带保证责任。事实和理由：某重工有限公司逾期支付租金，经某融资租赁公司发函催款，某重工有限公司仍未付清，已构成严重违约。某融资租赁公司要求各保证人督促或代替某重工有限公司履行债务，但均无结果。综上，某重工有限公司逾期支付租金已构成严重违约，应承担相应的违约责任；某工业设备安装公司、左某、宫某作为某重工有限公司的连带责任保证人，应承担相应保证责任。

某重工有限公司、左某、宫某观点：一、某融资租赁公司与某重工有限公司之间是企业之间的借贷关系，并非融资租赁关系。二、即使某融资租赁公司与某重工有限公司之间是融资租赁关系，该融资租赁合同也未生效，左某、宫某据此不应承担保证责任。三、某融资租赁公司与某重工有限公司之间关于租金、违约金的约定显失公平。首先，合同约定租金只涨不降，而且与银行的利率相挂钩，明显不公。其次，案涉合同系某融资租赁公司单方提供的格式合同，合同中约定如某重工有限公司严重违约，既需承担迟延违约金，又需承担未付租金总额 20% 的违约金，该双重违约金的约定违反法律规定，且约定的违约金标准明显过高。

某工业设备安装公司观点：案涉合同条款体现的标的物多是借款而非设

备的标准，且合同约定租金根据人民银行利率标准的上调而由某融资租赁公司作单方面调整，无需某重工有限公司同意，表明案涉合同是借款合同而非融资租赁合同；双方之间的融资租赁合同没有生效，某工业设备安装公司不应承担保证责任。

法院观点

一审法院观点：

案件的焦点如下：第一，某融资租赁公司与某重工有限公司所签合同的性质。第二，某融资租赁公司与某重工有限公司所签合同的效力以及某工业设备安装公司、左某、宫某与某融资租赁公司所签担保合同的效力。

关于第一个焦点，法律并未禁止出卖人与承租人可以为同一人。本案中某重工有限公司作为租赁物的原所有权人，将属其所有的设备通过转让所有权的方式出售给某融资租赁公司，再由某融资租赁公司将该设备租赁给其使用，属于回租式融资租赁合同，系融资租赁合同的特殊形式。从合同主体方面看，在回租式融资租赁合同情况下，承租人与出卖人虽合二为一，但其系作为买卖合同、租赁合同中两个不同的主体出现，而借款中只存在借款人、出借人两个主体；从标的物方面看，借款合同的标的物是资金，是借款还款的合同，而融资租赁合同中的标的物则是设备等租赁物。综上，案涉合同的性质应为回租式融资租赁合同。

关于第二个焦点，本案中，某重工有限公司原先拥有相关设备的所有权，在某重工有限公司与某融资租赁公司订立案涉融资租赁合同的同时，双方又订立所有权转让协议，约定某融资租赁公司在支付租赁物的价款后，其即取得租赁物的所有权，但租赁物仍由某重工有限公司在原地继续占有使用，该约定符合占有改定的特征。本案中相关租赁物即系通过占有改定的方式将所有权转移给了某融资租赁公司。综上，某融资租赁公司系经政府批准设立的从事融资租赁等业务的中外合资企业，其与某重工有限公司签订的融资租赁合同系双方当事人真实意思表示，且不违反法律、法规的强制性规定，合法有效。

另外，某工业设备安装公司与某融资租赁公司及左某、宫某与某融资租赁公司分别签订保证合同，上述保证合同均系各方当事人真实意思表示，且不违反有关法律、法规的强制性规定，均合法有效。某工业设备安装公司、左某、宫某应按约对某重工有限公司应向某融资租赁公司支付的租金本金及利息、残值转让费、违约金承担连带清偿责任。

综上，一审法院判决：一、某重工有限公司支付某融资租赁公司剩余租金、逾期付款违约金、租赁物残值转让费及律师代理费；二、某融资租赁公司、左某、宫某对某重工有限公司的上述债务承担连带清偿责任；三、某融资租赁公司、左某、宫某承担担保责任后，有权向某重工有限公司追偿；四、驳回某融资租赁公司的其他诉讼请求。

二审法院观点：某融资租赁公司与某重工有限公司签订的案涉融资租赁合同（回租）系各方当事人的真实意思表示，且不违反相关法律规定，合法有效。一审判决认定事实清楚，适用法律正确，二审法院予以维持。

法官评析

融资租赁业务，作为中小型企业获取融资的重要渠道，在我国有着巨大的发展潜力。但是，租赁物所有者与占有使用者分离而带来的物上权利冲突，正日益成为融资租赁业务的重大风险来源。融资租赁审判实践中，尤其是售后回租场合常常会遇到所有权和所有权的冲突，这种冲突既包括出租人和承租人之间就租赁物所有权发生的冲突，也包括第三人和出租人之间就租赁物所有权发生的冲突。

1. 占有改定的定义

占有改定是一种物的所有权的交付形式，具体是指让与人与受让人达成动产物权变动协议后，依照当事人之间订立的合同，仍然继续占有该动产使受让人因此取得间接占有，代替现实交付。所谓现实交付是指出卖人将标的物直接置于买受人的实际控制之下，是一种将对动产直接现实地移转于买受人的物权变动。而占有改定属于观念交付，观念交付是指法律允许当事人通过特别的约定采用变通的或观念上的方法转移标的物权利的交付方式，包括简易交付、指示交付、占有改定等。《民法典》第228条对此作出了具体规定，该条规定："动产物权转让时，双方又约定由出让人继续占有该动产的，物权自该约定生效时发生效力。"故占有改定的构成要件表现为：一是当事人之间达成动产物权变动协议，二是就该动产另外达成让与人继续占有使用该动产的协议。举例言之，3月1日，甲将钢琴出卖给乙，双方约定："自即日起乙取得钢琴所有权，但甲借用一个月。"甲、乙于3月1日达成两个合意：第一个合意，乙于3月1日取得钢琴所有权；第二个合意，甲、乙间成立为期一个月的借用合同，基于借用合同，乙取得间接占有以代替现实交付。

2. 占有改定模式下的融资租赁

通过占有改定的方式进行租赁物的交付在售后回租的融资租赁模式中很常见。在本案中，某重工有限公司原先拥有租赁物所有权，在其与某融资租赁公司订立融资租赁合同的同时，订立《所有权转让协议》，约定某融资租赁公司（出租人/买受人）在支付租赁物的价款后，其即取得租赁物的所有权，但租赁物仍由某重工有限公司（承租人/出卖人）原地继续占有使用，该约定符合占有改定的特征。租赁物通过占有改定将所有权转移给某融资租赁公司，某融资租赁公司取得租赁物所有权后有权出租。这种方式符合售后回租的融资租赁模式，租赁物不转移占有不影响所有权的转移。

3. 在售后回租融资租赁模式中采用占有改定交付的风险

《民法典》第311条规定了善意取得制度，其中明确将动产交付给受让人作为动产善意取得的构成要件之一。而对于动产交付，如上文所述，除现实交付外，《民法典》第226条和第228条分别规定了简易交付、指示交付、占有改定三种观念交付方式，可与现实交付一样发生动产物权变动的法律效果。虽然占有改定在与物权移转相关的风险负担上与直接交付的处理原则相同，但占有改定的公示性欠缺往往难以反映出权利真相。由于《民法典》就占有改定下的善意取得适用未作具体明确的规定，因此对该问题的探讨也引发了诸多争论。在司法实践中，法院倾向于认为，在售后回租模式下承租人以占有改定的方式向出租人交付其无权处分的租赁物，出租人并不必然构成善意取得。出租人能否以善意取得方式取得租赁物的所有权，取决于其行为是否符合《民法典》第311条第3项关于善意取得的规定。比如，在上海市黄浦区人民法院作出的（2013）黄浦民五（商）初字第6265号判决中，承租人从出卖人处购买了案涉租赁设备。虽然承租人占有了租赁设备，但因承租人未按照约定向出卖人付清货款，故其未取得全部案涉租赁设备的所有权。之后，该案承租人以占有改定的方式向出租人交付了案涉租赁设备，且出租人向承租人支付了合理的购买价格。该案中，法院认为，出租人支付价款并无明显不合理之处且出租人在签订案涉《融资回租合同》时是善意的。但鉴于占有改定的交付方式公示作用不足，在承租人依然占有使用租赁设备的情形下，并不发生动产所有权转移的效果。否定占有改定情形下善意取得的适用，更有利于保护当事人的合法权益及维护交易安全。故，出租人的购买行为不构成善意取得。

为了避免上述情况的发生，实践中，在售后回租的模式下，许多融资租赁公司选择采用仪式性的“现实交付”，即融资租赁公司依据融资租赁合同中的买卖合同条款接管租赁物，其中包括真实移交相关的单证资料、现场清点设备、现场签收移交的设备清单等。融资租赁公司接管后，再次依据融资租赁合同中的租赁合同条款，将租赁物移交给承租人占有，形式上同样包括单证资料的移交、设备清点和设备清单的签收。

另外，为了保证现场交付的真实性，对清点和交接设备的过程合同双方还可以采取拍照、摄像等方式固定相关证据。为了增强公示性，融资租赁公司可以在租赁物上喷涂融资租赁公司所有的字样，或张贴融资租赁公司所有的铭牌。

十、融资租赁中善意取得的“善意”如何判断

——陈某与徐水国全租赁处买卖合同纠纷案①

关 键 词： 二手交易　善意　交易习惯

问题提出： 在融资租赁合同的承租人出卖租赁物的二手交易中，买受人购买标的额较大的二手商品应当核查该物品的来源是否合法，审查出卖人是否持有该商品的原始购买发票，审查该物品是否具有产品合格证、是否为假冒伪劣产品。此是否系一般交易习惯和社会商品交易规则？其是否为证明买受人善意的要件？

裁判要旨： 按照一般交易习惯和社会商品交易规则，买受人购买标的额较大的二手商品应当核查该物品的来源是否合法，应审查出卖人是否持有该商品的原始购买发票；同时会对该物品的质量进行核查，故还会审查该物品是否具有产品合格证、是否为假冒伪劣产品，然后才会对所购买的商品进行整体验收。本案中，买受人既未出具证据证实其在购买本案挖掘机时审查并取得了该挖掘机的原始购买发票；也未出具有效证据证实其在购买该讼争挖掘机时取得了所购买产品的合格证，由以上情形可知买受人对所购买产品权属的合法性及质量问题并未进行基本的审查，故买受人主张对所购买的挖掘机构成善意取得理据不足，对此不予采信。

---

① 一审法院为河北省保定市徐水区人民法院，案号：(2017) 冀0609民初293号；二审法院为河北省保定市中级人民法院，案号：(2017) 冀06民终4729号。

案情简介

上诉人（一审原告）：陈某

上诉人（一审第三人）：小松公司

被上诉人（一审被告）：徐水国全租赁处

被上诉人（一审第三人）：西安安松公司

涉案挖掘机所有权属于小松公司。2010年5月12日，西安安松公司与小松公司签订《买卖合同》，小松公司以1606000元的价格从西安安松公司购买涉案挖掘机，同日，小松公司与朱某某签订《融资租赁合同》，小松公司将从西安安松公司购买的挖掘机租赁给朱某某。《融资租赁合同》约定朱某某不得将租赁物转让、设立抵押权、留置权或其他担保权。

小松公司与西安安松公司、朱某某之间构成融资租赁合同关系，小松公司对涉案挖掘机享有所有权，朱某某享有占有、使用的权利。由于朱某某未支付租赁费，小松公司已通知朱某某解除合同，返还挖掘机，但朱某某未返还。

2016年8月26日陈某与徐水国全租赁处签订《转让协议》，以715800元的价款从徐水国全租赁处购买挖掘机一台。《转让协议》载明：甲方李某某，乙方陈某。经双方协商，甲方同意将挖掘机以715800元转让给乙方，自交易之日起以前与该车有关的债权债务和经济纠纷等一切事宜由甲方负责，甲方必须保证该车的合法性。交易之日以后的一切事宜由乙方负责。成交后乙方将现金一次性付给甲方，不准拖欠。甲方必须提供合法真实的合格证（手写）。陈某签字，李某某签字并加盖了徐水国全租赁处的合同专用章。协议签订后，陈某将货款交付徐水国全租赁处，徐水国全租赁处将该挖掘机交付陈某。

2016年12月2日3时许，小松公司委托西安安松公司将挖掘机从贵州省从江县洛香镇辖区的“中四冶”工地拖至西安安松公司。相关人员向贵州省从江县公安局洛香派出所报案，经民警调查，初步认定该挖掘机被拖走一事不构成刑事案件，未予以立案。

陈某向一审法院起诉请求：1. 依法判令解除陈某与徐水国全租赁处签订的《转让协议》；2. 依法判令徐水国全租赁处立即向陈某返还购买挖掘机的货款715800元；3. 依法判令徐水国全租赁处返还货款前赔偿陈某的全部经济损失；4. 依法判令西安安松公司向徐水国全租赁处返还挖掘机。

二审查明，陈某与徐水国全租赁处签订挖掘机买卖协议后，徐水国全租赁处将讼争标的物交付给陈某使用，但未交付挖掘机的购买发票。对于陈某提交的挖掘机的合格证，徐水国全租赁处称不是其向陈某交付的，陈某主张是通过徐水国全租赁处邮寄所得但未提交有效证据予以证实，故对陈某提交的合格证不予确认。

陈某请求法院依法判令被上诉人徐水国全租赁处及经营者李某某向上诉人返还购买挖掘机的货款715800元，并从上诉人付款之日起至货款实际返还之日止由被上诉人徐水国全租赁处及经营者李某某按中国人民银行同期同类人民币贷款逾期罚息利率标准赔偿上诉人资金占用损失。

小松公司请求：依法改判驳回被上诉人陈某对上诉人的诉求。

各方观点

陈某观点：一审判决认为上诉人陈某在徐水国全租赁处及经营者李某某处购买的涉案挖掘机构成善意取得，但不支持上诉人要求解除与徐水国全租赁处签订的买卖合同的诉讼请求，是对法律的错误理解和适用。一审判决认定小松公司对涉案挖掘机享有所有权。小松公司委托西安安松公司以非公开即上诉人无法知晓和控制的方式取回涉案挖掘机后，上诉人即失去了对挖掘机的占有、使用、控制、支配等所有权权能。上诉人权利的得而复失系被上诉人徐水国全租赁处不能履行对其交付的标的物，保证第三人不得向买受人主张任何权利的权利瑕疵担保等后合同义务（《合同法》第150条[①]）所致。一审判决对上诉人主张自己持有的合格证为徐水国全租赁处交付的事实不予认定是错误的。上诉人与徐水国全租赁处之间签订《转让协议》后，虽支付了价款、交付车辆，但因徐水国全租赁处未能履行保证第三方不得对交付挖掘机主张权利和未交付合格证等合同义务，上诉人虽支付了货款但实际没有得到挖掘机，合同目的无法实现，合同当然应该解除。买卖合同解除后，被上诉人徐水国全租赁处应当承担返还货款、赔偿损失的义务。

陈某认为，其购买不需要登记的二手挖掘机，约定了徐水国全租赁处既要保证挖掘机的合法性，也要提交合法真实的合格证，尽到谨慎的注意义务。陈某支付了对价，曾经占有过挖掘机，上诉人即使是讼争挖掘机的所有权人，陈某取得挖掘机的行为也符合法律规定的善意取得构成要件。

---

① 对应《民法典》第612条。

徐水国全租赁处观点：上诉人依据《物权法》第106条[①]的规定依善意取得制度取得了挖掘机的所有权，而且涉案挖掘机为履带式挖掘机，该型号挖掘机不需要注册登记，在一审庭审中上诉人与被上诉人均无异议，对于无行业或地区主管部门交易对象，如法律、行政法规及该行业主管部门要求在进行交易场所的登记查询，当事人未尽到查询的才属于未尽到审查义务，所以本案中对于买卖双方当事人对未登记的挖掘机无法到交易场所查询。所以上诉人陈某依据善意取得制度取得了挖掘机。

西安安松公司观点：小松公司委托西安安松公司以非公开及上诉人无法知晓控制的方式，取回涉案挖掘机，对于这点我公司在取回挖掘机之前，已告知陈某。

小松公司观点：认可陈某的上诉请求。小松公司上诉理由：一审判决将被上诉人（陈某）认定为善意第三人，缺乏法律事实和依据。挖掘机属于大型机械，价格较高，二手交易过程中审查其来源的合法性是最起码的交易常识，被上诉人陈某、徐水国全租赁处作为多年的使用和销售者应当清楚。且双方的转让协议中约定了甲方（徐水国全租赁处）必须保证交易车辆的合法性及甲方必须提供真实合法的合格证。陈某应当尽到审慎的审查义务，其对协议中有关挖掘机来源合法性的规定视而不见，并伪造挖掘机合格证企图以非法手段达到其是善意第三人的目的。被上诉人陈某作为受让人存在重大过失，不足以认定其在受让挖掘机时是善意的，不构成善意取得，一审判决认定陈某为善意第三人缺乏事实和法律依据。

法院观点

一审法院观点：依据《物权法》第106条[②]规定，无处分权人将不动产或者动产转让给受让人的，所有权人有权追回；除法律另有规定外，符合下列情形的，受让人取得该不动产或者动产的所有权：（一）受让人受让该不动产或者动产时是善意的；（二）以合理的价格转让；（三）转让的不动产或者动产依照法律规定应当登记的已经登记，不需要登记的已经交付给受让人。受让人依照前款规定取得不动产或者动产的所有权的，原所有权人有权向无处分权人请求赔偿损失。本案中，西安安松公司将涉案挖掘机出售给小松公司，

① 对应《民法典》第311条。
② 对应《民法典》第311条。

小松公司依法取得挖掘机的所有权。小松公司将挖掘机出租给案外人朱某某使用，双方在合同中明确约定在挖掘机租赁期间所有权属于小松公司。朱某某在租赁期间，将该挖掘机转让他人，经多次易手，最终陈某从徐水国全租赁处购得该挖掘机，徐水国全租赁处将挖掘机出卖给陈某的行为构成无权处分。但徐水国全租赁处与陈某的挖掘机交易符合常理和社会交易习惯，且在"二手"挖掘机买卖交易中，转让人有无原始购机发票及合格证并非受让人必须应当注意的内容，故陈某购买该挖掘机时系出于善意；该挖掘机在2010年5月小松公司与西安安松公司的交易价格为1606000元，在使用、转手交易6年多后，徐水国全租赁处于2016年8月以715800元价格出售给陈某，成交价格合理，故陈某购买该挖掘机支付了合理的对价；徐水国全租赁处与陈某签订该挖掘机买卖合同后即向陈某交付了涉案挖掘机，且挖掘机系动产亦无需登记。因此，一审法院认为，陈某购买涉案挖掘机的行为构成善意取得，依法享有对该挖掘机的所有权。

一审法院判决：一、第三人小松公司返还原告陈某挖掘机一台；二、驳回原告陈某对徐水国全租赁处的诉讼请求；三、驳回原告陈某对第三人西安安松公司的诉讼请求。

二审法院观点：对陈某作为买受人对讼争挖掘机是否构成善意取得的问题，应当审查陈某与徐水国全租赁处签订买卖合同时，陈某对徐水国全租赁处对讼争挖掘机不具有所有权和处分权是否明知或者应知。按照一般交易习惯和社会商品交易规则，买受人购买标的额较大的二手商品应当核查该物品的来源是否合法，应审查出卖人是否持有该商品的原始购买发票；同时会对该物品的质量进行核查，故还会审查该物品是否具有产品合格证、是否为假冒伪劣产品，然后才会对所购买的商品进行整体验收。陈某并未出具证据证实其在购买本案挖掘机时，审查并取得了该挖掘机的原始购买发票；也未出具有效证据证实在购买该讼争挖掘机时取得了所购买产品的合格证，由以上情形可知陈某对所购买产品权属的合法性及质量问题并未进行基本的审查，故陈某主张对所购买的挖掘机构成善意取得理据不足，对此不予采信。

二审法院判决：一、维持一审判决第三项；二、撤销一审判决第一项、第二项；三、陈某与徐水国全租赁处的二手挖掘机买卖合同于2016年12月2日解除；四、陈某于2016年12月2日将挖掘机一台交还所有权人小松公司；五、徐水国全租赁处于本判决生效后十五日内将货款715800元返还陈某。

法官评析

1. 何为“善意取得”

善意取得，是指无权处分人将动产或不动产转让给受让人，如果受让人取得该动产时出于善意，则受让人依法取得该动产的所有权或其他物权。根据《民法典》第311条之规定，善意取得的构成要件有四：一是无权处分人处分他人财产，二是受让人受让动产或不动产时善意，三是以合理的价格转让，四是一定的公示方法，即转让的不动产需要登记，动产依照法律应当登记的需要登记，不需要登记的交付于受让人。

善意取得制度是为了避免交易中的善意第三人因一方当事人的无权处分行为而受到损害，同时为鼓励市场交易而设立的，其体现了现代民法着重保护交易的安全性而在一定程度上牺牲所有权安全性的价值取向。在交易活动中，人们推知权利依据的是权利的外观，根据占有的权利外观，善意地认为物的占有人享有所有权，并以此为据进行交易。正常情况下，占有的权利外观与权利的实际归属相同，不对交易产生影响。但是一旦权利外观和权利归属不一致，就会给交易带来不安定因素，所有权人的所有权和相对人的信赖利益就会产生对抗。真实的权利归属是财产静的安全，交易的安全是动的安全。物的诞生，其目的最终归于消费，无数的交易链条是连接物的产生与最终归宿的媒介，因此保护交易实际上带来“物尽其用”的效果。与此同时，如果在交易时强制要求人们必须知悉标的物权利的真实状态，一方面会使交易成本大幅增加、不经济，而且在某些情形下不可能；另一方面将使得交易不安定，严重影响交易秩序，于是不得不有条件地舍弃所有权人权利。由此，自19世纪末起，世界各国都相继对所有权进行限制，从而确立了善意取得制度。

正因为善意取得制度舍弃了所有权人的一定权利，是在标的物上产生了一个全新的物权，对原权利人的利益造成了比较大的损害，所以要对善意取得进行严格限制。必须是基于出让人无权处分，受让人必须有偿受让且价格合理，而且严格要求受让人在受让物时主观上是善意的。这样一来，善意就成为对抗第三人善意取得的有力武器。

2. 对“善意”的认定

学者曾经给出善意的判断标准，首先是采用一般人的标准，其次是考虑交易的时间、地点、场所、交易当事人之间的关系等要素。包括：第一，第三人在交易时是否已知道转让人为无权处分人。第二，要考虑转让的价格，价格明显过高或过低，以一般人的标准也有理由判断该交易主体是非善意的。第三，要考虑交易的场所和环境。比如场所是否开放，手续是否齐全。第四，要考虑转让人在交易时是否形迹可疑。第五，要考虑转让人与受让人之间的关系。熟人之间的交易很容易造成恶意串通的情形，并非善意。

根据《最高人民法院关于适用〈中华人民共和国民法典〉物权编的解释(一)》第14条之规定，受让人受让不动产或者动产时，不知道转让人无处分权，且无重大过失的，应当认定受让人为善意。真实权利人主张受让人不构成善意的，应当承担举证证明责任。这说明判断是否善意，应当从“是否有义务知悉出让人无处分权”和“是否有重大过失”两方面判断。该司法解释在第16条中规定了对“重大过失”的判断方法：对受让人受让动产时，交易的对象、场所或者时机等不符合交易习惯的，应当认定受让人具有重大过失。该条规定实际上将判断“善意”与交易习惯挂钩，这样的表述略显空洞。

也有学者认为，重大过失中的“重大”意味着，在受让标的物时可以“明确”和“引人注意”地发现该标的物属于他人所有。如果受让人采取很小的注意义务并且可以毫不费力地发现存在无权处分，即“任何人在此情况下都可以发现”，则受让人存在重大过失。在受让人因重大过失而没有发现转让人无权处分的情况下，受让人不是善意的。这种做法的理论基础在于，通过强调受让人的注意义务，促使每个个体在交易中都负担必要的谨慎和注意义务。

融资租赁以所有权和使用权相分离为特征，承租人占有并使用租赁物。出租人实际上向承租人让渡了与其所有物使用价值相关的所有权能，仅剩下了名义上的所有权用于担保出租人履行融资租赁合同以及在其拒绝履行时清偿债务。承租人直接占有的状态，使得第三人非常容易善意相信承租人是真正的权利人，因而善意取得该物。融资租赁的租赁物价值量往往巨大，并且善意取得是原始取得，其后果是善意的受让人取得了完全物权，这就使出租人以物的所有权为融资租赁债权作担保的目的无法实现，极大地损害了债权人的利益，进而在利益的平衡上出现了问题。为了应对这个问题，国外做法是建立完善的融资租赁登记公示制度，登记公示产生公信力，从而排除第三人善意。我国并没有建立完善的融资租赁登记制度，仅仅是中国人民银行和商务部建立了两个登记系统，但是央行的登记系统仅对商业银行赋予了查询公示信息的义务，商务部的公示系统不要求强制登记，第三人也没有义务查询该系统。因此，在我国登记系统不完善的情形下，为保护出租人的利益，应当对善意的标准作出更加严苛的解释，使受让人产生更大的注意义务。此时，不待综合判断，仅凭少量条件即可得出非善意的结论。

再者，融资租赁的标的物价值量往往比较大，受让人也多是具有相当交易经验的民事主体，对其作出更高的要求也是合理的。在德国法上，判断善意也有“如果受让人能够单方面决定取得标的物，受让人的个人情况以及社会地位，如银行、商人应当具有更高的交易经验”、考虑“转让人的具体财产状况”，财产多的当事人有更高的注意义务。这些方法也可以成为裁判时判断是否善意的参考。

通过对善意取得制度的立法目的进行分析，可以发现，善意取得是在为了提高效率、维护财产动的安全的前提下，不得已在一定条件下牺牲了财产静的安全。在融资租赁实践中，由于融资租赁登记公示制度不完善，善意取得制度往往容易被承租人利用，使出租人利益受到很大损失。在无法改变登记制度现状的情况下，应当对善意取得制度进行更加严格的适用。本案中，小松公司与朱某某签订融资租赁合同，朱某某是承租人。后朱某某擅自将租赁物转让给徐水国全租赁处，该租赁处又转让给陈某。此时赋予陈某更大的注意义务，仅凭少量的条件即可认定主观的非善意。在案件中，陈某没有在购买设备时查验发票，更没有提及核实发票真伪。对此陈某并没有达到善意的标准，应当作主观恶意的推断，不构成对设备的善意取得。

十一、售后回租模式下的出卖人无权处分租赁物，如何审查出租人是否构成善意取得

——富某公司与亚纳世公司等融资租赁合同纠纷案①

关 键 词： 无权处分　善意取得　售后回租

问题提出： 售后回租模式下，买受人（出租人）主张善意取得的适用条件是否成立？

---

① 一审法院为广东省广州市花都区人民法院，案号：(2013) 穗花法民二初字第915号；二审法院为广东省广州市中级人民法院，案号：(2015) 穗中法金民终字第635号。

裁判要旨： 人民法院在认定买受人（出租人）的行为是否满足法律规定的善意取得制度的条件，需要考虑其受让租赁物时是否同时具备善意、支付合理对价及完成交付三个条件。人民法院在判断合同相对人主观上是否属于善意且无过失时，会结合合同缔结与履行过程中的各种因素综合判断合同相对人是否尽到合理注意义务。

案情简介

上诉人（一审第三人）：天田公司

被上诉人（一审原告）：富某公司

被上诉人（一审被告）：亚纳世公司、鲍某

2013年4月26日，富某公司（出租方，买受人）与亚纳世公司（承租方，出卖人）签订《融资租赁合同》。该合同约定采取售后回租的模式。亚纳世公司以融资为目的，将其所拥有的财产按市值出售给富某公司后，又将该财产从富某公司租回使用。同时约定，鲍某同意作为亚纳世公司的连带责任担保保证人。合同签订后，富某公司将融资租赁款360万元支付到亚纳世公司账户，亚纳世公司只支付5期租金。亚纳世公司自2013年8月下旬开始停产停业，未再经营。

故富某公司以亚纳世公司存在根本违约行为为由，提起诉讼，诉讼请求为：1. 解除富某公司与亚纳世公司签订的《融资租赁合同》；2. 亚纳世公司返还《融资租赁合同》约定的租赁物给富某公司；3. 亚纳世公司支付富某公司违约金；4. 鲍某对上述欠款承担连带责任。

另外，《融资租赁合同》约定的财产中一台激光加工机是亚纳世公司向天田公司购买的。双方于2012年6月25日签订买卖合同。亚纳世公司支付部分货款后，天田公司将激光加工机交付亚纳世公司。2013年9月2日，因亚纳世公司没有按合同约定支付货款，天田公司向亚纳世公司发出《解除合同书》，通知亚纳世公司解除合同，并要求亚纳世公司返还激光加工机。故在一审法院立案受理后，天田公司申请作为有独立请求权的第三人参加诉讼，一审法院经审查予以准许。天田公司在一审诉讼中提出诉讼请求涉案激光加工机归天田公司所有，并由天田公司取回该机器。

各方观点

天田公司观点：1. 富某公司与亚纳世公司签署的《融资租赁合同》名为融资租赁合同，实为借贷合同。该合同系以合法形式掩盖非法目的，应为无效。2. 富某公司受让激光加工机时没有尽到应尽的严格审查义务和谨慎注意义务，自身存在过错，不构成善意。3. 富某公司没有举证证明、一审判决也没有查明其系以合理的价格受让激光加工机，认定事实和适用法律错误。为此，上诉请求撤销一审判决，依法改判确认激光加工机归天田公司所有，亚纳世公司立即向天田公司返还该加工机，本案诉讼费用由富某公司、亚纳世公司和鲍某共同承担。

富某公司观点：1. 一审判决查明事实清楚，适用法律正确；2. 其与亚纳世公司之间的《融资租赁合同》合法，且支付了对价。所以请求二审法院驳回上诉，维持原判。

被上诉人亚纳世公司、鲍某经传唤无正当理由拒不到庭，亦未向法庭提交书面答辩意见及证据。

法院观点

一审法院观点：

本案的争议焦点为：第一，激光加工机应返还给富某公司还是天田公司；第二，亚纳世公司需要返还的财产范围；第三，富某公司请求的违约金及律师费是否成立。

对于第一个争议焦点。激光加工机是亚纳世公司向天田公司购买，双方约定在支付全部货款前，该机器的所有权归属于出卖人天田公司。亚纳世公司在未支付全部货款前将该机器通过售后回租的方式出卖给富某公司是无权处分行为。关键是看富某公司是否适用善意取得。首先，要确定富某公司在签订《融资租赁合同》时是否善意。亚纳世公司陈述在签订《融资租赁合同》时有将激光加工机权属情况告知富某公司。对此，一审法院认为富某公司是否善意与亚纳世公司有直接利害关系。从证据来看，激光加工机放置于亚纳世公司内，亚纳世公司也持有该机器发票，且机器也没有在登记机关依法办理权属登记，机器显著位置也没有对权属情况作出标识，富某公司有理由相信该机器是亚纳世公司所有，富某公司也支付了机器款。因此，现有证据不能证明富某公司知道或者应当知道亚纳世公司不享有该机器所有权，在此情形下，应当认定富某公司在购买该机器时为善意。其次，要确定是否已完成交付。约定交付是交付的一种方式。富某公司与亚纳世公司签订《融资租赁合同》，约定由出让人亚纳世公司继续占有该动产，富某公司签订该合同并已支付所有购买款，因此，物权自该约定生效时发生效力。综上，富某公司作为善意受让人，依法取得激光加工机的所有权。天田公司不再享有该机器的所有权，其可依合同约定及法律规定另行向亚纳世公司主张违约责任或损害赔偿。

关于第二个争议焦点。一审法院依法查封并指定富某公司保管机器的行为是保管而不是取回。亚纳世公司认为富某公司取回了部分设备，在性质认识上有误。亚纳世公司对《融资租赁合同》约定的机器负有返还义务。基于富某公司已保管该机器，亚纳世公司不需再交付。

关于第三个争议焦点。亚纳世公司于 2013 年 8 月下旬停产停业，并不再向富某公司支付租金，根据《融资租赁合同》的约定，若亚纳世公司停产停业则构成根本违约，应按购买价（360 万元）支付违约金。综合考虑富某公司的损失及亚纳世公司的违约程度包括富某公司能够取回机器设备事实、机器设备有一定贬值、亚纳世公司仅支付了 5 期租金、富某公司融资租赁的目的大部分没有实现及富某公司为实现债权所要支付的费用包括律师费等，对富某公司的违约金（已考虑律师费损失）主张，一审法院依法调整为 80 万元。

综上，一审法院判决：一、解除富某公司与亚纳世公司签订的《融资租赁合同》；二、亚纳世公司返还《融资租赁合同》约定的租赁物给富某公司；三、亚纳世公司向富某公司支付违约金；四、鲍某对上述第三项欠款承担连带清偿责任；五、驳回富某公司的其他诉讼请求；六、驳回天田公司的诉讼请求。

二审法院观点：

案件的焦点为：第一，富某公司与亚纳世公司之间融资租赁合同法律关系的效力。第二，富某公司是否能够取得激光加工机的所有权。第三，天田公司的诉讼请求是否适合在本案中得到调整。

关于第一个焦点，富某公司具备经营融资租赁业务的市场主体资格，其与亚纳世公司签订了《融资租赁合同》，《融资租赁合同》中承租人与出卖人系同一人，虽非合同法意义上典型的融资租赁合同，但内容包含买卖与租赁两种关系，也对租赁物价值、权属、处置及租金构成等主要条款形成合意。合同签订同时，也以附件形式约定实现动产物权权属的转移。合同签订后，亚纳世公司亦部分履行了支付租金义务。承租人将其自有物出卖给出租人，再通过融资租赁合同将租赁物从出租人处租回的，人民法院不应仅以承租人和出卖人系同一人为由认定不构成融资租赁法律关系。综合法律规定精神、合同主要条款、合同实际履行状况等因素考量，富某公司与亚纳世公司之间采取的是售后回租的融资租赁方式，双方构成融资租赁合同法律关系。合同没有违反法律、行政法规的效力性禁止性规定，为有效合同，当事人应全面适当地履行合同。天田公司以案涉合同属以合法形式掩盖非法目的为由，主张合同无效没有事实和法律依据，对于该主张，不予支持。

关于第二个焦点，融资租赁公司是需要经过专门机构批准方能设立的专业公司，从事融资租赁业务时应当注意租赁物的权属是否清晰以及其合理的市场价值。对于售后回租这种非典型的融资租赁业务，租赁物所有权转移以约定生效时发生效力，这和动产以交付方式发生所有权转移效力的普遍原则相区别，融资租赁公司更应当审查租赁物的采购合同、发票等产权转移凭证等证明材料，这属于融资租赁行业的交易习惯。案涉激光加工机系亚纳世公司向天田公司购买，在未付清全部货款前，该机器的所有权属于天田公司。亚纳世公司并未支付全部货款给天田公司，没有取得上述机器的所有权，其将该机器通过售后回租方式出卖给富某公司是无权处分行为。富某公司要取得机器的所有权必须同时满足法律规定的善意取得制度的条件，即要考量其受让机器时是否同时具备善意、支付合理对价及完成交付三个条件。首先，依照最高人民法院印发的《关于当前形势下审理民商事合同纠纷案件若干问题的指导意见》第 14 条的规定，法院在判断合同相对人主观上是否属于善意且无过失时，应当结合合同缔结与履行过程中的各种因素综合判断合同相对人是否尽到合理注意义务。亚纳世公司关于买卖合同、发票在一审庭审中的陈述、天田公司持有购货方记账凭证联及发票各联作用的陈述，富某公司没有证据证明其在签订《融资租赁合同》时审查了涉及机器的买卖合同及发票等有关权属的证明材料，没有尽到合理注意义务，其受让机器不属于善意。其次，二审诉讼中，二审法院要求富某公司提供《财产清单》中所列财产计价 360 万元的证据材料，富某公司没有提供有效证据予以证明，故其关于对案涉激光加工机支付了合理对价的陈述不能成立。综合判断富某公司在善意和支付对价方面的情况，二审法院认为富某公司不应作为善意受让人，依法不能取得激光加工机的所有权，案涉《融资租赁合同》解除后，亚纳世公司没有向富某公司返还该机器的义务。天田公司关于富某公司不构成善意取得，依法不享有激光加工机所有权的上诉理由成立，予以采纳。

关于第三个焦点，本案为融资租赁合同纠纷，天田公司虽非该纠纷的合同当事人，但其与亚纳世公司的买卖合同中约定的标的物和前述纠纷的标的物有交集，且富某公司与天田公司都以对相同的标的物享有所有权而主张亚纳世公司承担返还义务，因而天田公司获得有独立请求权第三人身份参与诉讼。为衡平各方利益，实现经济原则，本可在当事人选择的相同纠纷解决方式中予以调整。但因为天田公司诉讼请求依赖的基础关系是其与亚纳世公司之间的买卖合同，合同中约定了仲裁条款，排除了法院的司法管辖，所以天田公司对争议的标的物是否享有所有权，亚纳世公司是否承担返还义务，不宜通过本案诉讼得以调整。

综上，二审法院判决：一、维持一审判决第一、三、四、五、六项；二、变更一审判决第二项为：被上诉人亚纳世公司返还《融资租赁合同》约定的除某品牌激光加工机外的九项租赁物给被上诉人富某公司。

法官评析

根据售后回租的模式，租赁物实质始终处于承租人占有状态下。这就导致存在第三人的物权与出租人所有权冲突的问题。具体而言，对于融资租赁企业，由于融资租赁标的物大多数为机器设备等动产，由承租人占有并使用，承租人很容易将设备转移或者用于重复融资，比如出卖或者抵押，大多数时候买受人或者抵押权人会主张善意取得。现行法律未就融资租赁合同中的租赁物登记问题作出明确规定，给出租人的物权保障带来较大风险。

无权处分是指行为人没有处分权，但是对合同标的物进行处分的行为，善意取得是无权处分的一种法律后果。在本案中，承租人在售后回租之前并未取得租赁物的所有权。其将租赁物出售给出租人的行为构成无权处分。无权处分行为的无效并不导致物权变更的效果。在善意取得制度下，符合法定条件的善意第三人仍可以取得无权处分人所处分的物的所有权。《民法典》第311条对善意取得作出了规定，该条规定："无处分权人将不动产或者动产转让给受让人的，所有权人有权追回；除法律另有规定外，符合下列情形的，受让人取得该不动产或者动产的所有权：（一）受让人受让该不动产或者动产时是善意；（二）以合理的价格转让；（三）转让的不动产或者动产依照法律规定应当登记的已经登记，不需要登记的已经交付给受让人。受让人依据前款规定取得不动产或者动产的所有权的，原所有权人有权向无处分权人请求损害赔偿。当事人善意取得其他物权的，参照适用前两款规定。”根据这一规定，动产以占有作为所有权的公示形式，而出租人已经足额支付了价款。因此，出租人是否能够取得租赁物的所有权，取决于其是否善意。关于“善意”要件的认定，“善意”是指第三人的“不知情”，即不知道并且不应该知道处分人对于财产没有处分权。其与“恶意”相对，“恶意”是指第三人知道或者应该知道处分人对财产没有处分权。“不知道”涉及第三人在交易时的主观认知状态。“不应当知道”是法律对第三人不知情的原因的评价，在实践中经常可以转化为第三人是否尽到必要注意义务的问题。第三人在交易时，负有审查出卖人是否享有处分租赁物权利的义务。还应注意的是，认定“善意”的时点应为受让人“受让时”。本案中，出租人在审查租赁物权属证明时，并未能尽到合理注意义务，因此不能认定为善意，也就不能取得租赁物的所有权。

融资租赁业务中，租赁物所有权的界定以及公示是一个非常敏感的问题。在具体业务实践中，承租人长期占有、使用租赁物，使得租赁物使用权与所有权相互分离。在这种情形下，出租人既不能实施对其所有的租赁物的有效监控，又缺乏向第三人公示租赁物所有权的方式。一旦承租人擅自处分或者善意第三人提出对租赁物的债权主张，出租人财产权利较难得到有效保护。具体而言，除了本案中的情况，实践中也存在承租人将租赁物一物二卖、设立其他负担等无权处分行为。

修正之前的《融资租赁合同司法解释》第9条为出租人的物权保护问题给予了积极的回应，该条规定“承租人或者租赁物的实际使用人，未经出租人同意转让租赁物或者在租赁物上设立其他物权，第三人依据物权法第一百零六条①的规定取得租赁物的所有权或者其他物权，出租人主张第三人物权权利不成立的，人民法院不予支持，但有下列情形之一的除外：（一）出租人已在租赁物的显著位置作出标识，第三人在与承租人交易时知道或者应当知道该物为租赁物的；（二）出租人授权承租人将租赁物抵押给出租人并在登记机关依法办理抵押权登记的；（三）第三人与承租人交易时，未按照法律、行政

① 对应《民法典》第311条。

法规、行业或者地区主管部门的规定在相应机构进行融资租赁交易查询的；（四）出租人有证据证明第三人知道或者应当知道交易标的物为租赁物的其他情形”，但从该条文来看，司法解释的立场仍旧是“事后救济”，并没有采取如融资租赁登记等“事前防范”的措施。事实上，目前融资租赁登记采用的是登记对抗主义，即出租人所有权依当事人间的合意设定，但未经登记，不得对抗善意第三人。《民法典》第745条予以了明确，出租人对租赁物享有的所有权，未经登记，不得对抗善意第三人。若承租人或者实际使用人将标的物转移，对于善意取得租赁物的第三人，出租人无权追回，而只能要求承租人或者实际使用人赔偿。目前，我国已有的融资租赁交易登记查询系统有两个：一是由中国人民银行批准设立、由人民银行征信中心开发运行的融资租赁登记公示系统；二是由商务部开发建设的融资租赁业务登记系统，主要针对非金融系的租赁公司，商务部要求其监管的内资试点租赁公司及外资系的租赁公司必须在其系统上对租赁业务及租赁物进行登记。从目前运营的效果看，人民银行征信中心的融资租赁登记系统承担了主要的租赁物登记查询功能，已经受到租赁公司及商业银行的认可，因可能成为租赁物抵押人、受让人的多为商业银行，故此系统的登记查询已经成为租赁公司保障其租赁物的物权的重要支撑，但其缺陷是尚无法律规定及司法解释的支持。商务部的融资租赁业务管理系统对其所属的租赁公司有强制性要求，但并不具有要求第三人进行查询的约束力。

因此，融资租赁的登记还存在监管分割、租赁物多头登记的问题。2018年5月，国家市场监管总局官网发布《关于开展全国市场监管动产抵押登记业务系统应用试点工作的通知》。该通知指出，5月25日起，北京、上海、武汉市工商行政管理局将开展为期两个月的全国市场监管动产抵押登记业务系统（以下简称“登记系统”）应用试点。登记系统包含动产抵押登记申请、办理、公示、查询四项功能。登记系统的另一大亮点是，通过系统办理的动产抵押登记信息通过该系统进行公示的同时，可自动归集到国家企业信用信息公示系统，有效保障了动产抵押登记信息归集的完整性和查询的便利性。

依《民事诉讼法》规定的“谁主张，谁举证”原则，在关于善意取得的案件中，原告人只能是原所有权人。因凡发生无权处分的情况，受让人已在事实上占有财产，在对财产的控制中受让人已处于有利地位。此时，受让人一般不会主动向法院提起确认之诉而要求法院确认其为善意取得人，而只是原所有权人为了维护自己利益以原告身份向法院提出善意取得不成立之诉。既然原所有权人以原告身份起诉要求确认受让人不是善意取得，如依“谁主张，谁举证”的一般规则，原所有权人就有义务证明受让人为恶意，这就导致了推定受让人为善意的结论。

就融资租赁的善意取得而言，法院在实务中判断受让人是否具有善意时，除了考虑结合租赁物自身的特点以及其是否具有外观权利表征的客观情况，也会分析受让人是否尽到一般的注意义务、是否具有善意。同时，受让人对于租赁物发票、合格证等单证原件是否尽到审查义务，也会成为法院考察是否构成善意取得的因素。

十二、租赁物抵押权可否善意取得

——远东公司与津市农行等第三人撤销之诉案①

关 键 词： 抵押权善意取得　善意取得　优先受偿权

问题提出： 抵押权是否可以成为善意取得的客体，动产抵押权善意取得如何认定？

裁判要旨： 抵押权人基于借款合同而设立的抵押，合同约定的借款已依约发放，抵押物已依法办理抵押登记。抵押权人不知道抵押物为租赁物，其也尽到了合理审查及注意义务。在此情况下，抵押权人对抵押物抵押权系善意取得。

案情简介

上诉人（一审原告）：远东公司

被上诉人（一审被告）：津市农行

被上诉人（一审被告）：益林公司

被上诉人（一审被告）：左甲

被上诉人（一审被告）：李某

---

① 一审法院为常德市中级人民法院，案号：（2015）常立民撤字第1号；二审法院为湖南省高级人民法院，案号：（2015）湘高法民二终字第110号。

被上诉人（一审被告）：左乙

被上诉人（一审被告）：刘某

2011年11月8日，远东公司作为出租人（甲方）与承租人（乙方）益林公司签署4份《融资租赁合同》，即合同编号IFELC11D063442－L－01的租赁物件为FA306A并条机、JWF1312A并条机各2套，租赁成本107.55万元，租金总额100.8万元；合同编号IFELC11D063486－L－01的租赁物件为JWF1415－120粗纱机3套，租赁成本126.9万元，租金总额119.16万元；合同编号IFELC11D063426－L－01的租赁物件为JWF1203清梳联1套，租赁成本550万元，租金总额515.88万元；合同编号IFELC11D063444－L－01的租赁物件为JWF1520－1008细纱机10套，租赁成本650万元，租金总额609.48万元。以上租赁物件的卖方均为经纬纺织机械股份有限公司（以下简称经纬公司）。4份《融资租赁合同》均约定"如购买合同项下的卖方出具了抬头为乙方的租赁物件发票（抵扣联），乙方在取得后不作为其拥有租赁物件所有权的凭证，仅系乙方单方面享受有关税收政策所需情况下用于增值税抵扣用途，由此可能产生的义务和责任完全由乙方承担（如甲方因此而承担相应的义务和责任，则甲方有权向乙方追索），不得以任何方式影响甲方依法依约行使对租赁物的所有权；乙方同意租赁物件发票（发票联）由甲方保管直至租赁期结束"。同日，远东公司作为买方、经纬公司作为卖方、益林公司作为使用方共同签署了与以上《融资租赁合同》相对应的《购买合同》4份，设备价款分别为：107.55万元、126.9万元、550万元、650万元。《购买合同》还约定，经纬公司开具以益林公司为抬头的发票并交给远东公司，远东公司将该发票的抵扣联原件转交给益林公司，远东公司将该发票的发票联原件持有至租赁合同项下租赁期届满。之后，远东公司除保留发票的发票联原件外，将发票的其他联原件及发票联复印件全部交给益林公司。

2012年9月17日，益林公司与津市农行签署编号为43078101－2012年津市（抵）字0001号的《最高额抵押合同》（以下简称1号《最高额抵押合同》），约定担保的主债权期限为自2012年9月17日起至2015年9月16日止，债务人益林公司在抵押权人处办理主合同项下约定业务所形成的主债权，最高债权本金余额为1361万元，上述期间仅指主合同签订时间，不包括债务到期时间；抵押物清单中共有43台套设备，其中包含2012年1月购置的JWF1203清梳联1台、JWF1312A并条机4台、JWF1415－120粗纱机3台、JWF1520－1008细纱机10台。

2012年9月20日，益林公司与津市农行签署编号为43078101－2012年（津市）字0012号的《流动资金借款合同》（以下简称12号《流动资金借款合同》），借款金额1361万元，借款期限自2012年9月20日起至2013年9月16日止；借款采用抵押及保证担保方式，其中抵押担保方式的担保合同为1号《最高额抵押合同》。同日，湖南省津市市工商行政管理局（以下简称津市工商局）办理了抵押人为益林公司，抵押权人为津市农行的津工商押登字第20120021号抵押物登记证。抵押物登记证载明，抵押物的名称、数量、价值为以上经过评估的价值3403万元的43台套设备。

2013年9月27日，益林公司与津市农行签署编号为43078101－2013年津市（抵）字0009号的《最高额抵押合同》（以下简称9号《最高额抵押合同》），约定担保的主债权期限为自2013年9月27日起至2015年9月26日止，债务人益林公司在抵押权人处办理主合同项下约定业务所形成的主债权，最高债权本金余额为3293万元，上述期间仅指主合同签订时间，不包括债务到期时间；双方还约定将12号《流动资金借款合同》、43078101－2012年（津市）字0016号（以下简称16号《流动资金借款合同》）及43078101－2012年（津市）字0020号（以下简称20号《流动资金借款合同》）3份《流动资金借款合同》纳入本合同担保范围。同日，津市工商局办理了抵押人为益林公司、抵押权人为津市农行的津工商押登字第20130035号抵押物登记证。抵押物登记证载明，抵押物的名称、数量、价值为以上经过评估的价值7721.5万元的240台套设备。

2013年4月19日，因益林公司拖欠租金，远东公司起诉至上海市浦东新区人民法院（以下简称浦东法院），并提出财产保全申请。2013年4月22日，浦东法院作出（2013）浦民六（商）初字第3366、3367、3368、3369号民事裁定，冻结益林公司、澧县益林棉业有限责任公司、津市市恒昌纺织有限责任公司、左甲、左乙、李某的银行存款共666.213863万元或者查封、扣押其相应价值财产。2013年5月8日，津市农行根据浦东法院的（2013）浦民六（商）初字第3366、3367、3368、3369号民事裁定及协助冻结存款通知书，冻结了益林公司在该行的5个账户。2013年5月13日的财产保全情况告知书载明：已保全财产及保全期限第四项其他财产有诉争的18台设备，期限自2013年5月8日起至2014年5月止。在浦东法院主持下，益林公司与远东公司自愿达成协议，其中部分内容为4份《融资租赁合同》项下的18台纺织设备的所有权归远东公司所有。浦东法院于2013年6月13日作出（2013）浦民六（商）初字第3366、3367、3368、3369号民事调解书，确认了以上协议。之后，远东公司向浦东法院申请强制执行。

2014年1月20日，浦东法院作出（2013）浦执字第19357、19358、19359、19360号民事裁定，冻结或划拨益林公司、澧县益林棉业有限责任公司、津市市恒昌纺织有限责任公司、左甲、左乙、李某的银行存款及逾期利息；上述款项不足之数，查封、扣押、变卖或拍卖益林公司、澧县益林棉业有限责任公司、津市市恒昌纺织有限责任公司、左甲、左乙、李某相应价值的财产。

2014年4月28日，津市农行向一审法院提起金融借款、抵押、质押、保证合同纠纷之诉。一审法院于2014年9月30日作出（2014）常民二初字第14号民事判决。该判决就与本案诉争的18台设备抵押有关的内容作出了如下认定：1. 2013年9月27日，借款人益林公司与贷款人津市农行签订编号为43078101－2013年（津市）字0002号的《流动资金借款合同》（以下简称2号《流动资金借款合同》），约定借款金额为6700万元；借款期限为12个月，自2013年9月27日起至2014年9月26日止；借款采取的担保方式为抵押、质押、保证方式，抵押方式中有9号《最高额抵押合同》。津市农行实际发放贷款2800万元。截至2014年2月21日，益林公司尚欠本金2800万元、利息474218.9元。2. 2012年9月28日，借款人益林公司与贷款人津市农行签订16号《流动资金借款合同》。约定借款金额为1000万元；借款期限为12个月，自2012年9月28日起至2013年9月27日止；借款采取的担保方式为抵押、保证方式，抵押方式为9号《最高额抵押合同》。津市农行实际发放贷款1000万元。截至2014年2月21日，益林公司尚欠本金261万元、利息247181.05元。3. 2012年10月11日，借款人益林公司与贷款人津市农行签订20号《流动资金借款合同》。约定借款金额为809万元；借款期限为12个月，自2012年10月11日起至2013年10月10日止；借款采取的担保方式为抵押、保证方式，抵押方式中有9号《最高额抵押合同》。津市农行依合同发放贷款809万元。截至2014年2月21日，益林公司尚欠本金809万元、利息263548.25元。4. 2013年9月27日，益林公司与津市农行签订9号《最高额抵押合同》。抵押合同约定了担保的主债权期间及最高额债权本金余额。《最高额抵押合同》设定的抵押物为津工商押登字第20130035号《抵押登记证》记载的益林公司的机器设备240台（清花机3组、梳棉机51台、自络机10台、细纱机89台、粗纱机16台、并条机等71台），《抵押登记证》登记的被担保的主债权种类、数额为3293万元。其中，并条机、细纱机等18套机械设备被浦东法院已经生效的民事调解书确定益林公司按期支付全部租金后方能取得所有权。

该判决认为，津市农行与益林公司签订的2号、16号、20号《流动资金借款合同》合法有效。9号《最高额抵押合同》中有关并条机、细纱机等18台套机械设备，虽系益林公司通过融资租赁取得，还未取得所有权，但用其为津市农行债权设定抵押时，津市农行没有过错，且已尽必要的注意义务，津市农行属于善意取得。根据9号《最高额抵押合同》的约定，益林公司为津市农行提供抵押担保并办理了相应的抵押登记手续，现益林公司不能按约向津市农行履行偿还借款本息的义务，津市农行依法行使抵押权的条件已经成就，其要求对相关抵押物享有优先受偿权的理由成立，予以支持。遂判决：……五、津市农行对益林公司提供的津工商登字第20130035号《抵押登记证》中载明的抵押物的实现价值在其约定的抵押担保金额范围内享有优先受偿权。

另，津市农行与益林公司自2011年3月14日起至2013年9月27日止发生了多笔贷款，每笔贷款均有保证、抵押、质押等担保。对于津市农行对涉案设备的抵押权，津市农行提供了两份抵押登记证。

第一份2012年9月20日津工商押登字第20120021号抵押登记证上记载：该抵押对应的是1号《最高额抵押合同》，担保的债权金额1361万元，担保的债权期限为2012年9月17日至2015年9月16日。所附抵押物清单为43台设备，其中明确包含益林公司与远东公司所签《融资租赁合同》及税票中型号、价格、台数完全一致的有14台，即清梳联1台、粗纱机3台、细纱机10台，另4台登记的是JWF1312A并条机4台，总价107.55万元，与益林公司和远东公司所签《融资租赁合同》及税票中的JWF1312A并条机2台、FA306A并条机2台虽型号不完全一致，但总台数、总价、购置时间一致。该抵押担保的是双方2012年9月20日签订的12号《流动资金借款合同》，借款金额为1361万元，借款期限为2012年9月20日至2013年9月16日。但截至2014年2月21日，益林公司尚欠利息21.031394万元。

第二份2013年9月27日津工商押登字第20130035号抵押登记证上记载：该抵押对应的是9号《最高额抵押合同》，担保的债权金额3293万元，担保的债权期限为2013年9月27日至2015年9月26日。所附抵押物清单为240台设备，其中所涉18台设备与前述抵押物清单登记相同，即14台设备与益林公司和远东公司所签《融资租赁合同》及税票中记载一致，另4台并条机仅登记JWF1312A型，未登记FA306A型，但总台数、总价、购置时间一致，实为涉案18台设备，对此远东公司不持异议。该抵押担保的是双方2013年9月27日签订的20号《流动资金借款合同》，借款金额6700万元（实际发放借款2800万元），借款期限自2013年9月27日至2014年9月26日。截至2014年2月21日，益林公司尚欠本金2800万元、利息47.42189万元。

远东公司向一审法院提起本案诉讼称，津市农行在明知益林公司已因融资租赁合同纠纷被浦东法院采取强制措施的情况下，未如实审查抵押物真实权属（销货单位开具的第三联发票原件），仍在涉案18台纺织设备上设定抵押权，主观上存在过错且未尽到必要的注意义务，不属于善意取得。一审法院作出（2014）常民二初字第14号民事判决之时，18台纺织设备仍被浦东法院依法查封。一审法院判决津市农行对远东公司所有的18台纺织设备享有优先受偿权，侵害了远东公司的合法权益。故诉请一审法院判令：撤销法院（2014）常民二初字第14号民事判决主文的第五项或者按照18台机器的价值进行赔偿。

上诉人远东公司申请二审法院调取浦东法院对涉案设备查封、冻结的相关文书、资料。二审法院依据其申请向浦东法院发函调取，浦东法院向二审法院寄送了相关保全措施材料共16张，即浦东法院（2013）浦民六（商）初字第3366号财产保全登记单；益林公司2013年5月8日签收的查封、扣押财产清单及送达回证；益林公司2013年5月8日出具的财产查封承诺书；益林公司办公室工作人员2014年5月5日签字的查封、扣押财产清单与送达回证及查封、扣押财产笔录；益林公司破产管理人2014年10月23日签收的查封、扣押财产清单及送达回证；益林公司破产管理人2015年4月18日、4月20日签字盖章的查封、扣押财产清单与送达回证及查封、扣押财产笔录。

各方观点

远东公司观点：2011年11月8日，远东公司与益林公司签署了4份《融资租赁合同》。同日，远东公司与益林公司、经纬纺织机械股份有限公司（以下简称经纬纺织公司）三方共同签署了4份《购买合同》，远东公司与益林公司之间形成融资租赁法律关系，远东公司为出租人，益林公司为承租人，租赁物件为18台套纺织设备。2013年4月19日，因益林公司拖欠租金，远东公司将其起诉至上海市浦东新区人民法院（以下简称浦东法院），同时提出财产保全申请。2013 年 4 月 22 日，浦东法院作出民事裁定，并于同年 5 月 8 日依法查封了以上 18 台套纺织设备。2013 年 6 月 13 日，浦东法院作出民事调解书，确认 4 份《融资租赁合同》及《购买合同》项下的 18 台套纺织设备的所有权归远东公司。后远东公司向浦东法院申请强制执行。2014 年 1 月 20 日，浦东法院作出民事执行裁定，继续查封该 18 台套纺织设备。远东公司在浦东法院赴湖南省津市市强制执行时，才得知津市农行于 2014 年 4 月 28 日向法院提起金融借款、抵押、质押、保证合同之诉。（2014）常民二初字第 14 号民事判决确认津市农行与益林公司签订的《最高额抵押合同》中的并条机、细纱机等 18 台套机械设备，虽系益林公司通过融资租赁取得，还未取得所有权。但用其为津市农行的债权设定抵押时，津市农行没有过错，且已尽必要的注意义务，故津市农行属善意取得，并判决津市农行对益林公司提供的津市市工商行政管理局津工商登字第 20130035 号《抵押登记证》中载明的抵押物的实现价值在其约定的抵押担保金额范围内享有优先受偿权。远东公司认为，津市农行在明知益林公司已因融资租赁合同纠纷被浦东法院采取强制措施的情况下，未如实审查抵押物真实权属（销货单位开具的第三联发票原件），仍在该 18 台套纺织设备上设定抵押权，主观上存在过错且未尽到必要的注意义务，不属于善意取得。法院作出判决之时，18 台套纺织设备仍被浦东法院依法查封。法院判决津市农行在远东公司所有的 18 台套纺织设备上享有优先受偿权，侵害了远东公司的合法权益。

津市农行观点：津市农行取得 18 台纺织设备的抵押权合法有效，尽到了相应的义务，没有过错，属于善意取得；18 台纺织设备能够被益林公司抵押给津市农行，是因为远东公司存在未严格遵守《合同法》关于融资租赁的有关规定，也未依法在设备上设置明显标志或者设定抵押登记的过错。同时，浦东法院就财产保全未依法告知津市农行，且未送达协助执行通知书给法定的抵押登记机关，存在重大过错，客观上造成津市农行无法知晓上述设备的权利存在争议而顺利办理了抵押登记。故远东公司诉请撤销原生效判决没有理由，请求驳回。

益林公司观点：请求依法判决。

左甲观点：当时与远东公司有口头协议，付款超过 50% 是可以抵押的，故请求驳回远东公司的请求。

李某、左乙、刘某未提出答辩意见。

法院观点

一审法院观点：

本案争议的焦点为：津市农行对远东公司诉争的18台纺织机械设备所设立的抵押权是否成立，是否享有优先受偿权。

首先，益林公司与津市农行在2012年9月20日签署12号《流动资金借款合同》，约定的借款担保方式有抵押担保，担保合同为1号《最高额抵押合同》。而1号《最高额抵押合同》的抵押物清单包含诉争的18台设备，津市工商局对此办理了抵押物登记证。此后，益林公司与津市农行于2013年9月27日签署9号《最高额抵押合同》，约定将12号等3份《流动资金借款合同》纳入该合同担保范围。9号《最高额抵押合同》的抵押物清单同样包含诉争的18台设备，津市工商局对此亦办理了抵押物登记证。由2份《最高额抵押合同》可见，益林公司与津市农行关于抵押担保的约定具有连续性，且期限至2015年9月26日止。其次，远东公司申请财产保全在2013年4月19日，浦东法院对诉争的18台设备进行查封的相关法律文书既未送达给津市农行，也未依照《最高人民法院关于人民法院民事执行中查封、扣押、冻结财产的规定》第1条第2款及第8条的规定送达给动产抵押登记机关津市工商局，并在该动产上加贴封条或者采取其他足以公示查封、扣押的适当方式。故可以认定津市农行就浦东法院对18台设备的查封不知情。再次，津市农行在2013年5月8日根据浦东法院的4份民事裁定及协助冻结存款通知书，冻结过益林公司在该行的账户，但津市农行对此知晓的也只是冻结存款，而非查封诉争的18台设备。最后，津市农行在办理抵押登记过程中，经审查相关凭证表明，诉争的18台设备买受人均为益林公司，且益林公司已到税务部门办理增值税抵扣手续。而出租人远东公司未在设备的显著位置作出标识，浦东法院也未在设备上加贴封条或者采取其他足以公示查封的适当方式。故津市农行有理由相信益林公司就是被抵押设备的所有权人。

津市农行在取得租赁物的抵押权过程中尽到了善良注意义务，属于善意取得，浦东法院的查封不得对抗善意第三人津市农行。津市农行与益林公司签署的1号、9号《最高额抵押合同》合法有效，津市农行对远东公司诉争的18台纺织机械设备所设立的抵押权成立，并对该18台纺织机械设备享有优先受偿权。法院根据查明的事实所作出的判决符合法律规定，远东公司的起诉理由不能成立，对其诉讼请求不予支持。

二审法院观点：

本案双方争议的焦点问题是：津市农行对涉案18台设备的抵押权是否善意取得，是否对抵押物享有优先受偿权。

涉案18台设备系益林公司与远东公司于2011年11月8日签订4份《融资租赁合同》而取得的租赁物，双方合同明确约定不得以任何方式影响远东公司依法依约对租赁物件的所有权，益林公司绝不出售、转让、分租、转租租赁物件，不在租赁物件上设置任何抵押权或其他担保权益。但益林公司未经远东公司同意，将租赁物18台设备抵押给津市农行并办理抵押登记。同时，益林公司在被远东公司因融资租赁合同纠纷起诉至浦东法院，并在2013年5月8日收到浦东法院送达的保全裁定及查封、扣押设备清单，且向浦东法院作出“不会对查封的财产有转移、毁损、抵押等行为，若有违反，愿意承担相应法律责任”的承诺的情况下，仍将查封财产抵押给津市农行，明显损害了远东公司的合法权益，益林公司应承担相应的民事责任。

但作为抵押权人津市农行，其对涉案18台设备的抵押权系善意取得，理由是：

首先，津市农行是基于与益林公司的借款合同而设立的抵押，合同约定的借款已依约发放，抵押物已依法办理抵押登记。

其次，津市农行并不知道抵押设备为租赁物。涉案18台设备虽是益林公司的租赁物，其并未取得所有权，但依据益林公司与远东公司的《融资租赁合同》约定，卖方出具抬头为益林公司的租赁物件发票，益林公司取得发票抵扣联用于增值税抵扣用途，发票联由远东公司保管直至租赁期结束，益林公司愿意对因此发票事宜而引起的对远东公司租赁物件所有权的任何损害给予解释、说明，直至补偿远东公司损失。该约定对于合同双方具有约束力，但对于第三人无从知晓，除非明确告知。

另外《融资租赁合同》一般条款中有约定益林公司应在租赁物件上附设远东公司作为所有者的标志，但益林公司没有设置，远东公司也未予以要求。益林公司将租赁设备抵押给津市农行时，并未告知设备的真实状况，其提供了其自己为购买人的发票抵扣联原件，也有发票联的复印件，津市农行也从税务部门的查询系统查询到益林公司提供的税票真实性，且设备由益林公司占有使用。在此情况下，津市农行有理由相信益林公司系抵押设备所有权人，其也尽到了合理审查及注意义务。远东公司现也没有证据证明津市农行是明知益林公司将租赁设备进行抵押。

最后，津市农行也不知道抵押设备为查封财产。浦东法院于2013年4月22日作出的（2013）浦民六（商）初字第3366、3367、3368、3369号4份民事裁定书，内容是冻结益林公司等6被告银行存款共666.213863万元或查封、扣押其相应价值的财产。同年5月8日，浦东法院向津市农行送达了上述裁定并发出协助冻结存款通知书，但裁定及协助通知书仅是冻结益林公司的银行存款，浦东法院制作的查封、扣押财产清单仅送达给了益林公司，浦东法院也未在查封设备上加贴封条或者采取其他足以公示查封的适当方式。此情况下，津市农行无从知晓抵押设备属于被查封的财产。故津市农行对涉案设备抵押权构成善意取得。

另外，1号《最高额抵押合同》担保的《借款合同》的借款期限至2013年9月16日，9号《最高额抵押合同》担保的《借款合同》的借款期限自2013年9月27日起，虽间隔11天，但前份借款合同项下的借款益林公司尚有利息21万余元未还。抵押权与其担保的债权同时存在，债权消灭的，抵押权也消灭，因津市农行的该笔债权还存在，其抵押权也因此而存在。故津市农行对涉案18台设备的抵押权是连续享有的。

根据《融资租赁合同司法解释》第9条“承租人或者租赁物的实际使用人，未经出租人同意转让租赁物或者在租赁物上设立其他物权，第三人依据物权法第一百零六条①的规定取得租赁物的所有权或者其他物权，出租人主张第三人物权权利不成立的，人民法院不予支持，但有下列情形之一的除外：（一）出租人已在租赁物的显著位置作出标识，第三人在与承租人交易时知道或者应当知道该物为租赁物的……（四）出租人有证据证明第三人知道或者应当知道交易标的物为租赁物的其他情形”，本案不存在上述除外情形。故对远东公司上诉主张撤销津市农行对涉案18台设备抵押权的请求，依法不予支持。综上，远东公司的上诉请求没有充分的事实和法律依据，法院不予支持。一审判决认定事实清楚，适用法律正确，依法应予维持。

法官评析

1. 抵押权是否可以成为善意取得的客体

所有权存在善意取得，为通识。作为担保物权的抵押权是否存在善意取得问题，则不为许多人所知悉。

---

① 对应《民法典》第331条。

《民法典》第311条对善意取得作了如下规定："无处分权人将不动产或者动产转让给受让人的，所有权人有权追回；除法律另有规定外，符合下列情形的，受让人取得该不动产或者动产的所有权：（一）受让人受让该不动产或者动产时是善意；（二）以合理的价格转让；（三）转让的不动产或者动产依照法律规定应当登记的已经登记，不需要登记的已经交付给受让人。受让人依据前款规定取得不动产或者动产的所有权的，原所有权人有权向无处分权人请求损害赔偿。当事人善意取得其他物权的，参照适用前两款规定。"至于所谓"其他物权"，结合《民法典》第114条第2款规定的"物权是权利人依法对特定的物享有直接支配和排他的权利，包括所有权、用益物权和担保物权"，即为用益物权和担保物权。因此，抵押权可以成为善意取得的客体。

2. 动产抵押权善意取得的认定

不同于不动产物权设立、转让皆以登记发生效力，《民法典》第224条规定，"动产物权的设立和转让，自交付时发生效力，但是法律另有规定的除外"。对于特殊动产，或者学界所称谓之"拟制不动产"——船舶以及航空器和机动车等，《民法典》第225条则规定其物权的设立、变更、转让和消灭，未经登记，不得对抗善意第三人。按照上述规定，动产抵押权善意取得应当符合以下情形：（1）善意。抵押权人获得抵押权时是善意的，即其有充分理由信赖该抵押物系抵押人有权处分的物。何谓"充分理由"？对于一般动产，充分理由包括抵押权人对抵押物的真实权利人并不知情，已对抵押物权利状况进行了必要核验，对抵押物实际占有状况进行了基本的、必要的、充分的审查等事实。（2）合理。抵押权担保的债权已经真实发生，且债权数额与抵押物价值相当。（3）公示。以动产为抵押物的抵押权可以登记或依法要求登记的，已经依法登记。

本案中，抵押物在外观上并无公示权利状况的任何标记，抵押人也始终未向抵押权人披露真实所有权人及查封情况，抵押权人实际查验并核实了载明购买人为抵押人的抵押物购买发票；抵押权担保的债务已经实际发放，且与抵押物价值相当；抵押权已经依法登记。故本案抵押权人的抵押权善意取得成立。

十三、承租人破产时，租赁物是否属于破产财产

——恒信公司与威盛公司融资租赁合同纠纷案①

关 键 词： 租赁物　破产财产　取回权

问题提出： 承租人破产时租赁物是否属于破产财产，出租人是否有权取回租赁物？

裁判要旨： 融资租赁合同的承租人破产的，租赁物不属于破产财产。出租人在承租人逾期支付租金时，有权选择要求支付全部未付租金，或者请求解除融资租赁合同、支付逾期未付租金及收回租赁物。出租人选择解除合同、收回租赁物的，破产管理人应当予以返还。

案情简介

上诉人（一审被告）：威盛公司

被上诉人（一审原告）：恒信公司

2011年4月2日，恒信公司与威盛公司签订了编号为L11A0512的《融资回租合同》，约定：恒信公司根据威盛公司的要求，以回租给威盛公司为目的，购买威盛公司所有的HD260T－6多层板真空压合机组一组、HD真空压合机组一组，以及压机传输线（含第一期、第二期）一组，租赁期限自2011年4月29日起至2014年4月28日止，共36个月，租期共计36期，租金支付方式为每期期初支付，威盛公司应于每月29日前（遇无29日的2月则于28日前）支付当期租金，第1期、第2期租金为每期95750元，第3期至第36期租金为每期96166.37元，合同总计4203461.58元（含首付款724200元、手续费18105元及36期租金），另须支付租赁保证金362100元和预付保险费10863元。第4条“租金支付及迟延支付的逾期利息”载明：若自本合同成立之日起，中国人民银行同期贷款基准利率发生调整，出租人有权根据

① 一审法院为上海市黄浦区人民法院，案号：（2012）黄浦民五（商）初字第S6206号；二审法院为上海市第二中级人民法院，案号：（2013）沪二中民六（商）终字第S169号。

其当时的融资成本按照调整后的同期贷款基准利率对租金进行相应调整。基准利率调整后的第一个租金支付日（含基准利率调整日即租金支付日时的该期租金）租金不作调整，其后的各期租金进行相应调整。出租人根据上述规定调整租金后，将向承租人发出《租金调整通知书》（若前述租金调整发生在实际起租日前，则以《实际租金支付表》发出），承租人在此同意无条件按照《租金调整通知书》（或《实际租金支付表》）向出租人支付租金……如承租人迟延付款，则自租金支付日起，每迟延一日，按所欠租金额的日万分之八计算逾期利息……第10条"违约和补偿"载明：1. 承租人在发生下列情形之一时：1.1 未按期向出租人足额支付租金及其他应付款项，包括但不限于租金、首付款、租赁手续费、租赁保证金、保险费等……1.4 发生关闭、停业、歇业、停产、重组、合并、分立，自行提出破产申请或被申请进入破产程序等情况，在该等情况发生前10日内，未书面通知出租人……2. 则出租人有权选择采取以下任何一项或多项救济措施：2.1 要求承租人立即支付本合同下的全部逾期利息、所有到期和未到期租金、留购款及其他应付款项……2.3 立即通知承租人或其继承人解除本合同，并收回、处分租赁物件……2.4 全额租赁保证金作为违约金不予退还……附件3"所有权转让协议"载明：……承租人向出租人转让租赁物件的总价格（转让价格）为3621000元……租赁物件的所有权自出租人……向承租人支付部分转让价格之日起由承租人自动转移至出租人。

2011年4月2日，威盛公司向恒信公司出具了《租赁物件接收证书》，确认租赁设备已运抵《融资回租合同》约定的地点并查收完毕，租赁设备的所有权属于恒信公司。2011年4月29日，恒信公司按约向威盛公司支付了租赁设备的货款。

由于本案系争《融资回租合同》成立后，中国人民银行同期贷款基准利率发生调整，恒信公司依据该合同第四条的约定，将第5期至第36期每期租金调整为96500.72元，合同总计调整为4214160.78元（含首付款724200元、手续费18105元及36期租金），并向威盛公司邮寄了《租金调整通知书》。

威盛公司以无法清偿到期债务为由，于2012年9月19日向浙江省衢州市中级人民法院申请重整，衢州中院于同日受理并裁定威盛公司重整、指定浙江青风律师事务所为威盛公司管理人。

截至2012年12月17日，恒信公司收到《融资回租合同》项下威盛公司支付的手续费18105元、租赁保证金362100元、首付款724200元、保险费

10863元，及租金1445340.66元，以上各款项总计2560608.66元。按《融资回租合同》约定的每日万分之八的利率计算，至2012年9月19日被告因迟延支付租金而产生的逾期利息为9339.85元。

浙江省衢州市中级人民法院于2013年3月18日出具（2012）浙衢商破字第3-2号民事裁定书，裁定终止上诉人威盛公司重整程序，宣告威盛公司破产。

恒信公司起诉请求：1. 恒信公司与威盛公司签订的《融资回租合同》（编号：L11A0512）于2012年12月17日解除；2. 威盛公司向其返还《融资回租合同》附件2租赁物件明细表中所列的租赁设备；3. 威盛公司向其支付逾期未付租金482503.60元、逾期利息33273.45元，及自2012年12月18日起的逾期利息（以所欠租金额482503.60为基数，按每日万分之八计算至判决生效之日止）；4. 全部诉讼费用由威盛公司承担。

各方观点

威盛公司观点：第一，根据《企业破产法》有关规定，未到期债权在破产申请受理之日到期，故威盛公司未支付租金应计算到2012年9月19日，并非2012年11月19日；第二，融资回租合同中虽未约定租赁期间届满租赁物归承租人所有，但约定合同期满威盛公司有留购权，现恒信公司主张全部租金，视为合同已到期，威盛公司有权留购租赁物；即使恒信公司收回租赁物，在租赁物价值大于债权情况下，应将价值超出部分退还给威盛公司；第三，融资回租合同中约定违约金过高，且威盛公司提出调整要求，原判未予调整。

恒信公司观点：威盛公司未按时支付租金，已构成违约，恒信公司有权依据合同要求解除合同，返还租赁物及主张逾期租金和逾期利息。恒信公司主张合同解除前的逾期租金，不包括全部未到期租金，故租赁物所有权属于恒信公司，威盛公司无权要求租赁物残值返还。对于逾期利息的利率约定，是双方真实意思表示，不存在过高情形。

法院观点

一审法院观点：

恒信公司与威盛公司签订的《融资回租合同》系双方当事人的真实意思表示，应属有效，双方当事人均应恪守约定并按约履行各自的义务。恒信公司按照《融资回租合同》的约定，以回租给威盛公司为目的，购买威盛公司所有的租赁设备，并支付了全部设备款，应认定恒信公司已履行了合同约定的义务。威盛公司承租设备后，未按约支付恒信公司租金，违反了合同约定的付款义务，已构成违约，理应按约承担相应的违约责任。故恒信公司要求按系争《融资回租合同》第 4 条和第 10 条的约定，解除与被告威盛公司签订的《融资回租合同》、返还租赁物并由威盛公司支付逾期未付租金和逾期利息的诉讼请求，符合双方约定，且合法有据，应予支持。

关于恒信公司提出系争《融资回租合同》应于开庭之日解除，而威盛公司抗辩合同应自破产申请受理日解除一节，一审法院认为，截至恒信公司起诉之日，威盛公司因欠付租金构成违约，已经符合合同约定解除权的行使条件，故恒信公司依约有权通知威盛公司解除系争《融资回租合同》。但在合同解除日期的确定上，依据《合同法》第 96 条[①]第 1 款的规定，合同应自通知到达对方时解除，由于恒信公司在开庭前并未明确通知过威盛公司要求解除合同，故系争《融资回租合同》在开庭日前并未因恒信公司的通知而解除。而根据《企业破产法》第 18 条第 1 款的规定，管理人对破产申请受理前成立而双方当事人均未履行完毕的合同有权决定解除或者继续履行，但管理人自破产申请受理之日起二个月内未通知对方当事人，视为解除合同。威盛公司虽抗辩因威盛公司管理人至今未通知恒信公司继续履行合同，故合同应自破产申请受理日解除，却并未提供证据证明其管理人曾于破产申请受理后通知过恒信公司要求解除合同，故系争《融资回租合同》应于破产申请受理日后的二个月，即 2012 年 11 月 19 日视为解除。对恒信公司提出合同于开庭之日解除的主张，以及威盛公司抗辩合同自破产申请受理日解除的意见，均因缺乏事实和法律依据，不予支持。

关于恒信公司诉请要求威盛公司支付至开庭日（2012 年 12 月 17 日）止的逾期未付租金 482503.60 元和逾期利息 33273.45 元，而威盛公司抗辩逾期未付租金和逾期利息均应计算到衢州中院受理威盛公司的破产申请之日（2012 年 9 月 19 日）止，一审法院认为，《企业破产法》第 46 条第 1 款“未到期的债权，在破产申请受理时视为到期”的规定，并不适用于本案《融资回租合同》的情形，故对威盛公司提出的逾期未付租金应计算至 2012 年 9 月 19 日的抗辩意见不予采纳。依据《实际租金支付表》及《租金调整通知书》确定的租金支付日及金额，至合同解除日 2012 年 11 月 19 日，威盛公司共应支付十八期租金，计 1734842.82 元，以及第 19 期中 22 天的租金，计

① 对应《民法典》第 565 条。

68484.38 元，两项总计 1803327.20 元。威盛公司已支付租金为 1445340.66 元，故截至合同解除日，威盛公司应支付的逾期未付租金为 357986.54 元。恒信公司诉请要求威盛公司支付计算至开庭日止的逾期未付租金 482503.60 元，对其中的 124517.06 元不予支持。至于逾期利息的数额，依据《企业破产法》第 46 条第 2 款关于附利息债权的规定，逾期利息应计算至破产申请受理之时，故对恒信公司主张的计算至 2012 年 9 月 19 日止的逾期利息 9339.85 元的诉请予以支持，其余部分不予支持。

关于威盛公司辩称逾期利息过高，并要求按照银行同期贷款利率的四倍予以调整的意见，一审法院认为，系争《融资回租合同》中明确约定，当威盛公司迟延支付租金构成违约，“则自租金支付日起，每迟延一日，按所欠租金额计算每日万分之八的逾期利息”，上述对违约金计算方法的约定，系双方当事人合意的表现，且该约定并未违反法律的强制性规定，应属有效，威盛公司要求调整逾期利息计算标准的抗辩主张不予采信。关于威盛公司提出的租赁保证金应当抵扣逾期租金的抗辩主张，一审法院认为，按照系争《融资回租合同》第 10 条的约定，在承租人违约时，全额租赁保证金作为违约金不予退还；同时第 5 条第 2 款又约定，当承租人的违约行为全部得以救济后，出租人应当退还租赁保证金。而威盛公司提出恒信公司通过诉讼的手段，其权利已经得到了救济的主张因缺乏事实和法律依据，并不成立，故对威盛公司提出的上述项抗辩意见不予采纳。

威盛公司提出的恒信公司已将到期和未到期的租金全部提取，故租赁设备所有权应归威盛公司所有的抗辩主张，因缺乏事实和法律依据不予采信。至于威盛公司辩称若恒信公司主张返还租赁设备，则应经买家报价并将租赁设备处置后，将设备的残余价值返还威盛公司一节，一审法院认为，本案系争《融资回租合同》并未约定租赁期间届满租赁设备归承租人所有，故威盛公司无权就恒信公司收回租赁设备的价值超过威盛公司欠付的租金以及其他费用的部分要求恒信公司予以返还。

一审法院判决：一、恒信公司与威盛公司签订的编号为 L11A0512 的《融资回租合同》于 2012 年 11 月 19 日解除；二、威盛公司应返还恒信公司上述《融资回租合同》项下的租赁设备 HD260T－6 多层板真空压合机组一组、HD 真空压合机组一组，以及压机传输线（含第一期、第二期）一组；三、确认恒信公司对威盛公司享有租金 357986.54 元的债权；四、确认恒信公司对威盛公司享有逾期利息 9339.85 元的债权；五、对恒信公司的其他诉讼请求不予支持。

威盛公司上诉请求：撤销一审判决第一、二、三、四项，改判：一、恒信公司与威盛公司签订的编号为L11A0512的《融资回租合同》于2012年9月19日到期；二、《融资回租合同》项下的租赁设备HD260T－6多层板真空压合机组一组、HD真空压合机组一组，以及压机传输线（含第一期、第二期）一组归威盛公司所有；三、威盛公司支付恒信公司租金263768.63元以及自2012年7月2日起至2012年9月19日止以上述租金为基数、按照银行同期贷款利率计算的逾期利息。对于2012年9月19日之后应付租金可作为债权申报。

二审法院观点：

根据威盛公司与恒信公司签订的《融资回租合同》约定，威盛公司未能按约支付租金，存在违约事实，恒信公司有权依约解除合同。恒信公司在威盛公司违约后始终未以法律规定的书面形式通知威盛公司解除合同，威盛公司在进入重整程序后，其管理人也未就《融资回租合同》是否继续履行作出决定，故依据相关法律规定，自威盛公司申请破产被受理之日起二个月后，合同视为解除，融资回租合同解除日应为2012年11月19日，一审判决对此认定正确。融资回租合同期限至2014年4月28日到期，恒信公司提起诉讼是基于威盛公司未按时支付租金的违约事实，且威盛公司申请破产，故威盛公司要求改判合同到期没有事实依据。未到期债权是指在破产前已经明确的债权，而本案合同解除确定日期为2012年11月19日，故恒信公司有权主张至合同解除日止的未付租金。依据相关法律规定，在威盛公司违约情况下，恒信公司有权选择返还租赁物或者支付全部到期、未到期租金，现恒信公司主张的逾期未付租金只限于至合同解除之日，并未主张合同解除后的未到期的全部租金，该逾期租金是威盛公司使用租赁物应付对价，租赁物所有权仍然属于恒信公司，恒信公司有权取回租赁物，故威盛公司主张租赁物所有权以及残值应当返还缺乏法律依据。威盛公司和恒信公司在融资回租合同中明确约定违约金按照所欠租金额计算每日万分之八的逾期利息，该约定系双方当事人签约时的真实意思表示，同时，违约金除了具有补偿损失性质以外，尚有惩罚违约行为的性质，对此约定，法律并无禁止性规定，尚无不当。

二审法院判决：驳回上诉，维持原判。

法官评析

融资租赁交易中，出租人最主要的缔约目的是收取租金。承租人逾期给付租金时，出租人一般会首先选择要求承租人支付全部租金。出租人在承租人经营状况恶化，租金债权已被列为破产债权的情况下，也会选择解除合同、收回租赁物的救济方式以保障其租金债权的最大化实现。此时，出租人是否享有取回权，如何实现取回权也成为融资租赁合同案件审理的难点。

所谓取回权是指在破产管理人接管的破产企业财产中包含有他人财产的情况下，该财产所有人不依破产程序而直接向破产管理人要求返还或者交付不属于破产财产而归破产管理人支配的财产的权利。《企业破产法》第38条规定，人民法院受理破产申请后，债务人占有的不属于债务人的财产，该财产的权利人可以通过管理人取回。但是，本法另有规定的除外。由此可见，取回权具有如下法律特征：第一，取回权是实体权利。取回权以所有权作为权利行使的基础，融资租赁合同的出租人在租赁期限内享有租赁物的所有权，承租人仅享有租赁物的占有、使用、收益的权利，故在承租人破产时出租人有权依据其所有权不经破产财产分配程序，直接向破产管理人要求取回。第二，取回权的标的是特定物。取回权产生的基础在于物权权能的分离，租赁物的所有权与占有、使用、收益权利归属于不同主体行使，故取回权所指向的标的物必须是能够与其他同类型种类物区分开来的特定物。第三，取回权是财产返还请求权。破产管理人仅能对破产人所有的财产进行管理、处置，租赁物在融资租赁合同履行期间归属于出租人所有，破产管理人无权对其进行管理，故出租人有权就租赁物对破产管理人行使财产返还请求权。

融资租赁合同中，出租人行使取回权需要具备一定的前提。依照《民法典》第752条“承租人应当按照约定支付租金。承租人经催告后在合理期限内仍不支付租金的，出租人可以请求支付全部租金；也可以解除合同，收回租赁物”规定，出租人要求支付全部租金或收回租赁物需要择其一行使，故出租人仅能在选择解除合同之时行使取回权。实务中存在一种特殊情况，即出租人在融资租赁合同约定租赁期限届满之后要求支付全部租金、收回租赁物的。此种情形下，出租人向破产管理人要求支付的全部租金实际均为到期未付租金，不包括未到期租金，故其要求支付全部未付租金的请求，虽然在内容上与《民法典》第752条规定的“全部租金”相同，但实质上属于该条规定的“解除合同，收回租赁物”范畴，因此出租人有权同时主张上述两项权利。

出租人行使取回权需要具备一定的条件。原《合同法》第242条规定，“出租人享有租赁物的所有权。承租人破产的，租赁物不属于破产财产”。《民法典》第745条对这一规定有所调整：“出租人对租赁物享有的所有权，未经登记，不得对抗善意第三人。”一般认为，取回权行使需具备如下条件：第一，取回权行使标的物为租赁物。出租人要求行使取回权的标的物应为不属于破产财产的租赁物，该租赁物需为特定物，或者能够特定化的种类物。同时，要求行使取回权的对象必须现实存在，若出租人要求取回之时租赁物已经灭失，则出租人不能行使取回权，仅能主张损害赔偿请求权。同理，名为融资租赁、实为民间借贷的“融资租赁合同”仅有融资而没有融物，故出租人无权行使取回权。第二，取回权行使对象为破产管理人。承租人进入破产程序之后，其占有的财产由破产管理人接管、处置，故出租人应向破产管理人行使取回权。破产管理人将租赁物转让给第三人时，出租人并不因此丧失租赁物的所有权，其可以根据所有权的追及效力对第三人行使追索权。第三，取回权形成原因发生于破产宣告之前并持续于破产宣告之后。承租人应在破产宣告之前已实际占有租赁物，破产宣告之后租赁物转由破产管理人接管。在此期间，占有关系持续发生，出租人对租赁物的所有权并未因破产程序启动而丧失。《民法典》第745条强调了出租人对租赁物享有所有权的行使，不得对抗善意第三人。

出租人行使取回权需履行一定的程序。如前所述，取回权是一种基于出租人对租赁物享有所有权而派生出的实体权利而非程序权利，故出租人行使取回权无须通过破产财产分配程序进行破产申报，等待破产财产变价分配，仅需通过破产管理人进行，直接从破产管理人控制的财产中取回。出租人取回租赁物可以采取自力取回、公力取回两种方式。自力取回系指出租人可以直接向破产管理人提出取回租赁物请求并自行取回租赁物。破产管理人若在处置破产财产时发现应属承租人的财产，也可以通知承租人取回。公力取回系指在破产管理人否定出租人取回权的存在，或者对出租人行使取回权的基础权利存在异议时，出租人可以通过向法院起诉等司法途径取回租赁物。

本案中，如果依照《民法典》第752条规定，出租人恒信公司在承租人威盛公司违约的情况下，有权选择要求威盛公司支付全部未付租金，或者请求解除融资租赁合同、收回租赁物。恒信公司起诉要求解除合同、支付逾期未付租金、取回租赁物，并未主张合同解除后的全部未到期租金，属于选择《民法典》第752条规定的“解除合同，收回租赁物”情形，故其有权要求威盛公司的破产管理人向其交还租赁物。威盛公司主张租赁物所有权以及残值应当返还，缺乏法律依据，两审判决对其抗辩理由未予支持，并无不当。

第三章　合同的解除

一、出租人能否既请求承租人支付全部未付租金，又请求解除融资租赁合同

——万瑞公司与蓝山公司等融资租赁合同纠纷案①

关 键 词： 租金　解除合同　择一主张

问题提出： 出租人能否既请求承租人支付全部未付租金，又请求解除融资租赁合同？

裁判要旨： 承租人经催告后在合理期限内仍不支付租金的，出租人可以请求支付全部租金；也可以解除合同，收回租赁物。但出租人不能既请求支付全部未付租金又请求解除融资租赁合同，应择一主张。经法院释明，出租人选择请求支付全部未付租金，于法有据，应予支持。

案情简介

上诉人（一审被告）：蓝山公司

上诉人（一审被告）：高唐热电厂

被上诉人（一审原告）：万瑞公司

2015 年 12 月 8 日，万瑞公司（出租人）与蓝山公司（承租人）签订《融资租赁合同》，约定万瑞公司向蓝山公司购买蓝山公司自有的租赁资产并回租给蓝山公司使用，由蓝山公司向万瑞公司支付相应租金；合同期限内，

① 一审法院为北京市第三中级人民法院，案号：（2016）京 03 民初 120 号；二审法院为北京市高级人民法院，案号：（2017）京民终 406 号。

出现下列情况时，构成本合同项下承租人违约：承租人未按期、足额支付租金及/或其他应付款项；若承租人出现违约情形，经出租人书面通知后在十五日内未采取有效补救措施并使出租人满意的，出租人有权采取以下一项或多项措施：(1) 收取违约金。出租人有权对承租人在本合同项下的任何逾期未付款项，按每日万分之五收取违约金直至出租人收到全部逾期未付款项。(2) 终止本合同，出租人有权立即向承租人追索本合同项下所有违约金、到期未付租金、全部未到期租金及其他与本合同相关的应付款项。《融资租赁合同》附件一《租赁附表》约定：租赁物购买价款为60000000元，租赁期限为自起租日起36个月，租金总额（包含租赁本金、利息及手续费）64731448.47元，支付期间为36个月，支付期次为12期，第1期至第11期每期支付金额为5394287.37元，第12期支付金额为5394287.4元，迟延利率为日息0.05%。

同年12月30日，万瑞公司向蓝山公司出具《起租通知书》，确认2015年12月30日为起租日，并明确了12期租金支付日及金额，其中第1期租金支付日为2016年3月29日，第2期租金支付日为2016年6月29日，第3期租金支付日为2016年9月29日。

同年12月8日，万瑞公司（甲方）与高唐热电厂（乙方）签订《保证合同》，约定高唐热电厂为蓝山公司在《融资租赁合同》项下全部债务的履行提供不可撤销的连带责任保证担保。

同日，万瑞公司（甲方、抵押权人）与蓝山公司（乙方、抵押人）签订《机械设备抵押合同》，将《融资租赁合同》所涉租赁机械设备为《融资租赁合同》项下全部债务提供抵押担保。

2015年12月30日，万瑞公司向蓝山公司支付融资租赁款60000000元。

2016年3月30日，蓝山公司向万瑞公司支付第1期租金5394287.37元。同年7月8、15、22、25日，蓝山公司向万瑞公司支付第2期租金5425046.66元。双方确认第1、2期租金已结清。

同年8月26日，蓝山公司向万瑞公司支付第3期租金100000元，其后再未向万瑞公司支付第3期剩余租金。

一审法院审理中，蓝山公司于2016年12月28日向万瑞公司支付5503411.72元，于2017年1月4日向万瑞公司支付5394287.37元。

万瑞公司于2016年11月7日提起本案诉讼，其在起诉状中提出要求蓝山公司支付未到期租金。蓝山公司、高唐热电厂于2016年12月5日收到起诉状。

各方观点

万瑞公司观点：《融资租赁合同》系各方当事人真实意思表示，未违反法律、行政法规的强制性规定，应认定合法有效。万瑞公司已履行合同义务，蓝山公司逾期支付租金，构成根本性违约，应支付全部未付租金、逾期支付租金违约金等，高唐热电厂应承担保证责任。

万瑞公司诉讼请求：1. 解除万瑞公司与蓝山公司签订的《融资租赁合同》；2. 蓝山公司向万瑞公司支付合同约定租金 53842873.73 元；3. 蓝山公司向万瑞公司支付迟延利息 55590.02 元；4. 蓝山公司向万瑞公司支付违约金 565350.17 元；5. 高唐热电厂对蓝山公司的上述债务承担连带保证责任；6. 蓝山公司向万瑞公司返还租赁物并且承担返还设备所需的费用；7. 蓝山公司、高唐热电厂承担本案的诉讼费用。经一审法院释明，万瑞公司撤回第 1、6 项诉讼请求，坚持主张第 2、3、4、5、7 项诉讼请求。

蓝山公司观点：蓝山公司在履行租金支付过程中已经就相应拖延日期向万瑞公司支付相应的租金、违约金和罚息。一审法院开庭时，蓝山公司不拖欠任何一期租金，不存在违约行为，蓝山公司不应支付欠付租金的违约金。

高唐热电厂观点：高唐热电厂对外投资、对外担保等重大经营活动应当履行相关审批手续，涉案《保证合同》未经高唐县国有资产管理委员会审批，应属无效，高唐热电厂不应承担连带保证责任。

法院观点

一审法院观点：蓝山公司应就逾期未付租金，按每日万分之五的标准向万瑞公司支付相应违约金，该违约金计算标准符合法律规定，应当予以确认。虽然万瑞公司就第 3 期租金支付向蓝山公司发送了催收通知，但在该通知中并未明确主张未到期全部租金，而在起诉本案时才予以主张，故万瑞公司主张未到期全部租金的违约金起算时间，应以万瑞公司于本案的起诉状送达蓝山公司、高唐热电厂的次日起算，即 2016 年 12 月 6 日。

一审法院判决：一、蓝山公司于判决生效之日起七日内偿还万瑞公司租金 43151651.84 元；二、蓝山公司于判决生效之日起七日内给付万瑞公司欠付租金的违约金（自 2016 年 10 月 11 日起至 2016 年 12 月 5 日止，以欠付租金 5294287.37 元作为基数计算；自 2016 年 12 月 6 日起至 2016 年 12 月 27 日止，以欠付租金 53842873.73 元作为基数计算；自 2016 年 12 月 28 日起至

2017年1月3日止，以欠付租金48545939.21元作为基数计算；自2017年1月4日起至实际付清之日止，以欠付租金43151651.84元作为基数计算；上述违约金均按照每日万分之五的标准计算）；三、高唐热电厂对判决第一、二项中蓝山公司所负债务承担连带保证责任；四、高唐热电厂承担保证责任后，有权在其承担保证责任的范围内向蓝山公司进行追偿；五、驳回万瑞公司的其他诉讼请求。

蓝山公司不服一审判决，提出上诉，请求撤销一审判决，改判驳回万瑞公司的诉讼请求，两审案件受理费由万瑞公司负担。

高唐热电厂不服一审判决，提出上诉，请求撤销一审判决，将本案发回重审或改判高唐热电厂不承担连带保证责任，两审案件受理费由万瑞公司负担。

二审法院观点：万瑞公司于本案一审起诉状中提出要求蓝山公司支付全部未到期租金，蓝山公司、高唐热电厂应当在收到起诉状之日履行支付未到期租金的义务，即涉案合同项下的未到期租金于2016年12月5日全部加速到期。《融资租赁合同》对于违约金的计算基数表述为“本合同项下的任何逾期未付款项”，即应当包括已到期未支付的租金和加速到期的租金部分，故一审法院判决自2016年12月6日起，计算加速到期租金部分的违约金正确。

二审法院判决：驳回上诉，维持原判。

法官评析

1. 出租人既请求支付全部未付租金，又请求解除合同，诉讼请求应择其一

融资租赁合同诉讼中，在承租人构成根本违约时，出租人出于保护自身权益的考虑，往往同时要求解除合同、返还租赁物并要求支付全部租金，但该诉讼请求包含继续履行和解除合同两项救济内容，诉讼请求不明确且存在冲突。

《民法典》第752条规定：“承租人应当按照约定支付租金。承租人经催告后在合理期限内仍不支付租金的，出租人可以请求支付全部租金；也可以解除合同，收回租赁物。”具体而言，要求支付全部租金和解除合同、收回租赁物，二者具有不同的法律意义。出租人有关支付全部租金的诉讼请求，系主张加速合同到期，性质上属于合同的继续履行，作为支付租金的对价，承租人可继续占有、使用租赁物，直至租赁期届满。至于租赁期满后租赁物的归属问题，则应依据融资租赁合同的约定处理。出租人有关收回租赁物的主张，其直接后果是承租人无法按照合同的约定继续占有、使用租赁物，在性质上属于解除合

同、返还财产的处理方式。在合同纠纷中，守约方要求继续履行合同的同时又诉请解除合同，这两个诉请之间是相互矛盾的，二者只能择一行使。

实践中需要注意的是，合同履行期届满，出租人请求支付合同约定的全部已到期租金，又请求解除合同、收回租赁物，应当予以受理。此种诉请实际上包含两部分内容：一是对支付到期未付租金的诉请，是对合同解除以前的已到期债权的主张；二是有关收回租赁物的诉请，属于对合同解除后的责任清理。因此，二者并行不悖，可同时支持。

相关的问题还有承租人主张租赁物的价值超过剩余租金及费用并就超出部分要求返还的情况，依照《民法典》第758条的规定，合同约定租赁期满，租赁物归承租人所有的，承租人已支付大部分租金，但无力支付剩余租金，出租人解除合同收回租赁物的，如租赁物价值超过承租人欠付租金以及其他费用的，承租人可以请求相应返还。具体到诉讼程序中，在出租人请求解除融资租赁合同、取回租赁物并赔偿损失时，对租赁物价值的评估、处分及抵偿损失均作为审理出租人请求的一部分，在同一判决中体现，而如果认定租赁物的超出部分价值属于承租人将明显超过出租人的诉讼请求，违反了民事诉讼不告不理的原则。因此，这部分价值承租人可以通过反诉或另诉的方式提出单独的诉讼主张，未主张的，从诉讼程序的角度出发，人民法院可以判决归属出租人。《天津法院融资租赁合同纠纷案件审理标准》也有类似的规定，合同履行期未届满，出租人既请求支付合同约定的全部到期租金和未到期租金，又请求解除合同、收回租赁物，属于无明确的诉讼请求。进行释明后，出租人仍不作出选择的，裁定驳回起诉。合同履行期届满，出租人请求支付合同约定的全部已到期租金，又请求解除合同、收回租赁物，予以受理。收回租赁物的价值超过承租人欠付的租金以及其他费用的，承租人可通过反诉或者另诉方式主张。

2. 承租人根本违约，出租人请求加速履行相应的违约金的范围

融资租赁合同中，一般均会约定承租人逾期付租金的，应当承担向出租人支付逾期利息或者违约金的责任，有的既约定了逾期利息，又约定了违约金。依照《民法典》第585条第1款的规定，当事人可以约定一方违约时，应当根据违约情况向对方支付一定数额的违约金，也可以约定因违约产生的损失赔偿额的计算方法。故，仅约定违约金或者仅约定逾期利息的，除约定的违约金或者逾期利息过分高于违约行为所造成的损失，且当事人请求人民法院适当减少的，人民法院均应予以支持。同时，对出租人要求按照约定，一并

主张逾期利息和逾期付款违约金的，按照上述理由，也应当予以支持。如果主张的金额过分高于造成的损失，依照相关规定，可请求人民法院予以适当减少。

实践中，出租人主张已到期租金产生的逾期利息或违约金没有争议，而未到期租金因宣布加速到期能否产生违约金则争议很大。本案中，二审法院认为《融资租赁合同》对于违约金的计算基数表述为“本合同项下的任何逾期未付款项”，即应当包括已到期未支付的租金和加速到期的租金部分，故一审法院判决自2016年12月6日起，计算加速到期租金部分的违约金正确。我们认为，出租人主张提前到期租金产生的违约金，但起算日仍按照合同约定的租金到期日计算。具体理由：承租人违约损害赔偿的范围应该限定于融资租赁合同的履行利益。租金的加速履行本身就已经包含全部履行利益，如果再从加速履行之日计算加速部分违约金，就超出了履行利益的范围，对承租人负担过重。出租人可主张承租人支付全部租金、逾期租金产生的违约金以及提前到期租金可能产生的违约金。具体计算方式为：全部未付租金+逾期租金产生的违约金（计算基数为逾期租金，从逾期之日起计算至实际清偿之日止，暂计至起诉日）+提前到期日之后的未到期租金可能产生的违约金（根据合同约定的各期租金到期日次日计算至实际清偿之日）。《天津法院融资租赁合同纠纷案件审理标准》中规定，承租人欠付租金，出租人请求支付所有到期和未到期租金及相应的逾期利息、违约金的，支持已到期租金发生的逾期利息、违约金，不支持出租人主张提前到期租金部分从提前到期日次日开始计算逾期利息、违约金的主张。

二、当事人直接起诉解除融资租赁合同的解除时点及法律后果应如何认定

——某融租公司诉温州某海运公司等船舶融资租赁合同纠纷案①

关 键 词： 解除时点　逾期付款违约金　逾期付款损失

问题提出： 当事人直接起诉解除融资租赁合同时，应如何认定合同解除时点？融资租赁合同解除后，应如何确定逾期付款违约金的计算终点，应否另行支持逾期付款损失？

① 一审法院为天津海事法院，案号：(2014) 津海法商初字第156号；二审法院为天津市高级人民法院，案号：(2015) 津高民四终字第13号。

裁判要旨：当事人有权不履行通知义务，直接起诉解除融资租赁合同，诉讼类型为形成之诉，合同自判决生效之日解除。[①] 融资租赁合同解除后，逾期付款违约金自付款期限届满之次日起算，自判令合同解除的判决生效之日截止。出租人提前解约的损失赔偿范围为承租人全部未付租金及其他费用与收回租赁物价值的差额，承租人无须另行赔偿逾期付款损失。

案情简介

上诉人（一审原告）：某融租公司

被上诉人（一审被告）：温州某海运公司

一审被告：浙江某能源公司

一审被告：杨某建

2010 年 7 月 23 日，温州某海运公司与案外人湖北某造船公司签订《船舶建造买卖合同》，约定船舶总造价为 91000000 元。

2011 年 7 月 31 日，某融租公司与温州某海运公司签订《融资租赁合同》，约定由某融租公司向温州某海运公司选定的船舶建造方购买温州某海运公司选定的船舶并出租给温州某海运公司使用，某融租公司全面受让温州某海运公司与湖北某造船公司签订的船舶建造买卖合同；船舶的购买价款双方约定为 90000000 元，租赁期限自起租日起算；温州某海运公司应向某融租公司支付租赁保证金 27000000 元，如在租赁期限内，温州某海运公司逾期支付任一期租金或其他款项的，某融租公司有权以租赁保证金折抵应付未付的租金、违约金及其他应付款项。同日，某融租公司和温州某海运公司签订《船舶委托购买合同》，约定某融租公司委托温州某海运公司办理“长能 7”轮的建造和购买事宜，某融租公司将 90000000 元付至温州某海运公司指定账户后，即已全部履行付款义务。

2012 年 8 月 13 日，某融租公司和温州某海运公司签订《融资租赁合同的

① 《民法典》第 565 条第 2 款规定：“当事人一方未通知对方，直接以提起诉讼或者申请仲裁的方式依法主张解除合同，人民法院或者仲裁机构确认该主张的，合同自起诉状副本或者仲裁申请书副本送达对方时解除。”依照这一规定，合同自起诉状副本或者仲裁申请书副本送达对方时解除，该案审理时尚无此规定。

补充协议》，约定若温州某海运公司未按本合同约定按期足额支付到期租前息、到期应付租金及其他应付款项，或未能按期偿付某融租公司代温州某海运公司支付的任何费用时，温州某海运公司应就逾期未付款项按日万分之五向某融租公司支付违约金。

某融租公司于2011年7月31日、2012年8月13日与浙江某能源公司、杨某建分别签订《保证合同》及上述《保证合同的补充协议》。上述《保证合同》和《保证合同的补充协议》约定，浙江某能源公司、杨某建为温州某海运公司在融资租赁合同项下的全部债务提供不可撤销的连带责任保证。

2011年8月15日，某融租公司向温州某海运公司支付购船款90000000元。同日，某融租公司收到温州某海运公司支付的保证金27000000元和首笔服务费4500000元。同年11月15日某融租公司收到租前息1863000元，2012年2月15日收到租前息1863000元，5月16日收到租前息1863000元，8月16日收到租前息320000元，9月20日收到逾期利息和罚息326374.11元，10月12日收到第二笔服务费675000元，10月23日收到逾期利息和罚息518643.65元，12月14日收到逾期利息和罚息2435912.81元。至一审法庭辩论终结之日，温州某海运公司未向某融租公司支付任何一期租金。

2014年8月22日，上海船舶保险公估有限责任公司（以下简称上海船舶公估公司）接受某融租公司委托，出具《“长能7”轮船舶技术状况勘验及价格评估报告》，结论为“长能7”轮在目前状态下的现值约为29120000元。

各方观点

某融租公司观点：1. 某融租公司向温州某海运公司支付90000000元购船款，已履行融资租赁合同约定的义务，而温州某海运公司未按合同约定的期限和数额支付租金，已符合合同约定的解除条件，涉案融资租赁合同及其补充协议，应当予以解除。依照《融资租赁合同司法解释》第22条第1款“出租人依照本解释第十二条的规定请求解除融资租赁合同，同时请求收回租赁物并赔偿损失的，人民法院应予支持”之规定，某融租公司有权收回“长能7”轮。2. 某融租公司需支付的收回“长能7”轮的费用应纳入温州某海运公司的赔偿范围。“长能7”轮净值应为评估价扣除需支付江润造船公司的材料款、代温州某海运公司支付的欠款、支付江润造船公司的船台费及税款、支付案外人湖北华海船舶重工有限公司的下水费、支付船级社的船检费，即11750083.15元。涉案损失赔偿金数额应为租金总额扣除保证金、船舶净值、留购价款，即69448754.21元。3. 依据融资租赁合同的约定，逾期付款违约金应计算至温州某海运公司实际支付之日。

某融租公司请求法院依法判令：1. 解除某融租公司与温州某海运公司签订的融资租赁合同及补充协议，由某融租公司收回租赁船舶“长能7”轮；2. 温州某海运公司向某融租公司支付逾期违约金2971581.68元（按未付款项日万分之五计算暂计至2014年3月3日，实际计至实际还款之日）；3. 温州某海运公司向某融租公司赔偿损失80198837.36元；4. 浙江某能源公司与杨某建承担连带赔偿责任。

温州某海运公司、浙江某能源公司、杨某健未发表观点。

法院观点

一审法院观点：

本案属于船舶融资租赁合同纠纷，某融租公司是出租人，温州某海运公司是承租人，浙江某能源公司和杨某建是保证人。某融租公司已依合同约定向温州某海运公司全额支付了购船款，温州某海运公司未向某融租公司支付任何一期租金，温州某海运公司存在根本违约行为，应当承担支付违约金、赔偿损失等违约责任。

某融租公司和温州某海运公司签订的融资租赁合同第16.2.4（1）条约定，承租人连续2期或累计4期未按本合同约定向出租人支付租金的，视为承租人根本违约。至一审法庭辩论终结之日，温州某海运公司已经连续7期未支付租金，经某融租公司多次催告后，温州某海运公司仍未支付，故其行为已构成根本违约。《合同法》第248条[①]规定：“承租人应当按照约定支付租金。承租人经催告后在合理期限内仍不支付租金的，出租人可以要求支付全部租金；也可以解除合同，收回租赁物。”关于某融租公司请求解除融资租赁合同的诉求，一审法院予以支持。某融租公司于起诉前并未正式通知温州某海运公司解除合同，故一审法院将解除合同之日确定为本案一审开庭之日，即2014年8月26日。某融租公司并未向温州某海运公司实际交付“长能7”轮，且在建船舶“长能7”轮仍在江润造船公司实际控制之中，关于某融租公司请求从温州某海运公司收回“长能7”轮的诉求，一审法院不予支持。

---

① 对应《民法典》第752条。

《合同法》第97条[①]规定："合同解除后，尚未履行的，终止履行；已经履行的，根据履行情况和合同性质，当事人可以要求恢复原状、采取其他补救措施，并有权要求赔偿损失。"融资租赁合同第7.7条约定，温州某海运公司支付的保证金可以用于折抵租金。温州某海运公司实际支付的保证金27000000元，可以全额折抵4期租金。温州某海运公司因未付租金应承担的违约金应从第5期租金还款日起算，计至融资租赁合同解除之日，即从2014年2月16日计至2014年8月26日。融资租赁合同约定的日万分之五的违约金计算方式，以每年365天计算，该约定相当于年利率18.25%，低于中国人民银行同期同类贷款利率的四倍，属于合理限度之内，且温州某海运公司、浙江某能源公司、杨某建均未提出调整违约金的请求，某融租公司关于按日万分之五计算违约金的主张，一审法院予以支持。温州某海运公司应支付的违约金共计609081.99元。

《融资租赁合同司法解释》第22条第2款规定："前款规定的损失赔偿范围为承租人全部未付租金及其他费用与收回租赁物价值的差额。合同约定租赁期间届满后租赁物归出租人所有的，损失赔偿范围还应包括融资租赁合同到期后租赁物的残值。"本案中，温州某海运公司已全额支付了服务费、保证金和租前息，其全部未付租金及其他费用应为全部未付租金扣减保证金，即107298837.36元-27000000元=80298837.36元；某融租公司已经拥有在建船舶"长能7"轮的船舶所有权，经评估"长能7"轮在目前状态下的现值约为29120000元，即收回租赁物的价值为29120000元；融资租赁合同约定租赁物的留购价为900000元，即融资租赁合同到期后租赁物残值为900000元。简言之，温州某海运公司应当承担的损失赔偿范围应为80298837.36元-29120000元+900000元=52078837.36元。

某融租公司分别与浙江某能源公司、杨某建签订保证合同，约定浙江某能源公司和杨某建为温州某海运公司在融资租赁合同项下的全部债务提供不可撤销的连带责任保证。浙江某能源公司和杨某建作为连带保证人，对于温州某海运公司应当承担的违约责任承担连带保证责任。

综上所述，某融租公司和温州某海运公司签订的融资租赁合同合法有效，温州某海运公司作为承租人，其未支付租金的行为构成根本违约，应承担支付违约金、赔偿损失等违约责任。浙江某能源公司和杨某建作为连带保证人，

---

① 对应《民法典》第566条。

对温州某海运公司的上述违约责任承担连带赔偿责任。

一审法院判决：一、某融租公司与温州某海运公司签订的《融资租赁合同》《融资租赁合同补充协议》于2014年8月26日解除；二、温州某海运公司于判决生效之日起十日内向某融租公司支付损失赔偿金52078837.36元；三、温州某海运公司于判决生效之日起十日内向某融租公司支付违约金609081.99元；四、浙江某能源公司和杨某建对于温州某海运公司的上述债务承担连带赔偿责任，浙江某能源公司和杨某建承担保证责任后，有权向温州某海运公司追偿；五、驳回某融租公司其他诉讼请求。

某融租公司不服一审判决，提起上诉，请求撤销一审判决第二、三、五项，改判温州某海运公司支付某融租公司损失赔偿金69448754.21元、逾期付款违约金2971581.68元（按未付款项日万分之五暂计算至起诉之日，实际计算至实际还款之日），并改判温州某海运公司向某融租公司交付“长能7”轮。

二审法院观点：

本案的审查重点为温州某海运公司应支付某融租公司的损失赔偿数额及逾期付款违约金的计算方式。

（一）某融租公司是否有权请求解除涉案融资租赁合同及其补充协议。某融租公司向温州某海运公司支付90000000元购船款后，即已履行融资租赁合同约定的义务，温州某海运公司未按合同约定的期限和数额支付租金，已符合合同约定的解除条件。温州某海运公司在某融租公司履行催告程序并向一审法院起诉要求解除合同后，仍未支付到期租金，亦未作出继续履行合同的意思表示。一审法院对某融租公司解除融资租赁合同及其补充协议的请求予以支持，并无不当。

某融租公司系在未通知温州某海运公司解除合同的情形下，直接向一审法院提起诉讼请求判令解除合同，该行为属于选择通过提起诉讼的公力救济方式，请求法院判令解除其与温州某海运公司之间的融资租赁合同关系。法院作出解除合同的裁判是通过判决消灭既存的融资租赁法律关系。涉案融资租赁合同及其补充协议应自判决生效时解除。

（二）损失赔偿数额。损失赔偿范围应为承租人全部未付租金及其他费用与收回租赁物价值的差额，合同约定租赁期间届满后租赁物归出租人所有的，还应包括融资租赁合同到期后租赁物的残值。其一，温州某海运公司的全部未付租金及其他费用。温州某海运公司应支付某融租公司的租金及其他费用包括租金、租前息以及服务费，该公司已全额支付租前息、服务费，其全部未付租金及其他费用应为租金107298837.36元，减除保证金27000000元后，共计80298837.36元。其二，收回租赁物的价值。融资租赁合同及其补充协议未就"长能7"轮的价值作出约定，且"长能7"轮尚属在建船舶，其在合同解除时的价值亦无法参照合同中约定的承租人留购价格予以确定，故一审法院选取由评估机构对"长能7"轮现值进行评估的方式确定其价值为29120000元，并无不当。其三，合同到期后租赁物的残值。涉案融资租赁合同及其补充协议未约定合同到期后租赁物的归属，仅约定承租人有权选择以900000元留购船舶。合同该项约定系将取得租赁物所有权的选择权赋予承租人，且行使选择权利的时间点为租赁期间届满之时，应属于对租赁物归属约定不明确的情形。依照《合同法》第250条[①]"对租赁物的归属没有约定或者约定不明确，依照本法第六十一条[②]的规定仍不能确定的，租赁物的所有权归出租人"之规定，租赁期间届满后租赁物应认定为归出租人所有。一审法院根据融资租赁合同关于留购价款的约定，将合同到期后租赁物的残值确定为900000元，并无不当。温州某海运公司承担的损失赔偿范围还应包括租赁物残值900000元。综上，温州某海运公司承担损失赔偿范围应为80298837.36元（全部未付租金）－29120000元（"长能7"轮价值）＋900000元（租赁合同到期后租赁物的残值）＝52078837.36元。

（三）逾期付款违约金计算方式。合同关系存续期间，某融租公司有权依据补充协议逾期付款违约金的约定，要求温州某海运公司承担至全部款项付清之日止的违约责任。合同因违约而解除时，温州某海运公司承担的违约金仅应计算至合同解除之日。

二审法院判决：一、维持一审判决第二项、第四项；二、撤销一审判决第五项；三、变更一审判决第一项为：某融租公司与温州某海运公司签订《融资租赁合同》及《融资租赁合同的补充协议》于判决生效之日解除；四、变更一审判决第三项为：温州某海运公司于判决生效之日起十日内向某融租公司支付逾期付款违约金（本金自第5期起计算至判决生效之日已届满的期数止，第5期计2805232.6元、自第6期起每期计5961046.52元；自判决生效之日已届满的各期租金付款期限截止之日的次日起至判决生效之日止，按本金日万分之五的标准计算）；五、驳回某融租公司的其他上诉请求。

---

① 对应《民法典》第757条。

② 对应《民法典》第510条。

法官评析

1. 融资租赁合同的解除

（1）融资租赁合同解除的方式

《民法典》合同编规定的合同解除包括协商解除、约定解除、法定解除三种。协商解除系指合同各方经过协商达成一致的意思表示导致合同的解除，约定解除、法定解除则指享有解除权的合同一方单独意思表示或行为产生合同解除的法律后果。各立法例就约定解除权、法定解除权的行使方式主要规定了三种模式：一是当事人无权自行通知解除合同，必须通过公权力的介入，由法院裁判决定合同是否解除，例如《法国民法典》第1184条“债权人的解除契约，必须向法院提起之，法院依情形对于被告得许犹豫期间”；二是依据约定或法律规定，享有解除权的一方当事人将解除合同的意思表示送达到合同另一方当事人，就能发生解除合同的法律后果，无须对方当事人的同意，例如《德国民法典》第349条“解除以向另外一方当事人作出表示的方式进行”、《日本民法典》第540条“依契约或者法律的规定，一方当事人享有解除权时，其解除以对相对人的意思表示进行”；三是无需通知，依违约情况当然解除，例如《联合国国际货物销售合同公约》第72条“如果在履行合同日期之前，明显看出一方当事人将根本违反合同，另一方可以宣告合同无效”。《民法典》第565条规定模式与第二种模式基本相同，即解除权的行使应向对方当事人以意思表示为之，无需征得对方同意，无需其他方式辅助，即可发生解除合同的效力。

《民法典》合同编及相关司法解释除规定一方当事人的解除权外，还规定了被通知人的异议权，即一方发出解除通知，对方可以在三个月内向法院起诉确认解除通知的效力。大多情况下合同解除会使当事人利益此消彼长而非共同增加，故在根本利益相互冲突的情况下，一方行使解除权，另一方总会想尽办法找出抗辩理由逃避责任或拖延时间，如此可能导致合同在长时期内处于解除与否不能确定的状态。鉴于此，从效率角度考虑，享有解除权的当事人往往选择直接向法院诉请解除合同。通说认为，解除权人可以不履行通知程序，直接通过诉讼方式解除合同，理由在于《民法典》第565条赋予当事人依自力救济消灭合同关系的权利，属于对解除权人行使解除权方式的放宽而不是限缩。当事人放弃更为宽松的通知解除，选择程序最为严格的诉讼解除，是对其自身权利的自由处分，并未实质性违反《民法典》第565条规定，亦未损害对方当事人的利益，反而能使纠纷得到更为迅速、正确、有效的解决，当然不应禁止。

(2) 不同解约方式对解约后果的影响

一方当事人行使解除权通知解除合同时，通常会产生两种形式的诉讼：一是异议权人在约定的异议期间或自解除通知到达之日起三个月内提起异议之诉，请求法院或仲裁机关确认合同解除的效力；二是解除权人行使解除权后，双方当事人就合同解除与否、合同解除后果等发生争议，由一方当事人提起的诉讼。上述两种诉讼的实质均是当事人对双方之间合同关系是否解除存在争议，希望通过法院审理予以裁断。法院判决仅是对行使解除权一方当事人行为能否发生合同解除的法律效力的确认，而不是对现存的合同法律关系的消灭。从诉讼类型上看，属于确认之诉。若法院判决确认一方当事人享有解除权，则合同应自解除通知到达对方当事人时解除。

一方当事人请求法院判决解除合同时，当事人对彼此之间既存的合同法律关系的客观存在尚无争议，一方当事人提起诉讼的实质是单方放弃解除权的行使，不再依自力救济消灭合同关系，而是希望通过公力救济，请求法院判决消灭现存的合同法律关系。从诉讼类型上看，属于形成之诉。若法院判决认为当事人诉请成立，则合同自起诉状副本或者仲裁申请书副本送达对方时解除。

就本案而言，某融租公司在未通知温州某海运公司解除合同的情形下，直接向一审法院提起诉讼请求判令解除合同，属于公力救济方式，表明其放弃行使自力救济方式。在此情形下，一审法院向温州某海运公司送达载有某融租公司主张解除合同意思表示的起诉状，抑或某融租公司在一审法院庭审中作出解除合同的意思表示，均仅能视为某融租公司向一审法院表达解除合同的诉求，而不能视为其通知温州某海运公司解除合同。法院作出的解除合同的判决，并非对某融租公司的行为能够发生合同解除的法律效力予以确认，而是通过判决消灭既存的融资租赁法律关系。故而，一审法院将一审开庭审理之日（2014 年 8 月 26 日）认定为某融租公司通知解除合同之日，并据此确认合同于此日解除，系属不当。涉案融资租赁合同及其补充协议应自判决生效时解除。《民法典》生效后，依照其第 565 条第 2 款规定，合同自起诉状副本或者仲裁申请书副本送达对方时解除。

2. 逾期付款违约金、逾期付款损失与《融资租赁合同司法解释》第 11 条规定的损失赔偿的选择适用

（1）逾期付款违约金的计算终点

实践中，不同法院对逾期付款违约金的计算终点存在不同认识，主要有以下两种：一是计算至款项实际清偿之日，二是计算至判决确定的给付期限内实际履行之日止。我们倾向性认为，后一种观点更具有合理性，主要理由为：《民事诉讼法》第253条规定当事人未按判决、裁定和其他法律文书指定的期间履行给付金钱义务的，应当加倍支付迟延履行期间的债务利息。民事诉讼文书样式要求判决主文包括给付金钱义务的，需在判决主文后告知上述迟延履行责任。因此，《民事诉讼法》第253条规定的惩罚性利息责任属于法律强制性规定，排除了当事人的自由选择及法院的自由裁量，应强制适用。然而，在判决实际履行过程中，存在大量违约方实际清偿款项时间晚于判决确定的款项给付期限的情况。若适用前一种观点，则会出现对一种违法行为科以两种赔偿责任的情况，结果显失公平。若适用后一种观点，违约方在判决确定的给付期限内任意时点履行，则逾期付款违约金计付至实际履行之日；若违约方未能履行，则逾期付款违约金计付至判决确定的给付之日，其后违约方依照《民事诉讼法》第253条承担法定惩罚性利息，该种做法既能使得违约方就其逾期行为承担赔偿责任，又避免了双重赔偿的可能，更为公平合理。

需说明的是，后一种观点更适用于合同有效存续的情形，合同解除之后，逾期付款违约金的计算终点也将有所变化，主要理由为：违约金系当事人通过约定而预先设定并独立于履约行为之外的给付行为。合同解除之后，虽然违约金条款依照《民法典》第567条“合同的权利义务关系终止，不影响合同中结算和清理条款的效力”之规定仍属合法有效，但适用违约金条款计算违约责任的终点应截至合同解除之日，其后违约方承担违约责任的合同基础已不存在，其不再负有支付约定违约金的义务。换言之，合同约定的违约金条款仅能解决合同存续期间的违约责任问题，合同解除之后，当事人权利义务关系还应依照法律规定调整。故而，在当事人直接起诉解除合同的情形下，逾期付款违约金应计算至判决生效之日止。

（2）逾期付款违约金与逾期付款损失

逾期付款违约金与逾期付款损失赔偿责任属于两种不同的违约责任形式。合同解除后，违约方承担违约金的合同基础已不存在，故其无须再行承担逾期付款违约责任。若守约方确因违约方逾期付款而遭受经济损失，可依照《民法典》第566条、第584条之规定，要求违约方赔偿逾期付款损失。计算标准可参照《买卖合同司法解释》第24条“以中国人民银行同期同类人民币贷款基准利率为基础，参照逾期罚息利率标准计算”的规定。

(3) 逾期付款损失与《融资租赁合同司法解释》第11条规定的损失赔偿

从我国法律规定来看，合同解除损失赔偿的规定主要集中于《民法典》第566条、第584条。融资租赁合同作为有名合同的一种，有其特殊的规定，主要集中于《民法典》第752条、第758条及《融资租赁合同司法解释》第11条。我们倾向性认为，在二者外延存在差异情形下，应优先适用《民法典》合同编典型合同分编、《融资租赁合同司法解释》所作的特殊规定。《融资租赁合同司法解释》第11条规定的提前解约损失赔偿范围包括全部未付租金、其他费用与收回租赁物价值的差额以及融资租赁合同到期后租赁物的残值，该损失赔偿范围已涵盖承租人违约导致融资租赁合同解除时，出租人因违约而遭受的，包括合同履行后可以获得的利益在内的全部损失。若另行支持逾期付款损失，则可能造成出租人获得的总赔偿额超出可得利益损失的情形，进而违反《民法典》第584条规定的基本原则。故在出租人依法解约情形下，承租人无须再行赔付合同解除之后的逾期付款损失。

就本案而言，合同关系存续期间，若温州某海运公司逾期支付到期租金，某融租公司可依据补充协议相关约定，要求温州某海运公司承担至全部款项付清之日止的违约责任。合同因违约而解除时，温州某海运公司承担的违约金仅应计算至合同解除之日；其后，因其承担违约金的合同基础已不存在，故不再负有支付约定违约金的义务。依照《融资租赁合同司法解释》第11条第2款的规定，某融租公司因合同解除而取得的全部损失赔偿应确定为52078837.36元，该损失赔偿数额已涵盖某融租公司在合同解除后可能因温州某海运公司未支付到期租金而遭受的损失。据此，温州某海运公司无需就其逾期付款行为承担赔偿逾期付款损失的法律责任。

三、未达到合同约定解除条件，承租人单方通知解除合同对出租人是否生效

——高某等与某融资租赁有限公司融资租赁合同纠纷案①

关 键 词： 单方通知　合同解除　约定解除条件

问题提出： 尚未达到合同约定的解除条件，承租人单方通知解除融资租赁合同对出租人是否生效？

裁判要旨： 案涉融资租赁合同约定承租人未经出租人书面同意不得解除合同。如果案涉合同系双方真实意思表示，该约定合法有效，理应遵守。承租人主张发出解除通知即已解除合同一般不会得到法院支持。

案情简介

上诉人（一审原告）：高某、王某

被上诉人（一审被告）：某融资租赁有限公司（以下简称融资租赁公司）

被上诉人（一审第三人）：天津裕诚公司、北京中浦公司、中联重科公司

2010年12月3日，天津裕诚公司（出卖人）与融资租赁公司（买受人/出租人）签订《产品买卖合同》，融资租赁公司从天津裕诚公司处购买全地面起重机一台，价格1226.7万元，按产品标准配置减副卷扬系统。

2010年12月8日，融资租赁公司与高某（承租人）签订《融资租赁合同》及其附件，主要内容如下：出租人为融资租赁公司，承租人为高某，共同债务人为王某。2011年3月14日，高某、王某向融资租赁公司支付了首期租金和管理费。2011年3月18日，高某、王某向融资租赁公司支付了车辆抵押费、续保保证金、保险费、租赁保证金。除此之外，高某、王某未再向融资租赁公司支付过租金。

合同履行过程中，租赁车辆发生侧翻，高某将车辆送至天津裕诚公司维

① 一审法院为北京市怀柔区人民法院，案号：(2014) 怀民（商）初字第04725号；二审法院为北京市第三中级人民法院，案号：(2015) 三中民（商）终字第00757号。

修。2013年5月28日，高某向融资租赁公司发出《解除合同通知书》，称因销售方迟延交付发票导致无法给车辆上牌，车辆质量、自重和维修存在问题，不能实现功效，故要求解除所签融资租赁合同及附件。该通知书于2013年5月29日送达融资租赁公司。后，高某诉至法院请求确认案涉合同已解除。

各方观点

高某、王某观点：2010年12月10日，高某、王某与融资租赁公司签订《融资租赁合同》及相关附件，融资租赁被告出租的全地面起重机1台。二原告于2011年1月1日收到租赁物，但被告没有立即给原告出具购车发票，致使二原告无法给租赁物上牌照。被告提供给原告的租赁物缺少50吨、180吨、260吨吊钩，不能实现其功效。因租赁物使用说明书中没有平衡重0吨支腿6.5米主臂工况起重性表（简称零配重半腿工况），导致租赁物无法操作。本案租赁的全地面起重机的自重为72吨，远远超过国家规定的计重标准，故该租赁物不能上路，上路就要接受行政部门的巨额罚款，因罚款数额大于作业的收益，故原告只好停止作业。因上述种种原因，原告无法利用租赁物作业，不能实现合同目的，故原告于2013年5月29日给被告送达了解除合同通知书，并将租赁物送回被告的保障中心北京中浦公司处。因合同已经解除，被告收取原告的首期付款包括首期租金613350元，租赁保证金613350元，管理费291341.25元，续保保证金20000元，车辆抵押费1500元，上述款项共计1539541.25元均没有法律依据。

2011年3月16日晚，因车质量问题，该车整体侧翻，砸在冀R××挂车上，造成车辆及场地毁损严重，给原告造成经济损失共计630859.2元。

租赁物在出售方天津裕诚公司修理过程中，因等中联重科公司配件等原因，迟迟不能修好，为了减少损失，原告按照被告的要求在车辆没有喷漆，也没有更换玻璃的情况下，在翻车后的第42天即2011年4月27日将车提出。原告在提车后作业过程中，被告于2011年5月6日起无故三次锁车，因锁车给原告造成经济损失共计130万元。

因质量问题严重（如大架子开焊、后配重架开焊、吃胎严重、四个支腿与大梁接触部位受力点都开焊、发动机故障等），租赁物无法作业。上述质量问题给原告造成损失共计27.5万元。

融资租赁公司观点：不同意解除融资租赁合同，原告无权解除，亦无权要求返还首期租金、租赁保证金等款项，且原告一直在使用该设备；因租赁物质量问题产生的损失，被告不承担责任；被告锁车符合合同约定，由此产生的损失由原告自行承担；原告没有充分证据证明应由被告承担公证费；保险公司因被告翻车赔偿的保险费及原告多交的保险费均已冲抵原告欠被告的租金。综上，不同意原告的诉讼请求。

天津裕诚公司观点：首先，原告没有证据证明租赁物存在质量问题；其次，如果存在质量问题也是生产厂家的责任，与天津裕诚公司无关，不同意原告的诉讼请求。

北京中浦公司观点：与北京中浦公司无关，不同意原告的诉讼请求。

中联重科公司观点：原告已在备忘录中放弃了因未能上牌、GPS 开停机、产品质量、售后服务维修等纠纷的索赔及追究相关法律责任的权利。综上，不同意原告的诉讼请求。

法院观点

一审法院观点：

融资租赁公司与高某、王某签订的《融资租赁合同》系当事人的真实意思表示，且不违反法律、行政法规的强制性规定，应属合法有效，双方均应遵照履行。《融资租赁合同》明确约定因产品质量问题产生的纠纷由承租人直接与出卖人交涉，与出租人无关，故高某、王某无权因产品质量问题解除与融资租赁公司的《融资租赁合同》，也无权要求返还首期款项、赔偿因产品质量问题造成的损失。对于高某、王某要求融资租赁公司返还保费的诉讼请求，因融资租赁公司根据合同约定已将其冲抵高某、王某所欠租金及利息，故对高某、王某的该项诉讼请求法院不予支持。高某、王某对融资租赁公司的锁车行为提交的证人证言，证人未出庭，其书面证言在时间跨度上亦存在矛盾之处；高某、王某主张的因融资租赁公司锁车造成自己 130 万元的损失，其与金鼎公司和市政工程公司签订的合同履行期间均处于调整租赁期间之前，融资租赁公司基于高某、王某迟延交付租金进行锁车的行为符合《融资租赁合同》的约定，且高某、王某在备忘录中亦放弃了因锁车对融资租赁公司索赔的权利，故对高某、王某要求融资租赁公司承担锁车造成损失的诉讼请求法院不予支持。对高某、王某要求承担连带责任的诉讼请求，法院亦不予支持。因租赁物质量问题产生的纠纷与本案不属于同一法律关系，高某、王某应另案起诉，本案不予处理。综上，一审法院判决驳回高某、王某的诉讼请求。

二审法院观点：

二审法院和一审法院持相同观点。一审法院认为高某、王某与融资租赁公司签订的《融资租赁合同》系各方当事人的真实意思表示，且未违反国家法律、行政法规的强制性规定，系有效合同。《融资租赁合同》中已经明确约定，未经融资租赁公司书面同意，不得解除合同。高某、王某虽向融资租赁公司发出解除合同通知，但融资租赁公司并未书面同意。高某、王某关于其已发送解除合同通知，双方合同已于解除合同通知送达时解除之上诉意见缺乏事实及法律依据，不予采信。现融资租赁公司明确表示其不同意解除合同，双方对合同解除事宜并未达成合意。高某、王某亦未能提供证据证明融资租赁公司在履行合同过程存在根本违约行为并足以导致合同解除。高某、王某关于解除合同之诉讼请求缺乏事实及法律依据。高某、王某基于买卖合同所产生之纠纷，不属同一法律关系，对此不予处理。

综上，二审法院判决驳回上诉，维持原判。

法官评析

合同解除，是指合同成立后，未履行或未完全履行前，符合法定或约定解除条件时，由解除权人行使解除权而使合同关系归于消灭的一种行为。作为合同终止的方式之一，合同解除后，必然会产生相应的法律效果，如恢复原状、采取其他补救措施或损害赔偿等。但融资租赁合同不仅具有一般合同的基本特征，还独有融资性强、周期长、租赁物融通性弱等特点，法律对其解除权的行使及法律效果在制度设计上赋予了不同于一般合同的安排。

1. 融资租赁合同具有“中途不可解约性”

融资租赁合同的当事人双方通常均会在融资租赁合同中约定除特殊情况外，一般未经另一方的同意不得擅自解除合同，即融资租赁合同的“中途不可解约性”。主要体现在以下两方面：

首先，对出租人而言，承租人通过融资租赁来实现融资的目的，而出租人通过向承租人出租租赁物收取租金获利。在这个模式下，特定的租赁物仅是实现融资目的的载体，并不具有通用性。如果允许承租人随意中途解除合同，那么出租人就很难收回之前的资金投入。此外，承租人解除合同后虽然能将该租赁物返还给出租人，但是对出租人来说，此租赁物没有丝毫的使用价值，同时也很难在短时间内转手将租赁物出租给新的承租人。根据合同解除规则，合同中途解除后，未履行部分的合同不再履行，这将使出租人遭受较大的预期收益损失。

其次，对承租人而言，之所以采取融资租赁的方式取得租赁物的使用权并支付比银行贷款高的租金利息，其原因在于缺乏自有资金且无法通过银行等其他渠道获得融资。合同签订后，承租人出于使用租赁物的目的作了大量准备工作，并且付出了较大的前期投入。允许出租人中途解除合同，收回租赁物，将使承租人前期的投入无法收回而遭受损失。

2. 融资租赁合同的法定解除情形

融资租赁合同的中途不可解约性并非绝对，出于平衡合同双方利益的需要，在符合法律规定的条件下，承租人和出租人均可行使解除权：

（1）出租人与承租人均享有的合同解除权

除《民法典》第563条规定的几种情形外，在特定条件下，当融资租赁合同缺乏成立基础，租赁物非因出租人或承租人的原因，无法正常交付或使用，使合同陷入履行不能时，出租人和承租人均有解除权。《民法典》第754条规定："有下列情形之一的，出租人或者承租人可以解除融资租赁合同：（一）出租人与出卖人订立的买卖合同解除、被确认无效或者被撤销，且未能重新订立买卖合同；（二）租赁物因不可归责于当事人的原因毁损、灭失，且不能修复或者确定替代物；（三）因出卖人的原因致使融资租赁合同的目的不能实现。"

（2）出租人的合同解除权

《民法典》第753条规定："承租人未经出租人同意，将租赁物转让、抵押、质押、投资入股或者以其他方式处分的，出租人可以解除融资租赁合同。"《融资租赁合同司法解释》第5条规定："有下列情形之一，出租人请求解除融资租赁合同的，人民法院应予支持：（一）承租人未按照合同约定的期限和数额支付租金，符合合同约定的解除条件，经出租人催告后在合理期限内仍不支付的；（二）合同对于欠付租金解除合同的情形没有明确约定，但承租人欠付租金达到两期以上，或者数额达到全部租金百分之十五以上，经出租人催告后在合理期限内仍不支付的；（三）承租人违反合同约定，致使合同目的不能实现的其他情形。"

（3）承租人的合同解除权

《融资租赁合同司法解释》第6条规定："因出租人的原因致使承租人无法占有、使用租赁物，承租人请求解除融资租赁合同的，人民法院应予支持。”承租人与出租人签订融资租赁合同的目的是通过对租赁物的占有、使用从而获得收益，若无法对租赁物形成有效的占有、使用，其收益将无从谈起。如果因出租人的原因，导致承租人无法占有、使用租赁物，仍然要求承租人继续支付租金，对承租人而言明显不利，也有违公平原则。如：出租人无正当理由收回租赁物、因出租人的原因导致第三人对租赁物实现担保物权等、因出租人的原因导致买卖合同不成立等，承租人此时行使解除权能有效避免损失扩大，也防止了出租人根据融资租赁合同索取不合理的租金。

3. 融资租赁合同解除的举证责任分配

在合同纠纷案件中，主张合同关系成立并生效的一方当事人对合同订立和生效的事实承担举证责任；主张合同关系变更、解除、终止、撤销的一方当事人对引起合同关系变动的事实承担举证责任。高某应当对融资租赁合同解除事由的存在承担证明责任。

在本案中，案涉合同系双方真实意思表示，且未违反法律、行政法规的强制性规定。那么合同中，关于“未经融资租赁公司书面同意，不得解除合同”的约定，合法有效，理应遵守。高某虽向中联重科公司发出解除合同通知，但中联重科公司并未书面同意，庭审中亦明确表示不同意解除合同，双方对合同解除事宜并未达成合意。高某亦未能提供证据证明融资租赁公司在履行合同过程中存在根本违约行为并足以导致合同解除，高某关于解除合同的诉讼请求缺乏依据。

四、非因承租人原因导致租赁物被扣押的，承租人是否享有合同解除权

*——施某与吉运公司融资租赁合同纠纷案*①

关 键 词： 承租人解除权　租赁物　扣押

问题提出： 非因承租人原因导致租赁物被扣押的，承租人是否有权解除融资租赁合同？

① 一审法院为辽宁省营口市鲅鱼圈区人民法院，案号：（2013）鲅民二初字第00231号；二审法院为辽宁省营口市中级人民法院，案号：（2015）营民三终字第00364号。

裁判要旨： 出租人应当保证承租人对租赁物的占有、使用。融资租赁物已经被扣押，导致承租人无法对租赁物占有、使用，且租赁物被扣押亦非承租人的原因造成，而是出租人的原因导致融资租赁合同的目的不能实现。因出租人的过错导致合同解除，出租人应当承担合同解除的过错责任，在扣除承租人使用期间的融资利息后，出租人应当返还承租人已付款项。

案情简介

上诉人（一审被告）：吉运公司

被上诉人（一审原告）：施某

2012年5月25日，原告（甲方）、被告（乙方）签订一份融资租赁合同。合同约定，甲方根据乙方的要求及乙方对出卖人和租赁物的完全自主选定，向出卖人购买租赁物，出租给乙方使用，乙方按合同条款租入租赁物并向甲方支付租金；租赁物为汽车一辆；合同期限及还租期限均为2012年5月23日至2014年5月22日。总租金为393984.00元（是购买租赁物的剩余购置价与融资利息之和），其中租赁物购置价为360000.00元，融资利息为69984.00元；租赁期内2012年5月23日至2013年9月22日月租金为19699.00元，2013年9月23日至2014年5月22日月租金为9850.00元，每月23日为乙方还款日期。在合同期限内，租赁物的所有权属于甲方，甲方有权将租赁物抵押给第三方，但不得影响本合同项下乙方的权利和义务。合同签订后，原告于2012年5月21日支付租金217100.00元，于2012年7月6日支付租金20455.00元，于2012年7月23日支付租金20299.00元，于2012年8月1日支付租金20505.00元，于2012年9月2日支付租金40591.00元，于2012年9月27日支付租金20215.00元，于2012年10月16日支付租金20849.00元，于2012年10月22日支付租金19899.00元，于2012年11月6日支付租金20931.00元，于2012年11月21日支付租金19899.00元，于2013年2月7日支付租金21000.00元，于2013年2月19日支付租金19899.00元，总计支付461642.00元。在合同履行期内，被告下属子公司将车辆向本溪市商业银行明山支行抵押贷款，后欠付贷款，被本溪市商业银行明山支行起诉。2013年5月14日，本溪市明山区人民法院扣押了原告正在使用的车辆。诉讼中，被告提供了融资租赁合同中融资利息的说明，称融资利息是按照既定计算标准一次性计入租赁物总租金，租期内（24 个月）租金偿还是以租赁物总租金按照一定还款比例（4:4:2）计算至每个月，融资利息与租赁物总租金是不可分割的一个整体，在合同履行中不单独计算融资利息还款项目。租赁物购置价－预收购置价＋融资利息＝租赁物总租金，租赁物总租金×还款比例/期内月数（8 个月）＝当月租金偿还标准。经法院按被告提供的计算方法核算，原告使用期内车辆的融资利息应为 41990.40 元（69984.00 元×40%÷8 个月×12 个月＝41990.40 元）。另查，法院依据原告的申请，于 2013 年 7 月 23 日作出（2013）鲅民二初字第 00231 号民事裁定书，裁定冻结了被告的银行存款 529547.00 元。

各方观点

吉运公司观点： 请求撤销原判发回重审或改判，主要理由是：一审认定事实不清，关于被上诉人支付的首付款及其他款项问题，一审未认定该款项首付款金额、手续费包含的内容及各项内容的金额，上述款项中包括首付款、保险费、税款、GPS 费用及担保金，即使法院认定上诉人应返还租金及首付款，保险费、税款及 GPS 费也不应返还。一审认定事实错误，一审将被上诉人支付所有款项均认定为租金是错误的，还应有滞纳金。上诉人下属子公司抵押车辆致使被上诉人不能使用租赁车辆的过错应由被上诉人承担。一审遗漏重要事实，致使法律适用错误。按合同约定，被上诉人应每月 23 日支付租金，承租人未按合同约定支付租金，上诉人可收回租赁物，并不承担任何责任，故本溪法院扣车不应追究上诉人的责任。一审适用法律错误，被上诉人使用一年的车辆使用费应予扣除。

施某观点： 一审认定事实清楚，适用法律正确，二审应予维持。

法院观点

一审法院观点： 原、被告签订的融资租赁合同是双方当事人的真实意思表示，不违反法律规定，应为有效。在合同履行期间，被告允许其集团下属子公司将出租物抵押贷款，该公司因未能如期偿还贷款导致出租物被法院扣押，原告不能继续占有和使用租赁物，被告的行为违反了《合同法》第245条[①]规定的平静占有担保义务，构成违约，原告要求解除合同并返还已付的车辆购置款、手续费以及租金中包含的车辆购置款的诉讼请求有事实及法律上的依据，法院予以支持。原告已交纳461642.00元，扣除车辆在使用期间的融资利息41990.40元，被告应返还原告419651.60元。被告辩称，其替原告缴纳的保险费及其他费用应予扣除，因其未能提供有效凭证，故法院不予采信。关于原告主张的停运损失，诉讼中法院委托鉴定机构进行评估，鉴定机构以车辆已被本溪法院扣押无法进行评估为由退回了鉴定申请，故对停运损失原告可另行组织证据进行诉讼。对于原告主张的延误工期支付的违约金，因其提供的证据不足，故法院不予支持。一审法院判决：一、解除原告施某与被告于2012年5月25日签订的融资租赁合同。二、被告于本判决生效后10日内返还原告施某419651.60元。

二审法院观点：上诉人与被上诉人之间签订的融资租赁合同是双方真实意思表示，不违反法律、行政法规的强制性规定，应为有效。融资租赁合同是出租人根据承租人对出卖人、租赁物的选择，向出卖人购买租赁物，提供承租人使用，承租人支付租金的合同。上诉人作为出租人应当保证被上诉人即承租人对租赁物的占有、使用。融资租赁车辆已经被扣押，导致被上诉人无法对租赁物占有、使用，且租赁的车辆被扣押亦非被上诉人的原因造成，而是上诉人子公司的原因导致融资租赁合同的目的不能实现，一审解除双方合同关系并无不当。因上诉人的过错导致合同解除，上诉人应当承担合同解除的过错责任，在扣除被上诉人使用期间的融资利息后，一审判决上诉人返还被上诉人已付款项并无不当。

法官评析

1. 非因承租人原因导致租赁物被扣押，承租人是否有权解除融资租赁合同

《民法典》第563条规定，“有下列情形之一的，当事人可以解除合同：……（四）当事人一方迟延履行债务或者有其他违约行为致使不能实现合同目的”。第748条规定：“出租人应当保证承租人对租赁物的占有和使用。出租人有下列情形之一的，承租人有权请求其赔偿损失：（一）无正当理由收回租赁物；（二）无正当理由妨碍、干扰承租人对租赁物的占有和使用；（三）因出租人

① 对应《民法典》第748条。

的原因致使第三人对租赁物主张权利；（四）不当影响承租人对租赁物占有和使用的其他情形。”出租人或承租人均有权请求解除合同的，有三种情形：一是买卖合同解除，被确认无效或被撤销，也不太可能重新订立新的买卖合同；二是因为不可归责于双方的原因，租赁物意外毁损、灭失且不能修复，也不可能提供替代物；三是由于出卖人的原因导致融资租赁合同目的不能实现。承租人可解除合同的情形只有一种，即由于出租人的原因导致承租人无法占有使用租赁物可以解除合同。

上述可解约情形实质就是由于非承租人原因导致承租人无法实现对租赁物的占有、使用，使得承租人无法实现“融物”目的。上述规定无非是根据融资租赁交易的具体情形，依照《民法典》合同编相关规定进行了归纳。

本案中，出租人子公司将租赁物抵押贷款，最终导致法院因出租人子公司无法还款的原因扣押租赁物，以致承租人无法依约占有和使用租赁物，出租人显然违反了原《合同法》第245条[①]规定的平静占有担保义务，构成违约，承租人无法占有、使用租赁物，即无法实现其“融物”的融资租赁合同目的，因此主张解约符合法律规定。

2. 承租人解除融资租赁合同后可以获得哪些赔偿

在融资租赁交易中，承租人为了实现“融物”的目的，向出租人支付的租金实为出租人代其购买租赁物的融资款本金及利息、利润，各期租金则是融资款本息及利润按照租期进行的分摊，其对价并非租赁物的使用价值。因此，在承租人依法要求解除融资租赁合同且不可能最终获得租赁物所有权之后，其因为融资租赁合同的履行实际获得收益是实际使用租赁车辆期间的融资款利息，所受损失就应当是其全部已付款扣减对应使用期内融资款的利息。从法院认定事实中“总租金为393984.00元（购买租赁物的剩余购置价与融资利息之和）”一语来看，本案承租人在融资租赁租金之外为了最终获得租赁车辆所有权还自行支付了前期车辆购置款、手续费等，这些费用包括出租人抗辩所称出租人代付的租赁车辆保险费等其他费用（虽然其并未提供证据证明），在承租人因为出租人的违约行为已不但不可能获得车辆所有权而且丧失租赁车辆占有权、使用权的情况下，亦属于承租人遭受的出租人违约所致损失，均应由出租人承担。

---

① 对应《民法典》第748条。

五、出租人可否因经销商未向承租人交付租赁物而请求解除合同

——某融资公司与某商贸公司等融资租赁合同纠纷案①

关 键 词： 融资租赁合同　售后回租　出卖人未交付租赁物　解除合同

问题提出： 融资租赁法律关系中，因经销商未向承租人交付租赁物，承租人拒付租金，导致出租人遭受经济损失，出租人可否请求解除合同？

裁判要旨： 为实现融资租赁合同目的，出租人依约履行了向设备经销商支付款项的义务，设备经销商却并未依约向承租人交付租赁设备，承租人因此拒付租金，造成出租人经济损失，出租人要求解除合同的，应予支持。

案情简介

原告：某融资公司

被告：某商贸公司

被告：杨某某

第三人：宋某某

2017年6月26日，原告某融资公司（买方/甲方）与被告某商贸公司（设备经销商/丙方）、第三人宋某某（卖方/乙方）签订《所有权转让协议》，约定乙方以全款方式向丙方购买约定的设备（陕汽牌牵引汽车1台），乙方为向丙方履行付款义务，丙方为取得交易价款，经丙方推荐，乙方向甲方申请办理融资租赁。由甲乙双方签署融资租赁合同（回租）。甲乙双方确认租赁物件协议价款为310000元。乙方作为原购买人应向丙方支付设备价款，根据租赁合同约定，乙方应向甲方支付首付款项，同时根据本协议约定，甲方应当向乙方支付协议价款，为简化交易，甲乙丙三方协商，一致同意：甲方在本协议生效并在下述支付前提条件满足并确认后将协议价款310000元支付至乙方、丙方指定账户，抵扣丙方代甲方向乙方收取的首付款33400元，甲方实

① 审理法院为天津市滨海新区人民法院，案号：（2017）津0116民初3484号。

际支付276600元后，即完成买方支付全部协议价款的义务，三方共同确认，甲方将上述实际应支付的款项全部支付给丙方后，甲方向乙方以及乙方向丙方的付款义务全部履行完毕。乙、丙双方承诺及保证，丙方保证将设备交付给乙方，并向乙方或其指定的其他人（自然人或法人）开具设备发票。若在租赁合同及本协议中，甲方提前支付本协议约定的款项时，但因乙方或丙方原因未提车或未交付车辆或因为政策原因导致车辆无法上牌或抵押，丙方承诺在3个工作日内返还甲方支付的款项；丙方未及时返还甲方支付的款项的，丙方除返还甲方已支付的款项外需另行向甲方支付应付款项40%的违约金。乙方、丙方指定收款账户信息，户名杨某某。

2017年6月26日，原告某融资公司（出租人）与第三人宋某某（承租人）签订《融资租赁合同（回租）》，约定出租人通过售后回租方式为承租人提供融资支持，起租后任何情况下承租人都应按期足额支付租金及其他应付款项，租金合计348318.78元；承租人一经签署本合同，租赁物件的所有权和其他权益立即转移至出租人，在承租人支付完所有租金和应付款项前，在租赁期限内，租赁物件的所有权始终属于出租人；承租人应当按时足额以银行代扣方式支付租金，逾期还款应当支付罚息，罚息按照逾期金额的千分之一（1‰）自《租赁支付表》中应付款日起至承租人实际付款日止逐日按照复利计算。由于签订本合同前租赁物件为承租人所有并实际占有，出租人购买后由承租人租用，故本合同项下租赁物的交付于本合同生效时即完成。租赁期间内，出租人是租赁物件的唯一所有权人。

2017年7月13日，原告某融资公司向被告杨某某账户汇款276600元。被告某商贸公司并未向第三人宋某某交付租赁物。

原告某融资公司系域外法人独资设立的从事融资租赁业务的企业法人，已获得我国行业主管部门的审批，其获取的《批准证书》及申领的营业执照均允许其开展融资租赁及相关的业务。

原告某融资公司向人民法院提出诉讼请求：1. 判令被告某商贸公司、杨某某立即返还原告已支付的全部款项合计276600元；2. 判令被告某商贸公司、杨某某立即支付违约金82980元；3. 本案诉讼费由被告某商贸公司、杨某某承担。

各方观点

某融资公司观点：《所有权转让协议》签订后，原告将扣除首期款后的剩余购车款 276600 元直接转到被告某商贸公司指定的银行账户，即被告杨某某的银行账户。但是被告某商贸公司在收到合同价款后并没有将车辆交付而是将购车款挪用。导致宋某某拒绝向原告支付租金，给原告造成了巨大的经济损失。依据所有权转让协议之约定，被告应返还原告支付的款项，还应向原告支付应付款项 40% 的违约金。原告现自愿将违约金降低至 30%。被告杨某某作为被告某商贸公司的法定代表人，在用被告某商贸公司的名义对外签订合同及办理业务的过程中，法人个人账户与公司账户混同，且被告某商贸公司为自然人独资的有限责任公司，上述条件符合法律规定的财务混同情形，被告杨某某应当对公司债务承担连带责任。

某商贸公司、杨某某观点：被告某商贸公司的实际控制人系杨某，杨某与杨某某在公司成立前有协议，杨某某系挂名法人，与本案无关。原告所述案情属实，杨某因病去世，耽搁还款，非被告主观恶意拖欠，希望原告给予时间偿还涉案资金。

宋某某观点：原告陈述属实，因被告某商贸公司没有向其交付租赁物，故其拒绝向原告支付租金。

法院观点

原告某融资公司与被告某商贸公司、第三人宋某某签订的《所有权转让协议》系双方当事人的真实意思表示，内容不违反法律和行政法规的强制性规定，合法有效。关于交易模式，《所有权转让协议》约定，第三人宋某某向被告某商贸公司购买约定的设备，将设备出售给原告，再通过售后回租方式从原告处租回。鉴于第三人宋某某应向被告某商贸公司支付设备价款，原告应向第三人宋某某支付租赁物价款，为简化交易，原告将租赁物价款直接向被告某商贸公司支付。

关于返还款项及违约金，《所有权转让协议》约定，若在租赁合同及本协议中，甲方提前支付本协议约定的款项时，但因乙方或丙方原因未提车或未交付车辆或因为政策原因导致车辆无法上牌或抵押，丙方承诺在 3 个工作日内返还甲方支付的款项；丙方未及时返还甲方支付的款项的，丙方除返还甲方已支付的款项外需另行向甲方支付应付款项 40% 的违约金。原告依约履行了向被告某商贸公司支付款项的义务，被告却并未依约向第三人交付租赁设备，截至法庭辩论终结时，被告仍未向第三人交付车辆，且明确表示无法交付车辆，因此被告应当依约返还原告已支付的 276600 元并支付违约金，该违约金是针对被告未及时返还款项而约定的损害赔偿，性质主要是补偿性的，综合考虑合同的履行情况、当事人的过错程度及预期利益等因素，原告方自愿将违约金降低为已支付款项的30%，不违反法律规定，本院予以支持。

关于被告杨某某的责任，一人有限责任公司的股东不能证明公司财产独立于股东自己的财产的，应当对公司债务承担连带责任。被告某商贸公司为自然人独资有限责任公司，公司股东为被告杨某某。所有权转让协议中约定的被告某商贸公司收款账户为被告杨某某的个人账户，被告某商贸公司并未建立独立规范的财务制度，被告杨某某亦未能提交证据证明公司财产独立于股东自己的财产，故对于被告某商贸公司给付价款的义务，被告杨某某应当承担连带责任。

法院判决如下：一、被告某商贸公司于本判决生效之日起十日内向原告某融资公司返还276600元；二、被告某商贸公司于本判决生效之日起十日内向原告某融资公司支付违约金82980元；三、被告杨某某对上述给付义务承担连带清偿责任。

法官评析

关于本案中所涉及的交易模式：第一，各方在交易中的地位。原告某融资公司为出租人/买方，被告某商贸公司为设备经销商，被告杨某某为被告某商贸公司法定代表人，第三人宋某某为承租人/卖方。第二，本案中各方签订的合同。原告某融资公司与被告某商贸公司、第三人宋某某签订的《所有权转让协议》以及原告某融资公司与第三人宋某某签订的《融资租赁合同（回租)》。第三，售后回租交易模式。本案中所涉及的融资租赁为售后回租的融资租赁，交易模式为：第三人宋某某向被告某商贸公司购买约定的设备，然后将设备出售给原告，再通过售后回租方式从原告处租回。鉴于第三人宋某某应向被告某商贸公司支付设备价款，原告应向第三人宋某某支付租赁物价款，为简化交易，原告将租赁物价款直接向被告某商贸公司支付。

1. 出卖人违约出租人行使索赔权问题

本案所涉及的是出卖人违约时出租人向出卖人索赔的问题。实践中，出租人直接向出卖人索赔的可能性较小，因为三方一般会在合同中约定承租人享有与受领租赁物有关的买受人的权利和索赔权。如果因租赁物交付或质量问题，也是由承租人直接向出卖人索赔。但也不排除出租人保留索赔权的情况，因为在某些情况下，由出租人向出卖人行使索赔权会更加便利，此时，出租人为索赔权之诉中的原告，出卖人为被告，承租人则以第三人身份参加诉讼。

《融资租赁合同司法解释》第13条第1款规定，出卖人与买受人因买卖合同发生纠纷，或者出租人与承租人因融资租赁合同发生纠纷，当事人仅对其中一个合同关系提起诉讼，人民法院经审查后认为另一合同关系的当事人与案件处理结果有法律上的利害关系的，可以通知其作为第三人参加诉讼。

本案所涉及的融资租赁为售后回租的融资租赁，出卖人、出租人、承租人三方签订的《所有权转让协议》约定，若在租赁合同及本协议中，甲方提前支付本协议约定的款项时，但因乙方或丙方原因未提车或未交付车辆或因为政策原因导致车辆无法上牌或抵押，丙方承诺在3个工作日内返还甲方支付的款项；丙方未及时返还甲方支付的款项的，丙方除返还甲方已支付的款项外需另行向甲方支付应付款项40%的违约金。可见，《所有权转让协议》约定的即是在出卖人违约的情况下，出卖人直接向出租人承担违约责任，故，本案中出租人应作为原告向出卖人行使索赔权。

2. 关于违约责任问题

第一，本案中的违约方。本案中，原告依约履行了向被告某商贸公司支付款项的义务，被告却并未依约向第三人交付租赁设备，截至法庭辩论终结时，被告仍未向第三人交付车辆，且明确表示无法交付车辆，导致上述两个合同无法履行，第三人拒付租金，给原告造成经济损失，违约方为作为出卖人的被告某商贸公司。

第二，被告应承担的违约责任。《民法典》第585条第1款规定，"当事人可以约定一方违约时应当根据违约情况向对方支付一定数额的违约金，也可以约定因违约产生的损失赔偿额的计算方法"。本案中，三方签订的《所有权转让协议》就对违约责任进行了约定："若在租赁合同及本协议中，甲方提前支付本协议约定的款项时，但因乙方或丙方原因未提车或未交付车辆或因为政策原因导致车辆无法上牌或抵押，丙方承诺在3个工作日内返还甲方支付的款项；丙方未及时返还甲方支付的款项的，丙方除返还甲方已支付的款项外需另行向甲方支付应付款项40%的违约金。"本案中，原告依约履行合同义务，但被告却未能履行向第三人交付租赁物的义务，严重违反合同约定，导致合同目的无法实现。因此，被告应当依约返还原告已支付的276600元并支付违约金。

违约金是针对被告未及时返还款项而约定的损害赔偿，性质主要是补偿性的，对于违约金数额，应综合考虑合同的履行情况、当事人的过错程度及预期利益等综合因素，本案中，原告方自愿将违约金降低为已支付款项的

30%，不违反法律规定，也相对合理，应予支持。

3. 关于合同解除问题

根据合同解除权的依据不同，合同解除权可分为约定解除权和法定解除权两大类。约定解除权来源于合同约定，即合同当事人双方对终止合同权利义务的意思表示一致。这种依当事人的合意发生的解除权，称为约定解除权。法定解除权是根据法律规定产生的解除权。《民法典》第563条规定："有下列情形之一的，当事人可以解除合同：（一）因不可抗力致使不能实现合同目的；（二）在履行期限届满前，当事人一方明确表示或者以自己的行为表明不履行主要债务；（三）当事人一方迟延履行主要债务，经催告后在合理期限内仍未履行；（四）当事人一方迟延履行债务或者有其他违约行为致使不能实现合同目的；（五）法律规定的其他情形。以持续履行的债务为内容的不定期合同，当事人可以随时解除合同，但是应当在合理期限之前通知对方。"

根据上述规定，可以看出《民法典》合同编规定的法定解除权大体包括以下几种情形：(1) 因不可抗力而发生的解除权；(2) 因预期违约而发生的解除权；(3) 因迟延履行而发生的解除权；(4) 因根本违约产生的合同解除权。本案中，被告某商贸公司未依约向第三人交付租赁设备，截至法庭辩论终结时，被告仍未向第三人交付车辆，且明确表示无法交付车辆，其行为已经构成根本违约，原告有权解除其与被告及第三人之间的《所有权转让协议》。虽然原告的诉请中未明确要求解除，但其要求二被告返还其已经支付的全部款项及违约金，实际上达到了解除合同的效果。

六、售后回租型融资租赁合同中，破产管理人是否享有《企业破产法》第18条规定的法定解除权

——中信富通公司与众意公司等融资租赁合同纠纷案[①]

关 键 词： 售后回租　破产　法定解除权

问题提出： 售后回租型融资租赁合同中，破产管理人是否享有《企业破产法》第18条规定的法定解除权？

---

① 一审法院为天津市第一中级人民法院，案号：(2014) 一中民二初字第141号；二审法院为天津市高级人民法院，案号：(2015) 津高民二终字第0070号。

裁判要旨： 是否支持承租人破产管理人行使合同解除权，除需要考量是否有利于破产财产价值最大化和恢复其偿债能力外，还应兼顾融资租赁合同中出租人的利益。在售后回租型融资租赁合同中，租赁物原本归承租人所有，出租人签订融资租赁合同的主要目的是收取租金，并非收回租赁物。出租人依约支付完转让价款即视为将租赁物交付给承租人使用，就融资租赁合同的主要义务已经履行完毕。在承租人未按期支付租金，出租人在先提起诉讼要求承租人支付全部租金的情况下，承租人再依据《企业破产法》第 18 条就融资租赁合同行使解除权缺乏依据。

案情简介

上诉人（一审被告）：众意公司

被上诉人（一审原告）：中信富通公司

一审被告：隆亨公司

一审被告：清园公司

一审被告：夏某某

一审被告：应某某

2012 年 12 月 11 日，中信富通公司与隆亨公司、众意公司签订《融资租赁合同》，约定隆亨公司、众意公司以筹措资金为目的，以回租方式向中信富通公司转让租赁物，中信富通公司将受让租赁物出租给隆亨公司、众意公司使用，约定租赁本金 5800 万元，利率 10.1205%，前端费 407.16 万元，保证金 810 万元，名义货价 1.17 万元。同时约定若隆亨公司、众意公司按约定支付租金且无其他违约行为，保证金自动冲抵最后一期或几期租金。如隆亨公司、众意公司在租赁期间未能按时足额支付任何一期租金或其他应付款项，中信富通公司有权提前终止合同，并要求隆亨公司、众意公司立即付清全部租金、滞纳金、违约金及一切其他应付款项。名义货价应与最后一期租金一并支付。

2012 年 12 月 18 日，中信富通公司与隆亨公司、众意公司确定《租金支付表》，详细约定了隆亨公司、众意公司应支付租金的期数，每期租金支付日、每期应付租金、本金、利息（含税）、剩余本金的数额。

上述合同签订后，中信富通公司支付了租赁本金5800万元，隆亨公司、众意公司缴纳了前端费407.16万元及810万元保证金。双方完成了合同约定的结算、所有权转移、租赁物接收、动产权属登记及开具增值税发票的事项。

合同履行中，隆亨公司、众意公司按《租金支付表》如约给付了截至2014年3月14日共五期的租金。但自2014年6月之后至今未按约支付租金。为此，2014年6月23日，中信富通公司分别向隆亨公司、众意公司、清园公司、夏某某、应某某发出《关于融资租赁合同的租金催告通知》，向隆亨公司、众意公司催付租金、滞纳金，向清园公司、夏某某、应某某主张承担保证责任。中信富通公司于2014年9月4日提起诉讼。

另查，2014年9月15日，浙江省富阳市人民法院作出（2014）杭富破（预）字5-2号民事裁定书，裁定受理众意公司因不能清偿到期债务，且资不抵债而向法院提出的重整申请。

各方观点

众意公司观点：一审判决解除《融资租赁合同》后，众意公司仍应支付全部租金及名义货价，违反法律规定。1. 根据《合同法》第97条[①]，合同解除后，尚未履行的债务中止履行，一审判决给付尚未到期的全部租金，缺乏法律依据。2. 根据《合同法》第248条[②]，解除《融资租赁合同》与给付全部租金二者仅能支持其一，如果既判决合同解除又支持给付全部租金，等同于既支持合同解除又支持合同继续履行，两者相互矛盾，与法律规定相违背。3. 根据《合同法》第94条[③]和《企业破产法》第18条规定，本案融资租赁合同的解除为法定解除，无需对方当事人同意。涉案《融资租赁合同》第15.3条约定的承租人违约时出租人有权要求承租人立即付清全部租金或收回租赁物，在合同法定解除的情况下无适用余地。

中信富通公司观点：一审判决认定事实和适用法律基本正确，众意公司的上诉请求和理由，既无事实基础也无法律依据，应当驳回上诉请求，维持一审判决第二项、第三项。主要理由是：1. 一审其他被告并未上诉，众意公司无权代表一审其他被告。一审判决关于隆亨公司等其他一审被告的内容已

---

① 对应《民法典》第566条。

② 对应《民法典》第752条。

③ 对应《民法典》第563条。

经生效，不应再作变更。2. 涉诉的融资租赁合同不适用《企业破产法》第18条法定解除的情形，也不存在中信富通公司应依据《合同法》第248条[①]在解除融资租赁合同与给付全部租金之间作出选择的情况。中信富通公司的诉请一直很明确，要求支付全部租金、滞纳金、违约金及一切其他应付款项。3. 是否取回租赁物是中信富通公司的权利。众意公司认为中信富通公司应当取回租赁物，无事实和法律依据。众意公司主张中信富通公司收取的前端费、保证金过高，但未提供相应的法律依据，中信富通公司对此不予认可。

隆亨公司、清园公司、夏某某、应某某未提交意见。

法院观点

一审法院观点：各方当事人签订的《融资租赁合同》及附件系真实意思表示，内容不违反法律、行政法规的强制性规定，合法有效，均应遵守履行。

2014年9月15日，相关人民法院裁定受理了众意公司有关破产的重整申请，指定了众意公司的重整管理人，依照《企业破产法》第18条的规定，众意公司主张解除诉争《融资租赁合同》，法律依据充分，予以确认。隆亨公司同意继续履行，双方可另行约定。

依照《合同法》第98条[②]的规定，合同解除，合同的权利义务终止，不影响合同中结算和清理条款的效力。中信富通公司要求交纳欠付租金及剩余全部租金和名义货价即属于结算条款的内容，中信富通公司请求的数额有合同的明确约定，证据充分，予以确认，但应当按照合同的约定冲抵810万元保证金。众意公司主张融资租赁合同依法解除，中信富通公司只能主张损害赔偿的抗辩意见，法律依据不足，不予支持。

二审法院观点：《融资租赁合同》系各方当事人的真实意思表示，内容不违反法律、行政法规的强制性规定，合法有效。合同明确约定如隆亨公司、众意公司在租赁期间未能按时足额支付合同项下任何一期租金或其他应付款项时，中信富通公司有权提前终止合同，并要求隆亨公司、众意公司立即付清全部租金、滞纳金、违约金及一切其他应付款项。《合同法》第248条[③]规定，承租人经催告后在合理期限内仍不支付租金的，出租人可以要求支付全

---

① 对应《民法典》第752条。
② 对应《民法典》第567条。
③ 对应《民法典》第752条。

部租金；也可以解除合同，收回租赁物。现隆亨公司、众意公司未按约支付租金，中信富通公司提起诉讼要求其付清全部租金及名义货价，符合合同约定和法律规定。

中信富通公司提起本案诉讼后，浙江省富阳市人民法院裁定受理众意公司的重整申请，众意公司管理人在本案诉讼中主张依据《企业破产法》第18条行使合同解除权。对此，本院认为，《企业破产法》第18条规定破产管理人享有的法定解除仅适用于受理破产申请后，管理人对破产申请受理前成立而债务人和对方当事人均未履行完毕的合同有权决定解除。在融资租赁合同中，出租人负有支付租赁物购买价款、将租赁物交付承租人使用的积极义务并承担保证承租人在租赁期间对租赁物占有、使用的消极义务。出租人就其中的积极义务履行完毕，即实现了签订融资租赁合同的实质性目的，应认定出租人就融资租赁合同已履行完毕。另外，是否支持承租人管理人行使合同解除权，除需要考量是否有利于破产财产价值最大化和恢复其偿债能力外，还应兼顾融资租赁合同中出租人的利益。本案中，中信富通公司与隆亨公司、众意公司签订的是售后回租式融资租赁合同，租赁物原本就归隆亨公司所有，中信富通公司签订融资租赁合同的主要目的是收取租金，并非收回租赁物。中信富通公司依约支付完转让价款即视为将租赁物交付给隆亨公司、众意公司使用，中信富通公司就融资租赁合同的主要义务已经履行完毕。在隆亨公司、众意公司未按期支付租金，中信富通公司在先提起诉讼要求隆亨公司、众意公司支付全部租金的情况下，众意公司再依据《企业破产法》第18条就融资租赁合同行使解除权缺乏依据。此外，对众意公司管理人行使解除权的主张不予支持，不会导致破产财产绝对价值的减少，并且有利于平衡中信富通公司与众意公司其他债权人的利益。

综上，一审判决隆亨公司、众意公司在以实际交付的保证金折抵租金后，向中信富通公司支付欠付租金、剩余未到期租金及名义货价并无不当。

法官评析

本案中，上诉人要求依据《企业破产法》第18条行使解除权解除合同，其结果就是因承租人的剩余租金所形成的出租人的债权，需要待公司破产清算结束之后按照份额清偿，而清偿所获得的份额往往很小，对出租极为不利，并且有可能造成不公平的情况。所以出租人希望通过请求承租人支付全部剩余租金，以排除这种对自己不利的情形。这样一来，给付租金与解除合同实际上产生了冲突，背后的问题是双方利益的冲突，因此问题也就转化成在破产管理人依据《企业破产法》第18条行使解除权时是否应考虑对方当事人的利益。

1.《民法典》第752条的立法目的

融资租赁合同以“融资”“融物”为特点，在回购型融资租赁中出租人根据承租人的要求，先购买承租人的物，支付购买标的物的费用。出租人再将该物出租给承租人，并约定承租人向出租人定期给付租金。从回购的模式来看，出租人的目的是从融资租赁业务中获取收益，承租人的目的在于通过售后回租的方式盘活资产，既满足生产需要又满足资金需求，还可以边生产边还租金，缓解企业面对的资金紧张问题。回购型融资租赁使设备使用人在保留资产使用权的前提下获得所需的资金，同时又为出租人提供有利可图的投资机会。

《民法典》第752条规定：“承租人应当按照约定支付租金。承租人经催告后在合理期限内仍不支付租金的，出租人可以请求支付全部租金；也可以解除合同，收回租赁物。”这一条规定也被称为期限利益丧失条款。从以上分析来看，承租人的目的在于通过融资租赁业务获取收益，并非占有租赁物。而且售后回租型融资租赁的租赁物往往由承租人使用才有意义，租赁物所有权以出租人的视角观察仅剩下类似于担保的功能。并且由于其专用性，出租人即使收回租赁物也难以通过转让的方式收回购买租赁物时支付的价款。所以当承租人未履行或未完全履行合同并拒绝履行给付到期租金、剩余租金的义务时，赋予了承租人根据实际情况选择的权利。同时，承租人丧失了期限利益，也是对承租人违约行为的一种惩罚，有利于促使承租人更好地履行自己的义务。

2.《企业破产法》第18条的考察

《企业破产法》第18条规定了破产管理人的解除权：人民法院受理破产申请后，管理人对破产申请受理前成立而债务人和对方当事人均未履行完毕的合同有权决定解除或者继续履行，并通知对方当事人。管理人自破产申请受理之日起二个月内未通知对方当事人，或者自收到对方当事人催告之日起三十日内未答复的，视为解除合同。

依照规定，破产管理人解除权的要件有三：一是在债务产生于破产程序开始之前；二是合同双方均未履行或未完全履行，包括双方当事人均未开始履行、双方均已开始履行但是均未履行完毕、一方已经开始履行但是未履行完毕同时另一方尚未开始履行这三种情形；三是破产管理人作出决定后通知对方当事人。本案中，债务产生于融资租赁合同签订之日，在承租人向法院申请破产之前，符合第一个要件。承租人根据融资租赁合同将租赁物的所有权让与出租人，出租人同时支付全部价款并将租赁物的占有、使用的权利让与上诉人，并且案件中融资租赁合同的出租人支付了全部的价款。因此在法院受理承租人破产申请前，融资租赁合同的出租人义务是履行完毕的，不符合第二个要件。综上所述，承租人的情况不符合《企业破产法》第18条之规定，承租人不能行使解除权。

同样就《企业破产法》而言，出租人也无法直接请求承租人支付全部租金以及相关费用。因为承租人未履行完毕其给付租金的义务，出租人因此而生的请求权作为破产债权存在，应当依照破产程序向破产管理人主张。但这样，出租人在最终按比例接受破产财产分配时，可能对承租人极为不利。但因为融资租赁合同的租赁物所有权在出租人，所以出租人不能直接请求支付租金却可以通过解除合同再通过取回权取回租赁物。但是这样一来就不符合本文一开始分析的出租人与承租人签订融资租赁合同的初衷。出租人是否可以请求承租人支付租金以替代解除合同并取回租赁物呢？

首先，融资租赁的出租人签订合同的目的是利用该合同获取租金收益，而非占有该物或是获得其所有权；承租人的目的是利用融资租赁的方式盘活资金，最后重新取得租赁物的所有权。其次，破产程序的目的之一是将债务人的现有财产公平地分配给所有债权人，避免个别债务的提前清偿使可供债权人分配的债务人的财产减少，影响到其他债权人的利益。所以只要不影响到其他债权人的利益，无论是应融资租赁合同的出租人请求支付全部租金还是出租人行使取回权，都是在破产程序的立法目的范围内的。最后，租赁物的残值往往与未付租金相同，所以以公平原则的角度考虑该案件，出租人可以向承租人请求支付到期以及未到期的全部租金，并不会影响到其他债权人的利益，符合破产程序的目的。

综上所述，在回购型融资租赁中，承租人的破产管理人在行使合同解除权时应当考虑对方当事人的利益，法官在裁判时应当限制破产管理人的合同解除权。

七、出租人如何行使取回权，取回后租赁物减值损失如何确定

——北林农行与挖运公司等融资租赁合同纠纷案①

关 键 词： 融资租赁物 取回权 减值损失

问题提出： 发生合同无效或违约情形时，出租人如何行使取回权，取回租赁物后租赁物的减值损失应如何确定？

裁判要旨： 融资租赁合同无效，出租人和承租人互负返还义务，均需回到合同最初未履行时的状态，出租人当然有权取回租赁物。返还义务人应向对方返还其依合同取得的全部财产，如返还义务人因其占有、使用上述财产期间造成财产减损，无法按原状返还依合同取得的财产时，应向接受财产一方承担赔偿责任，使返还数额与原全部财产等值。

案情简介

上诉人（原审被告）：挖运公司

被上诉人（原审原告）：北林农行

原审被告：绥化市农业委员会

原审被告：黑龙江省农业综合开发工程公司

1993年1月5日，水产局开办成立了挖运公司，注册资金50万元，法定代表人为时任水产局副局长孙某林。2月中旬，挖运公司拟赴深圳进行挖运运输，经与中国农业银行黑龙江省信托投资公司绥化市支行代办处（以下简称农行代办处）协商，由农行代办处以融资租赁的形式为挖运公司解决资金500万元。3月3日，双方签订了一份《贷款契约》，约定挖运公司向农行代办处借款500万元，期限为3年，农业开发公司为前述借款提供担保。协议签订后，农行代办处为挖运公司开具了360万元的银行汇票，由农行代办处、挖

① 一审法院为绥化市中级人民法院，案号：（1993）绥经初字第56号；重审法院为绥化市中级人民法院，案号：（1996）绥经初字第56号；再审法院为绥化市中级人民法院，案号：（2011）绥中法民再字第22号（按一审程序）；二审法院为黑龙江省高级人民法院，案号：（2015）黑高商终字第10号。

运公司及水产局一起赴黑河、满洲里、绥芬河等地购买卡玛斯车。4 月中旬，农行代办处又与挖运公司签订了一份《融资租赁合同》，约定由农行代办处购进卡玛斯车 20 台、挖掘机 2 台，出租给挖运公司使用，租赁物件及供货单位由挖运公司选定，租赁期间租赁物件的所有权为农行代办处所有，租赁期满后，待挖运公司将全部租金、残值费及所欠农行代办处款项付清后，租赁物件归挖运公司所有。租金以租赁物件的总成本为基础，包括租赁物件价格、运费、保险费、税收、手续费、融资利息及银行费用、其他有关费用等，租赁期限为三年，农行代办处另向挖运公司收取租赁物件总成本 8% 的租赁手续费。农业开发公司为该合同提供担保，并承诺挖运公司不能按合同规定的期限还款，则农业开发公司代其偿还本息。

1993 年 4 月 16 日，挖运公司按《融资租赁合同》的约定向农行代办处交纳了 40 万元的租赁手续费。5 月 13 日，挖运公司购置了 2 台挖掘机。5 月 26 日，挖运公司在深圳办理了 20 台卡玛斯车的当地牌照和公路运输劳动证。1993 年 6 月 15 日，挖运公司致电农行代办处，请求延期交付第一期租金，并将购卡玛斯车及挖掘机的发货票、差旅费报销单等寄给农行代办处。8 月 23 日，挖运公司向农行代办处交付第一期租金 214165.60 元，尚欠 30 万元。案件审理期间，挖运公司又于 1993 年 12 月 24 日、28 日和 1994 年 3 月 1 日向农行代办处交付租金共计 35 万元，至此，挖运公司共交付租金 564165.60 元。至 1995 年 12 月 12 日，挖运公司应支付的租金总额为 5871661.80 元，扣除已付 564165.60 元，尚欠租金数额为 5307496.20 元。同时查明，农行代办处是由中国农业银行绥化市支行（以下简称绥化市农行）根据《中国农业银行黑龙江省分行加快发展新业务的试点方案》、中国农业银行黑龙江省信托投资公司（以下简称农行信托公司）农银黑信托函字（92）31 号文件以及《中国人民银行绥化市支行关于绥化市农行为省农行信托投资公司代办业务的批复》等文件设立，于 1993 年 3 月 5 日在绥化市工商行政管理局（以下简称绥化市工商局）核准登记。1993 年 8 月 1 日，中国人民银行绥化地区分行（以下简称绥化地区人民银行）为中国农业银行黑龙江省信托投资公司绥化市办事处（以下简称信托公司办事处）颁发了《经营金融业务许可证》，允许其经营信托、租赁业务，时间从 1992 年 12 月 24 日起。农行代办处根据该《经营金融业务许可证》向绥化市工商局申请更名为信托公司办事处，绥化市工商局于 1993 年 9 月 16 日予以核准。

1992 年 11 月 9 日，省人民银行向绥化地区人民银行作出《关于绥化市农行为省农行信托投资公司代办业务的批复》，同意绥化市农行代办农行信托公司在绥化市的委托业务，但不得设立专门机构，不得对外挂牌，不得办理自营信托业务。1992 年 12 月 30 日，绥化地区人民银行向中国人民银行绥化市支行（以下简称绥化市人民银行）作出《关于绥化市农业银行为省农业银行信托投资公司代办业务的批复》，1993 年 2 月 1 日，绥化市人民银行向绥化市农行作出《关于绥化市农行为省农行信托投资公司代办业务的批复》，前述两份批复均载明：同意绥化市农行代办农行信托公司在绥化市的委托业务，但不得设立专门机构，不得对外挂牌，不得办理自营信托业务。

案件审理过程中，绥化中院为确认农行代办处经营融资租赁业务是否合法，分别向中国人民银行黑龙江省分行（以下简称省人民银行）金融管理处以及绥化地区人民银行进行了咨询，上述两单位的意见是：绥化市农行代办农行信托公司的委托业务，是经省、地、市三级人民银行批准，属合法业务。另外，在 1994 年《中国人民银行金融机构管理规定》施行前，没有关于向信托投资公司代办处发放《经营金融业务许可证》的法规和规章，中国人民银行也未向此类金融机构发放过《经营金融业务许可证》。

绥化中院在原一审期间，经信托公司办事处申请，于 1995 年 6 月 1 日作出（1993）绥经初字第 56 号民事裁定，冻结了挖运公司在其开户银行的存款并查封了其财产。1995 年 7 月 10 日，挖运公司实际停止使用案涉租赁物件。绥化市资产评估事务所对案涉租赁物时价及减值进行评估的基准日为 1996 年 6 月 30 日。

1995 年 7 月 7 日，中国农业银行黑龙江省绥化地区中心支行向绥化中院出具了《关于绥化市农业银行信托投资公司机构建立资金来源等几个方面情况的说明》，该说明的第 4 条载明："信托公司办事处成立后，由于开展业务不够活跃，又鉴于上级银行有关整顿的要求，绥化市农行按照地区农行的意见，将信托公司办事处原发生的业务并入绥化市农行核算，并由绥化市农行负责对信托公司办事处的业务逐一清理收回。"1997 年 9 月 17 日，绥化市农行作为申请执行人，根据（1996）绥经初字第 56 号民事判决向绥化中院申请执行水产局及挖运公司的相应财产。绥化中院分别于 1997 年 12 月 2 日、1998 年 11 月 2 日将水产局的房产等作价 50 万元执行给绥化市农行。2000 年 3 月 2 日，中国人民银行绥化地区中心支行作出《关于中国农业银行绥化市支行更名为营业部的批复》，将绥化市农行改建为中国农业银行绥化地区分行营业部。2001 年 3 月 1 日，中国农业银行绥化地区分行营业部更名为中国农业银行绥化市北林支行。2009 年 7 月 20 日，中国农业银行绥化市北林支行更名为中国农业银行股份有限公司绥化北林支行。绥化中院在本案重审时将原审原告变更为北林农行，挖运公司对此未提出异议。另查明，2001 年 11 月 9 日，水产局并入绥化市农委。

信托公司办事处于 1993 年 11 月诉至绥化中院，请求判令挖运公司和农业开发公司给付到期租赁费 863467.25 元，并承担诉讼费用。后又于 1995 年 3 月 5 日变更诉讼请求，请求判令挖运公司给付到期租赁费 4401326.08 元。如不能付清租赁费，则要求终止合同，收回租赁物件，并要求挖运公司及其开办单位水产局、担保单位农业开发公司赔偿差额损失。

一审法院首次审理后作出判决：一、《融资租赁合同》及其担保合同有效。但该合同已无法履行，予以解除；二、租赁物件由有关部门评估价格后由信托公司办事处收回。租赁物件原价格为 500 万元，评估价格抵付部分价格后，不足部分由挖运公司补偿；三、挖运公司给付信托公司办事处融资利息 1571536.20 元，罚息 147105.59 元，扣除已付 564165.60 元，尚应给付 1154476.19 元；四、水产局在挖运公司不能执行第二、三项，并终止法人后，在 50 万元之内对挖运公司承担连带责任；五、如挖运公司不能执行第二、三、四项，由农业开发公司清偿。

一审法院重审本案时，于 1996 年 6 月 11 日根据信托公司办事处的申请作出（1996）绥经初字第 56 号民事裁定，裁定挖运公司将租赁物件先行返还给信托公司办事处（租赁物件残值以法院委托的资产评估所评估价值为准）。信托公司办事处为挖运公司向案外人垫付了租赁物件的占场费 1 万元及油料欠款 9 万元后，收回了案涉租赁物件。1996 年 6 月 11 日，绥化中院委托绥化市资产评估事务所对案涉租赁物件的残值予以评估。1996 年 7 月 8 日，绥化市资产评估事务所作出《评估报告》，结果为案涉租赁物件的评估总价值为 3157750 元，比购入值 4962350 元减值 1804600 元。一审法院重审后作出判决：一、案涉《融资租赁合同》及担保合同无效；二、挖运公司返还信托公司办事处租赁物件，即俄产 55111 型卡玛斯车 20 台（其中一台已解体）和 PC200－3 型旧挖掘机 2 台（此条款已执行完毕）；三、挖运公司返还信托公司办事处租赁物件残值为 3157175 元，比照原值的减值部分 1804600 元，由挖运公司偿付给信托公司办事处；四、信托公司办事处返还挖运公司支付的融资合同手续费 400000 元及利息 102096 元、租金 564165.60 元、办理证照费 50000 元，合计 1116261.60 元；五、挖运公司给付信托公司办事处租赁物融资利息 785768.10 元，垫付欠款 100000.00 元，合计 885768.10 元；上述三、四、五项相抵后，挖运公司给付信托公司办事处 1574106.50 元，于判决生效后 30 日内执行；六、水产局对挖运公司上述债务，在 500000 元内承担连带赔偿责任；七、信托公司办事处其他诉讼请求不予支持。

一审法院再审后作出判决：一、维持（1996）绥经初字第 56 号民事判决的第一、二、三、四、七项；二、变更（1996）绥经初字第 56 号民事判决第五项为挖运公司在判决生效后十日内给付北林农行垫付款 100000 元；三、撤销（1996）绥经初字第 56 号民事判决第六项。

各方观点

挖运公司观点：撤销（2011）绥中法民再字第 22 号民事判决主文第一项中“维持（1996）绥经初字第 56 号民事判决第三项”的内容，并由北林农行承担案件受理费。事实和理由：一、案涉《融资租赁合同》无效的原因系农行代办处违反相关法律规定，在未取得《经营金融业务许可证》的情况下即开展融资租赁业务，合同无效的过错在于农行代办处，挖运公司并无过错，且合同无效后返还取得的财产即可，无须返还原值，因此，挖运公司不应承担案涉租赁物件的减值损失。二、信托公司办事处要求挖运公司返还租赁物件是基于《融资租赁合同》的相关条款，现该合同已被确认为无效合同，故其中的相关条款亦随之无效，因此信托公司办事处的该项主张并无依据。

北林农行观点：案涉《融资租赁合同》应认定为有效。农行代办处及信托公司办事处是经省、地、市三级中国人民银行批准设立，已领取了法人执照，并被授予《经营金融业务许可证》，其主体适格。至于农行代办处是开展自营业务还是代办业务，只涉及是否超出经营范围问题，并不涉及合同效力问题。因此，《融资租赁合同》应为有效，本案应由挖运公司承担违约责任，请求二审法院驳回上诉，撤销（2011）绥中法民再字第 22 号民事判决，维持（1993）绥经初字第 56 号民事判决。

法院观点

一审法院首次审理观点：案涉《融资租赁合同》及其担保合同合法有效。虽然双方曾签订《贷款契约》，但其后双方又签订了《融资租赁合同》并已实际履行，故案涉法律关系并非借款法律关系，而应是融资租赁法律关系。尽管按照相关批复，农行代办处在 1993 年 3 月设立时不得经营信托业务，但绥化地区人民银行于1993年8月1日向信托公司办事处发放了《经营金融业务许可证》，并追认自1992年12月24日起可经营金融业务，农行代办处据此向工商行政管理机关申请更名，亦得到核准，故应认定农行代办处经营融资租赁业务合法。农行代办处已于1993年5月26日将租赁物件交付给挖运公司，挖运公司未按约定交付租金负有过错，应承担违约责任。信托公司办事处请求收回租赁物件及由挖运公司赔偿租赁物件的差额损失应予支持。由于水产局并未向挖运公司出资，其应在出资范围即50万元范围内承担连带责任。

一审法院重审观点：案涉《融资租赁合同》及担保合同无效。根据1984年10月17日中国人民银行颁发的《关于金融机构设置或撤并管理暂行规定》第5条第4项规定，各专业银行和其他金融机构在各地设立或撤并分支营业机构，由该营业机构的上级管理部门报同级中国人民银行审批。第6条规定，设置金融机构，必须按本暂行规定向审批单位申请，经审核获得批准的，由批准单位发给《经营金融业务许可证》。第7条规定，撤并金融机构，必须向原批准单位提出申请，获得批准撤销的，应办理注销手续，缴回《经营金融业务许可证》，合并的，应重新申请核准，如机构名称变更，应更换新的《经营金融业务许可证》。根据1986年4月26日中国人民银行颁发的《金融信托投资机构管理暂行规定》第4条第1款规定，金融信托投资机构的设置或撤并必须按照规定程序提出申请，未经批准，任何部门、单位一律不准经营信托投资业务。第12条规定，经批准的金融信托投资机构，由中国人民银行颁发《经营金融业务许可证》。金融信托投资机构应凭以上证件（含审批材料）向工商行政管理部门申请登记注册。本案中，虽然农行代办处已经省人民银行审核批准，但其未获得《经营金融业务许可证》即开展金融业务属违法行为。此外，1986年12月24日中国人民银行颁发的《金融信托投资机构资金管理暂行办法》第4条规定，信托机构的投资分为委托投资和信托投资两大类，委托投资系委托人指明项目的投资，为代理业务，资金由委托人提供，信托投资以信托机构自行筹借资金和自有资金进行投资，资金来源主要通过发行债券、股票和同业拆借等方式筹措。本案中，案涉《融资租赁合同》所需资金是农行代办处自行筹措，经济责任由其独立承担，故本案所涉的投资行为应属信托投资，系自营性质，并非委托业务，这与《中国人民银行黑龙江省分行关于绥化市农行为省农行信托投资公司代办业务的批复》中“同意绥化市农行代办农行信托公司在绥化市的委托业务，但不得设立专门机构、不得对外挂牌、不得办理自营信托业务”相抵触。至于绥化地区人民银行1993年8月1日为信托公司办事处颁发的《经营金融业务许可证》以及绥化市工商局于1993年9月17日为信托公司办事处颁发的《企业法人营业执照》等证据，均因与前述中国人民银行的有关规定及省人民银行关于设立农行代办处的批复相互矛盾，不予采信。农行代办处在不具备民事法律行为主体资格的条件下与挖运公司签订《融资租赁合同》，系无效民事行为。根据《最高人民法院关于审理经济合同纠纷案件有关保证的若干问题的规定》第20条的规定，主合同无效，保证合同也无效，保证人农业开发公司不承担保证责任。《经济合同法》第16条第1款规定，经济合同被确认无效后，有过错的一方应赔偿对方因此所受的损失。如果双方都有过错，各自承担相应的责任。本案中，挖运公司应将租赁物件返还给农行代办处，并承担租赁物件的减值损失1804600元。农行代办处收取的租赁手续费及租金亦应返还给挖运公司。挖运公司以营利为目的占用租赁物件，其应承担占用租赁物件期间的租赁物融资利息。农行代办处对《融资租赁合同》的无效负有过错责任，其亦应承担部分租赁物件融资利息，且融资罚息及有关费用亦应由其自行承担。信托公司办事处在诉讼中自愿承担挖运公司办理租赁物件的证照费5万元，予以准许。水产局作为挖运公司开办单位，应在50万元的出资范围内与挖运公司承担连带赔偿责任。

一审法院再审观点：农行代办处在签订案涉《贷款契约》《融资租赁合同》时，并未取得《金融机构法人许可证》，违反了1994年《中国人民银行金融机构管理规定》第6条的规定，该种经营行为亦不符合省、地、市人民银行设立农行代办处的要求。虽然绥化地区人民银行颁发了《经营金融业务许可证》，但被核准单位是信托公司办事处而非农行代办处，同时根据《中国人民银行金融机构管理规定》第6条、第11条、第18条和第21条的规定，也不能认定农行代办处自始取得了经营金融业务的权利，故案涉《融资租赁合同》及其从属的担保合同无效。按照《经济合同法》第16条的规定，由于导致合同无效的过错方在于农行代办处，故（1996）绥经初字第56号民事判决第一项、第二项、第四项正确，应予维持。由于租赁物件的减值是在挖运公司使用过程中造成的，且本案中双方签订的合同是无效合同，故挖运公司应承担减值损失，（1996）绥经初字第56号民事判决第三项应予维持。因农行代办处对《融资租赁合同》的无效存有过错，故挖运公司不应承担融资利息，但其应承担农行代办处为其垫付的款项，故对（1996）绥经初字第56号民事判决第五项中融资利息 785768 元应予扣除，因案涉保证合同无效，故水产局不应承担连带赔偿责任，（1996）绥经初字第 56 号民事判决第六项应予撤销。

二审法院观点：农行代办处与挖运公司双方签订《融资租赁合同》的行为发生于 1993 年 4 月，根据当时有效的 1986 年颁布的《银行管理暂行条例》第 20 条、第 22 条的规定，专业银行总行、经批准设立的专业银行分支机构以及其他金融机构，应当分别由中国人民银行总行、分行发给《经营金融业务许可证》，并且按照《工商企业登记管理条例》的规定，办理登记手续，领取营业执照后，始得营业。本案中，省人民银行、绥化地区人民银行及绥化市人民银行在其作出的批复中均明确由“绥化市农行”代办农行信托公司在绥化市的委托业务，而非由“农行代办处”办理上述业务，且明确绥化市农行不得设立专门机构，不得对外挂牌，不得办理自营信托业务，农行代办处在未经人民银行批准亦未取得《经营金融业务许可证》的情况下即开展融资租赁业务，违反了前述规定，绥化中院再审判决确认案涉《融资租赁合同》无效，并无不当。

根据挖运公司的上诉请求，本案二审的焦点问题是挖运公司应否赔偿案涉租赁物的减值损失及数额的确定。根据 1981 年颁布、1993 年修正的《经济合同法》第 16 条第 1 款规定，“经济合同被确认无效后，当事人依据该合同所取得的财产，应返还给对方”，该条所规定的返还财产旨在使双方财产关系恢复到合同订立前的状况，而非仅根据现存的财产利益来决定返还财产的范围，亦非指返还义务人仅负有返还其现在所占有财产和利益的义务。根据上述规定，返还义务人应向对方返还其依合同取得的全部财产，如返还义务人因其占有、使用上述财产期间造成财产减损，无法按原状返还依合同取得的财产时，应向接受财产一方承担赔偿责任，使返还数额与原全部财产等值。本案中，案涉《融资租赁合同》被确认无效后，双方当事人应当将财产关系恢复到订约前的状态，即信托公司办事处将其收取挖运公司的相关手续费及租金返还给挖运公司，挖运公司同时将案涉租赁物按原值状态返还给信托公司办事处，如租赁物减值，则挖运公司应向信托公司办事处赔偿因其占有使用租赁物造成的减值损失，绥化中院再审判决判令挖运公司给付减值 1804600 元时，未考虑租赁物减值期间 37 个月（自 1993 年 5 月末租赁物使用日至 1996 年 6 月末租赁物评估日）中，挖运公司实际控制使用租赁物的期间为 25 个月（自 1993 年 5 月末至 1995 年 7 月初查封后停止使用日），挖运公司只需对此期间减值部分承担责任，所对应的租赁物减值损失数额应为1219909.60元（1804600.00元×25/37）。案涉租赁物自查封后已经脱离挖运公司的控制，此后租赁物的减值损失不应再由挖运公司承担。绥化中院再审判决判令挖运公司承担全部减值损失不当，二审法院予以纠正。综上，二审法院认为绥化中院再审判决认定事实基本清楚，但适用法律错误。挖运公司的部分上诉理由成立，其相应上诉主张应予以支持。二审法院依据《民事诉讼法》第170条第1款第2项之规定，判决如下：维持绥化中院（2011）绥中法民再字第22号民事判决第二项、第三项；变更绥化中院（2011）绥中法民再字第22号民事判决主文第一项为：维持绥化中院（1996）绥经初字第56号民事判决第一、二、四、七项；变更绥化中院（1996）绥经初字第56号民事判决主文第三项为：挖运公司赔偿北林农行案涉租赁物减值损失1219909.60元。上述第一、二、三项相抵后，挖运公司应给付北林农行203648元，于本判决送达之日起三十日内给付。

法官评析

本案系合同无效的情形下，出租人将融资租赁合同所约定的租赁手续费和租金返还承租人、承租人将租赁物返还给出租人时，租赁物的减值金额应如何计算的问题。在合同无效的情形下，出租人可以将租赁物收回，在承租人不支付租金等根本违约情形下，根据融资租赁合同约定或融资租赁性质，出租人同样拥有租赁物收回权。但是，融资租赁物往往具备价值巨大、计提折旧高以及指定用途等特点，这几个特点使出租人在收回租赁物时，经常面临折旧损失巨大、变现困难以及难以回收利用等情形。因此，在承租人返还租赁物时是否支持租赁物的减值损失，以及如何认定租赁物减值损失就成为法院在审理涉租赁物取回案件时的重点：

1. 出租人对于租赁物取回权的行使

当融资租赁合同因违反法律或行政法规的规定，或具备其他合同无效情形时，因合同无效，出租人和承租人互负返还义务，均需回到合同最初未履行时的状态。此时，出租人当然可以取回租赁物。

出租人进行融资租赁的目的在于通过收取租金获取利润，如承租人发生拒绝支付租金等根本违约行为，出租人将因无法收取租金而不能实现合同目的。由于出租人在租赁期间享有租赁物的所有权，该所有权具有担保其租金实现的作用，因此承租人发生根本违约，出租人解除合同的，出租人有权收回租赁物。出租人基于对租赁物的所有权，享有对租赁物的取回权是对出租人权益的一种保障，也是融资租赁合同的实质核心。但在正常履行的融资租赁期内，虽然出租人拥有租赁物的所有权，但实际上只有处分权，承租人在正常的融资租赁期间拥有对融资租赁物的占有、使用和收益权。合同正常履行，承租人依约履行全部义务，则租赁期满后租赁物所有权可能会转移至承租人。如果承租人未依约定给付租金或有其他违约情形，则出租人可将租赁物取回自行处置，处置后所得余款不足以弥补损失的，还可要求承租人补足。综上，出租人行使取回权的合法理由主要是承租人根本违约，一旦承租人出现根本违约情形，出租人即可行使取回权。

因合同无效或承租人违约，出租人收回租赁物时，租赁物所产生的计提折旧和减值损失，应当由承租人返还或赔偿给出租人。在合同无效的情形下，出租人和承租人互负返还义务，但返还义务应全面履行，在租赁物存在计提折旧和使用减值损失的情况下，承租人只有将租赁物产生的计提折旧和减值损失返还或赔偿给出租人，方可认定其全面履行了返还财产或返还原物的法定义务。此时，租赁物产生的计提折旧或减值损失并非合同无效的损失或违约责任，而是承租人在经营使用租赁物期间租赁物所产生的损失。

2. 减值损失确认的时间点

减值损失确认的时间点，直接关系到减值数额的认定。鉴于司法审判的时间比较长以及评估亦存在相应的周期，根据权利义务相一致的原则，应采取以下几种方式确认减值损失的时间点：

采取先予执行的方式取回租赁物的，应从先予执行完毕、租赁物实际取回之日计算减值损失。采用先予执行的方式取回租赁物，一方面，租赁物已经脱离承租人的掌控，承租人亦无法从租赁中获取利益；另一方面，出租人采用先予执行的方式取回租赁物，即已收回租赁物，将租赁物置于出租人的掌控之下，且出租人能采用再次出租或折价方式对租赁物进行处理。因此，在取回租赁物之前的租赁物减值损失，应当由承租人负担，相应的计提折旧等损失，由承租人赔付出租人。取回租赁物之后的租赁物减值损失，由于租赁物的所有权和使用权均已归于出租人，相应的租赁物减值损失应由出租人自行负担。

采取登记查封的方式查封租赁物的，不应从登记查封之日计算租赁物减值损失，而应从租赁物实际控制权转移之日计算租赁物减值损失。在一些比较大额的动产融资租赁比如批量车辆、船舶、飞行器等租赁物，法院采取登记查封（俗称活封）的方式查封租赁物，但并未采取对租赁物进行实际扣押或禁止使用的查封手段时，由于此时租赁物实际上仍由承租人进行使用，承租人应当承担租赁物相应的计提折旧或相应损失。

采用实际查封的方式查封租赁物的，可根据租赁物在诉讼过程中实际评估确认的价值、出租人和承租人双方的过错程度，确认双方应承担的租赁物计提价值和损失的承担比例。本案中，出租人和承租人双方均存在过错，但由于融资租赁物已实际被出租人收回，租赁物的持续减值损失得以有效停止。而在以实际查封方式查封租赁物的情况下，租赁物往往会因查封而被停止使用，且并未处于融资租赁任何一方的掌控之下。此时，租赁物的减值损失应根据在诉讼中评估的情况来确认，并根据出租人和承租人的过错程度，来综合判定减值损失的承担比例。

值得注意的是，对于承租人不支付租金，出租人未及时收回租赁物是否构成“造成损失扩大”的情形。一般认为，基于融资租赁合同项下租赁物的专用性，出租人不选择收回租赁物的处理办法，不构成应当适用“当事人一方因另一方违反合同受到损失的，应当及时采取措施防止损失的扩大；没有及时采取措施致使扩大的，无权就扩大的损失要求赔偿”规定的情形。

八、出租人请求解除合同取回租赁物，承租人可否要求扣减租赁物残值，残值如何确定

——某融资公司与某起重公司等融资租赁合同纠纷案[①]

关 键 词： 融资租赁 违约 租赁物取回 扣减残值

问题提出： 承租人违约，出租人起诉要求承租人赔偿损失，并将租赁物取回，承租人抗辩要求扣减租赁物残值的，租赁物残值应如何确定？

法院观点： 承租人拖欠租金构成违约，出租人要求承租人支付欠付租金及违约金，并将部分租赁物取回，承租人抗辩要求扣减租赁物残值的，法院应准予，并确定租赁物残值。

① 审理法院为天津市滨海新区人民法院，案号：（2015）滨民初字第1700号。

案情简介

原告：某融资公司

被告：某起重公司

被告：张某某

2009 年 12 月 15 日，原告某融资公司（出租人）与被告某起重公司签订了《融资租赁合同》，约定被告以融资租赁方式向原告承租型号规格为 QUY50WG 的履带起重机 5 台，单价 1080000 元，租赁期间为 60 个月。

2009 年 12 月 16 日，出卖人某重工科技公司与原告某融资公司签订《工业品买卖合同》，约定标的物名称为履带起重机，型号规格 QUY50WG，数量 5 台，单价 1080000 元，并特别注明该设备系以融资租赁方式销售，直接用户为被告某起重公司。

但在合同实际履行时，双方协商调整了租赁物数量，型号规格为 QUY50WG 的履带起重机实际交付了 3 台。

2010 年 12 月 6 日、2013 年 3 月 10 日，被告某起重公司分别盖章确认了编号为 ZLZK - RZ/PY20094505 - 2 的《首期款明细表》、编号为 ZLZK - RZ/PY20094505 - 2 的《租赁支付表》、编号为 ZLZK - RZ/PY20094505 - 1 的《租赁支付表》、编号为 ZLZK - RZ/PY20094505 - 3 的《租赁支付表》，对 3 台履带起重机的型号、价值、租期、租金、利率等进行了约定。

2009 年 12 月 12 日，原告与被告某起重公司、张某某签订《连带责任保证合同》，约定被告张某某为被告某起重公司在《融资租赁合同》项下的债务承担连带保证责任。

另查，2010 年 11 月 18 日，被告某起重公司在宁波收到合同约定的履带起重机 3 台，牌号商标中联，型号规格 QUY50WG。

2010 年 3 月 3 日，被告某起重公司支付了 ZLZK - RZ/PY20094505 - 1 首期款 190014 元，后又支付了第 1 ~ 40 期全部租金，从第 41 期至今未还款，共欠租金 402131.26 元。2010 年 11 月 16 日，被告某起重公司支付了 ZLZK - RZ/PY20094505 - 2 首期款 188414 元，后又支付了第 1 ~ 31 期全部租金，第 32 期租金仅支付 15486.83 元，欠付 4058.38 元，从第 33 期至今未还款，共欠租金 453285.45 元。2010 年 12 月 29 日，被告某起重公司支付了 ZLZK - RZ/PY20094505 - 3 首期款 188464 元，后又支付了第 1 ~ 30 期全部租金，第 31 期租金仅支付 50 元，欠付 19394.18 元，从第 32 期至今未还款，共欠租金

446838.87 元，合计欠付租金 1302255.58 元。

2015 年 12 月 1 日，原告将 ZLZK－RZ/PY20094505 号《融资租赁合同》项下设备型号为 QUY50WG 的履带起重机（车架号 ZCC50－0131，发动机号 TBD226B－61G3）1 台取回。

某融资公司起诉请求：1. 判令被告某起重公司向原告支付逾期租金 1302255.58 元，违约金 82620 元，共计 1384875.58 元；2. 判令被告张某某对被告某起重公司的上述债务承担连带责任；3. 判令被告某起重公司、被告张某某承担本案的诉讼费。

庭审过程中，经原告和被告某起重公司协商，确定租赁物 QUY50WG 履带起重机（车架号 ZCC50－0131，发动机号 TBD226B－61G3）价值 300000 元，应从欠付款项中扣除。

再查，原告系域外法人独资设立的从事融资租赁业务的企业法人，已获得我国行业主管部门的审批，允许其开展融资租赁及相关业务。

各方观点

某融资公司观点：2009 年 12 月 15 日，原告与被告某起重公司、张某某签订了《融资租赁合同》及其相关附件。合同约定原告向被告某起重公司出租设备型号为 QUY50WG 的履带式起重机 3 台，设备总价值 3240000 元，共计 60 期，每月 24 日被告某起重公司、张某某向原告按照《租赁支付表》支付约定的租金。现原告按照约定向被告某起重公司、张某某支付了租赁设备，但被告某起重公司、张某某并未按照《租赁支付表》的要求按期足额支付租金。截至 2015 年 7 月 13 日，被告某起重公司、张某某已拖欠原告到期租金 1302255.58 元，根据上述《融资租赁合同》约定，承租人未能按照本合同约定时间及金额支付租金和其他应付款项的，出租人有权单方终止合同，取回租赁物，向承租人收取所有到期租金及其他应付款项，并向承租人收取融资额 3% 的违约金，同时可以向承租人追索出租人为促使承租人履行合同条款、条件或规定而发生的全部成本和费用。因此，原告依照上述约定，要求被告某起重公司、张某某支付逾期租金 1302255.58 元，违约金 82620 元，共计 1384875.58 元。

某起重公司、张某某观点：被告与原告系战略合作伙伴关系，公司虽然逾期付款，但多次积极主动与原告方及其上级领导沟通协商还款事宜，原告方上级领导也多次表态，作为合作伙伴，对经济出现危机表示理解同情，希望免除违约金。2015 年 12 月 1 日，原告已经派人将租赁物取回，应该折价。保证合同上的“张某某”签字是本人所签，但是其签字的时候并不了解签订保证合同需要承担的后果，也没有详细看过合同内容。

法院观点

原告某融资公司（出租人）与被告某起重公司签订的《融资租赁合同》及附件，可以充分表明原告系根据被告对租赁物的特定要求和对供货人的选择，出资向供货人购买 QUY50WG 履带起重机 3 台，并出租给被告使用，被告应按约定支付租金，上述权利义务内容符合融资租赁合同的特征，因此双方之间法律关系的性质为融资租赁合同关系。鉴于上述合同系当事人的真实意思表示，未违反法律行政法规的强制性规定，且原告取得了从事融资租赁经营的行业许可，合法有效，双方均应遵照履行。

关于欠付租金及违约金的问题。原告依约购买并向被告交付租赁物，已经履行了己方的合同义务，但被告在交付首期款及部分租金后，一直拖欠剩余租金，合计 1302255.58 元，已构成严重违约，被告应当承担给付剩余租金及违约金的法律责任。同时，当事人在合同中约定，承租人构成违约时，出租人向承租人收取 3% 融资额的违约金。本案诉争租赁物价值为人民币 3240000 元，交付的首期租金为 486000 元，故本案融资额为 2754000 元，据此计算的违约金数额为 82620 元。经原告和被告某起重公司协商，原告已经取回的租赁物 QUY50WG 履带起重机（车架号 ZCC50－0131，发动机号 TBD226B－61G3）价值 300000 元，应从欠付款项中扣除，故被告某起重公司还应给付原告剩余租金 1002255.58（1302255.58－300000）元及违约金 82620 元。

关于保证责任问题。被告某起重公司、张某某与原告签订的《连带责任保证合同》系双方真实意思表示，不违反法律、行政法规的强制性规定，合法有效。被告某起重公司未按期履行给付租金的义务，已经构成违约，被告张某某应当承担连带保证责任。

法院判决：一、被告某起重公司自本判决生效之日起十日内给付原告某融资公司《融资租赁合同》及附件项下全部欠付租金 1002255.58 元及违约金 82620 元；二、被告张某某对上述债务承担连带保证责任，在承担清偿责任后，有权向被告某起重公司追偿。

法官评析

本案中所涉及融资租赁为直接租赁，原告某融资公司为出租人，被告某起重公司为承租人，被告张某某为被告某起重公司法人。交易模式为：原告某融资公司（出租人）与被告某起重公司（承租人）签订《融资租赁合同》及附件，原告根据被告对租赁物的特定要求和对供货人的选择，与供货人签订《工业品买卖合同》，购买被告指定的设备，并出租给被告使用，被告按约支付租金。

1. 关于违约问题

《民法典》第752条规定："承租人应当按照约定支付租金。承租人经催告在合理期限内仍不支付租金的，出租人可以请求支付全部租金；也可以解除合同，收回租赁物。"本案中，融资租赁合同签订后，原告按照被告对租赁物的特定要求和对供货人的选择，购买了3台履带起重机，并将其出租给被告，完成了其作为出租人应履行的义务。但被告欠付租金，严重违反了合同约定，原告有权要求被告支付欠付租金，也可以收回租赁物。

2. 租赁物残值的确定方式

本案中，在承租人拖欠租金构成违约后，出租人收回其中一台租赁物，并要求承租人支付欠付租金及违约金，承租人要求扣减租赁物残值，这就涉及租赁物残值如何确定的问题。关于租赁物价值的折抵，在司法实践中，有以下几种方式来确定租赁物的价值。

《融资租赁合同司法解释》第12条规定："诉讼期间承租人与出租人对租赁物的价值有争议的，人民法院可以按照融资租赁合同的约定确定租赁物价值；融资租赁合同未约定或者约定不明的，可以参照融资租赁合同约定的租赁物折旧以及合同到期后租赁物的残值确定租赁物价值。承租人或者出租人认为依前款确定的价值严重偏离租赁物实际价值的，可以请求人民法院委托有资质的机构评估或者拍卖确定。"由上述规定可以看出，租赁物价值的确定有三种方式：(1) 根据合同约定来确定；(2) 参照租赁物的折旧及到期残值来确定；(3) 上述方式严重偏离租赁物实际价值的，请求法院启动评估、拍卖程序。上述三种价值确定方式是有先后顺序的：有约定的，从约定；未约定或约定不明的，参照合同约定的租赁物折旧及残值确定；在前述两种方式均未能确定租赁物价值，或者确定的租赁物价值严重偏离租赁物的实际价值的，才可以根据案件的具体情形，启动委托评估、拍卖程序。而评估、拍卖是没有优先顺序之分的，法院应根据租赁物的自身特性，确定采用评估还是拍卖的方式。

单纯从条文上看，租赁物价值的确定看似很简单，但由于缺乏明确的标准，司法实践中关于租赁物价值的确定方法也是多种多样。（1）通过执行程序来确定租赁物价值，有法院将租赁物价值的确定交由执行程序处理，即判决以双方协商或通过拍卖、变卖的方式确定租赁物的价值；（2）在案件审理中评估，有法院在审理阶段通过评估方式确定租赁物价值；（3）参考企业所得税条例的折旧规定，有法院参考《企业所得税法实施条例》第60条第2款关于设备折旧的规定确定租赁物的价值；（4）依照合同约定的折旧率计算，有法院按照合同约定的折旧率计算租赁物价值；（5）在判决中不明确租赁物的价值确定方式，只明确承租人赔偿的损失应扣除出租人收回租赁物的变现价值。

在上述五种方式中，第二种方式会拖延诉讼程序，且从评估到实际返还租赁物或拍卖还会有时间差，租赁物价值可能持续贬损。第三种方式虽然节约了评估的时间成本，但估算的租赁物价值与实际价值是否一致则存在疑问，特别是租赁物的价值除了受使用年限的影响以外，还与租赁物的作业环境、市场行情息息相关，估算结果可能与实际价值存在较大偏差。关于第四种方式，虽然合同约定对当事人具有约束力，但直接约定折旧率并不适合所有租赁物，特别是当租赁物为机械设备时，可能会像第三种方式一样存在较大偏差。而第五种方式，实际上并未明确租赁物价值的确定方式，可能导致执行过程中产生争议。

经过比较，第一种方式比较合理。首先，租赁物的评估价值仅代表评估当时的价值，而租赁物的返还时间尚不确定，其返还时的价值也是无法确定的。且评估的价值并不包含后期的交付、处理租赁物等费用，因此具体应当扣除多少金额实难认定。其次，将租赁物价值确定环节延后到执行阶段再确定，这也符合审判和执行的规律。在审判阶段进行评估并依据该评估确定了租赁物的价值，但进行到执行阶段后，审判阶段评估值不被认可需要重新进行评估，才能拍卖。价值的确定与时间紧密关联，案件由审理阶段至执行阶段需要一定的周期，特别是当事人上诉或采取各种手段拖延上诉进行时，往往到执行阶段原评估报告已经过期。最后，既然是收回租赁物的价值，那么确定租赁物价值的时点就应该是租赁物处置成功的时点。

本案中，租赁物残值的确定较为简单，因庭审时，出租人已经将租赁物取回，确定租赁物价值的时点已经确定，且双方在庭审中对租赁物残值协商一致，确定了租赁物的价值。故租赁物残值在承租人应支付的租金及违约金中理应扣除。

九、租赁物已被处置的情况下，其残值如何确定

——国银租赁公司与湖北置业公司等融资租赁合同纠纷案①

关 键 词： 租赁物残值 解除

问题提出： 租赁物已被处置，租赁物《评估报告书》无效，租赁物残值如何确定？

裁判要旨：《企业所得税法实施条例》第60条规定，飞机、火车、轮船以外的运输工具，固定资产计算折旧的最低年限为4年。综合考虑上述规定以及案涉车辆的性质和用途等因素，另基于车辆的特性和市场行情，新车在交付买方的当时，市场价值即会发生一定的贬损，案涉车辆为工程用车，使用中实际价值贬损的速度也应当远超过前述规章规定的强制报废年限等原因。法院认为，本案以车辆从厂家购买价格的80%，再按《企业所得税法实施条例》第60条规定的固定资产计算折旧的最低年限4年，按实际使用时间之比来酌定《融资租赁合同》解除时车辆的残值较为合理。

案情简介

上诉人（一审被告）：湖北置业公司

被上诉人（一审原告）：国银租赁公司

一审被告：东风乌鲁木齐技服中心

一审被告：陈某

一审被告：东风新疆公司

---

① 一审法院为广东省深圳市福田区人民法院，案号：（2014）深福法民二初字第39号；二审法院为广东省深圳市中级人民法院，案号：（2015）深中法商终字第1243号。

2012年8月8日，东风新疆公司向国银租赁公司出具《不可撤销的连带责任担保函》载明：东风乌鲁木齐技服中心为其子公司，东风新疆公司同意为东风乌鲁木齐技服中心作为出卖人与国银租赁公司以及承租人签署的每笔《融资租赁合同》均提供连带责任保证，东风新疆公司承诺为承租人完全履行《融资租赁合同》项下全部偿付义务向国银租赁公司提供连带责任保证。

2012年10月1日，国银租赁公司（作为“出租人和买受人”）与湖北置业公司（作为“承租人和出卖人”）、东风乌鲁木齐技服中心（作为“车辆销售方和收车义务人”）正式签署了编号为国金租（2012）租字第DF00630号的《融资租赁合同》，以回租模式进行融资租赁交易，约定湖北置业公司在车辆交付日将《购车合同》项下的车辆转让给国银租赁公司，并从国银租赁公司处租回使用，东风乌鲁木齐技服中心确认同意该等转让行为。

该《融资租赁合同》就彼此间的权利义务作了详细约定，主要包括：

1. 转让并交付租赁物。《融资租赁合同》专用条款第1.2条约定：“承租人向车辆销售方购买车辆的价格为人民币（以下币种均为人民币）14688000元，承租人已根据车辆销售方的指示向东风汽车支付购车首付款2937600元，尚欠购车余款11750400元未付。购车余款由出租人直接支付至东风汽车指定账户，东风汽车收到上述款项时即应视作出租人已向承租人支付完毕全部购车款项，承租人已向车辆销售方清偿《购车合同》项下的全部债务。”《融资租赁合同》专用条款第1.3条约定：“根据本合同约定，承租人同意在本协议规定的交付日将《购车合同》项下的车辆按本合同约定转让给出租人，并从出租人处租回使用。”《融资租赁合同》专用条款第2.1条约定：“出租人向承租人购买车辆的价款等于承租人向车辆销售方购买车辆的价款，在车辆交付后按以下方式支付：2.1.1首期车款：出租人应向承租人支付首期车款与承租人已付的购车首付款相同。合同各方一致同意，出租人应付承租人首期车款与出租人应收承租人首期租金在车辆交付日相抵销。自交付日起，应视为承租人已收到出租人支付的首期车款；同时应视为出租人已收到承租人支付的首期租金。2.1.2后期车款：出租人在本合同项下应付承租人的后期车款将专项用于清偿承租人尚欠经销商的购车余款；出租人向东风乌鲁木齐技服中心支付后期车款，应视为承租人向车辆销售方清偿了购车余款，同时应视为出租人向承租人清偿了本合同项下的后期车款。”《融资租赁合同》专用条款第3.1条约定：“车辆销售方按《购车合同》的约定将车辆交付给承租人时，承租人应将车辆以占有改定方式交付给出租人，同时应视为出租人已将车辆作为本合同项下的租赁物交付给承租人使用，三项交付同时完成，所交付的车辆为本合同项下的租赁物。各方应在交付时签署《租赁物接受确认函》，《租赁物接受确认函》签署之日为交付日。”

2. 租赁期限。从起租日起24个月，起租日为2012年11月20日。

3. 租金。租金由租赁本金和租赁利息组成，租赁本金总额为14688000元，租赁利息总额为906232.56元，应付租金共计15594232.56元。首期租金2937600元，按照《融资租赁合同》专用条款第2.1.1条约定，首期租金与出租人应支付给承租人的首期车款在车辆交付日相抵销，自车辆交付日起，视为出租人已收到承租人支付的首期租金；后期租金分24期支付，每月支付一次，共24次，每期租金金额以《租金支付表》为准。

4. 违约金。《融资租赁合同》通用条款第13.1条规定：“如承租人未能按本合同约定按时向出租人支付租金，则应当向出租人支付违约金，违约金直接支付至出租人指定的银行账户。违约金=100元×合同项下租赁物台数×违约期数。”

5. 租赁车辆的所有权。《融资租赁合同》通用条款第7.1条规定：“本合同项下租赁物所有权自承租人交付车辆之日起转由出租人拥有。”《融资租赁合同》通用条款第7.2条规定：“租赁物的所有权属于出租人。”《融资租赁合同》通用条款第12.1.3条规定：“特别声明：承租人确认租赁物的所有权完全归属于出租人。为了便于车辆登记及承租人的经营使用，承租人在车辆登记部门登记为租赁物的所有人，购车发票亦开给承租人，承租人任何时候都不会将前述登记事项和发票作为对抗出租人对租赁物所有权的证据。”

6. 违约责任及收回车辆。《融资租赁合同》通用条款第13.3条规定：“如承租人有下列情形之一的，均视作承租人在本合同项下的严重违约……（7）承租人扣款日违约状态持续达90个日历日；……出租人有权采取以下任一种措施或同时采取以下多种措施……13.3.2行使加速到期权，宣布本合同立即到期，要求承租人立即付清所有到期未付及未到期的租金，违约金及其他应付款项；13.3.3出租人有权根据合作协议的约定，向车辆销售方发出《收车通知书》要求车辆销售方在《收车通知书》发出之日起30个日历日内回收车辆并交付至东风汽车驻外商务代表处。”

同日，国银租赁公司与湖北置业公司、陈某签署《保证合同》，陈某同意为《融资租赁合同》项下湖北置业公司应付租金、违约金、赔偿金等应付款项以及国银租赁公司为实现《融资租赁合同》项下债权或权益而发生的费用

(包括但不限于诉讼费、律师费、差旅费等)承担连带保证责任。东风乌鲁木齐技服中心亦向国银租赁公司出具《承诺函》,承诺为承租人完全履行《融资租赁合同》向出租人提供连带责任保证。

2012年11月20日,国银租赁公司及湖北置业公司、东风乌鲁木齐技服中心共同签订《租赁物接受确认函》,湖北置业公司确认接收到48辆型号为DFL3258A3的机动车且验收合格。同日,国银租赁公司按照《融资租赁合同》约定,向东风汽车公司指定账户支付购车款10575360元。

国银租赁公司主张融资租赁合同生效后,除首期租金2937600元按照《融资租赁合同》约定抵销外,湖北置业公司通过东风乌鲁木齐技服中心仅于2012年12月10日按时支付第1期租金,第2期租金以及第3期租金均为逾期支付,第4期租金仅收到20882.92元,此后的租金湖北置业公司始终拒绝支付。一审庭审时,湖北置业公司确认其未直接向国银租赁公司支付租金,东风乌鲁木齐技服中心确认其代湖北置业公司就案涉车辆向国银租赁公司支付了第1~3期及部分第4期租金共1602961.99元。

2013年2月1日,国银租赁公司向东风乌鲁木齐技服中心发出《收车授权委托书》,要求东风乌鲁木齐技服中心将逾期车辆收回。一审庭审时,国银租赁公司及东风乌鲁木齐技服中心均确认案涉48辆租赁车辆已收回,并交付给国银租赁公司指定的案外人东风汽车公司。

2013年5月6日,国银租赁公司向东风乌鲁木齐技服中心及东风新疆公司发出《告知函》,要求东风乌鲁木齐技服中心和东风新疆公司履行连带保证责任。至国银租赁公司起诉时,陈某、东风乌鲁木齐技服中心、东风新疆公司均未履行连带保证责任。

2014年1月9日,新疆天诺正信资产评估咨询有限公司出具新天诺正信(2014)评报字第019号《东风乌鲁木齐技服中心拟处置资产项目资产评估报告书》(以下简称《评估报告书》),称其接受东风乌鲁木齐技服中心委托,就案涉48辆车辆进行评估,评估基准日为2013年12月16日,评估报告有效期为一年,评估结论为:经评估,东风乌鲁木齐技服中心委托评估资产的评估价值为5018400元。

2012年6月28日,东风乌鲁木齐技服中心、湖北置业公司、东风新疆公司、陈某签订《工程车分期付款购买合同》,约定湖北置业公司向东风乌鲁木齐技服中心购买(自卸)车12台。2012年7月10日,东风乌鲁木齐技服中心、湖北置业公司、东风新疆公司、陈某签订《工程车分期付款购买合同》,

约定湖北置业公司向东风乌鲁木齐技服中心购买（自卸）车48辆，该分期付款购买合同载明的车型、发动机号及车架编号与案涉《融资租赁合同》附件二租赁物接受确认函载明的车型、发动机号及车架编号一致。

2015年1月12日，东风乌鲁木齐技服中心出具一份《关于湖北葛店与服务中心业务往来账款的说明》称，东风乌鲁木齐技服中心与湖北置业公司共签订了两份《工程车分期付款购买合同》，2012年6月28日签订了《12台工程车分期付款购买合同》，后期两家共同与浦发银行办理了按揭付款业务，2012年7月10日签订了《48台工程车分期付款购买合同》，后期两家共同与国银租赁公司办理了融资租赁业务。至2013年6月28日止，湖北置业公司先后共分15笔累计向东风乌鲁木齐技服中心支付9814688元，其中用于支付12台车的金额为3667668.52元，其余6147019.48元用于支付本案48台车。一审庭审时，东风乌鲁木齐技服中心确认案涉《融资租赁合同》实际取代了2012年7月10日签订的分期购买合同，湖北置业公司亦确认其与东风乌鲁木齐技服中心之间存在两笔工程车交易，其中一笔是通过按国银租赁公司主张的融资租赁方式支付，另一笔12台车是通过银行按揭支付。

国银租赁公司和湖北置业公司在二审中确认，案涉48台车辆的收回时间是2013年8月23日；

东风乌鲁木齐技服中心、东风新疆公司在二审调查中确认，其对收回车辆进行评估时未通知湖北置业公司，也未就评估事宜取得湖北置业公司的同意或认可。国银租赁公司亦陈述其知晓评估事宜，但也没有通知湖北置业公司。国银租赁公司还确认，案涉车辆已经处置。二审法院要求国银租赁公司于指定期限提交车辆处置的价格等材料，但截至法院作出判决之日，其仍未提交。

《评估报告书》记载，受东风乌鲁木齐技服中心委托评估的48台车辆，"集中存放于东风新疆公司位于乌鲁木齐市经济技术开发区××路的厂区内。经现场勘察，该批车辆由于使用和保管不当，大部分车辆轮胎报废，驾驶室、发动机、变速器、差速器、电路、液压系统及车厢板等不同程度损坏，个别车辆发动机、变速箱、传动系统等主要部件缺失，整体状况较差，已无法正常行驶，导致车辆实体性贬值严重"。经评估机构与委托方东风乌鲁木齐技服中心商定，该评估报告的评估基准日为2013年12月16日，也是现场勘察日。

东风新疆公司与湖北置业公司签订的《关于国银租赁业务融资担保48台车的协议》约定，湖北置业公司在向东风新疆公司交车时，应"一次性向东风新疆公司支付58万元，作为东风新疆公司垫付的补偿，另支付50000元作为东风新疆公司恢复48台车的修理费”。

2012年10月23日，东风乌鲁木齐技服中心向湖北置业公司开出案涉48台车辆的购车发票。

国银租赁公司请求法院判令：1. 解除国银租赁公司与湖北置业公司、东风乌鲁木齐技服中心共同签订的国金租（2012）租字第DF00630号《融资租赁合同》；2. 湖北置业公司向国银租赁公司支付逾期租金及违约金共计5300715.98元；3. 湖北置业公司赔偿国银租赁公司损失5805756.59元；4. 确认国银租赁公司对国金租（2012）租字第DF00630号《融资租赁合同》项下所涉相关租赁车辆的所有权，湖北置业公司返还租赁车辆并协助办理变更登记；5. 东风乌鲁木齐技服中心、陈某及东风新疆公司对上述债务承担连带清偿责任；6. 湖北置业公司、东风乌鲁木齐技服中心、陈某及东风新疆公司共同承担本案的全部诉讼费用。2014年12月17日，国银租赁公司向一审法院提交撤回部分诉讼请求申请书，申请撤回上述诉讼请求的第4项，将第2、3项诉讼请求合并变更为：湖北置业公司赔偿国银租赁公司损失，共计6150470.57元。

各方观点

湖北置业公司观点：一审判决错误地采信已失效的评估报告，导致判决结果严重失衡。1. 国银租赁公司向一审法院提供的《评估报告书》有效期为一年，而到一审开庭和判决时已过有效期，因此，该证据不应作有效证据使用。2. 湖北置业公司向东风乌鲁木齐技服中心交车的时间为2013年8月，而该评估报告的评估基准日为2013年12月，其间相差4个月，根据机动车的使用性质和损耗，该评估报告结果对湖北置业公司显失公平。且该评估报告系单方申请，未经湖北置业公司同意，故该评估结果对湖北置业公司不发生法律效力。3. 国银租赁公司请求解除融资租赁合同并收回车辆，其应对该48台机动车的残值承担举证责任，而不应由湖北置业公司申请重新评估。

国银租赁公司观点：湖北置业公司违约明显，在湖北置业公司不能提交车辆其他评估结果并且拒不对车辆申请重新评估的基础上，东风乌鲁木齐技服中心对涉案48辆租赁车辆委托制作的《评估报告书》是唯一合法有效的评估结果，其评估价格能够实际反映全部涉案车辆当时的价值。且若重新评估，车辆的折旧程度更高、评估价格必然更低。

东风乌鲁木齐技服中心、东风新疆公司观点：一审法院认定事实基本清楚。但对以下事实存有异议：东风乌鲁木齐技服中心与湖北置业公司共签订了两份《工程车分期付款购买合同》，至2013年6月28日止，湖北置业公司先后共分15笔累计向东风乌鲁木齐技服中心支付9814688元，一审判决认定其中用于支付12台车的金额为3667668.52元，其余6147019.48元用于支付本案48台车。实际上是其中用于支付12台车的金额为3721045.52元，其余6093622.48元才用于支付本案48台车，中间差了53397元。即一审法院对于本案中湖北置业公司已付款项多计了53397元。因东风乌鲁木齐技服中心、东风新疆公司履行担保责任后可向湖北置业公司进行追偿，故对于一审判决没有提出上诉。

陈某同意湖北置业公司观点。

法院观点

一审法院观点：

国银租赁公司与湖北置业公司、东风乌鲁木齐技服中心、陈某及东风新疆公司签订的《融资租赁合同》及其附件合法有效，理由如下：首先，从合同形式上看，湖北置业公司在《融资租赁合同》的承租人处盖章，陈某在承租人法定代表人处签字，签署页上方明确写明“本页为国金租（2012）租字第00630号《融资租赁合同》承租人签署页”，湖北置业公司主张其对合同进行签章时仅有合同的最后一页，不符合常理，一审法院不予采信，湖北置业公司主张国银租赁公司与东风乌鲁木齐技服中心恶意串通，但未提交证据予以证明，一审法院亦不予采信；其次，融资租赁合同已实际履行，各方当事人均已按合同约定履行部分或全部义务，湖北置业公司、陈某亦在租赁物接受确认函上签章确认；最后，根据一审法院查明的事实，48辆车分期付款购买合同与融资租赁合同的标的，在数量、车型、发动机号、车架编号上完全一致，东风乌鲁木齐技服中心确认融资租赁合同已实际取代48辆车的分期购买合同，湖北置业公司在庭审中亦确认其与东风乌鲁木齐技服中心的交易，有一笔是通过国银租赁公司提供的融资租赁方式进行支付。因此，关于湖北置业公司称其与国银租赁公司并不存在融资租赁合同关系的主张，一审法院不予支持。

关于案涉合同的租金支付问题。《融资租赁合同》约定，首期租金与出租人应支付给承租人的首期车款在车辆交付日相抵销，自车辆交付日起，视为出租人已收到承租人支付的首期租金；后期租金分24期支付，每月支付一次，共24次，每期租金金额以《租金支付表》为准。各方当事人对首期租金支付的事实均无异议，一审法院予以确认。国银租赁公司主张湖北置业公司仅于2012年12月10日按时支付第1期租金，第2期租金以及第3期租金均为逾期支付，第4期租金仅收到20882.92元，此后的租金均未收到。湖北置业公司确认其未直接向国银租赁公司支付租金，东风乌鲁木齐技服中心确认其代湖北置业公司就案涉车辆向国银租赁公司支付了第1~3期的租金。国银租赁公司关于案涉车辆租金支付情况的主张，能够与东风乌鲁木齐技服中心的陈述相互印证，湖北置业公司亦未就此提出反证，一审法院对国银租赁公司主张的租金支付情况予以确认。至于湖北置业公司举证证明的其向东风乌鲁木齐技服中心支付的款项金额，考虑到其与东风乌鲁木齐技服中心还存在其他买卖合同，且与本案融资租赁合同纠纷无关，一审法院不予审理。如果湖北置业公司认为其向东风乌鲁木齐技服中心多付了款项，其可另寻法律途径向东风乌鲁木齐技服中心主张。

关于《融资租赁合同》解除的问题。承租人未按照合同约定的期限和数额支付租金，符合合同约定的解除条件，经出租人催告后在合理期限内仍不支付的，出租人请求解除融资租赁合同的，人民法院应予支持。案涉合同约定，承租人的违约状态持续达90个日历日的，出租人有权提前终止合同。国银租赁公司作为出租人根据湖北置业公司的要求出资向供货人购买租赁物，并交由湖北置业公司租用后，湖北置业公司作为承租人应按约定支付租金，但湖北置业公司在支付前3期租金及部分第4期租金后即未再依约支付租金，违约状态超过90个日历日，国银租赁公司要求依据合同约定解除合同，一审法院予以支持。

关于违约责任承担的问题。《融资租赁合同司法解释》第22条规定，出租人依照本解释第12条的规定请求解除融资租赁合同，同时请求收回租赁物并赔偿损失的，人民法院应予支持，损失赔偿范围为承租人全部未付租金及其他费用与收回租赁物价值的差额。一审庭审中，国银租赁公司将其主张的赔偿金额明确为：全部未付租金11053670.57元（527359.69元〔每期应付租金〕×21期〔未支付期数〕-20882.92元〔已支付的第4期部分租金〕）、违约金110400元（100元×48台×23期〔仅第1期按时支付，其余23期均违约〕）、名义价款4800元，扣除收回租赁物的评估价值5018400元后，合计损失赔偿金额为6150470.57元。国银租赁公司主张的未付租金及违约金符合合同约定，一审法院予以支持，因国银租赁公司已收回案涉租赁物，故对国银租赁公司主张的名义价款，一审法院不予支持。关于收回租赁物的价值，国银租赁公司主张按《评估报告书》确定为5018400元，湖北置业公司、陈某主张《评估报告书》无效，但未重新申请鉴定，且租赁物当前状况不明，如仍在使用，势必影响其残值的客观性，如重新进行评估，其评估价值势必比前述报告的评估价格低，不符合公平原则，故一审法院依据就高不就低的原则，对《评估报告书》中案涉租赁物的评估价值依法予以采信。因此，湖北置业公司应向国银租赁公司支付的损失赔偿金为6145670.57元（11053670.57元〔未付租金〕+110400元〔违约金〕-5018400元〔回收租赁物价值〕）。国银租赁公司诉请超出部分，一审法院不予支持。

关于东风乌鲁木齐技服中心、陈某、东风新疆公司的保证责任。陈某与国银租赁公司签订的《保证合同》、东风乌鲁木齐技服中心向国银租赁公司出具的《承诺函》、东风新疆公司向国银租赁公司出具的《不可撤销连带责任担保函》均系当事人真实意思表示，合法有效。东风乌鲁木齐技服中心、陈某、东风新疆公司均应依法就湖北置业公司前述债务向国银租赁公司承担连带清偿责任。

一审法院判决：一、确认国银租赁公司与湖北置业公司于2011年11月20日签订的《融资租赁合同》解除；二、湖北置业公司应于判决生效之日起10日内向国银租赁公司支付损失赔偿金6145670.57元；三、东风乌鲁木齐技服中心、陈某、东风新疆公司对湖北置业公司的上述债务承担连带清偿责任，其实际清偿后，可按其实际清偿的金额向湖北置业公司进行追偿；四、驳回国银租赁公司的其他诉讼请求。

二审法院观点：

本案是融资租赁合同和担保合同纠纷。国银租赁公司与东风乌鲁木齐技服中心、湖北置业公司签订的《融资租赁合同》、国银租赁公司与陈某签订的《保证合同》、东风乌鲁木齐技服中心向国银租赁公司出具的《承诺函》、东风新疆公司向国银租赁公司出具的《不可撤销连带责任担保函》等，均系当事人真实意思表示，合法有效。湖北置业公司欠付多期租金，严重违反《融资租赁合同》的约定，国银租赁公司有权解除合同。一审法院判决确认《融资租赁合同》解除正确，湖北置业公司等各方当事人对此也无异议。

《合同法》第248条①规定："承租人应当按照约定支付租金。承租人经

① 对应《民法典》第752条。

催告后在合理期限内仍不支付租金的，出租人可以要求支付全部租金；也可以解除合同，收回租赁物。”《融资租赁合同司法解释》第22条规定：“出租人依照本解释第十二条的规定请求解除融资租赁合同，同时请求收回租赁物并赔偿损失的，人民法院应予支持。前款规定的损失赔偿范围为承租人全部未付租金及其他费用与收回租赁物价值的差额。合同约定租赁期间届满后租赁物归出租人所有的，损失赔偿范围还应包括融资租赁合同到期后租赁物的残值。”根据上述规定，《融资租赁合同》虽然约定租赁期间届满后承租人支付名义价款给出租人以取得租赁物所有权，但此时双方的真实意思表示实际上是合同期满租赁物归承租人所有，损失赔偿范围就不应包括融资租赁合同到期后租赁物的残值，故国银租赁公司主张名义价款于法无据。由于租赁物已经被出租人收回，此时出租人可以主张的损失赔偿包括承租人全部未付租金及其他费用与收回租赁物价值的差额。具体到本案，湖北置业公司依法应当赔偿国银租赁公司的全部未付租金及其他费用应当包括：到期应付未付租金和逾期违约金、加速到期的所有租金及相应损失。上述损失金额再扣减收回租赁物的残值，即为本案中湖北置业公司依法应当向国银租赁公司的损失赔偿范围。此外，国银租赁公司作为担保权人，还可以依担保合同的约定，要求担保人东风乌鲁木齐技服中心、陈某及东风新疆公司在上述湖北置业公司的赔偿范围内承担连带清偿责任。

一审法院以《评估报告书》的结果认定案涉48台车辆的残值为5018400元。湖北置业公司不认可评估的程序和结果，因租赁物已经被处置且时过境迁无法再行评估，主张应当以《企业所得税法实施条例》规定的固定资产计算折旧的年限计算租赁物被收回时的残值。就此，二审法院认为：东风乌鲁木齐技服中心受国银租赁公司之托收回了案涉48台车辆，在未通知湖北置业公司的情况下即单方委托评估机构对案涉车辆进行评估。国银租赁公司虽知晓评估事宜，但也没有通知湖北置业公司。由于国银租赁公司与湖北置业公司存在利益冲突，东风乌鲁木齐技服中心虽然与湖北置业公司不存在直接的利益冲突，但因其受托于国银租赁公司，其地位等同于国银租赁公司，所以在没有湖北置业公司参与、湖北置业公司又不予以认可的情况下，该评估对湖北置业公司没有约束力。一审法院以该评估结果作为租赁物残值的唯一认定依据不当，应予纠正。

鉴于案涉车辆已经被处置、《融资租赁合同》未约定租赁物的折旧计算方式、各方在诉讼中也无法就车辆残值达成一致，在客观上已经无法对案涉车辆进行重新评估，故法院依法根据本案具体情况推定租赁物的残值。2013 年 5 月 1 日起施行的商务部《机动车强制报废标准规定》第 5 条第 8 项规定："三轮汽车、装用单缸发动机的低速货车使用 9 年，装用多缸发动机的低速货车以及微型载货汽车使用 12 年，危险品运输载货汽车使用 10 年，其他载货汽车（包括半挂牵引车和全挂牵引车）使用 15 年。"《企业所得税法实施条例》第 60 条第 4 项规定，飞机、火车、轮船以外的运输工具，固定资产计算折旧的最低年限为 4 年。综合考虑上述规定以及案涉车辆的性质和用途等因素，另基于车辆的特性和市场行情，新车在交付买方的当时，市场价值即会发生一定的贬损，案涉车辆为工程用车，使用中实际价值贬损的速度也应当远超过前述规章规定的强制报废年限等原因。法院认为，本案以车辆从厂家购买价格的 80%，再按《企业所得税法实施条例》第 60 条规定的固定资产计算折旧的最低年限 4 年，按实际使用时间之比来酌定《融资租赁合同》解除时车辆的残值较为合理。2012 年 10 月 23 日，东风乌鲁木齐技服中心向湖北置业公司开具购车发票，至 2013 年 8 月 23 日，期间为 10 个月。另因出租人国银租赁公司在车辆收回后，还需要一定时间进行处置或另寻租他人，故应当给予一定的合理期间，该期间的折旧亦应当由违约方承租人湖北置业公司承担。按上述方法，案涉 48 台车辆的残值酌定为 14688000 元 ×80% ×（1 - 实际使用时间 1 年 ÷ 折旧年限 4 年）= 8812800 元。

至于《评估报告书》记载"车辆实体性贬值严重"问题。法院认为，从受托收车人东风乌鲁木齐技服中心的上级公司东风新疆公司与湖北置业公司签订的《关于国银租赁业务融资担保 48 台车的协议》看，该协议明确约定湖北置业公司应支付的恢复 48 台车的修理费为 50000 元。东风新疆公司是专业经营车辆售卖修理的企业，作为受托收车人东风乌鲁木齐技服中心的上级公司，在接收车辆时应当尽到了审慎的检查义务。东风新疆公司与湖北置业公司在前述协议中约定恢复 48 台车辆的修理费仅为 50000 元，平均每台车辆的修理费用约为 1041.67 元，相对于售价 306000 元/台的车辆而言，应当视为当时该 48 台车辆的车况较好。该 50000 元修理费用湖北置业公司也已支付，应当视为湖北置业公司交车时车辆处于正常状态。案涉车辆于 2013 年 8 月 23 日收回，于 2013 年 12 月 16 日进行评估勘察，有近 4 个月的时间脱离了湖北置业公司的控制，在没有直接证据证明车辆交接时损坏严重的情况下，不能将车辆在评估时损坏严重的责任加于湖北置业公司。受托收车人东风乌鲁木齐技服中心和其上级公司东风新疆公司，不能举证证明案涉车辆"使用和保管不当”的责任在于湖北置业公司，故《评估报告书》记载“车辆实体性贬值严重”的不利后果，在本案中应当由国银租赁公司承担。

二审法院判决：一、维持深圳市福田区人民法院（2014）深福法民二初字第39号民事判决第一项；二、变更深圳市福田区人民法院（2014）深福法民二初字第39号民事判决第二项为：湖北置业公司应于本判决生效之日起10日内向国银租赁公司支付损失赔偿金人民币2351270.57元；三、撤销深圳市福田区人民法院（2014）深福法民二初字第39号民事判决第三、四项；四、东风乌鲁木齐技服中心、陈某、东风新疆公司对湖北置业公司在本判决第二项下的债务，向国银租赁公司承担连带清偿责任。其实际清偿后，可按其实际清偿的金额向湖北置业公司进行追偿；五、驳回国银租赁公司的其他诉讼请求。

法官评析

1. 承租人违约，出租人解除合同收回租赁物时，为何应从其主张损失中扣除租赁物残值

融资租赁合同名为租赁，实为兼具“融资”与“融物”、“融物”为“融资”提供担保的金融借贷合同。“融资”即出租人为承租人选购或出售的租赁物支付的货款，承租人借此满足自身生产经营需求，同时避免了大笔资金支出，提高了其资金流动性。“融物”即通过出租人保留租赁物所有权（直租情况下）或自承租人处购得租赁物所有权（售后回租情况下），承租人在避免足额支付租赁物对价或者对外出售租赁物并足额获得租赁物对价情况下，仍能占有、使用生产经营需要的租赁物，获得租赁物使用价值。因此，融资租赁合同法律关系中的租金对价并非租赁物的使用价值，而是与租赁物本身财产价值相当并加上利润等融资费用的租赁物对价及利息和其他融资费用。所谓“租金”，实质是表现为按期偿还、以租赁物自身财产价值担保融资的还本付息及其他融资服务费。正因为融资租赁合同的这种特殊性，作为融出资金方解除合同并收回租赁物后，出租人实际已经将体现为租赁物残值的部分本金、利息收回，其损失仅为全部未付租金及其他费用与租赁物残值（以租赁物形式体现的部分本金、利息）之差额。所以，《融资租赁合同司法解释》第11条规定：“出租人依照本解释第五条的规定请求解除融资租赁合同，同时请求收回租赁物并赔偿损失的，人民法院应予支持。前款规定的损失赔偿范围为承租人全部未付租金及其他费用与收回租赁物价值的差额。合同约定租赁期

间届满后租赁物归出租人所有的，损失赔偿范围还应包括融资租赁合同到期后租赁物的残值。”

很多融资租赁公司会提出一些他们看来合理但法律上不支持的诉讼请求，比如要求支付已到期未支付的租金或未到期的租金，并要求收回租赁物。租金对价已包含租赁物的对价、购买价款，又要求人家支付所有欠付的租金，也就是加上已付租金，已经是要求了全部租赁物的对价和利润，又要租赁物，等于又要钱又要物，让人家财物两空，这是不可能得到支持的。遇到这种情况，法院会释明当事人要求作出选择，择其一主张。

2. 收回租赁物时应当如何评估残值

怎样处置收回的租赁物？钱和物的关系怎么处理？这是处理这类案件的核心问题。但目前此类诉讼案件中涉及的融资租赁合同绝大多数都没有约定租赁物的价值估算和折旧方式，极易导致因租赁物残值评估产生的后续纠纷。

实践中，融资租赁企业由于其在交易关系中的主导地位，把租赁物收回之后往往漠视后续处置，极易由此产生风险：一是没有正当理由就将租赁物长期搁置，也不妥善保管，等发生纠纷时再折旧和评估，就丧失了折旧、评估的必要前提条件，多数情况下只能自行承担最后损失；二是没有经过评估，以明显不合理的低价随意处置租赁物；三是委托出卖人或社会闲散人员收回租赁物后，没有经过评估程序，也没有签订正规买卖合同，租赁物下落不明，发生诉讼后，租赁物价值难以确定。

对此，《融资租赁合同司法解释》第12条规定：“诉讼期间承租人与出租人对租赁物的价值有争议的，人民法院可以按照融资租赁合同的约定确定租赁物价值；融资租赁合同未约定或者约定不明的，可以参照融资租赁合同约定的租赁物折旧以及合同到期后租赁物的残值确定租赁物价值。承租人或者出租人认为依前款确定的价值严重偏离租赁物实际价值的，可以请求人民法院委托有资质的机构评估或者拍卖确定。”

本案中，涉案融资租赁合同未约定租赁物估值或折旧方法，同时，由于诉前评估未通知承租人，且评估时点与双方交接租赁物时点相距四个月，该评估的客观性、准确性均存疑。在双方发生诉讼后，鉴于租赁物的现状，也不具备司法鉴定的条件。一审法院依据诉前单方评估报告作出判决，确有不妥。湖北置业公司正是因此不服一审判决、提起上诉。

如何对资产进行评估，当前我国主要有收益现值法、重置成本法、市场比较法、现行市价法和清算价格法。

收益现值法是将评估对象剩余寿命期间每年（或每月）的预期收益，用适当的折现率折现，累加得出评估基准日的现值，以此估算资产价值的方法。目前在无形资产的评估中使用比较普遍。

重置成本法是在现时条件下，被评估资产全新状态的重置成本减去该项资产的实体性贬值、功能性贬值和经济性贬值，估算资产价值的方法。如果被评估对象是一台全新的设备或一个全新的工厂，则被评估对象的价值为它的重置成本。根据替代性原则，在进行资产交易时，购买者所愿意支付的价格不会超过按市场标准重新购置或构建该项资产所付出的成本。如果被评估资产已经使用过，则应该从重置成本中扣减在使用进程中的自然磨损、技术进步或外部经济环境导致的各种贬值。用重置成本法进行资产评估的，应当根据该项资产在全新情况下的重置成本，减去按重置成本计算的已使用年限的累积折旧额，考虑功能变化、成新率（被评估资产的新旧程度，如八成新、六成新）等因素，评定重估价值；或者根据资产的使用期限，考虑资产功能变化等因素重新确定成新率，评定重估价值。

市场比较法是根据目前公开市场上与被评估对象相似的或可比的参照物的价格来确定被评估对象的价格。用市场比较法评估机器设备，要求有一个有效、公平的市场。有效是指市场所提供的信息是真实可靠的，评估参照物在市场上的交易是活跃的。而公平是指市场应该具备公平交易的所有条件，买卖双方的每一步决策都是在谨慎和充分掌握信息的基础上作出的，并且假定该价格不受不适当刺激的影响。

现行市价法一般较多应用于房地产评估，特别是商品房评估。

清算价格法适用于依照《企业破产法》的规定，经人民法院宣告破产的公司。

综合以上财产评估方法，可以看出适合本案的方法唯有重置成本法。本案二审法院对租赁物残值的酌定心证方法实际也是重置成本法——“2013 年 5 月 1 日起施行的商务部《机动车强制报废标准规定》第 5 条第 8 项规定：‘三轮汽车、装用单缸发动机的低速货车使用 9 年，装用多缸发动机的低速货车以及微型载货汽车使用 12 年，危险品运输载货汽车使用 10 年，其他载货汽车（包括半挂牵引车和全挂牵引车）使用 15 年。’《企业所得税法实施条例》第 60 条第 4 项规定，飞机、火车、轮船以外的运输工具，固定资产计算折旧的最低年限为 4 年。综合考虑上述规定以及案涉车辆的性质和用途等因素，另基于车辆的特性和市场行情，新车在交付买方的当时，市场价值即会发生一定的贬损，案涉车辆为工程用车，使用中实际价值贬损的速度也应当远超过前述规章规定的强制报废年限等原因。法院认为，本案以车辆从厂家购买价格的80%，再按《企业所得税法实施条例》第60条规定的固定资产计算折旧的最低年限4年，按实际使用时间之比来酌定《融资租赁合同》解除时车辆的残值较为合理。2012年10月23日，东风乌鲁木齐技服中心向湖北置业公司开具购车发票，至2013年8月23日，期间为10个月。另因出租人国银租赁公司在车辆收回后，还需要一定时间进行处置或另寻租他人，故应当给予一定的合理期间，该期间的折旧亦应当由违约方承租人湖北置业公司承担。按上述方法，案涉48台车辆的残值酌定为14688000元×80%×（1－实际使用时间1年÷折旧年限4年）=8812800元。"

其中，折旧年限计算依据系参照、引用行政法规、规章——2013年5月1日起施行的商务部《机动车强制报废标准规定》《企业所得税法实施条例》，确保权威性；

对"实体性贬值、功能性贬值和经济性贬值"的扣除，则体现为"综合考虑上述规定以及案涉车辆的性质和用途等因素，另基于车辆的特性和市场行情，新车在交付买方的当时，市场价值即会发生一定的贬损，案涉车辆为工程用车，使用中实际价值贬损的速度也应当远超过前述规章规定的强制报废年限等原因"。案涉"车辆的性质和用途"等因素为功能性贬值部分，"市场行情"考虑的为"经济性贬值"；

"厂家购买价格"为重置成新价，按其80%计算为实体性贬值，"按《企业所得税法实施条例》第60条规定的固定资产计算折旧的最低年限4年，按实际使用时间之比"及"另因出租人国银租赁公司在车辆收回后，还需要一定时间进行处置或另寻租他人，故应当给予一定的合理期间，该期间的折旧亦应当由违约方承租人湖北置业公司承担"为折旧比。

这种既无约定又无法通过司法鉴定进行评估的情况，在司法实践中十分常见，本案二审法院的处理方法对此提供了一个十分具有典型意义的样本。除此之外，本案对租赁物"实体性价值贬值严重"责任的认定亦充分体现了法官的智慧。

第四章　违约责任的承担

一、国家政策调整能否成为承租人的免责事由

——宝信公司诉传洋集团公司等融资租赁合同纠纷案①

关 键 词： 国家政策调整　不可抗力　情势变更　商业风险　违约责任

问题提出： 国家政策调整能否成为承租人的免责事由？

裁判要旨： 当事人在国家政策调整之后签订融资租赁合同并正常履行的，不能以国家政策发生不可预见的重大变化为由要求免责。

案情简介

上诉人（一审被告）：传洋集团公司

上诉人（一审被告）：传洋金属材料公司

被上诉人（一审原告）：宝信公司

一审被告：宫某

一审被告：李某

2012 年 6 月 27 日，传洋集团公司与案外人陕鼓公司签订《设备供货合同》，陕鼓公司向传洋集团公司提供 35000Nm3/h 空分装置及公用工程设备，总价格为 214200000 元。

同年 7 月 19 日，传洋集团公司作为承租人、传洋金属材料公司作为共同承租人与作为出租人的宝信公司签订编号为 BX－2012051 的《融资租赁售后

① 一审法院为山东省高级人民法院，案号：（2016）鲁民初 93 号；二审法院为最高人民法院，案号：（2017）最高法民终 155 号。

回租合同（共同承租）》，约定传洋集团公司将其购买的设备转让给宝信公司，宝信公司再将该设备租赁给传洋集团公司和传洋金属材料公司使用；第16条约定，承租人自任何一期应付租金之日起连续30天未按照本合同约定向出租人支付租金或其他应付款项的，出租人有权行使下列一项或同时行使数项权利：（一）解除本合同，并收回租赁物件；（二）向承租人和共同承租人追索本合同项下全部已到期和未到期的租金、罚息及其他应付款项；（三）要求承租人和共同承租人承担出租人为行使权利而发生的费用。

同日，传洋集团公司与宝信公司签订《融资租赁售后回租合同（共同承租）之转让协议》，约定传洋集团公司将其购买的设备转让给宝信公司，并再从宝信公司处租回；购买合同项下的风险（包括性能、质量和价格风险）均由传洋集团公司继续自行承担。

同日，宝信公司与传洋集团公司、陕鼓公司签订《融资租赁售后回租合同（共同承租）之三方协议》，约定设备由陕鼓公司直接交付给传洋集团公司，设备交付完毕后则风险转移至传洋集团公司。

同日，宫某、李某分别向宝信公司出具了《担保书》，承诺当承租方不论由于什么原因，不能按其与宝信公司签订的融资租赁合同的约定，履行支付租金、罚息及其他款项的义务时，担保人愿承担承租方应当履行的融资租赁合同约定的义务。

2013年10月28日，宝信公司与传洋集团公司签订编号为BX－CY－补1的《〈融资租赁售后回租合同〉补充协议》，约定：变更原合同为预付租期22个月，租赁期限36个月，共计58个月。

2014年5月7日，宝信公司向传洋集团公司、传洋金属材料公司出具了起租通知书，载明回租合同项下租赁物件的起租日为2014年6月1日，该通知后附了支付明细。

同年8月21日，宝信公司与传洋集团公司、传洋金属材料公司签订编号为BX－2012051－补的《〈融资租赁售后回租合同〉补充协议》，约定：租赁物件具体为空分装置1套、空压机＋氮压机组1套、氮气压缩机＋汽轮机组1套、氧气压缩机＋汽轮机组1套、公用工程设备1套。租赁期内，承租人拒绝继续进行交易或有任何承租人违约，出租人有权不退还该等租赁保证金，无论任何情况下，出租人退还的租赁保证金均不计息。

传洋集团公司已支付第1期至第14期预付租金每期2623100元，支付第15期至第19期预付租金每期1200000元，支付第20期至第22期预付租金每期1000000元。其中第14期预付租金2623100元，传洋集团公司应于2013年9月1日支付，实际支付时间为2013年9月5日，逾期4天，按照《融资租赁售后回租合同（共同承租)》约定的罚息每日按0.05%计算，罚息为5246.2元，传洋集团公司已于2013年9月6日支付该罚息；第22期预付租金1000000元，传洋集团公司应于2014年5月1日支付，实际支付时间为2014年5月29日，逾期28天，罚息为14000元。

传洋集团公司已支付第1期租金5000000元，支付第2期至第8期租金每期5558800元，支付第9期部分租金1000000元，剩余租金传洋集团公司未再支付。其中第5期租金5558800元，传洋集团公司应于2014年10月1日支付，实际支付时间为2014年10月8日，逾期7天，罚息为19455.8元；第9期租金5558800元，传洋集团公司应于2015年2月1日支付，但其实际于2015年2月16日支付了1000000元，该1000000元逾期15天，罚息为7500元。

另外，传洋集团公司已支付保证金39346500元，支付调整费566850元。已支付手续费10703550元，尚欠5196125元。

2015年3月26日，宝信公司向传洋集团公司、传洋金属材料公司发出《关于〈融资租赁售后回租合同〉合同变动问题的函》之回函，内容为：我方于2015年3月24日收悉贵方发送的《关于〈融资租赁售后回租合同〉合同变动问题的函》，贵方以经济环境为由，称无力继续支付租金拟请求解除贵我签署的融资租赁售后回租合同及其补充协议，我方根据贵方合同履行情况，回复如下：……三、关于请求解除合同的回复：（一）我方不同意解除合同，请贵方严格遵守合同约定，履行承租人义务。（二）贵方拒不履行合同义务的，我方将采取一切法律措施追究贵方违约责任……如贵方不能在本函要求期限内支付逾期款项的，请自该期限届满之日起立即交回租赁物，同时向我方支付租赁合同项下全部已到期和未到期的租金、罚息共计154880383.56元，我方将采取一切法律措施收回租赁物及款项，由此产生的仲裁费、律师费等均由贵方承担。

同年4月8日，宝信公司委托陕西吉尔律师事务所向传洋集团公司、传洋金属材料公司发出律师函，.内容为：1. 务必于2015年4月14日前向宝信公司支付160184755.79元（该款项计算至2015年4月14日，包括逾期租金、罚息、律师费、未到期租金及期末购买价、其他应付款项)；2. 务必于2015年4月14日前交回融资租赁合同项下所有的租赁物；3. 如贵公司在本函规定的期限仍未向宝信公司履行上述两项义务，应承担因此造成的一切法律后果，宝信公司将依据法律规定及合同约定追究贵公司的责任。

4月17日，宝信公司向上海贸仲提出仲裁申请，请求：1. 确认宝信公司编号为BX－2012051的《融资租赁售后回租合同（共同承租）》项下全部租赁物的唯一所有人；2. 解除编号为BX－2012051的《融资租赁售后回租合同（共同承租）》、编号为BX－2012051－补的《〈融资租赁售后回租合同〉补充协议》及编号为BX－CY－补1的《〈融资租赁售后回租合同〉补充协议》；3. 传洋集团公司、传洋金属材料公司向宝信公司支付拖欠租金15676400元（暂计算至2015年4月）；4. 传洋集团公司、传洋金属材料公司向宝信公司支付罚息324307.4元（暂计算至2015年4月8日）；5. 传洋集团公司、传洋金属材料公司承担宝信公司为本案支出的律师费80000元；6. 宫某、李某对前述第3项至第5项仲裁请求所涉款项承担连带清偿责任。

5月14日，传洋集团公司、传洋金属材料公司提出仲裁反请求，1. 确认编号为BX－2012051的《融资租赁售后回租合同（共同承租）》、编号为BX－2012051－补的《〈融资租赁售后回租合同〉补充协议》及编号为BX－CY－补1的《〈融资租赁售后回租合同〉补充协议》已经于2015年4月14日解除；2. 宝信公司返还保证金39346500元，利息3289804.6元。

7月14日，上海贸仲进行了第一次开庭审理，宝信公司变更仲裁请求为：1. 传洋集团公司、传洋金属材料公司向宝信公司支付到期租金及罚息33758543.8元（租金及罚息暂计算至2015年7月12日）及未到期租金122293600元；2. 在传洋集团公司、传洋金属材料公司支付完毕第1项款项之前，保留租赁物所有权；3. 传洋集团公司、传洋金属材料公司承担律师费80000元；4. 宫某、李某对前述第1、3项请求所涉款项承担连带清偿责任。

7月20日，陕鼓公司出具证明一份，内容为：我司2012年6月27日与传洋集团公司签订的总包合同《山东传洋集团有限公司35000Nm3/h空分装置总承包设备供货合同》项下设备是按传洋集团公司要求设计生产，属该公司定制化专用设备。合同签订后，我司于2012年6月开始设计，于2012年7月投入生产，于2014年10月31日交货，上述时间有相应记录备查。目前对其界定为二手设备，鉴于其专用性，可调串使用零部件极低，机组市场再销售可能性基本没有。

12月10日，上海贸仲作出（2015）沪贸仲裁字第368号仲裁裁决书。2016年1月4日，宝信公司向滨州中院申请执行。2016年3月30日，滨州中院作出（2016）鲁16执异12号执行裁定书，以仲裁程序违反法定程序为由裁定不予执行，并告知当事人可以根据双方达成的书面仲裁协议重新申请仲裁，也可以向人民法院起诉。

宝信公司向一审法院起诉请求：一、确认宝信公司和传洋集团公司、传洋金属材料公司签订的编号为 BX－2012051 的《融资租赁售后回租合同（共同承租)》、宝信公司与传洋集团公司签订的编号为 BX－CY－补 1 的《〈融资租赁售后回租合同〉补充协议》及宝信公司和传洋集团公司、传洋金属材料公司签订的编号为 BX－2012051－补的《〈融资租赁售后回租合同〉补充协议》于2015 年7 月 14 日解除；二、确认编号为 BX－2012051－补的《〈融资租赁售后回租合同〉补充协议》项下的租赁物所有权归宝信公司，由传洋集团公司、传洋金属材料公司向宝信公司返还该租赁物；三、传洋集团公司、传洋金属材料公司向宝信公司支付已到期租金 32352800 元；四、传洋集团公司、传洋金属材料公司向宝信公司支付截至 2015 年 7 月 14 日的罚息 1438096.6 元，以及自 2015 年 7 月 15 日起至实际清偿日止的罚息（以 32352800 元为基数，利率按每日万分之五计算)；五、传洋集团公司、传洋金属材料公司承担宝信公司支出律师费 360000 元；六、传洋集团公司、传洋金属材料公司承担宝信公司支出的仲裁费 1136409 元；七、传洋集团公司、传洋金属材料公司向宝信公司赔偿损失，范围为扣除保证金后的未到期租金 82947100 元及应付手续费 5196125 元与收回租赁物价值的差额（租赁物价值按第八项确定)；八、宝信公司可就上述第二项所述的租赁物与传洋集团公司、传洋金属材料公司协议折价或将该租赁物拍卖、变更，所得价款即为租赁物价值，如所得价款不足清偿第七项应付款项，则不足部分由传洋集团公司、传洋金属材料公司继续清偿；九、宫某、李某对前述第三项至第七项请求所涉款项承担连带清偿责任；十、诉讼费用由传洋集团公司、传洋金属材料公司、宫某、李某承担。

各方观点

宝信公司观点：传洋集团公司和传洋金属材料公司违约事实清楚，宝信公司不存在任何过错。本案不属于情势变更，不存在减轻责任的法定事由。传洋集团公司和传洋金属材料公司应依法赔偿宝信公司主张的全部损失。

传洋集团公司、传洋金属材料公司观点：传洋集团公司不存在“对相关政策应知晓的情况下，仍购买本案租赁物”的情形，其在签订涉案融资租赁合同时，无法预见到国家政策会要求压减产能、拆除厂房，更不可能预见到银行会因国家政策调整而大规模抽贷，导致资金链断裂。传洋集团公司因国家政策调整而无法利用涉案设备，合同履行基础已经丧失。因此，无法利用租赁物并非传洋集团公司的经营风险，而是不可预见的国家政策因素所致。请求法院综合考虑国家政策因素，以及传洋集团公司对涉案设备从未进行利用的实际情形，维护传洋集团公司、传洋金属材料公司的合法权益。

宫某、李某未发表观点。

法院观点

一审法院观点：

关于传洋集团公司是否存在违约行为，是否应赔偿宝信公司损失的问题。该院认为，本案传洋集团公司未按融资租赁合同的约定按期足额支付租金，构成违约，致使融资租赁合同解除，传洋集团公司应承担违约责任，返还宝信公司租赁物并赔偿宝信公司损失。

关于传洋集团公司主张的因国家政策调整而解除本案融资租赁合同，其不构成违约，不应承担或应分担解除合同后损失的问题，在该案融资租赁合同签订之前国家已有淘汰落后产能的相关政策，传洋集团公司在对相关政策应知晓的情况下，仍购买本案租赁物，并与宝信公司签订融资租赁售后回租合同，且该案租赁物本身并非属于因技术落后需要淘汰的范畴，该案所涉租赁物未能顺利投产，属传洋集团公司的正常经营风险，宝信公司并不存在过错，传洋集团公司据此主张其不构成违约，没有事实和法律依据，该院不予支持。

关于传洋集团公司主张的宝信公司未经其同意向陕鼓公司支付设备款构成违约，由此产生的损失应由宝信公司承担的问题，本案《融资租赁售后回租合同（共同承租）》签订当日，传洋集团公司即向宝信公司出具了《融资租赁售后回租合同（共同承租）之转让协议》及《融资租赁售后回租合同（共同承租）之三方协议》所约定的第一笔至第四笔设备款的《委托付款申请书》，要求宝信公司将第一笔到第四笔设备款共计 167008000 元支付至陕鼓公司的工行账户。宝信公司是在传洋集团公司同意的情况下向陕鼓公司支付了设备款 16700800 元，传洋集团公司主张未经其同意没有事实依据。

关于传洋集团公司主张的特种设备证书等至今未到货，其对设备利用的目的无法实现，其不应支付租金的问题。该案系售后回租形式的融资租赁，是传洋集团公司通过转让所购设备所有权进行融资，设备交付风险应由传洋集团公司负责。传洋集团公司与宝信公司签订的《融资租赁售后回租合同（共同承租）之转让协议》明确约定“购买合同项下的风险均由传洋集团公司继续自行承担”，传洋集团公司与宝信公司、陕鼓公司签订的《融资租赁售后回租合同（共同承租）之三方协议》也明确约定“若发生设备交付迟延或设备与购买合同所规定的内容不符或在安装、调试过程中及质量保证期间发现设备存在质量瑕疵、数量不符，传洋集团公司因任何原因不满意设备或其他与设备有关的任何问题，宝信公司不承担任何责任。传洋集团公司若因上述原因遭受任何损害，均由其直接向陕鼓公司行使索赔权”，宝信公司与传洋集团公司、传洋金属材料公司签订的编号为BX－2012051－补的《〈融资租赁售后回租合同〉补充协议》也明确约定“承租人不得因供应商未交付设备或租赁物件任何质量问题或承租人与供应商的任何纠纷而拒绝支付租金或其他款项，或拒绝履行本合同项下其他义务”，所以该案特种设备证书等即使未到货，传洋集团公司也应向陕鼓公司主张，传洋集团公司不能据此免除责任。

一审法院判决：一、《融资租赁售后回租合同（共同承租）》等于2015年7月14日解除；二、传洋集团公司、传洋金属材料公司于判决生效之日起十日内向宝信公司返还全部租赁物；三、传洋集团公司、传洋金属材料公司于判决生效之日起十日内支付宝信公司已到期租金32352800元及罚息（截至2015年7月14日罚息数额为1438096.6元，自2015年7月15日至实际清偿之日的罚息，以32352800元为基数，每日按万分之五计算）；四、传洋集团公司、传洋金属材料公司于该判决生效之日起十日内赔偿宝信公司损失（损失数额为扣除保证金后的未到期租金82947100元＋手续费5196125元－租赁物价值，其中租赁物价值，原告宝信公司取回租赁物后十日内与传洋集团公司、传洋金属材料公司协商确定，如协商不成，双方均可请求人民法院委托有资质的机构评估或者拍卖确定）；五、传洋集团公司、传洋金属材料公司于判决生效之日起十日内向宝信公司支付律师费280000元；六、宫某、李某对上述第二项至第五项债务承担连带清偿责任。宫某、李某承担清偿责任后，有权向传洋集团公司、传洋金属材料公司追偿；七、驳回宝信公司的其他诉讼请求。

二审法院观点：

本案争议焦点是传洋集团公司的违约行为是否存在免责或可减轻责任的事由。本案融资租赁合同签订之前，国家已经出台了相关政策要求淘汰钢铁行业落后产能，传洋集团公司作为专业从事钢材生产的企业，对此应当知悉。

同时，传洋集团公司所主张的压减产能事宜系发生于2012年，而陕鼓公司直至2013年8月才开始逐渐供货，直至2014年10月交货完毕。在长达两年的时间里，传洋集团公司未曾采取任何措施请求变更合同或者解除合同；相反，直到2015年2月，传洋集团公司还一直在按期支付预付租金和租金。由此表明，在本案纠纷发生之前，传洋集团公司具备履行融资租赁合同的意愿和能力，其以国家政策发生不可预见的重大变化为由要求免责，与本案事实不符。

二审法院判决：驳回上诉，维持原判。

法官评析

融资租赁往往涉及重大工程或重大项目，跟国家政策密切相关，国家政策调整能否成为一方当事人请求变更或解除合同的理由，进而成为一方当事人部分或者全部免除责任的理由，经常成为审理案件的难点，值得关注。

1. 国家政策调整的定性

关于国家政策调整的定性，主要有三种观点：一是国家政策调整将导致一方当事人不能履行合同，属于不可抗力；二是国家政策调整将导致合同继续履行对于一方当事人明显不公平或者不能实现合同目的的情况，属于情势变更；三是国家政策调整造成的损失是经营者在市场经济活动中因经营失利所应承担的正常损失，属于商业风险。准确定义国家政策调整的性质，首先需要厘清三个法律概念。

（1）不可抗力

《民法典》第180条第2款规定，不可抗力是指不能预见、不能避免且不能克服的客观情况。简言之，不可抗力是一种外来的不可抗拒的力量，具有不受当事人意志支配的特点。

我国法律规定的不可抗力的范围分为两类：一是自然原因引起的灾害，如水灾、旱灾、地震等；二是社会变动引起的事件，如战争、罢工、动乱等。

与情势变更、商业风险相比，不可抗力具有其独特的属性：在要件上，不可抗力除不可预见外，还包括不能避免且不能克服；在范围上，引发不可抗力的原因是一些非经济因素，不包括社会经济形势剧变等经济原因；在事件持续时间上，不可抗力事件具有突发性和暂时性，持续时间短；在事件产生后果上，不可抗力事件对合同履行的阻碍程度已经达到完全不能履行的程度。通过上述分析可知，国家政策调整不具备不可抗力的全部属性，不宜定性为不可抗力。

(2) 情势变更

《民法典》第533条规定了情势变更原则："合同成立后，合同的基础条件发生了当事人在订立合同时无法预见的、不属于商业风险的重大变化，继续履行合同对于当事人一方明显不公平的，受不利影响的当事人可以与对方重新协商；在合理期限内协商不成的，当事人可以请求人民法院或者仲裁机构变更或者解除合同。人民法院或者仲裁机构应当结合案件的实际情况，根据公平原则变更或者解除合同。"《民法典》未对情势变更的范围作出列举性规定。总体来说，情势变更原则主要针对经济形势、经济政策的巨大变化，与国家对经济生活干预有直接关系，如价格调整、宏观调控、国家经济政策调整等。

与不可抗力、商业风险相比，情势变更的独特属性在于：在要件上，情势变更要求当事人订立合同之时无法预见，不要求无法避免、无法克服，同时该无法预见还需超出当事人对市场变化应当预见的范畴，否则仅属于正常的商业风险；在范围上，情势变更的情势主要包括经济形势、经济政策的变化，排除了自然原因引起的灾害；在事件产生后果上，情势变更对合同履行的阻碍程度不必达到完全无法履行的程度，只需达到继续履行合同将使一方当事人明显不公平或无法实现合同目的的程度。通过上述分析可知，国家政策调整有可能构成法律规定的情势变更的情形。

(3) 商业风险

商业风险是指商业活动中，由于各种不确定因素引起的，给商业主体带来获利或损失的机会或可能性的一种客观经济现象。

商业风险的范围缺少概括性或列举性规定，又与情势变更存在一定重合，如物价涨跌、通货膨胀、货币贬值等既属于商业风险的范围，达到一定程度时，又属于情势变更的范围。

与不可抗力、情势变更相比，商业风险最大的区别在于其不具备"不可预见"要件，即凭借与当事人相同类型的一般人的认知能力，能够预见或应当预见该客观情况的变化可能发生。一般认为，国家政策调整也会引起诸如物价涨跌、通货膨胀、货币贬值等客观情况，在上述作为合同成立基础的客观情况的变化没有达到异常的程度时，将构成商业风险。

2. 国家政策调整能否成为承租人的免责事由

如前所述，国家政策调整可导致情势变更或商业风险，二者法律后果却截然不同。如构成情势变更，则一方当事人可援引《民法典》第533条规定，请求人民法院变更或者解除合同。如构成商业风险，则按照风险自负原则，遭受不利益的一方需自行承担由此造成的损失，无权援引国家政策调整免责。因此，准确区分国家政策调整引发的后果是情势变更还是商业风险，具有重要的实践意义。

（1）基本原则

第一，慎用情势变更原则，以将国家政策调整认定为商业风险为原则，认定为情势变更为例外，推定当事人在订立合同时，已经对合同履行过程中可能出现的风险作出了一定程度的预见和判断，将情势变更原则作为维护合同效力原则的例外限制使用。

第二，严格履行特殊程序，依照《最高人民法院关于正确适用〈合同法〉若干问题的解释（二）服务党和国家的工作大局的通知》规定，针对需在个案中适用的情势变更原则的情形，由高级人民法院审核，必要时提请最高人民法院审核。《民法典》出台后，尚未见有关审核要求的新规定，此后在个案中适用情势变更原则是否需要上级法院审核，需要进一步明确。

（2）具体方法

判断国家政策调整属于情势变更还是商业风险，需要结合个案实际情况，综合分析得出结论。具体分析方法为：

第一，预见程度。国家经济形势是一个逐渐变化的过程，国家针对经济形势变化出台的调控政策具有一定的连续性、可预测性，是一个逐步演变的过程。因此，构成情势变更的国家政策调整应仅限于因不可预见的重大经济情势变化而引发的调整。对于一些市场主体依据经济发展趋势，通过分析价值规律、市场变化、供求关系能够预见或者应当预见的国家政策调整引起的客观事件，更宜认定为商业风险，而非情势变更。

第二，防范难度。防范难度与预见程度密切相关，能够引起情势变更的国家政策调整是当事人订约时无法预见的，多属较为突然的变化过程。当事人在订约时无法采取措施予以防范，在调整后亦难以采取措施予以补救。对于一些当事人能够预见或者应当预见的国家政策调整，当事人通常采取将潜在风险计算在合同价格之中，或者约定免责条款等方式作出规制，具有事前防范、事后补救的可能性。实务中，也可通过审查合同有无风险防范条款的方式，判断合同主体是否对其援引免责的国家政策调整作出预见。

第三，发生时间。引起情势变更的国家政策调整需发生于合同订立之后、终止之前，若发生于合同订立之前，则表明当事人已经预见或应当预见可能产生的风险，当然不构成情势变更。商业风险可发生于合同订立之前，亦可发生于合同履行完毕之后，不受具体时间的限制。

第四，产生后果。国家政策调整引起的情势变更致使合同的基础、客观情况发生根本性变化，继续履行合同将对一方当事人明显不公平或无法实现合同目的。国家政策调整引起的商业风险无需达到上述程度，仅会给合同履行造成一定程度的阻碍，或者给履行成本造成一定程度的增加，该阻碍、成本能够由遭受不利益的一方自行承担。

就本案而言，传洋集团公司无权以国家政策调整为由主张部分或者全部免除责任，主要理由如下：

第一，构成情势变更的国家政策调整仅限于因不可预见的重大经济情势变化而引发的调整，需发生于合同成立之后、终止之前。涉案融资租赁合同签订之前，国家已出台淘汰落后产能的相关政策，传洋集团公司作为专业从事钢铁产业的企业应对政策予以关注，并应预见到国家政策调整可能引发的后果，其购买涉案租赁物并与宝信公司订立一系列融资租赁合同，属于对其自身可能面临商业风险的自由处分，无权主张情势变更。

第二，退一步讲，即使传洋集团公司所主张的国家淘汰落后产能相关政策出台于涉案融资租赁合同签订之后，本案亦不构成情势变更情形。具体理由如下：

其一，国家加快淘汰落后产能、推进产业结构调整和优化升级并非一个突然变化的过程，而是一个逐渐演变的过程，属于需长期坚持的国家政策。传洋集团公司作为钢铁专业企业应当对于淘汰落后产能过程中可能面临的市场风险存在一定程度的预见和判断，其在未考虑国家政策基本原则、前后政策连续性的情形下，以无法预见为由主张情势变更，与客观实际不符。

其二，当事人已对合同履行过程中可能出现的潜在风险作出预见，并约定在融资租赁合同之中。传洋集团公司与宝信公司签订《融资租赁售后回租合同（共同承租）之转让协议》，约定购买合同项下的风险（包括性能、质量和价格风险）均由传洋集团公司自行承担，该条款证明传洋集团公司签订合同时，已经预计到可能发生的租赁物性能、质量、价格引发的商业风险，并作出了风险自担的承诺。

其三，继续履行融资租赁合同尚未达到对一方当事人明显不公平或无法实现合同目的的程度。涉案租赁物并非属于因技术落后需要淘汰的范畴，合同存在继续履行的可能性。继续履行涉案融资租赁合同不会使传洋集团公司遭受明显不公或者不能实现合同目的，仅能在一定程度上造成其履行费用的增加、利润的减少，该成本属于应当由传洋集团公司自行负担的商业风险。

其四，情势变更事由一经发生，当事人应立即请求法院变更或解除合同。当事人在情势变更事由发生后，仍然继续履行合同，说明并不存在继续履行合同对于一方当事人明显不公平或者不能实现合同目的的情形，该事由属于商业风险而非情势变更。传洋集团公司所主张的压减产能事宜发生于2012年，陕鼓公司自2013年8月方开始供货，直至2014年10月交货完毕。在长达两年的时间里，传洋集团公司未曾采取任何措施请求变更或解除合同，反而持续支付预付租金、租金直至2015年2月。上述情形表明，传洋集团公司具备履行融资租赁合同的意愿和能力，该案所涉租赁物未能顺利投产，属传洋集团公司的正常经营风险。

二、出租人诉请的租金、逾期履行违约金是否属于同一诉讼请求

——长城国兴公司与金岩化工公司等融资租赁合同纠纷案[①]

关 键 词： 租金　逾期履行违约金　同一诉讼请求

问题提出： 出租人主张的租金、逾期履行违约金是否属于同一诉讼请求范围？

裁判要旨： 融资租赁合同的逾期履行违约金系因承租人逾期履行支付租金给付义务而产生，与给付租金紧密相连，二者内在呈现统一完整的特征，共同构成出租人诉讼请求的一部分，应作为一项诉讼请求予以审查。

案情简介

上诉人（一审原告）：长城国兴公司

上诉人（一审被告）：金岩化工公司

被上诉人（一审被告）：金岩热电公司

---

① 一审法院为新疆维吾尔自治区高级人民法院，案号：（2017）新民初76号；二审法院为最高人民法院，案号：（2018）最高法民终1202号。

2013年6月17日，长城国兴公司与金岩化工公司签订《回租租赁合同》、长金租回租买卖字（2013）第0087－1号《回租买卖合同》。租赁合同约定，金岩化工公司以租回使用为目的，向长城国兴公司出售合同附件《租赁物清单》所列金岩化工公司自有物件，长城国兴公司应金岩化工公司要求，向金岩化工公司出资购买租赁物并租回金岩化工公司使用；租赁物的转让价款为300000000元；租赁物的所有权于合同生效之日起正式转归长城国兴公司所有，金岩化工公司对租赁物只有占有、使用权，没有所有权及处分权；金岩化工公司应严格按照本合同及有关附件的约定向长城国兴公司支付租金；合同项下之租金包括本金和租赁费，本金和租赁费合计价款为328540797.12元，本合同附件约定的每期租金的租赁费率为按浮动租赁费率即6.4575%执行；长城国兴公司有权按本合同附件向金岩化工公司计收手续费18000000元，本合同一经生效则手续费在任何情况下均不予退还；本合同租赁期限届满后，金岩化工公司可留购本合同所涉及的全部租赁物及附属物，留购价为100元；本合同项下租赁期限为36个月，即自2013年6月24日起至2016年6月23日止；起租日为长城国兴公司向金岩化工公司支付转让价款之日，即资金从长城国兴公司账户划出之日；若起租日与上述约定的租赁期限起始日不一致，则以起租日为租赁期限起始日；本合同一经签订金岩化工公司即应向长城国兴公司支付本合同附件所列的租赁保证金24000000元，并在合同订立的同时交付长城国兴公司作为履行本合同的保证金，租赁保证金不计息；在本合同租赁期限届满或本合同提前终止，且承租人清偿所有租金、违约金等其他款项后，长城国兴公司将租赁保证金归还金岩化工公司；租赁期内，金岩化工公司未按合同约定履行付款义务时，长城国兴公司有权从租赁保证金中抵扣金岩化工公司当期应支付给长城国兴公司的款项，金岩化工公司必须于长城国兴公司要求的时间内补足租赁保证金及相关逾期利息；任何一方当事人不履行合同约定义务的，或者履行合同义务不符合约定的，视为违约，除合同另有约定外，应向对方赔偿因此受到的损失（包括但不限于实际损失、预期损失和要求对方赔偿损失而支付的律师费、交通费和差旅费等）；若金岩化工公司未按合同约定支付租金和其他款项，应向长城国兴公司支付逾期款项违约金；逾期款项违约金按本合同及有关附件载明的租赁费率基础上加50%计收罚息，从逾期之日起，按罚息利率计收利息，直至清偿本息为止；租金分11期支付，2013年9月16日支付第一期租金，2013年12月16日支付第二期租金，2014年3月16日支付第三期租金，2014年6月16日支付第四期租金，2014年

9月16日支付第五期租金，2014年12月16日支付第六期租金，2015年3月16日支付第七期租金，2015年6月16日支付第八期租金，2015年9月16日支付第九期租金，2015年12月16日支付第十期租金，2016年3月16日支付第十一期租金，其中，第一期至第九期应付租金均为31000000元，第十期应付租金为25540797.12元，第十一期应付租金为24000000元。

《回租租赁合同》中约定，金岩化工公司以租回使用为目的，向长城国兴公司出售案涉租赁物；长城国兴公司愿出资300000000元向金岩化工公司购买该租赁物；租赁物的所有权于合同生效之日起由金岩化工公司全部转让给长城国兴公司。长城国兴公司于2013年6月25日分四笔向金岩化工公司付款300000000元。

同日，长城国兴公司与金岩热电公司签订了编号为长金租连保字（2013）第0087-2号的《保证合同》。该合同约定金岩热电公司担保的主债权种类为主合同（《回租租赁合同》）项下长城国兴公司享有的所有债权，金额为328540797.12元；金岩热电公司保证份额为上述主债权的100%；金岩热电公司担保的范围包括债务本金、利息、逾期罚息、违约金、损害赔偿金、因债务人过错造成主合同无效或被撤销后应由债务人承担的赔偿金、债权人为实现债权而发生的一切费用（包括但不限于诉讼费、律师费、公证费、评估费、差旅费等）以及资金占用费（以前述应付款项为基础，自逾期支付之日起按日万分之五计算）承担连带保证责任；保证期间为主合同生效之日起至主合同约定的债务人履行债务期间届满。

同日，长城国兴公司与亿量公司签订编号为长金租抵担字（2013）第0087-3号的《抵押担保合同》，约定亿量公司将其名下位于太原市万柏林区西环高速路西西峪煤矿范围内三宗土地，土地使用权证号为并政地国用（2012）00116号、并政地国用（2012）00117号、并政地国用（2012）00118号，抵押给长城国兴公司，为金岩化工公司在租赁合同项下对长城国兴公司形成的债务提供担保，担保范围包括主合同项下的债务本金、利息、逾期罚息、违约金、损害赔偿金、因债务人过错造成主合同无效或被撤销后应由债务人承担的赔偿金、债权人为实现债权所发生的一切费用（包括但不限于诉讼费、律师费、公证费、评估费、差旅费）以及资金占用费。随后长城国兴公司办理了抵押登记手续，取得并他项（2013）第0059号土地他项权利证明书。

上述合同履行过程中，长城国兴公司于2013年6月25日分四笔向金岩化工公司付款300000000元；金岩化工公司于2013年6月24日支付保证金24000000元，手续费18000000元。于2013年9月17日和12月17日分别支付第一、二期的租金共计62000000元。2014年3月16日应付租金31000000元未付，于2014年4月15日逾期支付1000000元、2014年6月23日逾期支付7061347.14元。

长城国兴公司于2015年4月向山西省太原市万柏林区人民法院（以下简称万柏林区法院）对亿量公司及金岩化工公司提起实现担保物权特别程序，该院于2015年7月7日作出（2015）万民特字第0005号民事裁定，裁定拍卖或变卖亿量公司抵押给长城国兴公司的位于太原市万柏林区西环高速路西西峪煤矿范围内土地使用权，拍卖和变卖所得价款由长城国兴公司在亿量公司担保范围内优先受偿。万柏林区法院于2017年8月10日作出（2015）万民特字第0005号之一民事裁定，对（2015）万民特字第0005号民事裁定补正，裁定长城国兴公司对拍卖或者变卖所得价款在到期租金146938652.86元内优先受偿。长城国兴公司遂对上述民事裁定，申请万柏林区法院进行强制执行。万柏林区法院作出（2015）万执字第550号之二执行裁定，并依法对上述抵押土地进行拍卖、变卖，最终以156000000元的价格处置案涉抵押土地。2017年8月16日万柏林区法院将其中的147547849.56元发还给长城国兴公司，其中包括长城国兴公司垫付的鉴定费、公告费、案件执行费合计609196.7元；剩余款项8252150.44元返还给亿量公司。亿量公司于2017年8月7日向长城国兴公司出具确认函，确认按照抵押合同约定，以抵押土地的全部处置价款向长城国兴公司承担抵押担保责任，长城国兴公司对上述剩余款项8252150.44元仍享有优先受偿权，并于2017年8月17日将此款支付长城国兴公司。

2015年4月3日长城国兴公司与北京德恒律师事务所签订的《一般风险代理协议》，约定长城国兴公司委托北京德恒律师事务所代理案涉债权的追偿工作，律师代理费根据北京德恒律师事务所代理实现的回现净值作为基数，≤100万元部分按10%，100万元~500万元部分按8%，500万元~1000万元部分按6%，1000万元~5000万元部分按3%，>5000万元部分按1%计算。长城国兴公司通过向万柏林区法院申请实现担保物权特别程序，已实际回款155190803.30元。长城国兴公司向北京德恒律师事务所支付律师费人民币2971908.03元，北京德恒律师事务所对此向长城国兴公司开具增值税专用发票。万柏林区法院（2015）万民特字第0005号民事裁定中亦载明长城国兴公司委托代理人为北京德恒律师事务所律师。

长城国兴公司起诉请求：1. 判决金岩化工公司向长城国兴公司支付长金租回租字（2013）第 0087 号《回租租赁合同》项下欠付的租金 111540797.12 元；2. 判决金岩化工公司向长城国兴公司支付长金租回租字（2013）第 0087 号《回租租赁合同》项下计收至 2017 年 10 月 27 日欠付的违约金 31302010.64 元，以及欠付租金 111540797.12 元按照 9.68625%/年的标准，自 2017 年 10 月 28 日至付清之日按日计收的违约金；3. 判决金岩化工公司向长城国兴公司支付租赁物留购费 100 元；4. 判决金岩化工公司向长城国兴公司支付律师费 2971908.03 元；5. 判决金岩热电公司对第一、二、三、四项诉讼请求中金岩化工公司应付长城国兴公司的款项承担连带保证担保责任；6. 判决金岩化工公司、金岩热电公司承担该案保全费 5000 元；7. 判决金岩化工公司、金岩热电公司共同承担该案的诉讼费。

各方观点

长城国兴公司观点：长城国兴公司与金岩化工公司于 2013 年 6 月 17 日签订《回租租赁合同》《回租买卖合同》。租赁合同约定，长城国兴公司出资向金岩化工公司购买租赁物并租回给金岩化工公司使用；租赁物的购置款为 300000000 元；租赁期限为 36 个月，自 2013 年 6 月 24 日至 2016 年 6 月 23 日，租金总额为 328540797.12 元；共分 11 期支付租金，金岩化工公司逾期支付租金的，每逾期一日应对应付未付租金按照租赁费率（6.4575%）的 150% 按日支付逾期违约金。被告金岩化工公司应在合同签订的同时，向长城国兴公司支付 24000000 元的保证金，并约定金岩化工公司未按合同约定履行付款义务时，长城国兴公司有权从保证金中抵扣金岩化工公司应支付的款项。同日，长城国兴公司与金岩热电公司签订《保证合同》，约定由金岩热电公司对长城国兴公司在回租合同项下对被告金岩化工公司的全部债权承担连带保证责任。保证期间为主合同生效之日起至主合同约定的债务人履行债务期间届满之日起两年。同日，长城国兴公司与亿量公司签订了《抵押担保合同》，约定亿量公司将其名下位于太原市万柏林区西环高速路西西峪煤矿范围内三宗国有建设用地使用权，向长城国兴公司设定抵押，对长城国兴公司在回租合同项的全部债权提供抵押担保，并办理了抵押登记手续。

上述各合同生效后，长城国兴公司向金岩化工公司支付 300000000 元租赁物购置款，金岩化工公司向长城国兴公司支付保证金 24000000 元，但其仅依约支付第一、二期的租金各31000000元，其本应于2014年3月16日支付第三期租金，但仅于2014年4月15日支付1000000元，2014年6月23日支付7061347.14元，之后再未付款，至2016年6月23日租赁期满，共计欠付租金258479449.98元。

长城国兴公司于2015年4月对亿量公司及金岩化工公司在万柏林区法院提起实现担保物权特别程序，该院于2015年7月7日作出（2015）万民特字第0005号民事裁定书；并于2017年8月10日出具补正裁定，裁定拍卖或变卖抵押土地，抵押土地变卖价款在已到期租金146938652.86元内优先受偿。该院于2017年8月27日将146938652.86元发还长城国兴公司，扣除执行费309396.7元、评估费280000元、拍卖公告费19800元、网络变卖辅助费200000元后余款8252150.44元返还亿量公司，亿量公司确认长城国兴公司对该笔款仍具有优先受偿权，并在收到法院该笔退款当日将此款支付给长城国兴公司。抵扣到期租金146938652.86元后，金岩化工公司欠付长城国兴公司租金111540797.12元；亿量公司支付的8252150.44元款项以及金岩化工公司支付的24000000元保证金根据合同约定冲抵违约金，冲抵后截至2017年10月27日已经产生未付的违约金人民币31302010.64元，且金岩化工公司应继续就欠付租金人民币111540797.12元按照9.68625%/年的标准支付违约金，直至付清之日止。

另外，根据租赁合同约定，金岩化工公司应在向长城国兴公司付清欠付租金及其他款项后支付人民币100元留购费，取得租赁物的所有权。为此，金岩化工公司应承担向长城国兴公司支付人民币100元留购费的责任。根据长城国兴公司与北京德恒律师事务所签订代理协议，长城国兴公司通过实现担保物权特别程序已回款情况，应向北京德恒律师事务所支付律师费人民币2971908.03元。根据租赁合同约定因被告违约原告而支付的律师费由被告承担，故金岩化工公司应承担2971908.03元律师费的责任。

金岩化工公司观点：1. 金岩化工公司支付的24000000元保证金和手续费应当从本金中扣除。长城国兴公司直接向金岩化工公司发放设备款，不可能产生手续费，长城国兴公司要求金岩化工公司支付18000000元手续费无事实及法律依据，该手续费应当在本金中扣除，本案应当按照实际放款金额258000000元核定本息。而保证金是用于保证合同实现的，该保证金应当产生相应的利息，并当金岩化工公司未能如约支付租金时，保证金应当直接抵销相应的本息。长城国兴公司使用该笔款项3年，并在最后一期租金本息中抵扣，加收相应的罚息，共计 12074400 元，应当从欠款总额中扣除。2. 长城国兴公司设计的资金安排严重侵犯了金岩化工公司的期限利益，本案的期租本息应当作相应调整。长城国兴公司于 2013 年 6 月 25 日放款，但其提前以每季度末的 16 日为基准日，造成金岩化工公司相应的利息损失。根据租赁合同第 6 条，合同项下的租赁期限为 36 个月，即 2013 年 6 月 24 日至 2016 年 6 月 23 日，如果按照一季一期，期租本息应为 27000000 元，但是长城国兴公司设定 31000000 元的期租，致使金岩化工公司到第十期应付完全部本息，减少了金岩化工公司半年的资金使用时间，加重了其负担。按照实际放款金额 258000000 元为基数，等本还款的原则，每期期租应为 21500000 元本金加相应的利息，故本案利息、罚息都应相应予以调整。3. 150% 的罚息过分高出长城国兴公司造成的损失，人民法院应予调减。长城国兴公司应支付的设备款为 300000000 元，但长城国兴公司却按 328540797. 12 元设定租金，该租金中已经包含 2854079. 12 元的利息。对于逾期部分，长城国兴公司加收了 150% 的罚息，实际利息达到原利息的 250%，这种计算罚息的方式严重加重了金岩化工公司的债务负担，且过分高于长城国兴公司的损失，应当予以调整。根据我国合同法规定，金岩化工公司申请减少违约金，应当减掉 6. 4575% 的复利，再按原息的 50% 加收罚息，即以 3. 22875% 的标准计收罚息。4. 关于长城国兴公司主张的留购费问题，涉案租赁合同还未履行完毕，金岩化工公司支付留购费条件不成就，不存在支付留购费的问题。5. 关于长城国兴公司主张的律师代理费，长城国兴公司委托代理人是风险代理，诉讼权益还没有完全实现，金岩化工公司承担律师费的条件未成就，不应承担。

金岩热电公司观点：其观点与金岩化工公司的答辩意见一致，并同意承担保证责任，在据实核减欠付租金及罚息后，承担相应的保证责任。

法院观点

一审法院观点：

《回租租赁合同》《回租买卖合同》系长城国兴公司与金岩化工公司真实意思表示，双方对此均无异议。依据《回租租赁合同》《回租买卖合同》约定，长城国兴公司作为出租人，根据承租人金岩化工公司选择，以金岩化工公司自有设备作为租赁物，向出卖人金岩化工公司购买租赁物，再租赁给金岩化工公司使用，由金岩化工公司向其支付租金。此种形式为金融租赁公司融资租赁业务中的售后回租业务。根据《合同法》第237条[①]规定，融资租赁合同是出租人根据承租人对出卖人、租赁物的选择，向出卖人购买租赁物，提供给承租人使用，承租人支付租金的合同。承租人将其自有物出卖给出租人，再通过融资租赁合同将租赁物从出租人处租回的，人民法院不应仅以承租人和出卖人系同一人为由认定不构成融资租赁法律关系。《回租租赁合同》《回租买卖合同》符合上述法律规定。长城国兴公司与金岩化工公司之间系融资租赁法律关系。金岩化工公司虽在庭审中认可该案双方之间系融资租赁法律关系，但其答辩意见中对于该案《回租租赁合同》中"租金""违约金"等概念以"本息"进行表述，系对该案法律关系的混淆。《回租租赁合同》《回租买卖合同》内容不违反法律、行政法规的强制性规定，且未损害国家、集体、第三人利益和社会公共利益，应当认定为合法有效，双方当事人应按照合同约定履行各自权利义务。

关于金岩化工公司欠付租金数额问题。根据《回租租赁合同》约定，金岩化工公司在如期支付了前2期租金后，应当于2014年3月16日支付租金31000000元，但其并未按期支付该租金，而是逾期分两次支付部分租金，并在此后未支付剩余租金，其行为构成违约。现租赁期限已届满，金岩化工公司应当支付全部到期欠付租金。长城国兴公司主张其已经万柏林区法院实现担保物权特别程序执行回款146938652.86元，从金岩化工公司欠付租金中予以扣除。对此其提交了万柏林区法院作出的民事裁定以及银行回单，可以证实其已通过申请法院拍卖、变卖抵押土地实现了部分债权，故在金岩化工公司欠付的租金数额基础上，扣减146938652.86元。

金岩化工公司辩称其向长城国兴公司支付手续费18000000元，应当在租金中予以扣除，缺乏事实和法律依据。如前所述，《回租租赁合同》系双方当事人真实意思表示，该合同明确约定，长城国兴公司有权向金岩化工公司计收手续费18000000元，本合同一经生效则手续费在任何情况下均不予退还。该约定并不违反法律、法规强制性规定。且合同中亦未约定此款可以从租金中予以扣除，故金岩化工公司主张在租金中扣除此款缺乏事实和法律依据，对此不予支持。

金岩化工公司辩称其向长城国兴公司支付的租赁保证金24000000元应当计息，并且在其第三期违约支付租金就应当直接抵顶租金，而非按照长城国

---

① 对应《民法典》第735条。

兴公司主张在最后一期租金中予以扣除。根据《回租租赁合同》第 7－1 条约定，本合同一经签订金岩化工公司即向长城国兴公司支付租赁保证金 24000000 元，并在合同订立的同时交付长城国兴公司作为履行合同的保证，租赁保证金不计息。第 7－4 条约定，租赁期内，金岩化工公司未按合同约定履行付款义务时，长城国兴公司有权从租赁保证金中抵扣金岩化工公司当期应支付给长城国兴公司的款项，金岩化工公司必须于长城国兴公司要求的时间内补足租赁保证金及相关逾期利息。依据上述约定，长城国兴公司与金岩化工公司明确约定保证金不计息，故金岩化工公司主张保证金应当计息，缺乏合同依据。对于保证金应当如何抵扣问题，双方合同中约定金岩化工公司未按期支付租金，长城国兴公司有权从保证金中抵扣当期应当支付长城国兴公司的款项。据此，金岩化工公司在第三期逾期支付租金时，长城国兴公司就应当进行抵扣。而长城国兴公司现主张在计算的违约金中予以抵扣，该计算方法明显加重金岩化工公司欠付租金的债务，亦导致债务加重部分产生相应的违约金，对此不予支持。因此，金岩化工公司抗辩在第三期欠付租金中予以抵扣的理由成立。金岩化工公司在第三期即 2014 年 3 月 16 日应付租金 31000000 元，其未按期支付，使用租赁保证金 24000000 元抵扣后，尚欠 7000000 元。金岩化工公司于 2014 年 4 月 15 日支付租金 1000000 元，扣减后余 6000000 元。2014 年 6 月 16 日应付第四期租金 31000000 元，2014 年 6 月 23 日支付租金共计 7061347.14 元，扣减第三期剩余欠付租金及第四期欠付租金，金岩化工公司至 2014 年 6 月 23 日尚欠长城国兴公司 29938652.86 元。

金岩化工公司抗辩认为长城国兴公司向其支付货款时间为 2013 年 6 月 25 日，故应当以每季度末的对日为租金收取日，但长城国兴公司以每季度末的 16 日为基准日，并设定 31000000 元期租，造成金岩化工公司的利息损失，且减少资金使用时间，应当重新调整期租以及罚息。《回租租赁合同》中附件三明确约定了租金支付的时间以及应付租金的数额，金岩化工公司与长城国兴公司在该附件中均签字盖章，金岩化工公司并未举证证明该附件上其签章并非其真实意思表示，且该约定亦未违反法律、法规强制性规定，应认定合法有效，金岩化工公司应当按照该附件约定履行其支付租金义务。而金岩化工公司已于 2013 年 9 月 17 日、2013 年 12 月 17 日按期支付了前两期租金各 31000000 元，即实际履行了双方合同约定。因此，金岩化工公司此项主张缺乏事实和法律依据，对此不予支持。

综上，金岩化工公司欠付租金为 29938652.86＋31000000（第五期）＋

31000000（第六期）+31000000（第七期）+31000000（第八期）+31000000（第九期）+25540797.12（第十期）+24000000（第十一期）-146938652.86（抵押回款）=87540797.12元。

关于金岩化工公司应承担的违约责任问题。《合同法》第114条[①]第1款规定，当事人可以约定一方违约时应当根据违约情况向对方支付一定数额的违约金，也可以约定因违约产生的损失赔偿额的计算方法。承租人逾期履行支付租金义务或者迟延履行其他付款义务，出租人按照融资租赁合同的约定要求承租人支付逾期利息、相应违约金的，人民法院应予支持。该案中，双方《回租租赁合同》约定，金岩化工公司未按合同约定支付租金，应向长城国兴公司支付逾期款项违约金，逾期款项违约金自逾期之日起，按合同约定的租赁费率6.4575%基础上加50%计收罚息，直至清偿本息为止。长城国兴公司主张金岩化工公司支付逾期罚息符合法律规定以及双方合同约定，对长城国兴公司此项诉讼请求予以支持。对于逾期罚息的数额，具体计算如下：

1. 金岩化工公司应于2014年3月16日支付第三期租金31000000元，其未按期支付，使用租金保证金24000000元抵扣后，余7000000元，至2014年4月15日支付1000000元，产生逾期违约金7000000元×6.4575%×（1+50%）÷365天×30天=55729元；至2014年6月16日，金岩化工公司应付第四期租金31000000元以及第三期欠付租金6000000元，其于2014年6月23日支付租金7061347.14元，第三期欠付租金产生逾期违约金6000000元×6.4575%×（1+50%）÷365天×69天=109865.96元，第四期欠付租金产生逾期违约金31000000元×6.4575%×（1+50%）÷365天×7天=57586.75元；第四期租金扣减已支付部分1061347.14元，剩余部分29938652.86元，计算至万柏林区法院发放执行回款146938652.86元之日即2017年8月16日的逾期违约金为29938652.86元×6.4575%×（1+50%）÷365天×1150天=9136774.46元。上述违约金共计55729元+109865.96元+57586.75元+9136774.46元=9359956.28元。

2. 金岩化工公司应于2014年9月16日支付第五期租金31000000元，其未按期支付，至2017年8月16日产生逾期违约金31000000×6.4575%×（1+50%）÷365天×1065天=8761412.16元。

3. 金岩化工公司应于2014年12月16日支付第六期租金31000000元，其未

① 对应《民法典》第585条。

按期支付，至 2017 年 8 月 16 日产生逾期违约金 31000000 ×6.4575% × （1 + 50%） ÷365 天 ×974 天 =8012784.45 元。

4. 金岩化工公司应于 2015 年 3 月 16 日支付第七期租金 31000000 元，其未按期支付，至 2017 年 8 月 16 日产生逾期违约金 31000000 ×6.4575% × （1 + 50%） ÷365 天 ×884 天 =7272383.42 元。

5. 金岩化工公司应于 2015 年 6 月 16 日支付第八期租金 31000000 元，其未按期支付，至 2017 年 8 月 16 日产生逾期违约金 31000000 ×6.4575% × （1 + 50%） ÷365 天 ×792 天 =6515529.04 元。

6. 金岩化工公司应于 2015 年 9 月 16 日支付第九期租金 31000000 元，其未按期支付，至 2017 年 8 月 16 日产生逾期违约金 31000000 元 ×6.4575% × （1 + 50%） ÷365 天 ×700 天 =5758674.66 元。

7. 金岩化工公司应于 2015 年 12 月 16 日支付第十期租金 25540797.12 元，其未按期支付，至 2017 年 8 月 16 日产生逾期违约金 25540797.12 元 × 6.4575% × （1 +50%） ÷365 天 ×609 天 =4127761.06 元。

8. 金岩化工公司应于 2016 年 3 月 16 日支付第十一期租金 24000000 元，其未按期支付，至 2017 年 8 月 16 日产生逾期违约金 24000000 元 × 6.4575% × （1 +50%） ÷365 天 ×518 天 =3299163.29 元。

9. 长城国兴公司于 2017 年 8 月 16 日通过实现担保物权程序回款 146938652.86 元，金岩化工公司剩余欠付租金为 87540797.12 元，计算至长城国兴公司主张之日 2017 年 10 月 27 日的逾期违约金为 87540797.12 元 ×6.4575% × （1 +50%） ÷365 天 ×72 天 =1672652.80 元。

10. 2017 年 8 月 17 日经案涉《抵押担保合同》抵押人亿量公司确认，长城国兴公司对抵押土地剩余处置价款 8252150.44 元仍享有优先受偿权，该款应当冲抵其申请实现担保物权特别程序时已到期租金所产生的逾期违约金。

综上，至 2017 年 10 月 27 日，金岩化工公司按约应向长城国兴公司支付逾期违约金共计 46528166.72 元。现长城国兴公司仅主张此部分逾期违约金数额为 31302101.64 元，故对其主张部分予以支持。

金岩化工公司抗辩认为双方《回租租赁合同》中关于逾期支付租金的违约金计算约定过高，申请减少违约金，对逾期部分按照 3.2287% 计算。根据《合同法》第 114 条①第 2 款规定，约定的违约金低于造成的损失的，当事人

---

① 对应《民法典》第 585 条。

可以请求人民法院或者仲裁机构予以增加；约定的违约金过分高于造成的损失的，当事人可以请求人民法院或者仲裁机构予以适当减少。《合同法司法解释二》第29条规定，当事人主张约定的违约金过高请求予以适当减少的，人民法院应当以实际损失为基础，兼顾合同的履行情况、当事人的过错程度以及预期利益等综合因素，根据公平原则和诚实信用原则予以衡量，并作出裁决。当事人约定的违约金超过造成损失的百分之三十的，一般可以认定为《合同法》第114条第2款规定的"过分高于造成的损失"。该案中，案涉《回租租赁合同》明确约定了金岩化工公司逾期支付租金的违约金计算方法。金岩化工公司主张该约定过高，但并未提交证据证明约定违约金计算过分高于给长城国兴公司造成的实际损失。且金岩化工公司仅按期支付了两期租金，违约行为过错明显，而长城国兴公司在金岩化工公司依约履行情况下，可以及时回笼资金，用于其他融资租赁业务，其可得利益远大于该案双方合同约定的违约金。因此根据公平原则和诚实信用原则，应当充分尊重当事人意思自治。金岩化工公司关于双方约定违约金过高，要求调整的主张缺乏事实和法律依据，对此不予支持。

关于留购费的问题。《回租租赁合同》第5-7条约定，本合同租赁期限届满后，金岩化工公司可留购本合同所涉及的全部租赁物及附属物，留购价为100元。现合同期限虽已届满，但是否取得案涉租赁物的所有权属于金岩化工公司自主选择的事项。金岩化工公司在该案中并未要求取得案涉租赁物的所有权，故长城国兴公司要求金岩化工公司支付100元留购费的理由不能成立，对此不予支持。

关于律师费的问题。《回租租赁合同》第12-1条约定，任何一方当事人不履行合同约定义务的，或者履行合同义务不符合约定的，视为违约，除合同另有约定外，应向对方赔偿因此受到的损失（包括但不限于实际损失、预期损失和要求对方赔偿损失而支付的律师费、交通费和差旅费等）。长城国兴公司主张金岩化工公司承担其为实现担保物权特别程序所支出的律师费。根据该案查明事实，长城国兴公司委托北京德恒律师事务所律师代理其向万柏林区法院申请实现担保物权特别程序，并通过万柏林区法院变卖案涉抵押土地回款155190803.30元，为此依据其与北京德恒律师事务所之间的协议约定，向北京德恒律师事务所支付律师代理费2971908.03元。故长城国兴公司主张的此项费用系其为实现案涉债权而实际支出的费用，该费用由金岩化工公司负担符合案涉《回租租赁合同》约定。金岩化工公司辩称此费用未实际发生，不应由其支付，缺乏事实依据。故对长城国兴公司此项主张予以支持。

关于金岩热电公司应当承担的连带清偿责任问题。长城国兴公司主张金岩热电公司对金岩化工公司应付的款项承担连带保证担保责任。根据《担保法》第6条[①]规定，本法所称保证，是指保证人和债权人约定，当债务人不履行债务时，保证人按照约定履行债务或者承担责任的行为。第18条[②]规定，当事人在保证合同中约定保证人与债务人对债务承担连带责任的，为连带责任保证。连带责任保证的债务人在主合同规定的债务履行期届满没有履行债务的，债权人可以要求债务人履行债务，也可以要求保证人在其保证范围内承担保证责任。该案中，金岩热电公司作为保证人与长城国兴公司签订长金租回租字（2013）第0087－2号《保证合同》，约定金岩热电公司对金岩化工公司基于《回租租赁合同》项下对长城国兴公司形成的债务承担连带保证责任。该合同系双方当事人的真实意思表示，内容不违反法律强制性规定，不损害国家、集体、第三人利益及社会公共利益，应认定合法有效。该合同亦明确约定，保证人担保的主债权种类为主合同项下长城国兴公司享有的所有债权，担保的范围包括债务本金、利息、逾期罚息、违约金、损害赔偿金、因债务人过错造成主合同无效或被撤销后应由债务人承担的赔偿金、债权人为实现债权而发生的一切费用（包括但不限于诉讼费、律师费、公证费、评估费、差旅费等）以及资金占用费（以前述应付款项为基础，自逾期支付之日起按日万分之五计算）。据此，对长城国兴公司主张金岩热电公司对金岩化工公司所有应支付长城国兴公司的款项承担连带保证责任的诉请予以支持。

一审法院判决：一、金岩化工公司于判决生效之日起十五日内向长城国兴公司支付租金87540797.12元；二、金岩化工公司于判决生效之日起十五日内向长城国兴公司支付截至2017年10月27日欠付租金的逾期违约金31302010.64元，并向长城国兴公司支付以应付租金87540797.12元为基数，自2017年10月28日起按年利率9.68625%计算至租金付清之日期间的逾期违约金；三、金岩化工公司于判决生效之日起十五日内向长城国兴公司支付律师费2971908.03元；四、金岩热电公司就金岩化工公司的上述第一、二、三项民事责任向长城国兴公司承担连带责任，金岩热电公司承担保证责任后

---

① 对应《民法典》第681条。

② 对应《民法典》第688条。

有权向金岩化工公司追偿；五、驳回长城国兴公司其他诉讼请求。

长城国兴公司上诉请求：1. 撤销一审判决第一项、第二项，改判金岩化工公司向长城国兴公司支付租赁合同项下欠付的租金 111540797.12 元，计收至 2017 年 10 月 27 日欠付的违约金 30941670 元，以及欠付租金 111540797.12 元按照 9.68625%/年的标准，自 2017 年 10 月 28 日起至付清之日止按日计收的违约金；2. 判令一、二审的诉讼费全部由金岩化工公司、金岩热电公司承担。

金岩化工公司上诉请求：1. 在金岩化工公司应付租金范围内减少 1800 万元；2. 改判金岩化工公司向长城国兴公司支付 100 元的留购费；3. 判令长城国兴公司承担该案诉讼费用。

二审法院观点：

（一）关于案涉 2400 万元保证金应当抵扣租金还是违约金及何时抵扣的问题。案涉《回租租赁合同》是长城国兴公司与金岩化工公司真实意思表示，其内容并不违反法律规定，是有效的。双方均应按照合同约定的内容履行各自的义务，否则应承担相应的民事责任。该合同第 7 -4 条约定："租赁期内，乙方未按本合同约定履行付款义务时，甲方有权从租赁保证金中抵扣乙方当期应支付给甲方的款项，乙方必须于甲方要求的时间内补足租赁保证金及相应逾期利息，否则，甲方有权行使本合同第 11 -3 条约定的相关权利。"该条款对案涉租赁保证金发生抵扣的条件、时间及抵扣内容作出了明确的约定，即金岩化工公司未能如期支付租金时，违约行为发生，此时长城国兴公司即应行使以租赁保证金抵扣被逾期给付的租金的权利。一审判决将案涉 2400 万元租赁保证金抵扣第三期逾期给付的租金，符合合同约定，并无不当。

（二）对本案应如何理解长城国兴公司对于租金和违约金的诉讼请求范围的问题。长城国兴公司一审提出的诉讼请求，一是主张案涉《回租租赁合同》项下欠付的租金，二是主张该合同项下应支付的违约金，三是主张租赁物留购费，四是主张律师费，五是主张金岩热电公司对金岩化工公司债务承担连带保证担保责任，最后是主张保全费、案件受理费。虽然长城国兴公司对案涉租金、违约金进行了分项请求，但是根据《回租租赁合同》第 12 条违约责任部分的约定，当金岩化工公司未按约定支付租金时，应向长城国兴公司支付逾期违约金。由此可以看出，违约金与租金紧密相连，因租金逾期支付而产生。长城国兴公司为追求利益的最大化，在合同履行期满后，以金岩化工公司未付租金总额计算违约金，并在此基础上扣除租赁保证金，据此得出其所主张的租金及违约金数额。一审判决依照合同约定的租金保证金抵扣时间和顺序改变了长城国兴公司对违约金计算的方式，但依然是根据逾期支付租金的数额计算得出了违约金的数额。租金与违约金是有机统一的整体，共同构成长城国兴公司诉讼请求的一部分，即便分项列明，也不能改变其内在统一完整的实质。长城国兴公司一审诉讼请求主张租金 111540797. 12 元，违约金 31302010. 64 元，两项合计 142842807. 76 元（按照其提出的 30941670 元，两项合计为 142482467. 12 元）；一审法院计算得出租金为 87540797. 12 元，违约金为 46528166. 72 元，两项合计 134068963. 84 元。因此，一审判决计算得出不同于长城国兴公司诉求标的额的租金与违约金，在不超出其主张的总数额的前提下，机械适用当事人意思自治原则，仅仅根据计算出的违约金数额超出了长城国兴公司主张的违约金数额，就认定按照合同约定计算出的违约金数额超过了长城国兴公司的诉讼请求范围，是错误的。各方当事人对一审判决采用的计算方式及得出的计算结果均无异议，二审法院对此亦予以确认。根据查明的事实及合同约定，金岩化工公司应向长城国兴公司支付的租金和违约金数额为 134068963. 84 元（87540797. 12 元 + 46528166. 72 元），并未超出长城国兴公司的诉讼请求范围，一审判决认定错误。长城国兴公司此项上诉理由成立，二审法院予以支持。

（三）关于案涉 1800 万元手续费是否抵扣租金的问题。本案中，长城国兴公司与金岩化工公司系融资租赁关系，双方自愿对手续费及其数额进行协商，并最终达成一致明确记载于双方签订的案涉《回租租赁合同》中。对手续费的收取是否需要长城国兴公司提供哪些服务并未在合同中约定，且收取手续费的行为亦不违反法律规定。金岩化工公司主张案涉手续费数额过高，但并没有证据证明。因此，金岩化工公司关于案涉 1800 万元手续费过高并应抵扣租金的上诉理由不能成立，二审法院不予支持。

（四）关于案涉 100 元留购费是否应予给付的问题。长城国兴公司一审主张依照合同约定由金岩化工公司给付其 100 元留购费，金岩化工公司以给付条件尚不成熟为由拒绝给付。二审中，金岩化工公司明确表示愿意向长城国兴公司支付该笔费用，意即自愿履行合同约定。其此项主张符合合同约定，二审法院予以支持。

二审法院判决如下：一、维持一审判决第一项、第三项；二、撤销一审判决第四项、第五项；三、变更一审判决第二项为：金岩电力公司于判决生效之日起十五日内向长城国兴公司支付截至 2017 年 10 月 27 日欠付租金的逾期违约金 46528166. 72 元，并支付以应付租金 87540797. 12 元为基数，自

2017 年 10 月 28 日起按年利率 9.68625% 计算至租金付清之日期间的逾期违约金；四、金岩热电公司就金岩电力公司的上述第一、三项民事责任向长城国兴公司承担连带责任，金岩热电公司承担保证责任后有权向金岩电力公司追偿；五、金岩电力公司于判决生效之日起十五日内向长城国兴公司支付留购费 100 元；六、驳回长城国兴公司其他诉讼请求。

法官评析

融资租赁合同中，一般会约定承租人逾期付租，应当承担向出租人支付逾期违约金的责任。《融资租赁合同司法解释》第 9 条规定，承租人逾期履行支付租金义务或者迟延履行其他付款义务，出租人按照融资租赁合同的约定要求承租人支付逾期利息、相应违约金的，人民法院应予支持。因此，出租人有权在要求承租人支付逾期未付租金的同时，要求承租人另行支付逾期履行违约金。然而，上述司法解释并未对逾期履行违约金是否属于独立于给付租金之外的诉讼请求予以明确，因该项认定将直接影响到出租人有权收取租金、逾期履行违约金的总额，故有必要进行分析。

违约金是合同当事人约定的一方不履行合同、不适当履行合同或者逾期履行合同时，应当根据违约情况向对方支付的一定数额的货币。当事人一般不会单独订立违约金协议，而是在合同中约定违约金条款，该条款从属于合同给付义务，具有如下法律特征：第一，违约金的设定是由合同当事人预先约定。违约金是合同当事人在订立合同时对一方当事人违约以后损失补偿的预先设定，为负担给付义务的当事人预先指明了违约所应承担的法律后果，能够督促履行义务人依约、及时履行约定。第二，违约金的生效是在发生合同约定的违约情形之后。违约金条款在合同订立之时并不发生法律效力，若合同当事人履行合同期间均未作出违反合同约定的行为，则违约金条款将不发生法律效力。第三，违约金的给付是依附于合同给付的从义务。违约金给付义务系因一方当事人不履行、不适当履行或者逾期履行合同给付行为所应负担的给付义务，与合同给付义务密切相关，应视为依附于合同给付义务的从义务，一方当事人给付违约金的行为并不能替代合同给付行为。

违约金一般可以分为不履行合同违约金、不适当履行合同违约金、逾期履行合同违约金三种，其中不履行合同违约金系指合同约定的负担履行义务的主体没有履行主债务而需向享受权利一方支付的违约金，不适当履行合同违约金系指合同约定的义务主体履行主债务不符合约定而需支付的违约金，逾期履行合同违约金系指合同约定的负担履行义务的主体逾期履行给付义务而需要向守约一方支付的违约金。与不履行义务违约金、逾期履行义务违约金不同，逾期履行违约金属于不能替代原债务履行的违约金，违约方支付违约金后，还应当履行债务。《民法典》第585条第3款、《融资租赁合同司法解释》第9条均作出了相应的规定。

融资租赁合同中，承租人主要合同义务为支付租金，保管、合理使用租赁物，并在租赁期间届满后向出租人返还租赁物等，其中最主要的合同义务是支付租金，这也是出租人订立融资租赁合同最主要的合同目的。承租人逾期给付租金将构成违约，出租人有权要求承租人履行给付租金的义务，并依据合同约定的逾期履行违约金条款要求承租人承担逾期履行的违约责任。由此可见，融资租赁合同的逾期履行违约金系因承租人逾期履行支付租金的主给付义务而产生，与给付租金紧密相连，二者内在呈现统一完整的特征，共同构成出租人诉讼请求的一部分，应作为一项诉讼请求予以审查。

本案两审判决的分歧在于如何理解长城国兴公司对于租金和违约金的诉讼请求范围的问题。长城国兴公司一审提出的诉讼请求，一是主张案涉《回租租赁合同》项下欠付的租金，二是主张该合同项下应支付的违约金，三是主张租赁物留购费，四是主张律师费，五是主张金岩热电公司对金岩化工公司债务承担连带保证担保责任，最后是主张保全费、案件受理费。虽然长城国兴公司对案涉租金、违约金进行了分项请求，但是违约金与租金紧密相连，因租金逾期支付而产生。长城国兴公司为追求利益的最大化，在合同履行期满后，以金岩化工公司未付租金总额计算违约金，并在此基础上扣除租赁保证金，据此得出其所主张的租金及违约金数额。一审判决依照合同约定的租金保证金抵扣时间和顺序改变了长城国兴公司对违约金计算的方式，但依然是根据逾期支付租金的数额计算得出了违约金的数额。租金与违约金是有机统一的整体，共同构成长城国兴公司诉讼请求的一部分，即便分项列明，也不能改变其内在统一完整的实质。长城国兴公司一审起诉时主张的租金及截至起诉日（2017年10月27日）前的违约金，以及自起诉日起至付清日止的违约金构成统一的给付之诉标的。一审法院计算得出租金、违约金总额未超出长城国兴公司主张的租金、违约金总额，属于长城国兴公司的诉讼请求范围。此外，长城国兴公司主张截至2017年10月27日的违约金30941670元之中已扣除了金岩化工公司支付的2400万元保证金。一审判决将保证金调整为冲抵欠付租金之后，并未对金岩化工公司应支付的逾期履行违约金数额予以增加，亦属于错误理解长城国兴公司的诉讼请求范围，未考虑租金、违约金之间因保证金冲抵而产生的联动关系，以及租金、违约金系给付之诉的统一整体的法律性质，应当予以调整。

三、船舶融资租赁承租人怠于办理船舶营运手续应否承担法律责任

——中信富通公司与上海亿洲公司等船舶融资租赁合同纠纷案①

关 键 词： 船舶融资租赁　营运手续办理　可履行性　诚信原则

问题提出： 船舶融资租赁的承租人作为涉案船舶营运手续的办理主体，怠于履行义务，应否承担法律责任？

裁判要旨： 船舶营运手续可以由船舶所有人办理，亦可以由船舶所有人委托他人代为办理。根据合同约定和现实可履行性，如果船舶融资租赁的承租人作为船舶营运手续的办理主体怠于履行义务，应承担相应法律责任。

案情简介

上诉人（一审被告）：上海亿洲公司

被上诉人（一审原告）：中信富通公司

一审被告：陈某

一审被告：郑某

2012 年 10 月 19 日，上海亿洲公司与案外人邱某签订《船舶买卖合同书》，约定邱某出售“汇通 3”轮，船舶价款为 1100 万元。购船款项由上海亿洲公司通过融资租赁方式解决。2013 年 1 月 8 日，中信富通公司作为出租人，上海亿洲公司、案外人安徽昌汇运贸有限公司（以下简称昌汇公司）以及邱某作为承租人，签订“汇通 3”轮《融资租赁合同》，合同约定：租赁本金（即中信富通公司购买租赁物的价款）为 3800 万元，租赁利率为 8.32%，该利率为浮动利率，根据中国人民银行三到五年期贷款基准利率乘以 1.3 算

① 一审法院为天津海事法院，案号：(2014) 津海法商初字第 967 号；二审法院为天津市高级人民法院，案号：(2016) 津民终 43 号。

出，如遇中国人民银行公布的同期贷款基准利率调整，本合同下租赁利率应根据中国人民银行基准利率的调整度作相应调整，作同方向、同点数调整，调整时间为每年1月1日；保证金为380万元，名义货价为5万元；租金支付周期为每三个月一期，租金支付方式为等额本息，期末后付；担保方式为上海豪海公司、陈某、郑某提供连带责任保证；起租日为中信富通公司向上海亿洲公司、昌汇公司、邱某支付租赁物转让价款之日；计息方式为本合同项下租赁款项自起租日起（租赁款投放日）开始计算利息，每日应计利息的计算公式为：每日应计利息=该日借款本金余额×借款年利率÷360；中信富通公司支付租赁物转让价款即视为租赁物的完整所有权转移至中信富通公司，且其将租赁物完整地交付给上海亿洲公司、昌汇公司、邱某使用；如签订本合同、使本合同生效或履行本合同需要取得有关部门审批同意并进行相关登记的，上海亿洲公司、昌汇公司、邱某承诺办妥相关审批和登记手续；上海亿洲公司、昌汇公司、邱某在本合同中的租金支付义务是绝对的，无条件的和不可撤销的，不应被抵销、迟延、反请求、终止，不以租赁物的性能为条件，在整个租赁期限内，上海亿洲公司、昌汇公司、邱某无条件且不可撤销地承诺其须根据《租金支付表》的规定或中信富通公司的要求支付当期租金或其他应付款项，每逾期一日，中信富通公司可依据本合同第15条的规定收取滞纳金。此外，该《融资租赁合同》还作出以下约定：第15.1条约定，如任何一期租金或本合同项下其他应付款项到期未付，自该租金或款项应付之日起至上海亿洲公司、昌汇公司、邱某实际清偿日止，每逾期一日，中信富通公司将按逾期租金或其他逾期款项的万分之十收取滞纳金。滞纳金将从每次支付的租金中首先扣抵，直至付清全部逾期租金或其他款项及滞纳金为止。第15.3条约定，如上海亿洲公司、昌汇公司、邱某在租赁期间发生本合同项下任何一期租金或其他应付款项未按时足额支付，中信富通公司有权提前终止本合同，并采取以下任何一种措施：（1）要求上海亿洲公司、昌汇公司、邱某立即付清全部租金、滞纳金、违约金及一切其他应付款项；（2）径行收回租赁物，并要求赔偿其全部损失，包括但不限于其收回租赁物的费用、租赁物变现的费用以及租赁物变现所得抵偿上海亿洲公司、昌汇公司、邱某应付的全部租金、滞纳金、违约金及一切其他款项后仍不足的部分。第17.4条约定，上海亿洲公司、昌汇公司、邱某同意承担因本合同的签订和履行而产生的所有费用（如有），包括但不限于双方为签订本合同而聘请律师的费用、中信富通公司为实现债权而支付的诉讼费、仲裁费、公证费、律师费、执行费及其他任何实际支出费用。

同日，昌汇公司和邱某、中信富通公司、上海亿洲公司签订“汇通3”轮《船舶买卖合同》，合同约定：鉴于上海亿洲公司、昌汇公司和邱某向中信富通公司申请融资租赁业务，并于2013年1月8日签订《融资租赁合同》，昌汇公司和邱某作为租赁物所有权人将租赁物出售给中信富通公司，上海亿洲公司、昌汇公司和邱某再作为联合承租人以融资租赁方式向中信富通公司共同承租租赁物；“汇通3”轮买卖价款为3800万元，由中信富通公司根据与上海亿洲公司签订的《融资租赁合同》及账户监管合同约定，汇入上海亿洲公司银行账户；第5条船舶交接条款约定，各方共同确认，本船由昌汇公司和邱某直接交付给上海亿洲公司，船舶交接细节条款由上海亿洲公司、昌汇公司和邱某另行协商；本船的所有权即自船舶交付之日起归中信富通公司所有，此后本船的相关风险由上海亿洲公司承担；第6条船舶文件交付条款约定，昌汇公司和邱某应将现有的所有船检证书及船舶技术图纸无偿提供给上海亿洲公司，以上证书及图纸等资料的所有权属于中信富通公司；第8条费用负担条款约定，船舶交付后所发生的与购买和所有权登记，光租登记有关的税、费以及其他开支等各项费用由上海亿洲公司承担。

同日，中信富通公司、上海亿洲公司、昌汇公司和邱某四方签署《确认函》，约定四方签订了《融资租赁合同》，鉴于该合同租赁物的实际使用人为上海亿洲公司，故四方同意该合同项下承租人的所有权利和义务由上海亿洲公司承担，昌汇公司和邱某无需承担相关权利和义务。之后，上海亿洲公司、昌汇公司、邱某共同向中信富通公司出具《扣款委托书》，委托中信富通公司在支付租赁本金3800万元之前，直接扣除760万元作为保证金，并承诺上海亿洲公司将严格按照《融资租赁合同》之附件《租金支付表》的规定按时足额支付租金。

2013年1月14日，中信富通公司、上海亿洲公司与交通银行股份有限公司北京三元（分）支行订立《账户监管协议》，设立涉案《融资租赁合同》项下资金监管账户。同日，中信富通公司向资金监管账户汇入3040万元。2013年1月17日，该资金监管账户向邱某账户汇入2660万元。

2013年1月20日，上海亿洲公司向中信富通公司发出《律师函》，称因昌汇公司和邱某拒绝提供船检证书等相关资料，致使无法完成相关审批和登记手续，租赁船舶无法正常营运。要求中信富通公司在收到《律师函》之日起5日内，完成该船的相关审批和登记手续。2013年2月26日，中信富通公司分别向昌汇公司和邱某发出《公函》，要求其在收到《公函》之日起10日内，提供与租赁物相关的船检证书、船舶技术图纸，协助办理相关登记手续。2013年3月1日，上海亿洲公司向中信富通公司发出《律师函》，要求中信富通公司在收到该《律师函》之日起5个工作日内协调处理好船舶登记相关事宜。2013年4月28日，中信富通公司与上海亿洲公司签订《补充协议》。同日，上海亿洲公司向中信富通公司支付282万元。

2013年5月6日，一审法院受理邱某诉中信富通公司船舶买卖合同纠纷一案，上海亿洲公司系该案第三人。在该案庭审中，邱某当庭向中信富通公司和上海亿洲公司各提交一份船舶资料，上海亿洲公司没有接收。同年11月20日，中信富通公司、上海亿洲公司、邱某三方达成《和解协议》，约定：中信富通公司应于2013年11月26日前，以与上海亿洲公司设立的监管账户的资金向邱某支付购船余款340万元，如到期未付，中信富通公司应支付购船余款380万元；上海亿洲公司同意协助履行该付款义务，该付款义务履行完毕，即中信富通公司向邱某支付船舶尾款的义务完全履行完毕。同日，一审法院出具《民事调解书》，确认了上述《和解协议》。

2013年9月29日，中信富通公司将"汇通3"轮船舶所有权证书变更到自己名下。2013年10月15日，上海亿洲公司向中信富通公司支付200万元。2013年10月25日，上海亿洲公司向中信富通公司支付364万元。2013年11月28日，监管账户向邱某账户汇入380万元，该款项因上海亿洲公司的申请，被上海海事法院采取了保全措施。2014年1月6日，上海亿洲公司给中信富通公司《回函》，要求中信富通公司积极办理新的船检证书和国籍证书，并及时提供给上海亿洲公司。2014年7月8日，上海亿洲公司向中信富通公司支付100万元。2014年7月16日，上海亿洲公司向中信富通公司支付200万元。因上海亿洲公司没有向中信富通公司支付剩余租金，成讼。

中信富通公司诉请：上海亿洲公司赔偿中信富通公司截至2015年9月30日，欠付租金17231866.43元、未到期租金16865194.99元、滞纳金2968694.2元、名义货价5万元，扣除保证金760万元，租赁合同索赔合计29515755.62元；赔偿中信富通公司遭受的其他损失，包括用以财产保全的担保金500万元截至2015年4月30日按照中国人民银行同期贷款利率计算的利息274083.33元、律师费233200元、差旅费19569元、中信富通公司办理"汇通3"轮船舶登记手续费用1416元，合计528268.33元。上述费用共计30044023.95元。陈某、郑某承担连带保证责任，并由该三方连带承担本案诉讼费、保全费。

各方观点

中信富通公司观点：2013年1月8日，中信富通公司作为出租人，被告上海亿洲公司作为承租人，达成关于“汇通3”轮融资租赁项目合意，并签订了《融资租赁合同》，约定租赁物为“汇通3”轮，租赁本金为人民币3800万元，利率为8.32%。《融资租赁合同》签订后，被告上海亿洲公司多次拖欠、延期支付租金，截至目前，被告上海亿洲公司共欠付三期以上租金，合计人民币9053320.48元。

上海亿洲公司、陈某、郑某观点：在《融资租赁合同》中，中信富通公司的基本义务是向被告上海亿洲公司交付可供使用的船舶，但经被告上海亿洲公司多次催促，中信富通公司始终没有办理船舶营运证书，导致船舶至今无法投入使用。因此，被告上海亿洲公司在本合同项下不存在任何违约行为，中信富通公司无权主张租金，也无权主张包括律师费在内的其他损失。

法院观点

一审法院观点：本案为船舶融资租赁合同纠纷，中信富通公司为出租人，上海亿洲公司为承租人。中信富通公司与上海亿洲公司、邱某、昌汇公司签订的《融资租赁合同》，是各方在平等自愿基础上真实意思表示，内容不违反国家法律禁止性规定，合法有效。中信富通公司与上海亿洲公司均应依其约定享受权利并履行义务。本案的争议焦点为：1. 上海亿洲公司是否应当支付中信富通公司租金、滞纳金、名义货价，以及各项费用的数额及计算依据；2. 上海亿洲公司是否应当支付中信富通公司保证金利息、船舶登记手续费用、律师费、差旅费，以及各项费用的数额和计算依据；3. 陈某、郑某是否应当承担连带保证责任。

针对焦点一，关于上海亿洲公司是否应当支付中信富通公司租金、滞纳金、名义货价。一审法院认为，根据《融资租赁合同》的约定，中信富通公司支付租赁物转让价款即视为租赁物的完整所有权转移至中信富通公司，且中信富通公司将租赁物完整地交付给上海亿洲公司使用。上海亿洲公司承诺办妥相关审批和登记手续。在《融资租赁合同》项下的《船舶买卖合同》中约定，船舶由邱某和昌汇公司直接交付给上海亿洲公司，所有船舶检验证书及船舶技术图纸也由邱某和昌汇公司提供给上海亿洲公司。由此可见，租赁船舶是上海亿洲公司选择的，应由邱某和昌汇公司直接交付给上海亿洲公司，所有船舶检验证书及船舶技术图纸也应由邱某和昌汇公司无偿提供给上海亿洲公司。现中信富通公司已按约定支付了租赁物转让价款，应视为已将租赁物完整地交付给上海亿洲公司。上海亿洲公司、陈某、郑某虽主张邱某将船舶资料交给了中信富通公司，只有中信富通公司才能办理船舶相关营运手续，但2013年10月30日，邱某在另案庭审时向上海亿洲公司提供了一套船舶资料，而上海亿洲公司没有接收，故对该三方的该项主张不予支持。上海亿洲公司、陈某、郑某虽主张《融资租赁合同》是中信富通公司提供的格式条款，上海亿洲公司不得不签署，但并没有提供相关证据予以佐证。而在该三方提供的办理船舶国籍证书的《办事指南》提交材料一栏中注明：委托证明及委托人和被委托人身份证明及其复印件（委托时）。经一审法院向天津海事局和天津市船舶检验处核实，办理船舶相关营运手续的主体，虽然应当是船舶所有人，但船舶所有人可以委托个人代为办理相关手续，而被委托的个人，并不要求是船舶所有人单位的人员。由此可见，船舶所有人作为办理船舶营运手续的义务人，可以委托本单位以外的他人代为办理船舶营运手续。故对上海亿洲公司、陈某、郑某认为只有中信富通公司才能办理船舶国籍证书、船检证书等营运手续的主张，不予支持。按照《融资租赁合同》的约定，办理船舶相关营运手续的义务人是上海亿洲公司。同时，《融资租赁合同》第7.1条约定，上海亿洲公司在本合同中的租金支付义务是绝对的、无条件的和不可撤销的，不应被抵销、迟延、反请求、终止，不以租赁物的性能为条件；第15.3条约定，如上海亿洲公司在租赁期间发生任何一期租金或其他应付款项不能按时足额支付，中信富通公司有权提前终止合同，并要求上海亿洲公司立即付清全部租金、滞纳金、违约金及一切其他应付款项。因中信富通公司已按约定支付了租赁物转让价款，而上海亿洲公司未能按《融资租赁合同》的约定支付到期租金，故中信富通公司有权提前终止合同，并要求上海亿洲公司立即付清全部租金、滞纳金、名义货价及一切其他应付款项。

针对焦点二，关于上海亿洲公司应支付中信富通公司租金的数额及计算依据。一审法院认为，因各方在庭审中均确认，上海亿洲公司已支付第1～3期租金，每期租金为282万元，未产生滞纳金。因此可以确定，前三期租金，上海亿洲公司已支付完毕，未产生滞纳金。2014年7月8日，上海亿洲公司支付100万元，2014年7月16日，上海亿洲公司支付200万元。之后，上海亿洲公司未再支付租金。中信富通公司主张该300万元，应先扣除第4～6期滞纳金后，再冲抵第4期租金。上海亿洲公司主张该300万元应先冲抵第4期租金，再抵扣滞纳金，并扣除由中信富通公司发放贷款时已抵扣的保证金760万元。同时，租赁利率应自2015年1月1日，按照6%的年利率进行调整。对此，一审法院认为，按照《扣款委托书》的约定，中信富通公司在支付租赁物价款前，先抵扣760万元作为保证金。按照《保证金合同》的约定，若承租人在《融资租赁合同》或者本合同项下出现任何违约时，出租人有权自行使用保证金补偿出租人因承租人违约行为而遭受的损失。故当上海亿洲公司不能及时支付租金时，中信富通公司可以用该保证金进行冲抵。因第4～7期租金的支付日分别为2014年1月15日、4月15日、7月15日和10月15日，而上海亿洲公司仅在2014年7月8日、7月16日支付了100万元和200万元租金。因此，可以用该保证金直接冲抵第4～7期未支付的租金。冲抵后，上海亿洲公司尚欠中信富通公司第7期租金68万元。同时，按照《融资租赁合同》的约定，租赁利率为8.32%，该利率为浮动利率，根据中国人民银行三到五年期贷款基准利率乘以1.3算出，如遇中国人民银行公布的同期贷款基准利率调整，本合同下租赁利率应根据中国人民银行基准利率的调整度作相应调整，作同方向、同点数调整，调整时间为每年1月1日。因2014年11月22日，中国人民银行三到五年期贷款基准利率调整为6.00%，故本案租赁利率应自2015年1月1日调整为7.8%。因第8期租金支付日为2015年1月15日，按照《租金支付表》剩余本金为22944851.6元。又因每期租金由本金和利息组成，每日应计利息=剩余本金×借款年利率÷360，故第8期租金中，自2014年10月16日至12月31日利息为408316.38元〔22944851.6×（6.4%×1.3÷360）×77〕，自2015年1月1日至1月15日利息为74570.77元〔22944851.6×（6%×1.3÷360）×15〕，第8期利息合计为482887.15元。又因第8期本金为2332141.47元，故第8期租金为2815028.62元，剩余贷款本金为20612710.13元。又根据等额本息计算公式，每期租金=〔剩余本金×期利率×（1+期利率）^还款期数〕÷〔（1+期利率）^还款期数-1〕，（^表示乘方），《融资租赁合同》约定每三个月为一个还款期，故每期利率为1.95%（7.8%÷4）。又因第9～16期租金共计8期，因此，第9～16期每期租金为2808821.2元〔20612710.13×1.95%×（1+1.95%）^8〕÷〔（1+1.95%）^8-1〕，第9～16期租金共计为22470569.6

元。因此，上海亿洲公司应支付中信富通公司已到期，但尚未支付的第 7 期租金 68 万元，第 8 期租金 2815028.62 元，第 9 期租金 2808821.2 元，第 10 期租金 2808821.2 元，共计 9112671.02 元。上海亿洲公司应支付中信富通公司第 11 ~16 期未到期租金 16852927.2 元（2808821.2 ×6）。

针对焦点三，关于上海亿洲公司应支付中信富通公司滞纳金的数额及计算依据。一审法院认为，中信富通公司与上海亿洲公司在《融资租赁合同》中约定的滞纳金，其性质应为违约金。因此，日万分之十的滞纳金约定，明显过高。中信富通公司在庭审中主动将滞纳金调整为银行同期贷款利率的四倍，上海亿洲公司、陈某、郑某对此也表示认可，故本案滞纳金应以银行同期贷款利率的四倍为准。因第 1 ~3 期租金未产生滞纳金，第 4 ~6 期部分租金由保证金进行了冲抵，也未产生滞纳金。第 7 期租金经保证金冲抵后，还剩 68 万元租金未支付。又因中国人民银行六个月到一年期年贷款基准利率，于 2014 年 11 月 22 日由 6% 调整为 5.6%，2015 年 3 月 1 日调整为 5.35%，2015 年 5 月 11 日调整为 5.1%，2015 年 6 月 28 日调整为 4.85%，2015 年 8 月 26 日调整为 4.6%。故第 7 期租金中，2014 年 10 月 16 日至 11 月 21 日产生滞纳金 16773.33 元〔680000 ×37 ×（6% ÷360 ×4）〕，2014 年 11 月 22 日至 2015 年 2 月 28 日产生滞纳金 41888 元〔680000 ×99 ×（5.6% ÷360 ×4）〕，2015 年 3 月 1 日至 5 月 10 日产生滞纳金 28699.78 元〔680000 ×71 ×（5.35% ÷360 ×4）〕，2015 年 5 月 11 日至 6 月 27 日产生滞纳金 18496 元〔680000 ×48 ×（5.1% ÷360 ×4）〕，2015 年 6 月 28 日至 8 月 25 日产生滞纳金 21620.22 元〔680000 ×59 ×（4.85% ÷360 ×4）〕，2015 年 8 月 26 日至 9 月 30 日产生滞纳金 12512 元〔680000 ×36 ×（4.6% ÷360 ×4）〕，滞纳金合计为 139989.33 元。第 8 期租金中，2015 年 1 月 16 日至 2 月 28 日产生滞纳金 77069.23 元〔2815028.62 ×44 ×（5.6% ÷360 ×4）〕，2015 年 3 月 1 日至 5 月 10 日产生滞纳金 118809.85 元〔2815028.62 ×71 ×（5.35% ÷360 ×4）〕，2015 年 5 月 11 日至 6 月 27 日产生滞纳金 76568.78 元〔2815028.62 ×48 ×（5.1% ÷360 ×4）〕，2015 年 6 月 28 日至 8 月 25 日产生滞纳金 89502.27 元〔2815028.62 ×59 ×（4.85% ÷360 ×4）〕，2015 年 8 月 26 日至 9 月 30 日产生滞纳金 51796.53 元〔2815028.62 ×36 ×（4.6% ÷360 ×4）〕，滞纳金合计为 413746.66 元。第 9 期租金中，2015 年 4 月 16 日至 5 月 10 日产生滞纳金 41742.20 元〔2808821.2 ×25 ×（5.35% ÷360 ×4）〕，2015 年 5 月 11 日至 6 月 27 日产生滞纳金 76399.94 元〔2808821.2 ×48 ×（5.1% ÷360 ×4）〕，

2015年6月28日至8月25日产生滞纳金89304.91元〔2808821.2×59×(4.85%÷360×4)〕，2015年8月26日至9月30日产生滞纳金51682.31元〔2808821.2×36×（4.6%÷360×4)〕，滞纳金合计为259129.36元。第10期租金中，2015年7月16日至8月25日产生滞纳金62059.34元〔2808821.2×41×（4.85%÷360×4)〕，2015年8月26日至9月30日产生滞纳金51682.31元〔2808821.2×36×（4.6%÷360×4)〕，滞纳金合计为113741.65元。故上海亿洲公司应支付中信富通公司第7～10期租金滞纳金，共计926607元。

关于上海亿洲公司应支付中信富通公司名义货价的数额及计算依据。因《融资租赁合同》中明确约定了名义货价的金额为5万元，故上海亿洲公司应支付中信富通公司名义货价5万元。同时，按照《融资租赁合同》的约定，名义货价是上海亿洲公司在付清全部租金及其他应付款项（包括可能产生的滞纳金、违约金、经济损失赔偿金等）后，上海亿洲公司购买租赁物的价款。因此，上海亿洲公司在向中信富通公司支付完全部租金、滞纳金、名义货价及其他一切应付款项后，“汇通3”轮的船舶所有权应归上海亿洲公司所有。

关于上海亿洲公司是否应当支付中信富通公司律师费、差旅费。一审法院认为，根据《融资租赁合同》第17.4条约定：上海亿洲公司同意承担因本合同签订和履行而产生的所有费用（如有），包括但不限于双方为签订本合同而聘请律师的费用、中信富通公司为实现债权而支付的诉讼费、仲裁费、公证费、律师费、执行费及其他任何实际支出费用。现中信富通公司主张的律师费、差旅费是其为履行《融资租赁合同》，实现涉案债权而实际支出的费用，因此上海亿洲公司应当支付上述费用。

关于律师费的数额及计算依据。上海亿洲公司主张律师费是中信富通公司与律师自行协商确定的，不具有合理性，但并没有提供相关证据予以佐证，对其主张不予支持。现中信富通公司提供了委托代理合同、发票和银行付款水单，能够相互印证，证明中信富通公司已经实际支付律师费233200元。故上海亿洲公司应支付中信富通公司律师费233200元。

关于差旅费的数额及计算依据。对于中信富通公司为将船舶所有权证书送至东莞海事局太平海事处而产生的差旅费，中信富通公司提供了机票费2530元和交通费876元的票据，故上海亿洲公司应支付中信富通公司该部分差旅费3406元。对于2014年6月30日至7月3日，中信富通公司为收取欠付租金和滞纳金产生的差旅费，中信富通公司虽主张费用为7730元，但仅提供机票费4640元，住宿费2128元，交通费362元的票据，故上海亿洲公司应支付中信富通公司该部分差旅费7130元。对于2015年3月10日，中信富通公司为与上海亿洲公司沟通欠付租金事宜，到上海产生的差旅费，中信富通公司虽主张费用为8433元，但仅提供机票费7740元，交通费399元的票据，故上海亿洲公司应支付中信富通公司该部分差旅费8139元。综上，上海亿洲公司应支付中信富通公司差旅费18675元。

关于上海亿洲公司是否应当支付中信富通公司船舶登记手续费，一审法院认为，因“汇通3”轮《船舶买卖合同》第8条费用负担约定：船舶交付后所发生的与购买和所有权登记，光租登记有关的税、费以及其他开支等各项费用由上海亿洲公司承担。故上海亿洲公司应当支付中信富通公司船舶登记手续费1416元。关于上海亿洲公司是否应当支付中信富通公司保证金利息，一审法院认为，中信富通公司虽向法院支付了保证金，但并没有提供损失的相关证据，且该项主张缺乏法律依据，故对中信富通公司该项主张不予支持。关于陈某、郑某是否应当承担连带保证责任。一审法院认为，《担保法》第18条①规定：“当事人在保证合同中约定保证人与债务人对债务承担连带责任的，为连带责任保证。连带责任保证的债务人在主合同规定的债务履行期届满没有履行债务的，债权人可以要求债务人履行债务，也可以要求保证人在其保证范围内承担保证责任。”本案中，陈某、郑某作为涉案《融资租赁合同》的保证人，与中信富通公司签订了《保证合同》，约定为确保债务人履行其在《融资租赁合同》项下的义务，保证人同意向债权人提供连带保证责任。保证范围为，债务人在《融资租赁合同》项下对债权人承担的所有付款义务，包括但不限于租金（租金本金和利息）、保证金、手续费、滞纳金、违约金、损害赔偿金、名义货价、提前还款费用、其他应付款项以及债权人为实现债权而支付的所有费用（包括但不限于诉讼费、仲裁费、公证费、律师费、执行费及其他实际支出费用）。《担保法》第31条②规定：“保证人承担保证责任后，有权向债务人追偿。”因此，对中信富通公司诉请的各项费用，陈某、郑某应承担连带清偿责任。在陈某、郑某承担保证责任后，有权向上海亿洲公司追偿。

---

① 对应《民法典》第688条。

② 对应《民法典》第700条。

综上，一审法院认为上海亿洲公司应该支付中信富通公司到期租金9112671.02元，未到期租金16852927.2元，滞纳金926607元，名义货价50000元，律师费233200元，差旅费18675元，船舶登记手续费1416元，上述费用共计27195496.22元。陈某、郑某对上述全部款项承担连带赔偿责任。陈某、郑某承担保证责任后，有权向上海亿洲公司追偿。在上海亿洲公司、陈某、郑某支付完上述全部款项后，“汇通3”轮船舶所有权归上海亿洲公司所有。

一审法院审理后作出判决：一、上海亿洲公司于判决生效之日起十日内支付中信富通公司到期租金9112671.02元，未到期租金16852927.2元，滞纳金926607元，名义货价50000元，律师费233200元，差旅费18675元，船舶登记手续费1416元，共计27195496.22元；二、陈某、郑某对上述应付未付的债务承担连带清偿责任，陈某、郑某承担保证责任后，有权向上海亿洲公司追偿；三、驳回中信富通公司的其他诉讼请求。

二审法院观点：本案的争议焦点为上海亿洲公司以中信富通公司未办理涉案船舶营运手续为由拒绝支付租金的主张是否成立、中信富通公司所诉损失的范围是否合理。

关于第一个争议焦点，涉案融资租赁合同所指向的租赁物为上海亿洲公司选定，根据涉案《融资租赁合同》项下《船舶买卖合同》中船舶交接条款的约定，涉案船舶由邱某和昌汇公司直接交付给上海亿洲公司。而对于涉案船舶实体权利的交付，涉案《融资租赁合同》第4条明确约定，中信富通公司支付租赁物转让价款即视为租赁物的完整所有权转移至中信富通公司，且其将租赁物完整地交付给上海亿洲公司、昌汇公司、邱某使用。据此，在中信富通公司于2013年1月14日，扣除保证金760万元后将购买涉案船舶的价款3040万元汇入了为涉案融资租赁合同履行而设立的资金监管账户，且涉案船舶已移交给上海亿洲公司的情况下，中信富通公司已完成涉案船舶的实体交付。根据《船舶登记条例》《船舶和海上设施检验条例》的相关规定，涉案船舶进行营运应当取得船舶所有权证书、船舶国籍证书、船舶检验证书等营运手续。涉案各方当事人对于办理涉案船舶营运手续的主体存在争议。对此，首先，一审审理期间，一审法院曾就办理营运手续的主体问题向天津海事局和天津船舶检验处进行核实，上述主管机关答复为办理船舶相关营运手续的主体，虽然按规定是船舶所有人，但船舶所有人可以委托个人代为办理相关手续，而被委托的个人，并不要求是船舶所有人单位的人员，只要被委托的人提交船舶所有人出具的委托授权书，并按要求提交相关资料，加盖船舶所有人印章就可以办理。而上海亿洲公司、陈某、郑某三方一审期间提交的办理船舶国籍证书《办事指南》中关于提交材料一栏所载明的“委托证明及委托人和被委托人身份证明及其复印件（委托时）”亦能印证主管机关所答复的内容。据此，二审法院确认，办理船舶营运手续的主体，可以是船舶所有人，亦可以由船舶所有人委托他人代为办理。其次，涉案《融资租赁合同》第9.2.6条约定，如签订本合同，使本合同生效或履行本合同需要取得有关部门审批同意并进行相关登记的，上海亿洲公司、昌汇公司和邱某承诺办妥相关审批和登记手续。故根据合同约定，涉案船舶营运手续的办理主体应为上海亿洲公司。同时根据上述主管机关的答复，中信富通公司作为船舶所有人，在上海亿洲公司办理营运手续时负有配合、辅助义务。对于上海亿洲公司提出的该条款系无效格式条款的主张，《合同法》第39条第2款①将格式条款定义为，当事人为了重复使用而预先拟定，并在订立合同时未与对方协商的条款，而本案中，现有证据不能证明涉案融资租赁合同存在被格式化、定型化的情形，故上海亿洲公司的上述主张不能成立，二审法院不予采纳。最后，根据涉案《融资租赁合同》项下《船舶买卖合同》第6条船舶文件交付条款“邱某和昌汇公司应将现有的所有船检证书及船舶技术图纸无偿提供给上海亿洲公司，若上海亿洲公司提出要求，邱某和昌汇公司应将其现有的船舶的其他技术档案及时交给上海亿洲公司”的约定，邱某和昌汇公司负有向上海亿洲公司提供其所持有的船舶资料的义务，上海亿洲公司亦应予接收。而在2013年10月30日另案邱某诉中信富通公司、上海亿洲公司船舶买卖合同纠纷一案庭审中，邱某向上海亿洲公司、中信富通公司分别提交了一份船舶资料，上海亿洲公司没有接收。上海亿洲公司一审期间提交了数份致中信富通公司、邱某和昌汇公司的函件，意图证明其多次催促中信富通公司办理营运手续，但至本案成讼前，上海亿洲公司没有向邱某要求交付船舶资料，亦未要求中信富通公司配合其办理营运手续，故上海亿洲公司作为涉案船舶营运手续的办理主体，存在怠于履行合同义务情形，应当承担由此产生的法律后果。综上，《合同法》第66条②规定的同时履行抗辩权，其适用的逻辑前提系当事人之间基于同一双务合同互负债务，而在中信富通公司不负有办理船舶营运手续合同义务的情况下，上海亿洲公司以中

① 对应《民法典》第496条。
② 对应《民法典》第525条。

信富通公司未办理涉案船舶营运手续为由拒绝支付租金的主张不能成立，二审法院不予支持。

关于第二个争议焦点，二审庭审中，各方均认可一审法院以《融资租赁合同》项下的保证金760万元以及上海亿洲公司于2014年7月8日、7月16日支付的300万元先行冲抵第4～7期的租金，并确认上海亿洲公司自第7期开始欠付租金68万元，之后各期租金均未支付。根据《合同法》第248条[①]的规定，承租人应当按照约定支付租金。承租人经催告后在合理期限内仍不支付租金的，出租人可以要求支付全部租金；也可以解除合同，收回租赁物。同时，根据涉案《融资租赁合同》第15.3条的约定，如上海亿洲公司在租赁期间发生任何一期租金或其他应付款项不能按时足额支付，中信富通公司有权提前终止合同，并要求上海亿洲公司立即付清全部租金、滞纳金、违约金及一切其他应付款项。故中信富通公司在本案中选择终止涉案船舶融资租赁合同，并要求上海亿洲公司赔偿相应损失符合法律规定，二审法院予以支持。关于中信富通公司在涉案船舶融资租赁合同下的损失范围和数额。因上海亿洲公司欠付到期租金，构成违约，其应当承担到期租金及其滞纳金、未到期租金的支付责任。二审庭审中，各方当事人对于一审法院根据中国人民银行基准利率的调整对合同下租赁利率进行相应调整以及由此认定的第8～16期租金数额均无异议，同时对于一审法院以中国人民银行同期贷款利率的四倍作为认定滞纳金数额的计算依据亦无异议。各方当事人争议在于到期租金的范围及由此产生的滞纳金数额。上海亿洲公司认为至2015年4月30日法庭辩论终结时涉案融资租赁合同到期租金为9期，故到期租金应计算至第9期，且欠付的到期租金的滞纳金应结算至2015年4月30日。二审法院经核查，中信富通公司起诉时的诉讼请求为，判令上海亿洲公司付清"汇通3"轮《融资租赁合同》项下未付的全部租金26889945.95元，及与拖欠的租金相对应的滞纳金、租赁物的名义货价等一切应付款项，以及上述款项的利息（自应当支付之日起至实际支付之日止，按照中国人民银行同期贷款利率计算），赔偿中信富通公司为实现上述债权支出的律师费和其他一切法律费用。中信富通公司在该请求中未明确到期租金范围和滞纳金的结算截止日，而在涉案融资租赁合同项下到期租金和滞纳金数额不断变化下，中信富通公司于2015年4月30日、2015年9月30日分别以书面形式明确了截至该日的损失范围和数

① 对应《民法典》第752条。

额，该行为本质上并非对其诉讼请求的变更，故一审法院认定的到期租金范围和滞纳金的数额并无不当，二审法院对于上海亿洲公司的上述主张不予支持。此外，根据《融资租赁合同》第17.4条“上海亿洲公司同意承担因本合同签订和履行而产生的所有费用，包括但不限于双方为签订本合同而聘请律师的费用、中信富通公司为实现债权而支付的诉讼费、仲裁费、公证费、律师费、执行费及其他任何实际支出费用”的约定，一审法院判令上海亿洲公司向中信富通公司支付律师费、差旅费、诉讼费、保全申请费具有合同依据，且上述费用与涉案融资租赁合同的履行具有联系，故上海亿洲公司的相关主张不能成立，二审法院不予支持。

综上，一审判决认定事实清楚，适用法律正确。上海亿洲公司的上诉理由不能成立，二审法院不予支持，判决如下：驳回上诉，维持原判。

法官评析

本案具有相当的典型性。汽车、船舶、航空器等虽然是动产，但在转让时往往会要求进行登记或审批，甚至需要重新办理相关营运手续才能正常进行使用，发挥其预期的使用价值。那么，在船舶的融资租赁中，涉案船舶营运手续的办理义务主体及未予办理时产生的违约责任或不利后果应该如何区分和确定，可以采取以下几个步骤进行认定：

1. 首先应严格遵循合同约定

根据依合同履行义务原则，依法成立的合同对当事人具有法律约束力，当事人应当按照约定履行自己的义务，不得擅自变更或者解除合同。依法成立的合同，受法律保护。

据此，合同作为当事人双方意思表示一致的产物，在合同有明确约定的情况下，首先应当严格遵循合同约定，确定涉案租赁物相关审批登记、营运手续的办理主体。以本案为例，本案出租人和承租人均为商事主体，应视其为拥有完整完全的民事行为能力和充分的商业经验。涉案《融资租赁合同》明确约定，由上海亿洲公司、昌汇公司和邱某承诺办妥相关审批和登记手续。依据合同约定，涉案船舶营运手续的办理义务主体应为上海亿洲公司，没有任何歧义。

2. 排除合同条款无效或不可履行情形

严格遵守合同约定，是基于当事人意思表示一致原则，法院不能强行进行干涉。但合同约定并不是区分合同义务和确定违约责任的唯一准则。鉴于融资租赁合同订立和履行过程中的复杂性，应当在排除合同无效或不可履行的情形后，方可将合同约定的权利义务条款作为区分合同义务和确立违约责任的依据。

(1) 排除合同无效情形和合同免责条款无效情形

在适用相应合同条款确定当事人权利义务和违约责任之前，应确认合同本身首先是合法有效的。《民法典》合同编通则第三章规定了合同效力。鉴于合同无效适用的情形比较严格以及本案尚未涉及合同整体无效的情况，不再赘述。

《民法典》第506条规定了合同免责条款的无效情形，即造成对方人身损害以及因故意或者重大过失造成对方财产损失的免责条款无效。与合同无效一样，合同免责条款的适用范围依然是比较严格的。对本案而言，只有故意或重大过失造成一方财产损失的免责条款无效。对于涉案船舶办理相关营运手续义务的问题，合同对办理义务主体有着明确的约定，并不涉及因故意或重大过失造成对方财产损失免责而导致合同条款无效。

(2) 排除格式条款无效情形

《民法典》第497条规定了格式条款的无效情形，即格式条款具有《民法典》第一编第六章第三节和第506条规定情形，或提供格式条款一方不合理地免除或减轻其责任、加重对方责任、限制对方主要权利的格式条款无效。审查格式条款无效的情形关键在于合同规定是否有免除或减轻自身责任、加重对方责任、限制对方主要权利的情形。这些情形的确定，绝大部分是显而易见的，但就本案而言，确定是否存在免除自身责任或加重对方责任的情形，需要结合合同义务的实际可履行性才能够进行准确判断。

(3) 注重合同义务的实际可履行性

本案中，根据融资租赁的特征，涉案船舶的所有权人为中信富通公司，而根据合同约定，办理船舶营运手续的主体为上海亿洲公司。船舶所有权人和办理船舶营运手续人分为不同主体。此时必须进行合同义务实际可履行性的判断，以确定合同约定是否可履行以及合同是否存在免除自身责任、加重对方责任的情形。

如根据相关法律法规和船舶主管国家机关的要求，本案涉案船舶营运手续的办理主体必须是船舶所有权人即中信富通公司，那么即便合同约定了船舶营运手续的办理义务人是上海亿洲公司，该条款也依然不能作为违约责任的确定标准和法律责任承担的判断标准，因为该条款的约定实际上无法履行，且由于办理船舶营运手续的主体必须是所有权人，而合同却约定为承租人，显然存在免除自身责任，加重对方责任的嫌疑。

然而，经法院调查，船舶主管机关答复为船舶相关营运手续的办理人可以是船舶所有权人的委托人，提交相关资料即可办理。这也就是说，合同约定船舶营运手续办理义务人为上海亿洲公司并不存在合同义务实际可履行性的障碍，同时也排除了合同约定条款免除中信富通公司责任、加重上海亿洲公司责任的嫌疑。

3. 最大诚信原则

《民法典》第7条规定了诚实信用原则："民事主体从事民事活动，应当遵循诚信原则，秉持诚实，恪守承诺。"

合同的各方当事人在履行合同义务时，各方均应最大限度地遵循诚信原则，为对方履行合同义务提供必要的便利条件，尽到通知义务、说明义务、协助义务，否则仍应承担相应法律责任。而在本案中，上海亿洲公司在另案庭审时当庭不接收原船主提供的船舶资料，怠于行使权利和履行合同约定的办理船舶营运手续的义务，由此造成的损失不能归责于中信富通公司。上海亿洲公司明显怠于履行合同义务所造成的损失，应当由其承担相应的法律责任和不利的法律后果，其将合同约定并实际可履行的办理船舶营运手续的义务作为抗辩理由，违背最大诚信原则，不应得到法院支持。

综上，在确定船舶融资租赁的承租人或其他大额动产融资租赁的承租人办理营运手续义务以及相关法律责任的问题方面，在确定合同效力有效、合同条款有效、排除格式条款嫌疑以及确定合同约定可实际履行后，应当根据合同本身约定，结合最大诚信原则，确定合同履行义务主体，由怠于履行合同义务、违背合同约定的一方承担相应的不利法律后果和法律责任。

四、承租人违反合同约定将租赁物转租给第三人，第三人应否承担连带给付租金的责任

——成都金控与天伦檀香楼公司等融资租赁合同纠纷案①

关 键 词：合同纠纷　侵权纠纷　合同相对性　连带责任

问题提出：承租人违反合同约定，将租赁物转租给第三人，第三人是否就承租人的违约行为向出租人承担连带责任？

---

① 一审法院为四川省高级人民法院，案号：（2015）川民初字第34号民事判决；二审法院为最高人民法院，案号：（2017）最高法民终213号。

裁判要旨： 如果违约责任和侵权责任发生竞合，当事人应在违约责任和侵权责任中选择其中之一予以主张，而不能同时主张。依照合同相对性原则，四川天伦食品公司并非案涉融资租赁合同的当事人，成都金控请求其承担违约责任缺乏事实依据。成都金控提起本案诉讼的请求权基础系基于合同履行中的违约，而其诉讼请求包括确认天伦檀香楼公司与四川天伦食品公司签订的转租合同无效、四川天伦食品公司立即停止使用案涉租赁设备并与天伦檀香楼公司连带向其支付租金等，显然是基于天伦檀香楼公司与四川天伦食品公司可能对其财产权的侵害而提出的权利主张，应系侵权之诉，其诉讼请求不但涉及案涉合同当事人之外的第三人，与本案争议的合同之诉亦系两个不同的法律关系。

案情简介

上诉人（原审第三人）：四川天伦食品公司

被上诉人（原审原告）：成都金控

原审被告：天伦檀香楼公司

原审被告：天伦食品成都公司

原审被告：天檀置业公司

原审被告：吴甲、汪某、吴乙、吴丙

2013 年 12 月 18 日，成都金控与天伦檀香楼公司签订《融资租赁合同》。该份合同主要约定：成都金控按照天伦檀香楼公司的需求购买相关机器设备，并将其出租给天伦檀香楼公司使用。双方对租赁期限、租金的给付方式及租赁物所有权归属进行了相应约定。（一）租赁物的所有权：合同项下租赁物的所有权，在天伦檀香楼公司清偿本合同项下的所有债务前，始终属于成都金控，除成都金控外的其他任何人无权处置租赁物，天伦檀香楼公司不得将租赁物予以销售、转让、转租、抵（质）押、投资或者采取其他侵犯成都金控所有权的行为；（二）租赁期、租金及其他：1. 成都金控向天伦檀香楼公司支付第一笔设备采购款之日为起租日，租赁期限共计 3 年，天伦檀香楼公司向成都金控支付租金的数额、期数等内容，见附件二《租金支付表》；2. 天伦檀香楼公司向成都金控支付的服务费、保证金、保险费的数额见附件三《其他费用表》；（三）租赁物的交付和验收：成都金控、天伦檀香楼公司同意租赁物的交付由天伦檀香楼公司与出卖人之间直接进行，双方不再办理租赁物的交付手续；（四）租赁物的处理：租赁合同期满后，天伦檀香楼公司选择留购租赁物，在天伦檀香楼公司付清租金等全部款项（包括可能产生的违约金、赔偿金等）后，租赁物由天伦檀香楼公司以1000元残值转让价留购，残值转让价和最后一期租金同时支付；（五）合同的变更、解除、终止：1. 在天伦檀香楼公司存在经营或财务状况严重恶化或连续四个季度亏损的、逾期支付合同项下的租金或其他款项、未经成都金控书面同意擅自转租租赁物等情形，成都金控有权单方解除合同；2. 成都金控按约解除合同后，成都金控有权收回租赁物，天伦檀香楼公司支付到期未付租金、未到期租金、残值转让价等应收款的总金额（如有保证金，该总金额扣除保证金）2%的违约金，如成都金控的实际损失超过违约金的，天伦檀香楼公司还应赔偿成都金控超过违约金部分的实际损失，已支付的租赁手续费不予退还；（六）违约责任：1. 天伦檀香楼公司存在未经成都金控同意，擅自转租行为的，应按合同租金总额的2%向成都金控支付违约金；2. 天伦檀香楼公司若迟延支付租金，每迟延一日，应按应付未付租金总额的0.5‰向成都金控支付违约金；3. 一方违约，须承担另一方为实现债权而支出的诉讼费、保全费、评估费、拍卖费、律师代理费、公证费、工作人员为实现债权而支出的交通费等。前述租赁合同中《租金支付表》《其他费用表》载明：租赁期限36个月，租金总价款115192720.83元，手续费770万元，保证金1000万元，残值转让费1000元。成都金控主张双方在实际履行合同中，对租金进行了相应的调整，实际确定的租金总额为114337700元。成都金控、天伦檀香楼公司签订的《委托购买合同》［金控（2013）委买字第009号］主要约定：成都金控委托天伦檀香楼公司购买双方签订的《融资租赁合同》项下的租赁物，并明确租赁设备的所有权自交付给天伦檀香楼公司之日起转移给成都金控。天伦檀香楼公司保证取得供应商开具的以成都金控为采购人的增值税发票的时间不得迟于2014年2月28日，发票金额1亿元。成都金控、天伦檀香楼公司与上海伟隆机械设备有限公司、广州浩胜食品机械有限公司、四川鼎鑫净化制冷设备有限公司、上海伟隆包装设备有限公司签订的四份《三方补充协议》［金控（2013）租补字第045号、金控（2013）租补字第046号、金控（2013）租补字第047号、金控（2013）租补字第048号］主要约定：上述公司指示成都金控将设备购买款支付给天伦檀香楼公司即视为成都金控向供应商完成设备购买款的支付，并同时约定上述公司于2014年2月28日前将全额设备增值税发票开具给成都金控。

2013年12月18日，天伦檀香楼公司与成都金控分别签订金控（2013）租抵字第045-1号、金控（2013）租抵字第046号《抵押担保合同》，主要约定：天伦檀香楼公司以自有的房屋、机器设备为其与成都金控签订的《融资租赁合同》所形成的债权提供抵押担保。（一）抵押担保的范围：主合同项下成都金控的全部债权，包括但不限于全部租金、服务费、违约金、损害赔偿金、承租人应向成都金控支付的其他款项、成都金控实现债权与担保物权而发生的费用、因承租人违约而给成都金控造成的损失和其他所有应付费用；（二）担保责任的发生：如果承租人在主合同项下的任何正常付款日或提前付款日未按主合同约定向成都金控清偿债务，成都金控有权随时要求天伦檀香楼公司承担担保责任；（三）抵押权的实现：主合同项下的全部债权在本合同之外同时存在其他物的担保（包括承租人自己提供的物的担保）或人的担保（即保证担保）的，不影响成都金控在本合同项下的任何权利及其行使，天伦檀香楼公司不得以此抗辩成都金控。成都金控可以选择就物的担保实现债权，也可以选择要求保证人承担保证责任。2013年12月25日、2014年9月18日，双方分别依据前述合同办理了动产、不动产抵押登记。

2013年12月18日，成都金控与吴乙签订金控（2013）租抵字第047号《抵押担保合同》，主要约定吴乙以其所有的房屋为天伦檀香楼公司与成都金控签订的《融资租赁合同》所形成的债权提供担保。（一）抵押担保范围：主合同项下成都金控的全部债权，包括但不限于全部租金、服务费、违约金、损害赔偿金、承租人应向成都金控支付的其他款项、成都金控实现债权与担保物权而发生的费用、因承租人违约而给成都金控造成的损失和其他所有应付费用；（二）担保责任的发生：如果承租人在主合同项下的任何正常付款日或提前付款日未按主合同约定向成都金控进行清偿债务，成都金控有权随时要求吴乙承担担保责任；（三）抵押权的实现：主合同项下的全部债权在本合同之外同时存在其他物的担保（包括承租人自己提供的物的担保）或人的担保（即保证担保）的，不影响成都金控在本合同项下的任何权利及其行使，吴乙不得以此抗辩成都金控。成都金控可以选择就物的担保实现债权，也可以选择要求保证人承担保证责任。同日，成都金控与吴丙签订金控（2013）租抵字第044号《抵押担保合同》，主要约定吴丙以其所有的房屋为天伦檀香楼公司与成都金控签订的《融资租赁合同》所形成的债权提供担保。抵押担保的债权范围、担保责任的发生、抵押权的实现等内容均与前述合同一致。2014 年 4 月 4 日，成都金控、吴乙、吴丙依据前述合同办理了不动产抵押登记。

2013 年 12 月 18 日，成都金控与天伦食品成都公司签订金控（2013）租保字第 095 号《保证担保合同》，主要约定天伦食品成都公司为天伦檀香楼公司与成都金控签订的《融资租赁合同》所形成的债权提供担保。（一）保证方式：连带责任保证；（二）保证范围：主合同项下成都金控的全部债权，包括但不限于全部租金、服务费、违约金、损害赔偿金、承租人应向成都金控支付的其他款项、成都金控实现债权与担保物权而发生的费用、因承租人违约而给成都金控造成的损失和其他所有应付费用；（三）保证期间：自本合同生效之日起至主合同项下的债务履行期限届满之日后两年止，如主合同项下的债务为分期清偿，则保证期间为自本合同生效之日起至最后一期债务履行期届满之日后两年止；（四）保证责任的发生：如果承租人在主合同项下的任何正常付款日或提前付款日未按主合同约定向成都金控进行清偿债务，成都金控有权随时要求天伦食品成都公司承担保证责任。主合同项下的全部债权在本合同之外同时存在其他物的担保（包括承租人自己提供的物的担保）或人的担保（即保证担保）的，不影响成都金控在本合同项下的任何权利及其行使，天伦食品成都公司不得以此抗辩成都金控。成都金控可以选择就物的担保实现债权，也可以选择要求保证人承担保证责任。同日，成都金控与天檀置业公司签订金控（2013）租保字第 096 号《保证担保合同》，主要约定天檀置业公司为天伦檀香楼公司与成都金控签订的《融资租赁合同》所形成的债权提供保证担保。保证方式、保证范围与保证期间、保证责任的发生等内容均与前述合同一致。

2013 年 12 月 18 日，成都金控与吴甲、汪某签订金控（2013）租保字第 097 号《保证担保合同》，主要约定吴甲、汪某为天伦檀香楼公司与成都金控签订的《融资租赁合同》所形成的债权提供保证担保。（一）保证方式：连带责任保证；（二）保证范围：主合同项下成都金控的全部债权，包括但不限于全部租金、服务费、违约金、损害赔偿金、承租人应向成都金控支付的其他款项、成都金控实现债权与担保物权而发生的费用、因承租人违约而给成都金控造成的损失和其他所有应付费用；（三）保证期间：本合同生效之日起至主合同项下的债务履行期限届满之日后两年止，如主合同项下的债务为分期清偿，则保证期间为自本合同生效之日起至最后一期债务履行期届满之日后两年止；（四）保证责任的发生：如果承租人在主合同项下的任何正常付款日或提前付款日未按主合同约定向成都金控进行清偿债务，成都金控有权随时要求吴甲、汪某承担保证责任。主合同项下的全部债权在本合同之外同时存在其他物的担保（包括承租人自己提供的物的担保的）或人的担保（即保证担保）的，不影响成都金控在本合同项下的任何权利及其行使，吴甲、汪某不得以此抗辩成都金控。成都金控可以选择就物的担保实现债权，也可以选择要求保证人承担保证责任。

成都金控分别于2013年12月27日、2014年1月3日、2014年4月8日通过银行转账方式向天伦檀香楼公司支付2000万元、4000万元、4000万元，共计支付设备购买款1亿元。同时，成都金控主张虽合同约定从成都金控第一次支付设备购买款开始计算3年的租赁期，双方实际确定的租赁期限为2014年1月1日至2016年12月31日。整个合同履行过程中，天伦檀香楼公司向成都金控共计支付了租金15210075元、服务费350万元及保证金1000万元。

四川天伦食品公司的股权结构情况。四川天伦食品公司设立于2015年3月3日，注册资本为3000万元。设立时的股东是中联森集团有限公司（以下简称中联森公司）、天伦檀香楼公司，各自持股50%；2015年3月10日，天伦檀香楼公司将其持有的50%的股权转让给联森发展股份有限公司。

四川天伦食品公司实际使用案涉机器设备的相关事实。因天伦檀香楼公司经营情况严重恶化，中盟企业集团有限公司（以下简称中盟集团）、中联森公司拟对天伦系公司（包括天伦檀香楼公司、天伦食品成都公司、天檀置业公司）实施重组。此后，中联森公司与天伦檀香楼公司为实施重组共同出资设立了四川天伦食品公司。2015年3月25日，四川天伦食品公司与天伦檀香楼公司签订了《厂房、设施及生产设备租赁合同》，租赁天伦檀香楼公司的厂房、设施设备。租金为每年5662195.8元。2015年4月1日起，其使用案涉机器设备至今。整个诉讼中，四川天伦食品公司未向一审法院提交任何其向天伦檀香楼公司支付租金的证据。

成都金控于2015年1月22日提起诉讼后，于2015年5月13日向一审法院提出申请，要求对天伦檀香楼公司占有的价值9352.45万元的烘焙和速冻食品加工生产线等设施设备进行查封，并提供了担保。一审法院于2015年5月25日作出（2015）川民保字第40号裁定，查封了天伦檀香楼公司占有的价值9352.45万元的设施设备。保全裁定执行过程中，一审法院执行局于2015年6月10日向机器设备的实际使用人四川天伦食品公司送达了（2015）川执保字第78－2号财产保管委托书。2016年3月22日，天伦檀香楼公司股东吴甲被四川省邛崃市公安局以职务侵占罪立案侦查。成都金控为实现债权，在诉讼保全环节，与深圳市国策资产评估有限公司、深圳市国策房地产土地评估有限公司签订《合作协议》，由深圳市国策资产评估有限公司、深圳市国策房地产土地评估有限公司为其提供保全财产资产评估服务，实际发生了28207.55元的评估费，保全费5000元；提起本案诉讼后，成都金控与四川公生明律师事务所签订《委托合同》，由四川公生明律师事务所接受其委托代为进行诉讼，实际发生了律师费4万元。

各方观点

成都金控观点：2013年12月18日，成都金控与天伦檀香楼公司签订《融资租赁合同》《委托购买合同》，约定成都金控向天伦檀香楼公司提供融资租赁服务，由成都金控按照天伦檀香楼公司的选择向供货商购买烘焙和速冻食品加工生产等设施设备。成都金控将前述设备出租给天伦檀香楼公司，租期3年（2014年1月1日至2016年12月31日），合同约定租金按季度进行支付。

为担保成都金控的租金债权，成都金控与天伦食品成都公司、天檀置业公司、吴甲及汪某分别签订《保证担保合同》，约定前述主体为天伦檀香楼公司的债务承担连带保证责任；成都金控与天伦檀香楼公司签订《抵押担保合同》，约定天伦檀香楼公司以其所有的房屋、机器设备等为其对成都金控的债务提供抵押担保；成都金控与吴乙、吴丙签订《抵押担保合同》，吴乙、吴丙以其所有的房屋为天伦檀香楼公司的债务提供抵押担保。

前述合同签订后，成都金控、天伦檀香楼公司与案涉设备供应商共同签订4份《补充协议》，载明：成都金控向天伦檀香楼公司支付购买设备1亿元后取得了机器设备的所有权，并将机器设备出租给天伦檀香楼公司。但自2015年1月起，天伦檀香楼公司开始逾期支付租金。同时，天伦檀香楼公司的经营状况严重恶化，可能丧失履行债务的能力。

2015年3月25日，天伦檀香楼公司、四川天伦食品公司在知道或应当知道案涉租赁物为成都金控所有的情况下，签订《厂房、设施及生产设备租赁合同》，将案涉设备转租给四川天伦食品公司使用，租赁期10年，约定的年租金 5662195.8 元明显低于成都金控与天伦檀香楼公司签订的合同中的租金金额，严重侵害了成都金控的财产所有权及作为出租人的权利。前述合同具有恶意串通损害成都金控财产权利的事实，合同应无效。四川天伦食品公司应当停止使用并返还机器设备，并向成都金控承担合同无效的过错赔偿责任，承担的赔偿金额不低于天伦檀香楼公司向成都金控支付的租金。

天伦檀香楼公司、天伦成都食品公司、天檀置业公司、吴甲、汪某、吴乙、吴丙未提出答辩意见。

四川天伦食品公司观点：本案被告天伦檀香楼公司的实际控制人、股东吴甲因涉嫌职务侵占罪被公安机关立案侦查，本案应当全案移送公安机关处理。

法院观点

一审法院观点：根据《民事诉讼法》第 64 条第 1 款关于“当事人对自己提出的主张，有责任提供证据”，《民事诉讼法司法解释》第 90 条第 1 款“当事人对自己提出的诉讼请求所依据的事实或者反驳对方诉讼请求所依据的事实，应当提供证据加以证明，但法律另有规定的除外”、第 91 条第 1 项“主张法律关系存在的当事人，应当对产生该法律关系的基本事实承担举证证明责任”的规定，成都金控提供了《融资租赁合同》、《委托购买合同》、设备购买款支付凭证等证据证明成都金控按照天伦檀香楼公司的需求出资购买了案涉机器设备，将其出租给天伦檀香楼公司使用并收取租金，双方交易符合《合同法》第 237 条[①]关于“融资租赁合同是出租人根据承租人对出卖人、租赁物的选择，向出卖人购买租赁物，提供给承租人使用，承租人支付租金的合同”规定的融资租赁法律关系的特征，应当认定成都金控与天伦檀香楼公司之间形成了融资租赁法律关系。

根据成都金控的起诉及四川天伦食品公司的意见，本案争议焦点为：一、本案是否应当全案移送公安机关处理；二、天伦檀香楼公司是否应当向成都金控支付到期未付租金、未到期租金、服务费、实现债权的费用以及具体金额的确定；三、天伦檀香楼公司是否存在拖延支付租金的行为，是否应当支付违约金及违约金具体金额的确定；四、成都金控是否对天伦檀香楼公司、吴乙、吴丙提供的抵押物享有优先受偿权；五、天伦食品成

---

① 对应《民法典》第 735 条。

都公司、天檀置业公司、吴甲、汪某是否应对天伦檀香楼公司的债务承担连带保证责任；六、本案被担保债权涉及的物保与人保的关系，即成都金控主张的人保先于物保，物保中第三人提供的抵押优于债务人提供的抵押实现是否能够获得支持；七、四川天伦食品公司与天伦檀香楼公司签订的转租合同是否有效，四川天伦食品公司是否应当立即停止使用案涉机器设备，是否应当与天伦檀香楼公司连带支付实际使用机器设备期间的租金以及具体金额的确定。

一、本案是否应当全案移送公安机关处理。一审法院认为，根据《最高人民法院关于在审理经济纠纷案件中涉及经济犯罪嫌疑若干问题的规定》第11条关于“人民法院作为经济纠纷受理的案件，经审理认为不属于经济纠纷案件而有经济犯罪嫌疑的，应当裁定驳回起诉，将有关材料移送公安机关或检察机关”的规定，公安机关立案侦查的事实与人民法院受理的民事案件涉及的是同一事实的情形下，人民法院应当将受理的民事案件全案移送公安机关处理。本案中，成都金控作为出租人起诉天伦檀香楼公司依据的基础法律关系是融资租赁法律关系，涉及的事实是双方因履行《融资租赁合同》而产生的纠纷，而天伦檀香楼公司股东吴甲被公安机关立案侦查系基于职务侵占的事实，与本案争议的融资租赁的事实并非同一事实。在此情形下，吴甲被立案侦查的事实不应当影响本案的审理，四川天伦食品公司关于本案应当全案移送公安机关的意见不能成立，不予支持。

二、天伦檀香楼公司是否应当向成都金控支付到期未付租金、未到期租金、服务费、实现债权的费用以及具体金额的确定。成都金控主张，因天伦檀香楼公司于2015年1月起逾期支付租金，且出现经营严重恶化，成都金控有权依照合同约定要求天伦檀香楼公司支付所有租金、服务费。同时，天伦檀香楼公司应当按照合同约定承担成都金控实现本案债权而发生的律师费、评估费。关于天伦檀香楼公司是否应当向成都金控支付到期未付租金、未到期租金、服务费的问题，一审法院认为，根据案涉《融资租赁合同》第9条第2款、第3款的约定，在天伦檀香楼公司存在经营或财务状况严重恶化、逾期支付租金或其他款项的情形时，成都金控有权要求天伦檀香楼公司支付到期租金、未到期租金等应收款总金额。根据查明的事实，天伦檀香楼公司在支付了前三期租金后即未再行支付租金，存在逾期支付租金的行为，同时从2015年3月起经营状况陷入严重恶化的境地，在此情形下，成都金控有权向天伦檀香楼公司主张《融资租赁合同》项下所有的债务。根据查明的事实，在将天伦檀香楼公司实际支付的保证金1000万元用于抵扣应付款项后，天伦檀香楼公司实际尚欠成都金控的租金为89127625元、服务费为420万元，天伦檀香楼公司共计应向成都金控支付的款项为93327625元。一审法院对成都金控主张的天伦檀香楼公司应予支付的到期未付租金、到期未付服务费、未到期租金共计93327625元的诉讼请求予以支持。关于成都金控主张的为实现本案债权支出的律师费、评估费的问题，一审法院认为，根据案涉《融资租赁合同》第10条第6款关于"一方如有违约或侵权行为，须承担另一方为实现债权而支出的诉讼费、保全费、评估费、律师代理费、公证费、工作人员为实现债权而支出的交通费、住宿费、通讯费和误工费及其他费用"的约定，在天伦檀香楼公司存在逾期支付租金等行为的情形下，成都金控有权要求天伦檀香楼公司承担实现本案债权的费用。成都金控提交的证据显示，为实现债权，实际发生了28207.55元的评估费，4万元律师费，一审法院对前述68207.55元予以支持。

三、天伦檀香楼公司是否存在拖延支付租金的行为，是否应当支付违约金及违约金具体金额的确定。成都金控主张天伦檀香楼公司承担的违约金包括两部分：一是因逾期支付《融资租赁合同》项下约定的租金，而应当按照《融资租赁合同》第10条第2款关于"天伦檀香楼公司若迟延支付租金，每迟延支付一日，应按应付未付租金总额的0.5‰向成都金控支付违约金"的约定承担以每期欠付租金为基数，按照每日万分之五的计算标准计算的违约金；二是在未经成都金控允许的情况下，将案涉机器设备擅自转租给四川天伦食品公司使用，而应当按照《融资租赁合同》第10条第3款关于"天伦檀香楼公司存在未经成都金控书面同意而擅自转租案涉机器设备的，应当承担总租金2%的违约金"的约定承担相应违约金2286754元。一审法院认为，根据《合同法》第107条[①]关于"当事人一方不履行合同义务或者履行合同义务不符合约定的，应当承担继续履行、采取补救措施或者赔偿损失等违约责任"的规定，结合天伦檀香楼公司从2015年1月起，未再按约向成都金控支付租金，且在未经成都金控同意的情形下，从2015年4月1日起将案涉机器设备转租给四川天伦食品公司使用至今，存在违约行为的事实，天伦檀香楼公司应当按约向成都金控支付违约金，因天伦檀香楼公司经一审法院合法传唤无正当理由未到庭参加诉讼，未提出违约金过高的抗辩，且判令天

① 对应《民法典》第577条。

伦檀香楼公司承担成都金控主张的违约金并不会导致双方利益严重失衡，一审法院对成都金控要求天伦檀香楼公司承担违约金的诉请予以支持。

四、成都金控是否对天伦檀香楼公司、吴乙、吴丙提供的抵押物享有优先受偿权。成都金控要求确认其对天伦檀香楼公司提供担保的房屋、机器设备，吴乙、吴丙提供担保的房屋享有优先受偿权。一审法院认为，根据《物权法》第180条[①]第1款第1项关于“债务人或者第三人有权处分的建筑物和其他土地附着物”可以抵押、第4项关于“债务人或者第三人有权处分的生产设备、原材料、半成品、产品”可以抵押，第187条[②]关于“以本法第一百八十条第一款第一项至第三项规定的财产或者第五项规定的正在建造的建筑物抵押的，应当办理抵押登记。抵押权自登记时设立”，第188条[③]关于“依本法第一百八十条第一款第四项、第六项规定的财产或者第五项规定的正在建造的船舶、航空器抵押的，抵押权自抵押合同生效时设立；未经设立，不得对抗善意第三人”的规定，结合成都金控与天伦檀香楼公司就用于抵押的房屋已经办理了抵押登记，就抵押的机器设备签订的《抵押担保合同》已经生效，成都金控与吴乙、吴丙分别就抵押的房屋亦办理了抵押登记的事实，成都金控对天伦檀香楼公司提供担保的房屋、机器设备，对吴乙、吴丙提供担保的房屋依法享有抵押权，系合法的抵押权人。在天伦檀香楼公司未按判决确定的履行期限内履行债务的情形下，成都金控有权要求天伦檀香楼公司、吴乙、吴丙承担抵押担保责任，有权就天伦檀香楼公司提供的房屋、机器设备，吴乙、吴丙提供的房屋优先受偿。一审法院对成都金控要求确认其对天伦檀香楼公司在编号为金控（2013）租抵字第045-1号、金控（2013）租抵字第046号《抵押担保合同》项下提供抵押的房屋、机器设备，对吴乙在编号为金控（2013）租抵字第047号《抵押担保合同》、吴丙在编号为金控（2013）租抵字第044号《抵押担保合同》项下提供抵押的房屋享有优先受偿权的诉请予以支持。

五、天伦食品成都公司、天檀置业公司、吴甲、汪某是否应对天伦檀香楼公司的债务承担连带保证责任。成都金控主张天伦食品成都公司、天檀置业公司、吴甲、汪某均与其签订了《保证担保合同》，明确了前述原审被告对

---

① 对应《民法典》第395条。

② 对应《民法典》第402条。

③ 对应《民法典》第403条。

天伦檀香楼公司基于金控（2013）租字第048号《融资租赁合同》下对成都金控产生的所有债务应当承担连带保证责任。一审法院认为，根据《担保法》第6条[①]关于“保证，是指保证人和债权人约定，当债务人不履行债务时，保证人按照约定履行债务或者承担责任的行为”、第18条[②]关于“当事人在保证合同中约定保证人与债务人对债务承担连带责任的，为连带责任保证。连带保证责任的债务人在主合同规定的债务履行期届满没有履行债务的，债权人可以要求债务人履行债务，也可以要求保证人在其保证范围内承担保证责任”的规定，成都金控与各保证人签订了《保证担保合同》，约定前述原审被告对天伦檀香楼公司基于金控（2013）租字第048号《融资租赁合同》项下对成都金控形成的债务承担连带保证责任，且均约定保证范围为全部租金、服务费、违约金、损害赔偿金、承租人应向成都金控支付的其他款项、成都金控实现债权与担保物权而发生的费用、因承租人违约而给成都金控造成的损失和其他所有应付费用。因此，一审法院对成都金控要求天伦食品成都公司、天檀置业公司、吴甲、汪某对天伦檀香楼公司的支付义务承担连带保证责任的诉请予以支持。

六、本案被担保债权涉及的物保与人保的关系，即成都金控主张的人保先于物保，物保中第三人提供的抵押优于债务人提供的抵押实现是否能够获得支持。成都金控主张，本案被担保债权设定的担保分为物保和保证担保，因在对应的《抵押担保合同》《保证担保合同》中担保人均放弃了顺位利益，现要求确认担保实现时，天伦食品成都公司、天檀置业公司、吴甲、汪某提供的保证担保优先于天伦檀香楼公司、吴乙、吴丙提供的物保实现。在实现担保物权时，对吴乙、吴丙提供的房屋抵押权优先于天伦檀香楼公司提供的房屋、机器设备抵押权优先实现。一审法院认为，根据《物权法》第176条[③]关于“被担保的债权既有物的担保又有人的担保的，债务人不履行到期债务或者发生当事人约定的实现担保物权的情形，债权人应当按照约定实现债权；没有约定或者约定不明确，债务人自己提供物的担保的，债权人应当先就该物的担保实现债权；第三人提供物的担保的，债权人可以就物的担保实现债权，也可以要求保证人承担保证责任。提供担保的第三人承担担保责任后，

① 对应《民法典》第681条。

② 对应《民法典》第688条。

③ 对应《民法典》第392条。

有权向债务人追偿”的规定，被担保的债权既有物的担保又有人的担保的，当事人可以约定实现的顺位。本案涉及的各份《抵押担保合同》《保证担保合同》中均明确约定《融资租赁合同》项下的全部债权在本合同之外同时存在其他物的担保（包括承租人自己提供的物的担保）或者人的担保（保证担保）的，不影响成都金控在各份合同项下的任何权利及其行使，各担保人均不得以此抗辩成都金控。前述约定内容表明实际上物保、人保的实现顺位交由成都金控选择，据此，一审法院对成都金控要求确认的抵押权与保证担保实现顺位、抵押权具体实现顺位的诉请予以支持。

七、四川天伦食品公司与天伦檀香楼公司签订的转租合同是否有效，四川天伦食品公司是否应当立即停止使用案涉机器设备，是否应当与天伦檀香楼公司连带支付实际使用机器设备期间的租金以及具体金额的确定。成都金控主张，天伦檀香楼公司未经其书面同意，擅自将案涉机器设备转租给四川天伦食品公司使用，转租合同应认定为无效，在此情形下，四川天伦食品公司应当立即停止使用案涉机器设备，并与天伦檀香楼公司连带支付实际使用期间的租金。一审法院认为，成都金控的诉讼请求中明确向天伦檀香楼公司主张了案涉《融资租赁合同》项下的所有债权，亦向天伦檀香楼公司主张了擅自转租而应支付的违约金，并同时要求案涉机器设备的实际使用人四川天伦食品公司与天伦檀香楼公司共同支付实际使用期间的租金。但结合其在诉讼中的陈述看，其诉请的主要目的并不在于收回租赁物，而在于实际取得案涉《融资租赁合同》项下的所有租金及相关债权。在此情形下，一审法院对其要求确认转租合同无效，并要求四川天伦食品公司停止使用机器设备的诉请不予支持。一审法院同时认为，民事活动应当遵循自愿、公平、等价有偿、诚实信用的原则，结合四川天伦食品公司从2015年4月1日起实际使用案涉机器设备至今的事实，根据《民法通则》第106条①第2款关于“公民、法人由于过错侵害国家的、集体的财产，侵害他人财产、人身的，应当承担民事责任”的规定，判令四川天伦食品公司按照案涉《融资租赁合同》的租金标准，共同与天伦檀香楼公司承担实际使用期间的租金符合公平原则。理由如下：一是成都金控在提起本案诉讼中申请对案涉机器设备进行保全时、整个诉讼过程中，多次明确要求四川天伦食品公司停止使用机器设备，四川天伦食品公司并未停止使用。同时，四川天伦食品公司对天伦檀香楼公司与成都

---

① 对应《民法典》第176条。

金控之间基于案涉《融资租赁合同》形成融资租赁法律关系的事实明知，在此情形下，四川天伦食品公司既未提交任何支付过租金的证据，亦未停止使用机器设备，存在较大过错。二是天伦檀香楼公司经营状况已严重恶化，其实际履行本案债务能力明显不足，在此情形下，成都金控作为债权人的利益应当予以保护。同时，从四川天伦食品公司提交的其与天伦檀香楼公司签订的转租合同显示租赁期限为10年，因此判令四川天伦食品公司与天伦檀香楼公司共同支付从其实际使用案涉机器设备起至2016年12月31日止的租金符合本案实际情况。经计算，其应共同与天伦檀香楼公司承担的租金为72167410.56元。

一审法院审理后判决如下：一、天伦檀香楼公司于判决生效后十日内向成都金控公司支付到期应付未付租金、未到期租金、未付服务费93327625元；二、四川天伦食品公司对判决第一项确定的天伦檀香楼公司的支付义务在72167410.56元范围内与天伦檀香楼公司共同对成都金控公司承担支付义务；三、天伦檀香楼公司于判决生效后十日内向成都金控公司支付实现债权发生的评估费、律师费68207.55元；四、天伦檀香楼公司于判决生效后十日内向成都金控公司支付逾期付款违约金（违约金计算方法：以11838850元为基数，从2015年1月2日起算；以11599000元为基数，从2015年4月2日起算；以11414670.83元为基数，从2015年7月2日起算；以11225900元为基数，从2015年10月2日起算；以11021583.33元为基数，从2016年1月2日起算；以10808383.33元为基数，从2016年4月2日起算。前述违约金均按每日万分之五的标准计算至实际付清之日止）；五、天伦檀香楼公司于判决生效后十日内向成都金控公司支付其他违约金2286754元；六、如果天伦檀香楼公司未履行判决第一、三、四、五项义务，成都金控公司有权对吴乙、吴丙在编号为金控（2013）租抵字第047号《抵押担保合同》、金控（2013）租抵字第044号《抵押担保合同》项下提供抵押的房屋行使抵押权，即有权对抵押财产折价或者拍卖、变卖所得的价款优先受偿。吴乙、吴丙提供抵押的前述房屋为实现本案债权的第一顺位担保物权；七、如果天伦檀香楼公司未履行判决第一、三、四、五项义务，成都金控公司有权对天伦檀香楼公司在编号为金控（2013）租抵字第045－1号、金控（2013）租抵字第046号《抵押担保合同》项下提供抵押的房屋、机器设备行使抵押权，即有权对抵押财产折价或者拍卖、变卖所得的价款优先受偿；八、天伦食品成都公司、天檀置业公司、吴甲、汪某对判决第一、三、四、五项确定的天伦檀香楼公司的债务在成都金控公司先就判决第六项、第七项确定的抵押物实现抵押权不足的部分承担连带保证责任；九、天伦食品成都公司、天檀置业公司、吴甲、汪某、吴乙、吴丙承担责任后，有权向天伦檀香楼公司追偿；十、驳回成都金控公司的其他诉讼请求。

二审法院观点：围绕当事人的上诉请求，本案二审的审理焦点为四川天伦食品公司是否应与天伦檀香楼公司共同承担向成都金控支付租金的义务。首先，依据民法及民事诉讼法基本原理，合同之诉是指一方当事人基于其与对方当事人之间存在的合同关系而提起的要求对方承担违约责任的诉讼；侵权之诉是指一方当事人基于对方当事人的损害行为而提起的要求对方承担侵权损害责任的诉讼。如果违约责任和侵权责任发生竞合，当事人应在违约责任和侵权责任中选择其一予以主张，而不能同时主张。本案中，成都金控作为原审原告，基于融资租赁合同提起诉讼，故为融资租赁合同纠纷，由此本案的当事人应为案涉融资租赁合同的各方当事人。而依照合同相对性原则，四川天伦食品公司并非案涉融资租赁合同的当事人，成都金控请求其承担违约责任缺乏事实依据。其次，本院二审中，成都金控明确其对四川天伦食品公司提出的诉讼请求，系基于天伦檀香楼公司转租案涉租赁设备给四川天伦食品公司，违反案涉融资租赁合同的约定，而请求判令四川天伦食品公司共同承担违约责任。简言之，成都金控提起本案诉讼的请求权基础系基于合同履行中的违约，而其诉讼请求包括确认天伦檀香楼公司与四川天伦食品公司签订的转租合同无效、四川天伦食品公司立即停止使用案涉租赁设备并与天伦檀香楼公司连带向其支付租金等，显然是基于天伦檀香楼公司与四川天伦食品公司可能对其财产权的侵害而提出的权利主张，应系侵权之诉，其诉讼请求不但涉及案涉合同当事人之外的第三人，与本案争议的合同之诉亦系两个不同法律关系。另外，成都金控起诉请求四川天伦食品公司连带支付租金，其实质仍然是基于对案涉租赁设备所有权下主张的侵权之诉，要求实际使用人对侵害其所有权的行为承担连带责任。而一审判决四川天伦食品公司承担共同支付义务，既非当事人诉请的“连带责任”，也不存在让四川天伦食品公司承担共同支付责任的事实和法律依据。成都金控如认为四川天伦食品公司对其构成侵权，其可另行起诉主张。综上所述，一审法院判定四川天伦食品公司承担共同支付租金义务缺乏法律依据，四川天伦食品公司的上诉请求成立，二审法院予以支持。依照《民事诉讼法》第 170 条第 1 款第 2 项规定，判决如下：一、维持四川省高级人民法院（2015）川民初字第 34 号民事判决第一项、第三项、第四项、第五项、第六项、第七项、第八项、第九项；二、撤销四川省高级人民法院（2015）川民初字第34号民事判决第二项、第十项；三、驳回成都金控融资租赁有限公司的其他诉讼请求。

法官评析

由于融资租赁合同所涉的标的额巨大，即便出租人和承租人在合同中约定了在合同履行完毕之前，出租人保留对租赁物的所有权，也不足以覆盖融资租赁合同中所可能发生的各种风险。本案即是典型：出租人和承租人在合同中明确约定了禁止转租条款，承租人在经营陷入困境的情况下，违反融资租赁合同约定，将租赁物转租给第三人，且第三人拒绝停止使用租赁物。

1. 严格遵循合同相对性原则

合同相对性原则，是合同规则的基石，反映了合同自由原则的要求，在债法中有着十分重要的地位。合同相对性原则是指合同只能在特定的合同当事人之间发生法律约束力，只有合同当事人一方能基于合同向合同相对方提出请求或提起诉讼，而不能向与其无合同关系的第三人提出请求，也不能擅自为第三人设定合同上的义务。《民法典》第464条第1款规定："合同是民事主体之间设立、变更、终止民事法律关系的协议。"第465条规定："依法成立的合同，受法律保护。依法成立的合同，仅对当事人具有法律约束力，但是法律另有规定的除外。"合同的法律约束力都发生于当事人之间，而不能及于合同当事人之外的第三人。对合同相对性原则，应主要从以下三个方面理解：

（1）主体相对性。合同法律关系和合同效力只能发生在特定法律主体之间，只有合同当事人一方方可基于合同向另一方当事人提出请求或提起诉讼。

（2）内容相对性。有且只有合同的当事人才能享有合同所规定的权利，并履行合同约定的义务，当事人以外的任何第三人不能主张合同的相关权利，亦无履行合同规定的义务。

（3）责任相对性。即指违约责任只能在特定的合同关系当事人之间发生，合同关系以外的人不负违约责任，合同当事人也不对其承担违约责任。

因此，除法律、合同另有规定外，当事人不能向合同以外的第三人主张合同权利和要求承担违约责任。本案中，四川天伦食品公司并非成都金控与天伦檀香楼公司签订的《融资租赁合同》的当事人，成都金控不能就合同约定的违约责任向《融资租赁合同》外的四川天伦食品公司主张违约责任。

2. 无法律明确规定，不得突破合同相对性原则

固守合同相对性的原则并不一定符合当事人订立合同的意愿，亦无法涵盖满足当事人保护自身合法利益的需求，且在很大程度上已难以满足平衡社会利益和实现公平正义的需要，严重影响了社会交易的效率和安全。因此，必须将合同相对性原则重新放在目前现实的社会经济条件和合同履行状况下进行审视和反思。随着合同理论的现代化发展，各国立法及司法基于现实的考虑，在承认合同相对性原则的大前提下，在不同程度上承认合同相对性原则的例外，如为第三人利益合同、债权不可侵犯、合同的保全措施、债权的物权化等制度，这已成为合同立法的世界潮流，在我国法律上则体现为合同无效和可撤销的相关法律规定。

合同突破理论虽然未遵循合同相对性原则，但它与彻底否认合同相对性原则有本质区别。突破理论的适用虽然形式上表现为无视合同相对性原则，但从实质上分析，突破理论的适用结果不外是相对性原则的一种例外，这种例外或突破的存在，并未否定相对性原则，并不意味着相对性原则的丧失；相反，它是对相对性原则的一种维护和补充。突破理论的功能在于弥补合同相对性原则的不足，衡平当事人和第三人间的利益，体现了权利不可侵犯性和鼓励交易的现代合同法理念。突破理论实质上是对相对性原则在某些特定情况下，由于违反了正义、衡平的理念，而作出的例外规定和补充，是在承认相对性原则存在的前提下，就特定事实否定相对性原则，而不是对该制度的存在给予全面否定，相对性原则仍是合同法不可或缺的根本原则。也就是说，突破理论与相对性原则在内在的价值追求上是相统一的，都是对实质正义与社会妥当性的追求，都是从不同角度对债权人或弱者权利的保护，这种突破与相对性在实质上并无矛盾，这也是合同法现代化的象征。因此，关于合同突破理论的例外规定的适用上，应当严格遵循法定原则，即无法律的明确规定，不得突破合同相对性原则。

在本案中，成都金控提起的融资租赁合同纠纷仅涉及其与天伦檀香楼公司，并未涉及天伦檀香楼公司与四川天伦食品公司之间签订的租赁合同效力的问题。且即便天伦檀香楼公司与四川天伦食品公司之间的合同是无效的，涉及的也是天伦檀香楼公司与四川天伦食品公司之间互相返还财产的问题，尚不涉及一审判决中所提出的连带责任的法律问题。

3. 无法律规定和合同明确约定，在合同纠纷中不得随意确认连带责任

连带责任亦称连带债务，是指数个债务人就同一债务各负全部给付的一

种责任形式。即债权人可对债务人中的一人，数人或全体，同时或先后请求全部或部分给付的一种债务形式。连带责任分为法定连带责任和约定连带责任，在法律没有进行规定，合同也无明确规定的情形下，在合同纠纷中不得随意确认连带责任。

在本案中，四川天伦食品公司并非《融资租赁合同》当事人，合同未对四川天伦食品公司的连带责任进行约定。且根据我国目前法律规定，对于承租人违反合同约定，将租赁物转租给第三人的，并未有相关法律规定应当由第三人承担共同连带向出租人支付租金的相应条款。据此，虽然第三人在本案中存在过错，但出租人并不能根据违约之诉向四川天伦食品公司主张权利，其可根据对于租赁物的所有权，向四川天伦食品公司再行主张租赁物的侵权损失。

五、融资租赁合同未约定支付顺序，欠付款项清偿顺序如何确定

——信达租赁公司与和田物资公司等融资租赁合同纠纷案[①]

关 键 词： 融资租赁　利息　抵扣

问题提出： 对于款项支付顺序，融资租赁合同没有约定，欠付款项清偿顺序如何确定？

裁判要旨： 融资租赁合同如果没有对支付款项抵扣顺序予以明确约定，债务人除主债务之外还应当支付利息和费用，其给付不足以清偿全部债务，并且当事人没有约定的，人民法院应当按照下列顺序抵充：（一）实现债权的有关费用；（二）利息；（三）主债务。

案情简介

原告：信达租赁公司

被告：和田物资公司、华源石化公司、任某

2013年3月15日，信达租赁公司作为甲方（出租人）与和田物资公司、

① 审理法院为北京市第二中级人民法院，案号：(2015) 二中民（商）初字第04420号。

华源石化公司作为乙方（共同承租人）签订《融资租赁合同》，该合同载明租赁物为38项设备，其评估价值合计2亿元。

2013年3月15日，信达租赁公司作为抵押权人（甲方）与华源石化公司作为抵押人（乙方）签订《抵押合同》，约定：为确保甲方《融资租赁合同》项下权利的实现，乙方以其合法拥有的四宗国有土地使用权向甲方设定抵押，提供担保。华源石化公司和信达租赁公司就上述《抵押合同》约定的抵押财产办理了抵押登记手续。

同日，信达租赁公司作为质押权人（甲方）与任某作为质押人（乙方）签订《质押合同》，约定：为确保甲方《融资租赁合同》项下权利的实现，乙方以其持有的和田物资公司51%股权提供质押担保。担保人任某之妻任某莲出具《财产共有人承诺》，同意担保人提供该股权质押担保。2015年3月18日，任某与信达租赁公司共同办理了股权出质登记手续。

同日，任某出具《不可撤销的保证函》，约定为保障信达租赁公司在《融资租赁合同》项下权利的实现，任某为承租人履行相应义务提供不可撤销的连带责任保证。保证人任某之妻任某莲出具《财产共有人承诺》，同意保证人提供该连带责任保证。

2013年3月25日，信达租赁公司依约向和田物资公司、华源石化公司支付转让价款2亿元。合同履行过程中，和田物资公司、华源石化公司应于2014年6月25日、9月25日、12月25日分别支付信达租赁公司第5期、第6期和第7期租金。但是和田物资公司、华源石化公司未予全额支付。和田物资公司、华源石化公司欠付信达租赁公司租金，经催告仍不支付相关款项。因此，信达租赁公司诉至人民法院。

各方观点

华源石化观点：涉案租赁物是华源石化公司所有的资产，信达租赁公司既没有与华源石化公司签订租赁物的《买卖合同》，也没有向华源石化公司支付租赁物的价款，租赁物的所有权没有发生过转移，信达租赁公司与华源石化公司之间未形成融资租赁法律关系。华源石化公司还提出和田物资公司和信达租赁公司恶意串通，损害华源石化公司的利益；和田物资公司和信达租赁公司之间名为融资租赁、实为借贷，本案《融资租赁合同》应当认定无效。华源石化公司的上述主张缺乏事实依据。

和田物资公司观点：第一，信达租赁公司诉讼请求致本案法律关系混乱。

既然主张给付全部租金，那么就是对原合同的变更和未到期部分内容的解除。第二，信达租赁公司的诉讼请求基础不一。信达租赁公司的第一项诉请是基于和田物资公司、华源石化公司迟延付款而提出，第二项诉请是基于款项未到期提前请求支付，这两项诉请的性质是完全不同的。第三，信达租赁公司应当以收取费用核减到期租金。信达租赁公司收取的2400万元保证金应当核减已到期租金。信达租赁公司收取的800万元服务费，事实上并不存在所谓的服务，系信达租赁公司利用单方格式文本和强势地位强加于被告而产生，该款理应从到期租金中予以扣减。最后一笔收款600万元也应扣减到期租金。

法院观点

第一，本案中，和田物资公司、华源石化公司与信达租赁公司签订《融资租赁合同》，约定和田物资公司、华源石化公司以筹措资金为目的，将租赁物清单中所列设备以2亿元的价格转让给信达租赁公司，再由信达租赁公司出租给和田物资公司、华源石化公司使用，和田物资公司、华源石化公司按期向信达租赁公司支付租金。这种售后回租的交易方式符合我国相关法律规定。该合同项下的租赁物真实、明确，双方当事人协商确定的租赁物价值不存在低值高买的情形，以租赁成本和租赁利率为基础计算的租金，反映了租赁物的价值和出租人的合理利润，故应当认定信达租赁公司与和田物资公司、华源石化公司构成融资租赁法律关系。

第二，华源石化公司在明知和田物资公司并非涉案租赁物所有人的情况下，自愿与和田物资公司以共同承租人的身份和信达租赁公司签订《融资租赁合同》，约定将华源石化公司拥有所有权和处分权的租赁物转让给信达租赁公司，此系华源石化公司与和田物资公司协商一致作出的交易安排，不损害国家、集体或者第三人利益。同时，本案《融资租赁合同》系双方当事人的真实意思表示，内容不违反我国法律、行政法规的强制性规定，故应当认定有效。

第三，在本案《融资租赁合同》履行过程中，和田物资公司和华源石化公司未按时足额支付第5期至第10期的租金，其行为已构成违约，故应承担相应的违约责任。

第四，关于信达租赁公司要求确认在和田物资公司和华源石化公司付清全部诉请款项之前，本案《融资租赁合同》附件一《租赁物清单》项下的所有租赁物的所有权归信达租赁公司所有的诉讼请求。根据《融资租赁合同》

第12条的约定，在和田物资公司和华源石化公司付清全部应付款项之前，涉案租赁物的所有权并不发生转移。因本案并非确认租赁物权属之诉，故对信达租赁公司的该项诉讼请求不予支持。

第五，关于华源石化公司应否承担抵押担保责任的问题。华源石化公司自愿与信达租赁公司签订《抵押合同》，约定以其合法拥有四宗国有土地使用权为信达租赁公司提供抵押担保，并已办理抵押登记。该《抵押合同》的内容不违反我国法律和行政法规的强制性规定，应当认定有效。信达租赁公司对《抵押合同》项下抵押财产享有的抵押权自登记时设立。《物权法》第195条[①]第1款规定，债务人不履行到期债务或者发生当事人约定的实现抵押权的情形，抵押权人可以与抵押人协议以抵押财产折价或者以拍卖、变卖该抵押财产所得的价款优先受偿。现信达租赁公司要求华源石化公司以其在《抵押合同》项下提供的抵押财产对和田物资公司和华源石化公司欠付的租金等应付款项承担抵押担保责任，于法有据，应予支持。

第六，关于任某应否承担质押和保证担保责任的问题。任某自愿与信达租赁公司签订《质押合同》并出具了《不可撤销的保证函》。上述《质押合同》和《不可撤销的保证函》的内容不违反我国法律和行政法规的强制性规定，均应认定有效。现信达租赁公司要求任某对和田物资公司和华源石化公司欠付的租金等应付款项承担质押担保责任和连带保证责任，符合上述法律规定，应予支持。

法院判决如下：一、和田物资公司和华源石化公司向信达租赁公司支付到期未付租金及逾期利息。二、和田物资公司和华源石化公司向原告信达租赁公司支付全部未到期租金。三、被告和田物资公司和被告华源石化公司向原告信达租赁公司支付留购价款20万元及逾期利息。四、如果被告和田物资公司和被告华源石化公司逾期不履行本判决第一项、第二项、第三项确定的债务，应处置被告华源石化公司在《抵押合同》项下抵押的国有土地使用权，以折价或拍卖、变卖该抵押财产所得的价款优先偿付原告信达租赁公司。五、如果被告和田物资公司和被告华源石化公司逾期不履行本判决第一项、第二项、第三项确定的债务，应处置被告任某在《质押合同》项下质押的股权，以折价或者拍卖、变卖该质押财产所得的价款优先偿付原告信达租赁公司。六、被告任某以其全部合法财产对本判决第一项、第二项、第三项确定的被

---

① 对应《民法典》第410条。

告和田物资公司和被告华源石化公司的债务承担连带清偿责任。七、被告任某承担担保责任后，有权向被告和田物资公司和被告华源石化公司追偿。

法官评析

融资租赁合同没有对支付款项抵扣顺序予以明确约定。《民法典》第561条规定："债务人在履行主债务外还应当支付利息和实现债权的有关费用，其给付不足以清偿全部债务的，除当事人另有约定外，应当按照下列顺序履行：（一）实现债权的有关费用；（二）利息；（三）主债务。"这一规定明确了债务人除主债务外还应当支付利息和费用，当其给付不足以清偿全部债务时债的抵充顺序。这一规定来源于原《合同法司法解释二》第21条。法院认定信达租赁公司应将已付600万元用以先行抵扣到期租金的逾期利息、再行抵扣租金。

从域外立法例来看，债务人原则上可以自由指定抵充何宗债务，但有一项限制，即债务人所提出的给付应先抵充费用、次充利息、再次充原本。如《日本民法典》规定，债务人就一个或数个债务，除原本外还应支付利息及费用，而清偿人实行的给付，不足以消灭其全部债务时，应按顺序抵充费用、利息及原本。《意大利民法典》规定，没有债权人的同意，债务人不得将给付充抵成本，而应当充抵费用或者利息。在还本付息时，应当将给付先充抵利息。《法国民法典》《德国民法典》的规定与此相仿。我国台湾地区"民法"第321条仿照大陆法系各地民法的制度规定："对于一人负担数宗债务，而其给付之种类相同者，如清偿人所提出之给付，不足清偿全部债额时，由清偿人于清偿时，指定其应抵充之债务。"第323条规定："清偿人所提出之给付，应先抵充费用，次充利息，次充原本。"

各地如此规定是为了禁止债务人为抵充指定时滥用权利。债务人指定抵充时，滥用权利最大的可能便是指定其给付先抵充原本，然后才抵充费用或利息，从而给债权人带来侵害。对此，法律应予禁止。如果债务人有违这种禁令为相反指定的，债权人得拒绝受领，即使已受领的，也只能根据法律要求按费用、利息、原本的顺序抵充，而不是依债务人的相反指定抵充。既要保护债权，也要顾及公平。总之，法定抵充反映了公平的理念。

综上，在本案中，人民法院适用原《合同法司法解释二》第21条规定的目的是保护融资租赁关系中出租人的债权利益。

六、承租人与其他公司构成人格混同，出租人能否要求一并承担连带责任

——长城公司与建龙公司等融资租赁合同纠纷案[①]

关 键 词： 人格混同 连带责任

问题提出： 出租人能够证明承租人与其他公司之间存在人格混同的情况，当承租人无法履行融资租赁合同项下所约定的义务时，能否要求其他公司一并承担连带责任？

裁判要旨： 公司人格独立是其作为法人独立承担责任的前提。公司的独立财产是公司独立承担责任的物质保证，公司的独立人格也突出地表现在财产的独立上。当关联公司的财产无法区分，丧失独立人格时，就丧失了独立承担责任的基础，应对其他形成人格混同的关联公司债务承担连带责任。

案情简介

上诉人（一审被告）：建龙公司

被上诉人（一审原告）：长城公司

一审被告：扬帆公司

一审被告：青岛造船厂

2013年7月1日，长城公司（甲方）与扬帆公司（乙方）签订《售后回租合同》，约定甲方根据乙方的需要和委托，购进乙方拥有完全充分所有权的自有资产并回租给乙方使用，由乙方承租该资产并支付租金给甲方。该合同的租赁期为2013年7月22日到2018年6月20日，2013年7月22日为该合同的租赁起始日（以下称起租日）。

同年7月22日，长城公司（乙方）与扬帆公司（甲方）签订《资产转让合同》，约定甲乙双方已于2013年7月1日签订《售后回租合同》，依据相关售后回租合同的约定，甲方申请向乙方转让甲方享有完全充分所有权的自

---

① 一审法院为山东省高级人民法院，案号：（2016）鲁民初字第56号；二审法院为最高人民法院，案号：（2017）最高法民终953号。

有资产，乙方同意购进该资产并回租给甲方使用。

2013年7月26日，长城公司（甲方）与建龙公司（乙方）签订《保证合同》，约定：应债务人（扬帆公司）请求，乙方同意为债务人在涉案《售后回租合同》主合同（包括《补充协议》）项下对甲方形成的债务提供保证担保。

上述合同签订后，长城公司按照合同约定向扬帆公司支付400000000元购买了融资租赁设备，根据《租赁物交付确认书》的记载，长城公司已经按约将租赁标的物交付，设备已出租给扬帆公司使用。根据长城公司与扬帆公司签订的《租金支付表》记载，租金总额为461723816.77元。其中：本金400000000元整，租赁利率按人民银行五年期借款基准利率下浮5%执行。起租日为2013年7月22日，自2013年7月26日开始计息。扬帆公司未按照合同约定按期足额支付租金。2015年12月4日、2016年3月5日，长城公司分两次向扬帆公司发出《租金支付通知书》，催收涉案欠付租金。

长城公司与扬帆公司一致确认，扬帆公司欠付租金的具体数额为：至2017年2月21日，扬帆公司未支付租金为143187262.82元。在本案诉讼期间，建龙公司分三次代扬帆公司向长城公司支付了涉案租金，分别为：2017年3月20日支付23726388.7元，2017年6月20日支付23503549.19元，2017年6月30日支付26755276.91元。扣除以上已经支付的租金后，扬帆公司剩余未支付租金为69202048.02元。各方当事人均对以上数额没有异议。

扬帆公司成立于2008年7月16日，在即墨市工商行政管理局登记，根据该企业2016年的《内资企业登记信息查询结果》显示，扬帆公司注册资本950000000元，股东一人，为青岛造船厂，法定代表人为张某祥。在加盖有扬帆公司公章的《青岛造船厂有限公司、扬帆公司企业简介》资料中记载，青岛造船厂成立于2010年3月30日，由原国营青岛造船厂（成立于1949年）改制而成，注册资金1亿元，建龙公司持股70%，青岛华通国有资本运营（集团）有限公司持股30%。在“公司历史”部分记载：“2010年3月份，青岛造船厂完成改制重组，有民品业务和相关人员纳入青岛扬帆船舶制造有限公司。因此，青岛扬帆船舶制造有限公司和青岛造船厂有限公司形成了‘一套班子、两块牌子’特殊管理体制。”在青岛造船厂、扬帆公司各自编制并分别加盖公章的《资产负债表》《利润表》中，显示两公司的财务负责人、审核人、制表人均相同。扬帆公司、青岛造船厂对于以上证据的真实性没有异议。

2016年12月14日，山东省青岛市中级人民法院作出（2016）鲁02破3－1号民事裁定书，依据扬帆公司的申请，裁定受理扬帆公司的重整申请。2016年12月19日，山东省青岛市中级人民法院作出（2016）鲁02破3－3号决定书，指定青岛市清算事务所为扬帆公司的破产管理人。该破产案件正在山东省青岛市中级人民法院审理之中。

2016年12月14日，山东省青岛市中级人民法院作出（2016）鲁02破2－1号民事裁定书，依据青岛造船厂的申请，裁定受理青岛造船厂的重整申请。2016年12月19日，山东省青岛市中级人民法院作出（2016）鲁02破2－3号决定书，指定青岛市清算事务所为青岛造船厂的破产管理人。该破产案件正在山东省青岛市中级人民法院审理之中。

各方观点

长城公司观点：长城公司已经履行《售后回租合同》项下全部合同义务，扬帆公司应支付全部剩余租金、逾期付款违约金、租赁物件购置费等数额的，建龙公司应承担保证责任。

建龙公司观点：扬帆公司未构成逾期支付两期租金的情形，长城公司主张租赁物件购置费、逾期付款违约金等，缺乏依据。

扬帆公司、青岛造船厂未发表观点。

法院观点

一审法院观点：扬帆公司为一人公司，股东为青岛造船厂，扬帆公司与青岛造船厂两家公司的法定代表人相同，注册地址一致，两家公司财务报表（包括资产负债表、现金流量表、利润表）中的制表人、审核人、负责人均一致，扬帆公司的企业简介明确写有两家公司形成“一套班子、两块牌子”的管理体制。扬帆公司作为一人公司，在长城公司已经举证其与青岛造船厂存在人员、厂区、财务等多处混同情况下，青岛造船厂未能提出相应证据证明扬帆公司财产独立于青岛造船厂的财产，应当承担举证不能的责任。公司人格独立是其作为法人独立承担责任的前提。《公司法》第3条第1款规定，公司是企业法人，有独立的法人财产，享有法人财产权。公司以其全部财产对公司的债务承担责任。公司的独立财产是公司独立承担责任的物质保证，公司的独立人格也突出地表现在财产的独立上。当关联公司的财产无法区分，丧失独立人格时，就丧失了独立承担责任的基础。《公司法》第20条第3款规定，公司股东滥用公司法人独立地位和股东有限责任，逃避债务，严重损害公司债权人利益的，应当对公司债务承担连带责任。本案中，扬帆公司和青岛造船厂虽然在工商登记部门登记为彼此独立的企业法人，但实际上相互之间界限模糊、人格混同，严重损害了债权人的利益。上述行为违背了法人制度设立的宗旨，违背了诚实信用原则，其行为本质和危害结果与《公司法》第20条第3款规定的情形相当，故参照《公司法》第20条第3款的规定，青岛造船厂对扬帆公司的债务应当承担连带清偿责任。

一审法院判决：一、确认长城公司对扬帆公司享有以下债权：租金69202048.02元、2017年2月21日之前的逾期付款违约金33002371.40元、租赁物件购置费6000000元；二、确认长城公司对扬帆公司享有以下债权：逾期付款违约金（分别以143187262.82元为基数，自2017年2月22日起至2017年3月20日止；以119460874.12元为基数，自2017年3月21日起至2017年6月20日止；以95957324.93元为基数，自2017年6月21日起至2017年6月30日止；以69202048.02元为基数，自2017年7月1日起至判决生效之日止，均按照每日万分之五计算）；三、建龙公司对本判决第一、二项所确定的债务承担连带清偿责任，建龙公司应于判决生效后十日内向长城公司支付上述款项；四、青岛造船厂对本判决第一、二项所确定的债务向长城公司承担连带清偿责任；五、《售后回租合同》附件《租赁物件清单》中所列设备的所有权归长城公司所有；六、驳回长城公司其他诉讼请求。

建龙公司不服一审判决，提出上诉，请求撤销一审判决，驳回长城公司全部诉讼请求。

二审法院观点：维持一审判决中青岛造船厂向长城公司承担连带清偿责任的判项。

法官评析

虽然融资租赁合同在履行过程中，出租人仍享有租赁物的所有权，但由于融资租赁所涉的交易金额往往十分巨大，市场风险又难以控制，因此融资租赁合同仍存在较大的履行风险。在融资租赁合同纠纷案件的司法实践中，一些企业在进行融资租赁之后，以财务混同的方式转移资产，留下空壳，在发生融资租赁合同纠纷或进入破产程序后，承租人没有财产可供法院执行，在这种情形下，出租人的权益会受到非常大的损失。因此，准确地判定融资租赁过程中公司人格混同的情况，对融资租赁合同违约责任的实际承担有着非常重要的意义。构成关联公司人格混同，严重侵害债权人利益的，应当对债务承担连带责任。

1. 认定关联公司人格混同的要件

公司独立人格和股东有限责任是现代公司制度的两大基石，在审判实践中应谨慎适用法人人格否认制度，具体而言，认定关联公司人格混同不应随意，而应具有明确的要件标准：

（1）关联公司组织机构混同。公司之间如果具备相同的管理人员、工作人员以及办公场所、电话号码等情形，则可认定为关联公司之间的组织机构存在混同情况。就本案而言，在案证据已证明，扬帆公司与青岛造船厂两家公司的法定代表人相同，注册地址一致，且扬帆公司的企业简介明确写有两家公司形成“一套班子、两块牌子”的管理体制，足以证明两家公司为关联公司，且存在组织机构混同的情形。

（2）关联公司财产混同。财产独立是公司人格独立的基本条件，只有公司财务独立，公司才能以自己的财产对其他债务负责。就本案情况来看，两家公司财务报表（包括资产负债表、现金流量表、利润表）中的制表人、审核人、负责人均一致，可以证明关联公司之间存在财产混同的情形。

（3）关联公司业务混同。业务混同是指关联公司之间，在经营的主要业务范围、经营的行为、交易中采取的方式、交易价格的确定等方面存在高度一致的混同现象。最主要的特征是关联公司之间，虽然属于不同主体，但从事的业务活动是相同的，并不具备公司的独立意志。本案中，青岛造船厂和扬帆公司从事的造船主营业务范围是相同的，在具体经营中的交易方式、价格、经营行为也都处于高度一致的混同状态，两家公司虽然名义上是两个主体，实际上都是以高度一致的混同方式来进行经营。

因此，鉴于青岛造船厂和扬帆公司在组织机构、财产以及公司业务方面均有着高度一致的混同现象，且经历史查证其属于“一套班子、两块牌子”的状况，可以认定两家公司之间属于关联公司，存在人格混同状况。

2. 认定关联公司人格混同的证明责任

提出关联公司人格混同的当事人有责任证明自己债权受到损害，并就存在关联公司人格混同事实，提供初步证据。因充分证明存在关联公司人格混同事实以及公司存在逃避债务故意相对困难，可以适当减轻公司债权人的举证责任，即只要公司债权人可以初步证明公司财产、业务、组织机构混同，或者关联公司之间存在大量交易行为即可。进一步证明责任应转至关联公司，若公司不能提出相反证据证明不存在《公司法》第20条规定的情形，则有可能导致被认定为关联公司人格混同。

一人公司的关联公司人格混同的特殊规定。《公司法》第63条是对一人公司适用法人人格否认制度的举证责任分配的特殊规定，即一人有限责任公司的股东不能证明公司财产独立于股东自己的财产的，应当对公司债务承担连带责任。参照该法律规定，在发生债务纠纷时，一人公司的关联公司有责任证明公司的财产与自身的财产相互独立，如果关联公司不能证明公司的财产独立于其自身的财产，则将认定为关联公司人格混同。

3. 认定关联公司人格混同的法律适用

当关联公司之间存在人格混同的情况后，产生的法律后果即关联公司之间应对外债务或行为承担连带责任。关于人格混同相应的法律规定，并没有直接的法条予以适用，在具体法律适用上，可以适用以下法律规定认定人格混同及法律责任。

适用《公司法》第3条第1款：公司是企业法人，有独立的法人财产，享有法人财产权。公司以其全部财产对公司的债务承担责任。该条是对公司独立性质的解读。公司作为企业法人，必须有独立的法人财产，方可以其全部财产对公司的债务承担责任。如果公司并没有独立的法人财产，而是与其他公司之间存在财产混同的情形，公司独立承担债务的前提就不存在了。适用该法条来否认关联公司之间的独立人格，是对该法条的逆向适用，即如果公司没有独立的法人财产，可以否认公司的人格独立性和承担债务的独立性。

适用《公司法》第20条第1款、第3款：公司股东应当遵守法律、行政法规和公司章程，依法行使股东权利，不得滥用股东权利损害公司或者其他股东的利益；不得滥用公司法人独立地位和股东有限责任损害公司债权人的利益。公司股东滥用公司法人独立地位和股东有限责任，逃避债务，严重损害公司债权人利益的，应当对公司债务承担连带责任。该条规定虽然是对公司股东的规定，而非对公司主体本身的规定，但由于两者规定的法律精神在实质上是一样的，即公司或公司股东不得滥用有限责任，损害公司债权人利益，因此本案进行了参照适用，符合《公司法》的基本精神。

七、融资租赁物存在重复抵押等导致保证风险增大的情形，是否影响保证人保证责任的承担

——中海外公司与利民公司等保证合同纠纷案①

关 键 词： 欺诈 重复抵押 保证责任

问题提出： 承租人对融资租赁物设置重复抵押等权利负担，导致保证风险增大，是否能导致保证责任免除？

裁判要旨：《保证合同》约定保证人的保证范围为债务人（承租人）在《融资租赁合同》项下对债权人（出租人）的所有债务时，应视为保证人对于签订《保证合同》须承担的法律责任具有充分的认知和预见。虽然为融资租赁物设置重复抵押等权利负担会增大保证人的保证风险，但在《保证合同》并未约定保证责任的承担是以主合同项下租赁物不存在重复抵押等权利负担为前提的情形下，即便债务人对融资租赁物设置了重复抵押，保证人也应该按照《保证合同》的约定承担保证责任。

案情简介

上诉人（一审原告）：中海外公司

被上诉人（一审被告）：利民公司

被上诉人（一审被告）：中航公司

本案三方当事人原为河北燕峰路桥建设集团有限公司（以下简称燕峰公司）、利民公司、中航公司。二审期间，河北道桥交通集团有限公司代替燕峰公司参加诉讼，其后该公司更名为中海外公司。

2014年7月9日，中航公司（受让方）与利民公司（转让方）签订《转让合同》。约定：由转让方向受让方转让设备，设备在本合同附件一中予以详细列明。为受让设备所有权，受让方将向转让方支付转让价款80000000元。

① 一审法院为上海市第二中级人民法院，案号：（2016）沪02民初541号；二审法院为上海市高级人民法院，案号：（2017）沪民终111号。

转让方确保向受让方转让设备的所有权不附有任何担保权益。该合同附件2“所有权转移证明”记载：转让方于2014年7月9日在利民公司内将租赁物存放在利民公司的玉米加工生产设备及其附属设施（含其所有组件）的权利、所有权和利益转让给贵公司（受让方），不附有任何担保权益。

同日，中航公司（出租人）与利民公司（承租人）签订了《融资租赁合同》。约定：采用售后回租的方式开展融资租赁业务。本合同项下出租人为承租人提供租赁物件回租租赁服务的融资额为转让合同项下受让方（即本合同项下的出租人）购买租赁物件的全部转让价款，即80000000元。本合同项下保证金金额为融资额的15%，即12000000元。承租人保证：只要出租人根据转让合同支付了转让价款，出租人即能获得相应租赁物件完整的所有权，不附带任何担保权益。出租人（受让方）有权在租赁物件的原始发票上加盖融资租赁专用章，承租人（转让方）应当积极予以配合。在受让方（出租人）根据转让合同支付转让价款之前，转让方（承租人）应当提供租赁物（产品）全部原始发票给受让方（出租人）并加盖融资租赁专用章，将前述发票复印件加盖承租人公章交出租人留存。

同日，燕峰公司（保证人）与中航公司（债权人）、利民公司（承租人）签订了《保证合同》，约定保证人保证债务人（承租人）将适当履行其在租赁合同、转让合同项下的一切义务，保证人在本合同项下提供的保证性质为连带责任保证。保证人的保证范围为债务人（承租人）在租赁合同、转让合同项下对债权人（出租人）的所有债务。

上述合同签订后，中航公司在利民公司提供的涉案转让设备原始购买发票上加盖了“此设备已用于融资租赁，中航租赁2014年7月至2017年7月”的印章，上述发票共计92张，发票记载的设备共计119项，发票金额共计55061673.93元。利民公司向中航公司支付保证金12000000元。中航公司于2014年7月16日向利民公司发放了设备转让款共计80000000元。燕峰公司分别于2014年12月30日、2015年1月30日、2015年3月30日向中航公司付款共计3850913.34元，用于代利民公司支付租金等系争融资租赁合同项下款项。截至2015年5月15日，利民公司欠付租金共计63337401.68元。

利民公司就涉案租赁物向一审法院出具《关于租赁物的情况说明》称：认可其与中航公司之间融资租赁合同合法有效，租赁物真实存在，不存在重复超额抵押情况。租赁设备生产线在其厂区车间内，经双方现场清点查勘，确认无误。其向中航公司提供了主要转让设备的购买发票，部分发票缺失或欠付供应商设备尾款而没有开具发票，涉案转让设备的价值为103923878.89元，超过了涉案融资金额。因其债务缠身，公司财务账册等资料被众多案外债权人控制，无法提供涉案设备的原始购买发票及其他购买凭证。经中航公司申请，一审法院依职权前往利民公司注册地向其法定代表人李某仁进行调查。李某仁称：利民公司厂区共有十五条生产线、一个发电厂，系争融资租赁合同项下的转让设备是其中的淀粉二车间生产线，甘露醇一、二期混合线，液糖一〇七新线。上述三条生产线未向他人抵押。

燕峰公司起诉请求：1. 确认涉案《保证合同》无效；2. 中航公司返还燕峰公司代利民公司支付的租金3850000元及利息70231.13元（至2015年4月7日）；3. 案件受理费由利民公司、中航公司负担。

各方观点

中海外公司（燕峰公司）观点：一、利民公司采用欺诈手段，使燕峰公司在违背真实意思的情况下提供担保。涉案《保证合同》签订时，中航公司、利民公司隐瞒了涉案设备已经重复设定抵押，未如实告知燕峰公司，构成合同欺诈。如果燕峰公司知情，则不可能再为利民公司提供保证担保。二、2014年7月9日涉案诸份合同签订之前，利民公司已在涉案融资租赁设备上设定了抵押，并在河北省赵县工商行政管理局进行了抵押登记。中航公司疏于履行尽调义务，或已经知道利民公司将涉案融资租赁设备设定抵押而不告诉燕峰公司，属于知道或者应当知道债务人欺诈的情形，故中航公司无权要求中海外公司承担保证责任。

利民公司观点：请求法院依法判决。

中航公司观点：燕峰公司主张保证合同无效而非不承担保证责任，其诉讼请求应予以驳回。

法院观点

一审法院观点：保证是指保证人和债权人约定，当债务人不履行债务时，保证人按照约定履行债务或者承担责任的行为。保证人与债权人应当以书面形式订立保证合同。连带责任保证的债务人在主合同规定债务履行期届满没有履行债务的，债权人有权要求保证人在其保证范围内承担保证责任。第一，

《合同法》第52条第1项[①]规定的合同无效情形是一方以欺诈、胁迫手段订立合同，损害国家利益。燕峰公司主张主合同无效的事由与损害国家利益无涉，故燕峰公司主张系争转让合同、融资租赁合同无效的理由不能成立。涉案主合同由中航公司与利民公司自愿签订，是双方真实意思表示，且不违反法律、行政法规强制性规定，应属合法有效。第二，燕峰公司提供的工商局动产抵押登记信息与涉案租赁物清单在项目名称上虽然有部分重名的情形，但是不能完全一一对应。燕峰公司与李某仁均表示利民公司存有多条生产线，一些设备存在通用性。燕峰公司也未能证明工商局动产抵押登记的设备能够涵盖涉案租赁物清单上的所有设备并具有同一性。燕峰公司对所谓重复抵押的欺诈行为的举证以及相关证据的证明力未达到《民事诉讼法司法解释》第109条规定的排除合理怀疑的证明标准，应由燕峰公司承担举证不能的不利法律后果。第三，保证合同关系的当事方是保证人与债权人。根据合同的相对性原理，主合同债务人是否参与签订对保证合同法律效力的认定并无实质影响。根据《担保法》及《担保法司法解释》的规定，保证人因受欺诈提供保证时，其不承担保证责任须以债权人参与对保证人欺诈或对债务人的欺诈行为知道或应当知道为要件。虽然公安机关以合同诈骗为由对利民公司法定代表人李某仁进行了立案侦查，但是并未将中航公司及其工作人员作为刑事案件共犯进行立案侦查。燕峰公司未能举证证明中航公司参与欺诈或对欺诈知情。第四，燕峰公司自愿签订系争保证合同，约定的保证责任范围包括系争转让合同、融资租赁合同项下利民公司的所有债务。而系争转让合同中利民公司向中航公司保证涉案转让设备所有权不附带任何担保权益。燕峰公司没有证据证明其提供系争保证须以主合同项下租赁物不存在重复抵押等权利负担为前提。由此可知，即便涉案租赁物的所有权存在担保等权利负担，亦属燕峰公司的保证责任范围，其应当已经预见到提供保证可能承担的法律责任。一审法院还注意到，除本案外，燕峰公司与利民公司就各自对外融资存在向对方提供保证的合作事实。因此，根据现有证据无法认定签订系争保证合同违背了燕峰公司的真实意思表示。

一审法院判决：驳回燕峰公司的全部诉讼请求。

中海外公司不服一审判决，提出上诉：1. 撤销一审判决；2. 判令中海外公司不承担民事担保责任；3. 判令中航公司返还中海外公司代利民公司支付

---

① 对应《民法典》第150条。

租金 3850000 元及利息 70231.13 元（计算至 2018 年 5 月 7 日）；4. 两审案件受理费、保全费由中航公司、利民公司负担。

二审法院观点：

本案争议焦点为：一、涉案《保证合同》的主合同《转让合同》《融资租赁合同》的定性及效力；二、涉案《保证合同》的效力、中海外公司是否承担保证责任。

争议焦点一：涉案《转让合同》《融资租赁合同》由中航公司与利民公司签订，租赁物为动产类生产设备，中航公司依约以占有改定的交付方式取得租赁设备的所有权。《转让合同》附件 1 “租赁物名称”、附件 2 “所有权转移证明” 以及《融资租赁合同》附件 1 “租赁附表”、附件 2 “验收证书” 均列明设备名称、规格型号、供应商、净值、原值各项目，中航公司还提供了租赁设备的部分发票复印件并加盖了业务章。中航公司、利民公司在将设备登记造册的基础上协商确定了租赁设备的转让价格及租金，租金构成能够体现合理的融资成本及利润，比照银行贷款利率不存在过高的情形。据此，中航公司和利民公司之间的合同约定符合回租式融资租赁合同的法律特征。涉案《转让合同》《融资租赁合同》由中航公司与利民公司自愿签订，是双方真实意思表示，采取售后回租型交易模式不违反法律、行政法规强制性规定，亦为融资租赁行业监管所允许，应属合法有效。据此，涉案《保证合同》的主合同应定性为融资租赁合同，中海外公司有关涉案法律关系为民间借贷项下的互保关系的主张，二审法院不予采纳。

争议焦点二：第一，据李某仁所称，利民公司存有多条生产线，一些设备存在通用性，抵押设备并非涉案融资租赁设备。中海外公司有关重复抵押欺诈主张的举证，未达到《民事诉讼法解释》第 109 条规定的排除合理怀疑的证明标准，二审法院对中海外公司该主张不予采信。

第二，涉案《保证合同》约定保证人的保证范围为债务人（承租人）在涉案《转让合同》与《融资租赁合同》项下对债权人（出租人）的所有债务，故燕峰公司对于签订《保证合同》后须承担的法律责任应当具有充分的认知和预见。中海外公司未举证证明燕峰公司签订涉案《保证合同》时以主合同项下租赁物不存在重复抵押等权利负担为前提，据此即便涉案融资租赁物上存在其他权利负担，亦属中海外公司的保证责任范围。

第三，本案中，没有证据证明中航公司违反了涉案《转让合同》《融资租赁合同》项下合同义务，利民公司亦未就此提出相关抗辩或反诉。根据合同相对性原理，即便中航公司存在涉案《转让合同》《融资租赁合同》项下的违约行为，基于本案现有证据，也不能据此直接认定中海外公司不承担涉案《保证合同》项下的保证责任。据此，中海外公司有关中航公司未履行尽职调查义务故无权要求其承担保证责任的主张，二审法院不予采信。

第四，中海外公司既未能充分举证证明利民公司采取了欺诈、胁迫等手段使保证人在违背真实意思的情况下提供保证，亦未能证明中航公司知道或者应当知道存在欺诈、胁迫的事实。二审法院不能认定本案存在《担保法司法解释》第40条规定的情形，故中海外公司有关其作为保证人不承担民事责任的主张，二审法院不予采纳。

二审法院判决：驳回上诉，维持原判。

法官评析

融资租赁涉及融资融物的标的金额往往十分巨大，为了保障资金和融资租赁物的安全，防范融资租赁合同履行过程中可能出现的巨大风险，债权人（出租人）往往会要求债务人（承租人）提供具有一定资质和实力的保证人为合同履行提供担保。由于融资租赁本身的复杂性和市场风险、诚信风险的不确定性，当债务人无法按照合同履行相应的义务时，债权人会向债务人和保证人主张违约责任和保证责任，保证合同纠纷也就成为融资租赁案件中的常见纠纷类型。本案争议焦点是若融资租赁物存在重复抵押，导致保证风险增大，保证人的保证责任能否免除，该争议焦点问题及保证风险防范都值得深入探讨，具有较高的实务价值。

1. 保证人援引《担保法司法解释》第40条主张免除保证责任的证明标准和证明责任

鉴于融资租赁法律关系的复杂性和融资租赁经济行为的信息不对称性，当发生保证合同纠纷时，保证人欲免除保证责任，需要举证证明债权人和债务人存在《担保法》第30条或《担保法司法解释》第40条规定的情形。本案中，中海外公司主要援引《担保法司法解释》第40条主张免责。

《担保法司法解释》第40条规定，主合同债务人采取欺诈、胁迫等手段，使保证人在违背真实意思的情况下提供保证的，债权人知道或者应当知道欺诈、胁迫事实的，按照《担保法》第30条的规定处理。该司法解释的法律原理在于：一个完整的保证法律关系包括三方当事人，分别是债权人（出租人）、债务人（承租人）、保证人；构成三个合同关系，分别是债权人与债务人之间构成的主合同关系、债务人与保证人之间构成的委托合同关系、债权人与保证人之间构成的保证合同关系。其中，保证合同是诺成性合同，要求债权人、保证人意思表示真实并达成一致，若一方当事人意思表示不真实，则保证合同无效或可撤销。实务中，常常存在债务人采取欺诈、胁迫手段诱使保证人提供保证的情况，即保证合同以外的第三人对合同一方当事人进行欺诈、胁迫的情况。根据合同相对性原理，委托合同与保证合同是相互独立的，债务人在委托合同中采取欺诈、胁迫的手段，欺诈、胁迫的原因发生于债务人与保证人的委托合同之中，而未发生于保证合同之中，原则上将不影响保证合同的效力。然而，若债权人知道或者应当知道债务人欺诈、胁迫的事实，但故意隐瞒事实真相，仍然接受保证人提供的保证，则债权人该种不作为行为同样构成欺诈，保证合同亦因此无效。

证明责任，是指证明主体依据法定职权或举证负担在诉讼证明上所应承担的相应责任，具体到民事诉讼中，是指应当由当事人对其主张的事实提供证据予以证明，若诉讼终结时根据全案证据仍不能判明当事人主张的事实真伪，则由当事人承担不利的诉讼后果。我国法律规定并未对《担保法司法解释》第 40 条规定的情形确立特殊证明责任，故保证人主张免责应当依照《民事诉讼法司法解释》第 90 条第 1 款“当事人对自己提出的诉讼请求所依据的事实或者反驳对方诉讼请求所依据的事实，应当提供证据加以证明，但法律另有规定的除外”的规定，提交证据予以证明，即保证人应就主合同债务人存在欺诈、胁迫行为以及债权人知道或者应当知道该欺诈、胁迫行为存在等两项事实，承担证明责任。

证明标准，是指在诉讼证明活动中，对于当事人之间争议的事实，法官根据证明的情况对该事实作出肯定或者否定性评价的最低要求。《民事诉讼法司法解释》规定的证明标准主要是第 108 条规定的高度盖然性标准、第 109 条规定的排除合理怀疑标准。依照上述法律规定，保证人证明债务人存在欺诈、胁迫行为应适用较高的排除合理怀疑证明标准，证明债权人知道或应当知道该欺诈、胁迫行为存在则应适用普通的高度盖然性证明标准。实践中，保证人证明债务人存在欺诈、胁迫行为是非常困难的，需要通过客观证据来进行推断，而要证明债务人不存在主观恶意或债权人和债务人通谋却十分简单。以本案为例，中海外公司主张利民公司欺诈的理由是租赁物存在重复抵押的情形，根据本案查明事实，利民公司存有多条生产线，一些设备具有通用性，中海外公司提供的租赁物清单记载的项目名称虽与工商局动产抵押登记信息记载的名称部分重名，但未能一一对应，即中海外公司未能证明涉案《转让合同》《融资租赁合同》附件中列明的设备与利民公司抵押登记设备具有同一性。中海外公司有关利民公司重复抵押欺诈主张的举证，未达到排除合理怀疑的证明标准。中海外公司同时主张中航公司疏于履行尽调义务，或已经知晓利民公司重复抵押的事实，然而通过《融资租赁合同》中利民公司的承诺条款“只要出租人根据转让合同支付了转让价款，出租人即能获得相应租赁物件完整的所有权，不附带任何担保权益”，即可推断中航公司为善意、中航公司与利民公司不存在通谋。中海外公司有关中航公司知道或应当知道利民公司存在欺诈主张的举证，亦未达到高度盖然性的证明标准。

2. 如无特别约定，债务人重复抵押导致保证风险增大不影响保证责任的承担

重复抵押指抵押人就同一财产在同一价值范围内向两个以上的债权人设置抵押，曾经规定于《担保法》《担保法司法解释》《物权法》之中。《担保法》第35条规定，抵押人所担保的债权不得超出其抵押物的价值，财产抵押后，该财产的价值大于所担保债权的余额部分，可以再次抵押，但不得超出其余额部分。《担保法司法解释》第51条规定，抵押人所担保的债权超出其抵押物价值的，超出的部分不具有优先受偿的效力。《物权法》第199条[①]规定，同一财产向两个以上债权人抵押的，拍卖、变卖抵押财产所得的价款依照下列规定清偿：（一）抵押权已登记的，按照登记的先后顺序清偿；顺序相同的，按照债权比例清偿；（二）抵押权已登记的先于未登记的受偿；（三）抵押权未登记的，按照债权比例清偿。通过对上述法律规定、司法解释的分析可知，虽然《担保法》第35条仅承认再抵押而不承认重复抵押，但后出台的《担保法司法解释》确认抵押人所担保的债权超出其抵押物价值的部分不具有优先受偿的效力，《物权法》确定了抵押权实现的优先顺位，二者实际上是对《担保法》第35条规定作出修改，肯定了重复抵押的效力。换言之，重复抵押不因违反法律、行政法规的强制性规定而无效。故而，保证人不能直接以存在重复抵押，违反法律、行政法规的强制性规定为由，主张主合同或担保合同无效。《民法典》第414条相较于《物权法》第199条，删除了登记的抵押权“顺序相同的，按照债权比例清偿”的规定，实践中对于登记的顺序将具体到几时几分，不存在顺序相同的情形。此外，新增参照适用条款，明确其他担保物权的清偿顺序参照抵押权的规定。

① 对应《民法典》第414条。

债务人重复抵押有没有可能造成保证风险增大？答案是肯定的，包括但不限于以下情形：第一，依照《民法典》第752条规定，承租人逾期支付租金的，出租人可以选择加速到期、要求承租人支付全部租金，也可以选择解除合同、收回租赁物。当出租人选择后者时，收回租赁物价值将直接影响保证人承担保证责任的范围。此时，若租赁物设置了重复抵押，抵押权人行使抵押权，则出租人收回租赁物的价值将大大减少甚至消失，承租人依照原《融资租赁合同司法解释》第11条规定需要承担损害赔偿责任的范围将增大，保证人承担保证责任的范围也相应增大，其因承租人不履行法律规定义务而需承担的保证风险也随之增大。第二，合同约定租赁期间届满后租赁物归承租人所有时，若保证人之前承担保证责任，需要向债务人追偿，则租赁物设置重复抵押，将影响债务人的可执行财产范围，进而影响保证人追偿权的实现。

债务人重复抵押导致保证风险增大能否免除保证人保证责任的承担？答案则是否定的，主要理由在于：第一，商事主体从事商事活动时，应遵守民商事法律规定的基本的诚信原则、公平原则。在融资租赁法律关系中，出租人为了确保资金安全、降低商业风险，往往会要求承租人提供尽可能安全的担保，若接受的是人保，则会要求保证人提供连带责任保证。此时，保证人承担保证责任的范围是承租人在融资租赁合同项下对出租人所负的全部债务。保证人在提供保证前，一般会对其需承担的法律责任作出充分的预见，并进行审慎的考虑。因为一旦提供保证，则将推定其充分认知行为的后果。故若保证人在保证责任发生后，以重复抵押导致保证风险增大为由主张免责，将有违诚信原则、公平原则。第二，《担保法》第30条和《担保法司法解释》第40条对保证人不承担保证责任情形限制得非常严苛，主要采取列举的方法且未设置兜底条款。换言之，只有符合上述法律、司法解释规定所列举的情况，保证人才得以免除担保责任。因而，即便存在承租人违反主合同的约定，将租赁物重复抵押导致保证风险增大的情况，由于法律规定对免除保证责任苛刻的限制，保证人也并不能仅据此主张免除保证责任。需要说明的是，以上讨论均建议在保证合同不存在特别约定的情形下，若保证人在合同中明确约定保证人承担保证责任须以主合同项下租赁物不存在重复抵押等权利负担为前提，则依据民法意思自治原则，保证人当然有权以重复抵押为由，主张免除保证责任。《民法典》实施后，对于欺诈、胁迫对于合同效力的影响，应适用第一编第六章第三节的有关规定。

本案中，《保证合同》约定的担保方式为连带责任保证，故当主合同规定债务履行期届满，债务人利民公司没有履行债务的，债权人中航公司有权要求保证人中海外公司在其保证范围内承担保证责任。《保证合同》约定的保证范围为债务人（承租人）在涉案《转让合同》《融资租赁合同》项下对债权人（出租人）的所有债务，故燕峰公司对于签订《保证合同》后须承担的法律责任应当具有充分的认知和预见。中海外公司未举证证明燕峰公司签订涉案《保证合同》时以主合同项下租赁物不存在重复抵押等权利负担为前提，据此即便涉案融资租赁物上存在其他权利负担，亦属中海外公司的保证责任范围。

3. 保证人风险防范

根据以上分析，融资租赁的保证人在融资租赁合同履行的过程中往往承担着巨大的保证风险。因此，保证人在提供保证前，应作好以下几方面的风险防范措施，降低保证风险：一方面，应针对债务人、租赁物作好尽职调查，了解债务人资信、财务状况，明确租赁物实际具体情况和法律登记信息，充分认知保证风险；应清醒地认识到尽职调查是保证人的责任而非债权人的义务，因疏于调查而产生的风险应由保证人承担而非债权人承担。另一方面，增强保证合同风险管理意识，在合同中明确约定保证责任的范围和保证责任免除的情形。保证人可以对债务人违约行为或违法行为导致保证风险增大的情形进行列举式加兜底式的约定，排除保证责任的承担；也可以将债务人对债权人的承诺和情况说明、合同主要条款引入保证合同，作为保证人承担保证责任的必要条件，以促使债权人同样重视债务人的资质、诚信状况和租赁物的实际情况、法律状况。

八、为担保融资租赁合同履行设定的抵押权不能实现，应如何确定赔偿责任

——*信达租赁公司与陵城区政府等融资租赁合同纠纷案*①

关 键 词： 抵押权　过错程度　赔偿责任

问题提出： 为担保融资租赁合同履行设定的抵押权不能有效实现的，应如何确定赔偿责任的承担？

① 一审法院为山东省高级人民法院，案号：（2015）鲁商初字第32号；二审法院为最高人民法院，案号：（2016）最高法民终480号。

裁判要旨： 1. 在售后回租交易中，标的物的所有权原本属于承租人，出卖人与承租人归于一体，与传统融资租赁交易的三方当事人存在一定区别。人民法院不应仅以承租人和出卖人系同一人为由认定不构成融资租赁法律关系，而应结合标的物的性质、价值、租金的构成以及当事人的合同权利和义务，对是否构成融资租赁法律关系作出认定。2. 债权人、债务人、第三人对于案涉抵押权不能有效实现均有过错的，应综合案情和当事人的过错程度，判决赔偿责任的承担比例。

案情简介

上诉人（一审被告）：陵城区政府

上诉人（一审被告）：陵城区国土局

被上诉人（一审原告）：信达租赁公司

一审被告：华茂公司

一审被告：欣茂公司

2011 年 7 月 25 日，原告与被告华茂公司签订《融资租赁合同》。该合同约定：华茂公司以筹措资金为目的，将其拥有真实所有权并有权处分的租赁物转让给原告，再由原告出租给华茂公司使用。由于租赁物原由华茂公司所有，且一直由华茂公司占有和保管，原告不承担向华茂公司交付租赁物的义务。华茂公司承租租赁物须向原告支付租金，租金及其给付办法等事项均按《概算租金支付表》及原告发出的《实际租金支付表》办理。实际支付时，二者不一致的，以《实际租金支付表》为准。当中国人民银行公布的贷款基准利率调整时，租金应当根据约定进行相应调整。华茂公司向原告支付租赁服务费 750 万元，原告收取后不予退还。华茂公司向原告支付租赁保证金 2100 万元，华茂公司履行全部义务后，原告将剩余租赁保证金如数退还，租赁保证金不计利息。若华茂公司未履行或未完全履行合同义务，原告有权以租赁保证金按逾期利息、其他应付款项、应付租金、约定损失赔偿金、留购价款的顺序冲抵华茂公司对原告的欠款。原告向华茂公司支付转让价款之时租赁物的所有权转归原告，华茂公司应在收到转让价款当日向原告出具《所有权转移证书》。华茂公司未按时、足额支付任何到期租金、租赁保证金、租赁服务费或其他应付款项，构成华茂公司违约。若华茂公司出现违约情形，原告有权采取以下一项或多项措施：(1) 要求维修服务商停止相关服务，禁止华茂公司使用租赁物，且不对华茂公司因此遭受的损害承担任何责任；(2) 立即向华茂公司追索所有到期未付租金、逾期利息、全部未到期租金、其他相关的应付款项；(3) 要求华茂公司提供令原告满意的其他担保；(4) 终止本合同；(5) 要求原告返还租赁物或者直接进入租赁物所在地取回租赁物；(6) 对华茂公司任何到期未付款项，按每日万分之五收取逾期利息直至原告收到全部的未付款项及逾期利息，计算方法为：逾期利息 = 逾期付款金额 × 0.05% × 逾期付款天数；(7) 要求华茂公司赔偿原告因华茂公司违约行为而受到的全部损失；(8) 采取法律允许的其他救济方式。对于租赁物处理所得价款，原告按税款、逾期利息、到期未付租金、全部未到期租金、留购价款以及原告损失、其他华茂公司应支付款项的顺序支付。租赁期限届满，在华茂公司清偿完毕应付原告的全部租金及其他应付款项的前提下，华茂公司按留购价格75000元向原告支付留购价款后按“现时现状”留购租赁物，取得租赁物的所有权。合同的附件为：1.《租赁物清单》；2.《概算租金支付表》；3.《实际租金支付表》；4.《所有权转移证书》。附件二《概算租金支付表》载明：租赁期限3年，共12期，概算租金总额按照等额本息法计算，每3个月支付一次，期末后付。概算每期租金为13948930.81元。附件三《实际租金支付表》载明：起租日2011年7月27日，租赁成本1.5亿元，租赁利率6.916%。附件四《所有权转移证书》载明：华茂公司于2011年7月27日收到原告2011年7月27日（起租日）通过民生银行汇出的租赁物转让价款，共计人民币15000万元。自2011年7月27日起，《融资租赁合同》项下租赁物的所有权自华茂公司转移至原告。

2011年7月26日，原告与欣茂公司签订《抵押合同》，该合同约定：为确保《融资租赁合同》的履行，欣茂公司愿意以自有两宗土地使用权提供抵押担保，抵押担保的范围为华茂公司应向原告支付的全部租金、违约金、损害赔偿金、约定损失赔偿金、留购价款、原告为实现债权而支付的各项费用（包括但不限于诉讼费、仲裁费、律师费、差旅费及租赁物取回时拍卖、评估等费用）和其他应付款项。《抵押合同》项下抵押物分别为：1.国有土地使用证编号：陵国用（2011）第000689号，面积43334平方米，坐落于福星街西侧，商住出让用地，2011年7月12日由陵县人民政府颁证，终止日期2061年7月11日；2.国有土地使用证编号：陵国用（2011）第000688号，面积

53343平方米，坐落于福星街西侧，商住出让用地，2011年7月12日由陵城人民政府颁证，终止日期2061年7月1日。《抵押合同》签订当日，原告与欣茂公司到陵县国土资源局办理了抵押登记，土地他项权利证号分别为：陵他项（2011）第082号、陵他项（2011）第083号。

2011年7月27日，原告通过民生银行向华茂公司转账121500000元，另向华茂公司出具收据，确认原告收到华茂公司租赁服务费750万元、租赁保证金2100万元。

2011年12月29日，华茂公司向原告提出申请：按照合同约定，华茂公司应于2011年10月27日支付第一期租金，逾期未付。华茂公司愿于2011年12月30日支付第一期租金13948930.81元，租金逾期利息446365.78元，总计14395296.59元。同时希望原告将第二期至第十一期租金支付时间依次递延三个月，第十二期租金支付日期按原合同约定执行。变更后的实际租金支付表显示每期租金为14190107.82元。2011年12月30日，原告答复在收到第一期租金及逾期利息前提下，同意华茂公司变更第二期至第十二期租金支付日期，变更后的实际租金支付表与华茂公司申请一致。原告确认于2011年12月30日收到华茂公司第一期租金及逾期利息共计14395296.59元。

截至2015年3月31日，华茂公司欠原告到期未付租金155230138.32元，逾期利息48137659.73元。

信达租赁公司向法院起诉请求：1. 解除原告与华茂公司签订的《融资租赁合同》；2. 华茂公司返还《融资租赁合同》项下所有租赁物；3. 华茂公司赔偿原告损失182889163.84元（其中逾期利息损失计算至2015年3月31日，以后的利息损失按照合同约定计算至实际给付之日）；4. 原告在上述第3项诉讼请求数额范围内对欣茂公司提供的抵押土地变现价款享有优先受偿权；5. 欣茂公司、陵城区政府、陵城区国土局在原告无法实现抵押权的价值范围内对上述第3项诉讼请求承担连带赔偿责任；6. 本案诉讼费、保全费等费用全部由被告承担。

各方观点

陵城区政府、陵城区国土局观点：

一、一审人民法院认定事实不清，证据不足。本案名为融资租赁合同纠纷，实为民间借贷纠纷，一审人民法院认定本案属于融资租赁合同纠纷属于认定事实不清。二、一审人民法院适用法律错误。首先，判决陵城区人民政府和陵城区国土局承担补充赔偿责任，没有事实和法律依据。其次，《民法通则》《合同法》就损失发生的赔偿仅限于实际发生的，不包括可能或者即将发生的。一审法院将被上诉人可能发生的损失，作为上诉人陵城区政府和陵城区国土局赔偿的依据，没有法律依据。

信达租赁公司观点：

一、本案是融资租赁合同纠纷，一审法院对法律关系的认定和案由的确定完全正确。《融资租赁合同司法解释》第2条规定："承租人将其自有物出卖给出租人，再通过融资租赁合同将租赁物从出租人处租回的，人民法院不应仅以承租人和出卖人系同一人为由认定不构成融资租赁法律关系。"因此，承租人将自有设备以售后回租的方式进行融资，是法律和司法实践中认可的一种融资租赁方式，也是市场普遍存在的一种交易结构。双方签订书面合同约定华茂公司将设备回租，并按期支付租金，符合融资租赁法律关系的构成。二、一审法院对答辩人损失的计算符合法律规定和合同约定，计算方式和金额准确。涉案《融资租赁合同》约定，租金按照等额本息法计算，期末后付，租赁利率按中国人民银行3年期贷款利率上浮4%计算，基准利率调整，租金相应调整。因此，每期租金的金额是按照等额本息进行计算，公式为：每期租金=［租赁成本×利率×（1+利率）∧期数］÷［（1+利率）∧期数-1］。因此，上诉人的计算方式存在根本错误，方形成上诉状中各种差异，并非一审法院认定事实不清，其上诉理由不能成立。三、陵城区政府、陵城区国土局存在过错，与答辩人的损失有直接的因果关系，应当承担民事赔偿责任。本案所涉抵押土地是在没有依法征收、补偿的情况下，陵城区政府、陵城区国土局直接违规办理土地使用权证，用于抵押融资。答辩人在一审中提交的抵押土地相关照片可以佐证，目前抵押土地上存在大量居民住宅，不可能符合土地出让条件。

法院观点

一审法院观点：

本案的焦点问题是：一、融资租赁合同的效力及解除后的法律后果；二、抵押权的效力；三、陵城区政府与陵城区国土局是否应当承担责任。

一、关于融资租赁合同效力及解除后的法律后果。原告与华茂公司于2011年7月25日签订的《融资租赁合同》系双方当事人的真实意思表示，且内容不违反法律、行政法规的强制性规定，合法有效，双方应依约履行合同义务。根据《融资租赁合同》的约定，华茂公司应先支付租赁服务费750万元、租赁保证金2100万元之后，原告才支付租赁物转让价款15000万元，因此双方互有付款义务。原告向华茂公司出具750万元、2100万元收据并通过银行向华茂公司转账12150万元，华茂公司于2011年7月27日出具的所有权转移证书确认收到原告租赁物转让价款15000万元，应当认定原告依约支付了租赁物转让价款。华茂公司辩称原告提前扣息，应以实际到账的12150万元计算租金没有法律依据，该院不予采纳。华茂公司在支付第一期租金后，未再继续支付任何款项，构成合同违约，应当承担违约责任。《融资租赁合同》约定，华茂公司出现违约情形，原告有权终止合同；要求华茂公司返还租赁物；向华茂公司追索所有到期未付租金、逾期利息、全部未到期租金；对华茂公司到期未付款项，按每日万分之五收取逾期利息。《合同法》第248条①规定："承租人应当按照约定支付租金。承租人经催告后在合理期限内仍不支付租金的，出租人可以要求支付全部租金；也可以解除合同，收回租赁物。"《融资租赁合同司法解释》第22条规定："出租人依照本解释第十二条的规定请求解除融资租赁合同，同时请求收回租赁物并赔偿损失的，人民法院应予支持。前款规定的损失赔偿范围为承租人全部未付租赁及其他费用与收回租赁物价值的差额……"原告主张解除合同，要求华茂公司返还租赁物、赔偿到期未付租金、支付留购价款及逾期利息，符合合同约定及法律规定，该院予以支持。关于《融资租赁合同》解除的时间，原告向该院起诉请求判令解除《融资租赁合同》时，即已作出了解除《融资租赁合同》的意思表示，故该院确认《融资租赁合同》于2015年4月27日解除。对于原告损失的赔偿范围，根据上述司法解释的规定及合同约定，应当以到期未付租金、逾期利息、留购价款的总额扣减收回租赁物的价值与租赁物保证金，其中到期未付租金155230138.32元、逾期利息48137659.73元（暂计算至2015年3月31日，以后的利息按照《融资租赁合同》约定利率计算至实际给付之日）、留购价款75000元、租赁保证金2100万元。原告在庭审中亦表示取回租赁物的实际处置价款用于抵偿其损失，对此该院予以确认。租赁物的实际处置价值原告可与华茂公司协商确定，如协商不成，双方均可请求人民法院委托有资质的机构评估或者拍卖确定。

本案系售后回租形式的融资租赁，实质上是华茂公司通过转让自有设备

---

① 对应《民法典》第752条。

所有权进行融资。《融资租赁合同》约定逾期利息按每日万分之五收取，不违反法律规定，华茂公司辩称逾期利息约定过高应予以调整的主张，该院不予支持。

二、关于抵押权的效力。原告与欣茂公司于2011年7月26日签订的《抵押合同》系双方当事人真实意思表示，且内容不违反法律、行政法规的强制性规定，合法有效。《抵押合同》签订后，办理了抵押登记，抵押权依法设立。原告在华茂公司第一期租金逾期支付的情况下，同意第二期至第十一期租金付款时间顺延，并以实际租金支付表的形式对租金进行了确认。原告同意顺延支付租金是对华茂公司的优惠措施，且双方均认可实际租金支付表，符合《融资租赁合同》第3条“以《实际租金支付表》为准”的约定。而且，租金付款时间顺延也并未加重欣茂公司的担保责任。另外，欣茂公司与华茂公司的法定代表人均为王某，华茂公司向原告提交的变更融资租赁合同的申请上亦有王某的签字，对此欣茂公司是明知和认可的。欣茂公司以主合同变更未经其同意为由抗辩免除抵押担保责任，没有事实和法律依据。涉案抵押权合法有效，原告诉请对抵押物变现价款优先受偿符合法律规定，该院予以支持。《物权法》第176条①规定：“……提供担保的第三人承担担保责任后，有权向债务人追偿。”依照该规定，欣茂公司承担担保责任后，有权向华茂公司追偿。

三、关于陵城区政府与陵城区国土局是否应当承担责任。该院认为：本案庭审中原告提交的抵押物照片显示，抵押土地有大量居民住宅，华茂公司及欣茂公司对此亦无异议。该院要求陵城区政府、陵城区国土局限期提交涉案抵押土地的《国有土地出让合同》、土地出让金交纳凭证、拍卖成交确认书等相关土地档案资料，陵城区政府、陵城区国土局至今未能提供上述材料。《民法通则》第121条②规定：“国家机关或者国家机关工作人员在执行职务中，侵犯公民、法人的合法权益造成损害的，应当承担民事责任。”《土地管理法》第78条第2款规定：“非法批准征收、使用土地，对当事人造成损失的，依法应当承担赔偿责任。”《物权法》第21条③第2款规定：“因登记错误，给他人造成损害的，登记机构应当承担赔偿责任……”本案中，在土地

---

① 对应《民法典》第392条。

② 对应《民法典》第1191条。

③ 对应《民法典》第222条。

出让手续不全的情况下，陵城区政府向欣茂公司颁发《国有土地使用证》，陵城区国土局也为该土地办理了抵押登记，上述行为均存在过错。原告在实现抵押权时，因抵押土地存在瑕疵无法处置而造成损失时，陵城区政府和陵城区国土局应当承担相应的赔偿责任。

综上，一审法院判决如下：一、原告信达租赁公司与被告华茂公司签订的《融资租赁合同》（包括附件）于2015年4月27日解除；二、被告华茂公司于本判决生效后十日内向原告信达租赁公司返还《融资租赁合同》项下全部租赁物（详见《融资租赁合同》附件一）；三、被告华茂公司于本判决生效后十日内向原告信达租赁公司赔偿损失；四、原告信达租赁公司在本判决第三项内容确定的损失范围内对被告欣茂公司提供的抵押物［土地证号：陵国用（2011）第000689号、陵国用（2011）第000688号］享有优先受偿权，欣茂公司承担担保责任后，有权向华茂公司追偿；五、被告陵城区政府、被告陵城区国土局在本判决第四项确定的原告信达租赁公司抵押权不能实现的范围内承担补充赔偿责任；六、驳回信达租赁公司的其他诉讼请求。

二审法院观点：

本案二审争议焦点主要有两个问题：一、一审法院是否认定事实错误；二、一审法院是否适用法律错误。关于一审法院是否认定事实错误问题又可分为以下几点：（一）本案属于民间借贷纠纷还是融资租赁合同纠纷。上诉人关于本案信达租赁公司与华贸公司之间形成的是企业之间借贷法律关系的上诉理由不能成立，本院不予支持。（二）一审判决关于收益的认定是否存在错误问题。一审法院关于利息的计算与当事人的约定和实际履行情况相符，上诉人的计算方法有误，其上诉理由不能成立。（三）一审判决关于华茂公司欠信达租赁公司租金155230138.32元的认定是否错误。一审法院的认定正确。上诉人的计算方式存在根本的错误，并非一审法院认定事实不清，其上诉理由不能成立。（四）一审法院关于保证金冲抵的认定是否存在错误问题。华茂公司缴纳的21000000元租赁保证金，应当按照约定的冲抵顺序进行冲抵。一审判决第三项没有写明抵偿顺序存在不当，本院予以纠正。（五）一审判决华茂公司赔偿信达租赁公司损失额是否与信达租赁公司诉求的损失额不一致，存在错误问题。上诉人的该上诉理由不能成立，本院不予支持。（六）本案未按照民间借贷认定华茂公司应偿还的本金利息是否错误问题。如前所述，因本案法律关系并非民间借贷法律关系，而是融资租赁法律关系，故上诉人关于按照民间借贷纠纷认定本案本金利息的上诉理由不能成立，本院不予支持。

综上，一审法院认定事实部分不清、适用法律部分存在错误。判决如下：

一、撤销山东省高级人民法院（2015）鲁商初字第32号判决第五项、第六项；

二、维持山东省高级人民法院（2015）鲁商初字第32号判决第一项、第二项；

三、变更山东省高级人民法院（2015）鲁商初字第32号判决第三项为“华茂公司于本判决生效后十日内向信达租赁公司赔偿损失［损失数额为全部未付租金155230138.32元、逾期利息（暂计算至2015年3月31日，以后的利息按照《融资租赁合同》约定利率计算至实际给付之日）、留购价款75000元，扣除租赁保证金2100万元和租赁物价值，其中保证金的冲抵顺序按照合同的约定，租赁物价值在信达租赁公司取回租赁物后的十日内应与华茂公司协商确定，如协商不成，双方均可请求人民法院委托有资质的机构评估或者拍卖确定］”；

四、变更一审判决第四项为“信达租赁公司在本判决第三项内容确定的损失范围内对被告欣茂公司提供的抵押物［土地证号：陵国用（2011）第000689号、陵国用（2011）第000688号］享有优先受偿权，欣茂公司承担担保责任后，有权向华茂公司追偿”；

五、陵城区政府、陵城区国土局在本判决第四项确定的信达租赁公司抵押权不能实现的造成损失范围内对信达租赁公司承担三分之一的赔偿责任；

六、驳回信达租赁公司的其他诉讼请求。

法官评析

融资租赁涉及的资金融通额度往往十分巨大，为了保障融资租赁合同当事人尤其是出租人的合法权益，融资租赁合同中往往会约定担保责任的问题，即由合同当事人或第三方依照合同约定和法律规定为融资租赁合同的顺利履行提供人的保证或者物的担保。与本案类似，以土地或房产等不动产作为抵押担保的情形比较普遍，随之产生的同类案件也比较多。因此，该案在法律适用和责任判定上都具备一定的指导意义。

1. 售后回租型融资租赁与抵押借款的区别

虽然售后回租型融资租赁与抵押借款不易区分，但是，融资租赁合同与抵押借款合同存在一些较为显著的区别，主要包括以下几点：

（1）当事人之间存在的合同法律关系不同。《民法典》第735条规定：

“融资租赁合同是出租人根据承租人对出卖人、租赁物的选择，向出卖人购买租赁物，提供给承租人使用，承租人支付租金的合同。”融资租赁具有融物和融资的双重属性，一般存在租赁物买卖合同与融资租赁合同两个合同，当事人之间形成的是融资租赁法律关系。而抵押借款，一般存在抵押合同与借款合同两个合同，当事人之间分别形成借款合同及担保合同的法律关系。

（2）标的物在租赁期间的权利属性不同。售后回租型融资租赁中的标的物为承租人承租的租赁物，而在抵押借款中的标的物是担保人提供的抵押物。在融资租赁中，出租人是标的物的所有权人，出租人通过让渡标的物使用权的方式获得收益；在抵押借款中，债权人是抵押权人，标的物的所有权归抵押人而不是债权人，设置抵押的主要目的在于使债权人享有抵押物的优先受偿权。

（3）债权金额的构成及限制不同。抵押借款的债权金额主要由本金及利息构成；而融资租赁的债权金额主要体现为租金，租金一般由租赁物的购买价款、费用、出租人的合理利润摊提而成。并且，对于借款合同的债权认定，相关司法解释予以了明确规定。比如关于借款本金的认定问题，《民间借贷司法解释》第 26 条规定，预先在本金中扣除利息的，人民法院应当将实际出借的金额认定为本金。又如关于利息的标准问题，《民间借贷司法解释》第 28 条第 1 款规定：“借贷双方对逾期利率有约定的，从其约定，但是以不超过合同成立时一年期贷款市场报价利率四倍为限。”而关于融资租赁的债权问题，《民法典》第 746 条规定：“融资租赁合同的租金，除当事人另有约定外，应当根据购买租赁物的大部分或者全部成本以及出租人的合理利润确定。”可见，《民法典》的上述规定并未对融资租赁债权金额作出明确限制。

此外，在合同条款、当事人违约时标的物的处置程序、标的物灭失的影响、会计核算、交易习惯等方面，售后回租型融资租赁与抵押借款也存在较大的差异。

二审法院认定本案属于融资租赁合同纠纷是正确的，两上诉人关于本案信达租赁公司与华贸公司之间形成的是企业之间借贷法律关系的上诉理由不能成立，主要理由在于：

一是当事人之间签订有《融资租赁合同》，该合同的附件包括《租赁物清单》《概算租金支付表》《实际租金支付表》《所有权转移证书》。《租赁物清单》上载明有明确的租赁物，租赁物客观存在。《融资租赁合同》约定，信达租赁公司向华茂公司支付转让价款之时租赁物的所有权转归信达租赁公司，华茂公司应在收到转让价款当日向信达租赁公司出具《所有权转移证书》。该合同附件四《所有权转移证书》载明：华茂公司于2011年7月27日收到原告2011年7月27日（起租日）通过民生银行汇出的租赁物转让价款，共计人民币15000万元。自2011年7月27日起，《融资租赁合同》项下租赁物的所有权自华茂公司转移至原告。案涉租赁物的所有权在融资租赁合同履行期间属于原告所有。上述合同及其附件表明，本案存在租赁物以及租赁物所有权的移转即买卖租赁物、回租给付租金的事实，当事人之间并非没有租赁物或者未进行租赁物的所有权转移，并非单纯的资金流转。

二是债权金额构成不同于借款合同。《融资租赁合同》约定，华茂公司承租租赁物须向原告支付租金，租金及其给付办法等事项均按《概算租金支付表》及原告发出的《实际租金支付表》办理。实际支付时，二者不一致的，以《实际租金支付表》为准。《概算租金支付表》载明，承租人需支付租金、租赁保证金、租赁服务费，双方还对留购价格和损失赔偿金进行了约定。尽管《概算租金支付表》载明，租赁利率是按照中国人民银行公布的人民币3年期贷款基准利率上调百分之四，是以中国人民银行公布的人民币3年期贷款基准利率为基础，但在此之外双方还约定了服务费、保证金等内容。这显然不同于借款合同只返本付息的特性。《融资租赁合同》约定，“华茂公司未按时、足额支付任何到期租金、租赁保证金、租赁服务费或其他应付款项，构成华茂公司违约。若华茂公司出现违约情形，原告有权采取以下一项或多项措施：（1）要求维修服务商停止相关服务，禁止华茂公司使用租赁物，且不对华茂公司因此遭受的损害承担任何责任”。从上述约定可见，信达租赁公司对华茂公司提供维修等服务，因此，服务费的收取有事实和法律依据。两上诉人关于信达租赁公司没有提供任何服务不存在租赁服务费的上诉理由不能成立。

2. 能否向合同之外的第三方主张赔偿责任

一般而言，合同纠纷产生的主要责任类型为违约责任、缔约过失责任等，而在本案中，陵城区政府、陵城区国土局并非融资租赁合同任何一方当事人。此时，如果仅以合同法作为依据，囿于合同相对性原则，无法将二者作为被告向其主张责任。而如果不向其主张责任，因作为土地的抵押物上存在既有建筑，抵押权基本无法实现，出租人的合同权益及诉讼权益基本是难以实际实现的。因此，鉴于抵押权的物权性，本案以物权和侵权责任为依据，得以向合同之外的第三方主体主张赔偿责任，以实现出租人合法权益。

本案中的侵权责任是过错责任，需具备具有过错、造成损失以及过错和损失之间的因果关系三要件。显然，在案证据已经证实抵押的土地上存在大量建筑物，不满足土地出让的基本条件，被告政府和国土资源局又未提供任何证据证明土地征收的合法性以及办理土地证和抵押登记的合法性，过错情形明显。该过错又导致出租方的抵押权难以实现，因此，可以适用侵权责任的相关法律规定作为依据进行处理。批准征收和使用土地的主体为政府，而抵押权登记的主体是国土资源局。据此侵权责任的主体得以明确，出租人可以基于物权、侵权责任和法律的明确规定，向造成抵押权不能实现的合同之外的第三人主张赔偿责任。

3. 被侵权人对侵权结果的发生存在过错的，可以适当减轻侵权人的赔偿责任

本案二审对一审进行了改判，在案件事实和适用法律大部分一致的情况下，将侵权人的责任调整至之前的三分之一，主要理由就是基于被侵权人自身对侵权结果的发生也存在过错。因被侵权人过错导致侵权人责任减轻的法律规定，在《民法典》中有所体现。

《民法典》第1173条规定："被侵权人对同一损害的发生或者扩大有过错的，可以减轻侵权人的责任。"该条确定的是侵权责任中的过失相抵原则，即当被侵权人对于侵权损害的发生或者损害结果的扩大具有过错时，依法可减轻甚至免除赔偿义务人的赔偿责任，从而公平合理地分配损害。对被侵权人而言，将导致其损害赔偿请求权在实体上受到限制，甚至丧失了一部分或者全部的损害赔偿请求权。

本案判决虽然在论理部分没有详细地体现，但从裁判结果上来看，判决侵权人承担三分之一的补充性质的损害赔偿责任，基本综合考虑了全案案情和当事人之间的过错程度：

(1) 出租人严重违反了注意义务，应对过错行为承担责任。

根据在案证据，抵押物上存在大量建筑物是明显事实，对于涉及合同主要权益的抵押物情况，出租人有义务进行全面的勘察和了解，以保障自身合法权益。然而，在出租人已经了解到抵押物上存在大量建筑物的情况下，仍然同租赁方签订了融资租赁合同并办理了抵押权登记，其对损害结果有高风险性是明知的。出租人信达租赁公司作为一家专业的融资租赁公司，显然严重违反了注意义务，应对其过错行为承担相应的责任。

根据民法关于过错的相关理论，一般过失是指行为人没有违反法律对一般人的注意程度的要求，但没有达到法律对具有特定身份人的较高要求。重

大过失是指行为人不仅没有达到法律对他的较高要求，甚至连法律对普通人的一般要求也未达到。对于抵押物上存在大量建筑物可能导致抵押权无法实现的这一事实，并不涉及融资租赁复杂的专业性，而仅凭物权法和普通法律常识即可作出判断，出租人作为一家专业的融资租赁公司，根据裁判结果，应被认定为存在重大过失。

（2）信赖利益抵销。

本案中，虽然被告陵城区政府、陵城区国土局分别办理了土地证和土地的抵押登记手续，由此能够让权利人产生信赖利益。但是，原告作为专业的融资租赁公司，在以案涉土地使用权设定抵押权时，其到抵押物现场进行了实地考察，知晓在办理抵押物登记手续之时，抵押物上存在住房的情况。其对于抵押物的情况是明知的，因此，该土地证和抵押登记已不能使权利人产生完整的信赖利益，其所产生的危害后果，也应根据损失发生的均有过错的原因，确定原、被告各承担相应的责任。

九、出租人授权承租人将租赁物抵押给自己，是否符合法律规定

——国泰公司与信莱公司等融资租赁合同纠纷案①

关 键 词： 融资租赁　所有权人抵押权　担保

问题提出： 融资租赁中的出租人以自己所有的租赁物为自己设立抵押权，是否符合法律规定？

裁判要旨： 出租人授权承租人将租赁物抵押给出租人自己并在登记机关依法办理抵押权登记，是出租人保障其对租赁物的所有权的一种有效实现方式，符合法律规定。

案情简介

原告：国泰公司

被告：信莱公司

被告：蓝山集团

① 审理法院为山东省济南市中级人民法院，案号：（2016）鲁01民初2152号。

被告：泉林公司

2014 年 7 月 20 日，国泰公司与信莱公司签署《融资租赁合同》，约定信莱公司以回租融资租赁方式承租国泰公司租赁物，租金总额 70191355.96 元，租期 36 个月，自 2014 年 8 月 20 日始至 2017 年 8 月 20 日止；若信莱公司未按合同约定按期足额支付到期应付租金，则应向国泰公司支付下列款项：(1) 逾期未付租金；(2) 按合同约定的利率及实际占用天数支付逾期租金占用利息；(3) 就逾期未付租金支付违约金，违约金计算标准：拖欠天数乘以未付租金的万分之五，直至全部付清之日止；信莱公司若有逾期支付租金达两个月以上或者连续两次出现延付租金情形的，国泰公司可以要求信莱公司立即支付违约金、逾期租金占用利息、全部到期未付租金、未到期租金及其他应付款项，本合同终止；国泰公司为维护本合同项下权益所产生的律师费、诉讼费等债权维护费用一律由信莱公司承担；本合同项下租赁物是作为信莱公司向国泰公司融资的载体而设定的，无需履行租赁物的交付和验收手续，本合同一经签署生效，即视为双方均已全面履行了租赁物交付义务，双方的融资租赁关系即得以确立，在信莱公司履行完毕本合同项下所有义务前，租赁物的物权始终属于国泰公司。

同日，国泰公司分别与蓝山集团、泉林公司签订《保证合同》，保证方式均为不可撤销的连带责任保证，保证范围为主合同项下的全部债务。

同日，国泰公司与信莱公司签订《抵押合同》，信莱公司依照国泰公司的授权，将国泰公司所有的租赁物抵押给国泰公司，并于 2014 年 7 月 30 日到高唐县工商行政管理局办理动产抵押登记。

2014 年 8 月 20 日、2015 年 1 月 30 日，国泰公司分别向信莱公司各支付融资款 30000000 元，合计 60000000 元。

2014 年 8 月 21 日、2015 年 1 月 30 日，信莱公司分别向国泰公司各支付手续费 1800000 元，合计 3600000 元。

2016 年 8 月 20 日起，信莱公司开始出现逾期，逾期二期以上，共拖欠国泰公司到期未付租金 6109920.78 元、未到期租金 25639683.12 元，截至 2016 年 11 月 8 日逾期租金占用利息 145539.82 元。

2017 年 1 月 13 日，国泰公司为本案诉讼，与山东舜翔律师事务所签订委托代理合同，并支付代理费 289467 元。

各方观点

国泰公司观点：《融资租赁合同》《保证合同》《抵押合同》均是各方当事人真实意思表示，合法有效。国泰公司已履行了合同义务，信莱公司履行了部分租金支付义务后，未再履行义务，已构成根本违约。蓝山集团、泉林公司应对信莱公司的违约行为承担连带保证责任。国泰公司诉讼请求：1. 信莱公司支付到期未付租金 6109920.78 元及逾期租金占用利息、违约金（逾期租金占用利息以逾期未付租金为基数按合同约定的年租赁利率 10.5% 计算，违约金以逾期未付租金为基数按日万分之五计算，均自应付日始至实际支付日止），未到期租金 25639683.12 元；2. 国泰公司对信莱公司抵押的设备享有优先受偿权；3. 蓝山集团、泉林公司对《融资租赁合同》项下的债务承担连带保证责任；4. 案件受理费、财产保全费、律师费由信莱公司、蓝山集团、泉林公司负担。

信莱公司观点：第一，《融资租赁合同》是售后回租的，现在设备没有转移所有权，所以《融资租赁合同》未成立、未生效。第二，国泰公司不具备金融经营许可，其将设备以抵押的形式借款给信莱公司，违反法律强制性规定，应认定无效。第三，国泰公司基于无效合同主张租金、利息、违约金没有法律依据。

蓝山集团观点：第一，涉案租赁物所有权尚在信莱公司名下，国泰公司对租赁物不享有所有权，没有对租赁物进行出租、收取租金的权利。本案法律关系性质并非融资租赁，而是名为融资租赁实为企业借贷，属于以合法形式掩盖非法目的，依照《合同法》第 52 条[①]规定，应认定为无效。第二，蓝山集团不知道国泰公司与信莱公司签订的名为融资租赁实为借贷的合同，涉案《保证合同》意思表示不真实，应认定为无效。

泉林公司观点：同意蓝山集团观点。

法院观点

涉案《融资租赁合同》约定，在信莱公司履行完毕合同项下所有义务前，租赁物的物权始终属于国泰公司，合同一经签署生效，即视为双方均已全面履行了租赁物交付义务。国泰公司授权信莱公司将租赁物抵押给国泰公司，

---

① 对应《民法典》总则编第六章第三节的规定。

是国泰公司保障其对租赁物的所有权的一种有效实现方式，符合法律规定。

法院判决：一、信莱公司偿还国泰公司到期未付租金 6109920.78 元、未到期租金 25639683.12 元；二、信莱公司偿还国泰公司逾期租金占用利息 145539.82 元，及自 2016 年 11 月 9 日至判决确定的履行期限届满之日的逾期租金占用利息（以到期未付租金 6109920.78 元为基数，按融资租赁合同约定的年租赁利率 10.5% 计付）；三、信莱公司偿还国泰公司违约金（自 2016 年 8 月 20 日至 2016 年 9 月 23 日，以到期未付租金 6109920.78 元为基数，按年利率 13.5% 给付；自 2016 年 9 月 24 日至判决确定的履行期限届满之日，以到期未付租金 6109920.78 元为基数，按年利率 13.5% 给付）；四、信莱公司偿还国泰公司律师代理费 289467 元；五、国泰公司对《抵押合同》项下抵押物享有优先受偿权；六、蓝山集团、泉林公司对判决第一、二、三、四项确定的债务承担连带清偿责任。

法官评析

本案中，双方当事人对抵押合同的成立和生效并无异议，但对抵押权人是否同时可以成为所有权人有异议。所以本文的讨论焦点也就应该是所有权人（承租人）是否可以以自己的财产为自己的债权（承租人的债务）作抵押担保，我国法律是否认可所有权人以其所有物向自己抵押的行为。

1. 融资租赁中所有人抵押权之界定所有权人抵押及我国法律上的规定

所有人抵押权是指所有人在自己的财产上设定或者存在的抵押权。所有人抵押权可以分为两类：第一类被称为原有的所有人抵押权，即所有权人在自己的所有物上为自己设定的抵押权；第二类被称为后发的所有人抵押权，该类型抵押权原为他人利益而设定，后因被担保债权不成立、被撤销、无效、混同、清偿等法定原因而归于消灭，抵押权与所有权混同，导致抵押物所有权人取得抵押权。

《担保法司法解释》规定了所有人抵押权，其中第 77 条规定，同一财产向两个以上债权人抵押的，顺序在先的抵押权与该财产的所有权归属一人时，该财产的所有权人可以以其抵押权对抗顺序在后的抵押权。从该条解释中可以看出抵押人同一个财产存在多数抵押权，其中顺序在先的抵押权因为法定事由使得所有权与抵押权发生混同。但此时抵押权并不消灭，而是由所有权人直接取得抵押权。这符合后发的所有人抵押权之定义，因此我国法律规定了后发的所有人抵押权而未规定原有的所有人抵押权。

在融资租赁的实务界实际上广泛存在所有权人以自己的财产向自己设立抵押这种抵押模式。出租人往往与承租人约定所有权归属出租人后授权承租人以出租人财产向出租人设立抵押并向登记机关进行登记，其目的就是在我国融资租赁登记制度不完善的情况下利用抵押权及其公示保护自己的利益。

由于这种做法日益广泛，原《融资租赁合同司法解释》以司法解释的形式将这种模式以及其目的确认下来。其第9条第2项规定，承租人或者租赁物的实际使用人，未经出租人同意转让租赁物或者在租赁物上设立其他物权，第三人依据《物权法》第106条的规定善意取得租赁物的所有权或者其他物权，出租人主张第三人物权权利不成立的，人民法院不予支持，但有下列情形之一的除外：……（二）出租人授权承租人将租赁物抵押给出租人并在登记机关依法办理抵押权登记的。

根据这一规定进行分析，出租人是抵押关系中的抵押权人，也是抵押物的所有权人，承租人是抵押人。设立抵押权是对财产的处分行为，应当具有处分权。依据所有权人的授权，抵押人获得处分权，从而用出租人财产向出租人设立抵押权。从这一法律关系可以看出，出租人既是所有权人，又是抵押权人。且因为向承租人授权，出现了出租人在自己的财产上设立了抵押权的现象。所以原《融资租赁合同司法解释》第9条的规定，实际上属于所有人抵押权中的原有的所有人抵押权。

我国采取物权法定原则，这在《民法典》第116条予以明确。物权的种类和内容由法律规定，当事人不得约定创设物权的类型也不得约定变更物权的内容。至于原《融资租赁合同司法解释》第9条对于原有所有权人抵押权之规定，是否与物权法定原则产生冲突，则应当与普通抵押权设立的规则比较之后才能得出结论。

抵押权的设立需要三个要件。一是签订抵押合同。二是一定的公示方法，其中不动产的公示方法采登记生效主义，未经登记，抵押权不设立；动产的公示方法采登记对抗主义，未经登记，不得对抗善意第三人。由于设立抵押权是对财产的处分行为，所以还需要抵押人对抵押财产具有处分权。在融资租赁中，出租人与承租人往往会签订抵押合同，由于抵押不产生占有的转移，所以动产抵押的公示方法就是占有。由于出租人授予了承租人处分权，因此抵押权设立的最后一个要件也就符合了。原《融资租赁合同司法解释》第9条所要解决的问题，已由《民法典》第745条提供了方案，出租人对租赁物享有的所有权，未经登记，不得对抗善意第三人。

《民法典》第394条规定了抵押权的概念和基本权利："为担保债务的履行，债务人或者第三人不转移财产的占有，将该财产抵押给债权人的，债务人不履行到期债务或者发生当事人约定的实现抵押权的情形，债权人有权就该财产优先受偿。前款规定的债务人或者第三人为抵押人，债权人为抵押权人，提供担保的财产为抵押财产。"在融资租赁出租人抵押权中，出租人即债权人，承租人即债务人，承租人不转移财产的占有，将财产抵押给出租人。该抵押设立的规则与《民法典》对抵押的定义不相冲突，而且《民法典》也未规定抵押权人与所有权人是否可以为同一人。问题在于此种未规定的情况由当事人约定是否属于违反物权法定原则或导致违反物权法定原则的结果。

物权法定分为类型法定和内容法定，在融资租赁出租人抵押权设定中，类型一定是抵押权。内容法定学术界有争议，大多数意见认为物权内容法定要求物权权能法定。物权的权能主要表现在对特定物的排他性、支配性的作用上，其结果表现在物权的强制性上，即物权主体的权利义务由法律明确规定，不能由当事人自行设定，自行设定者无效。一般争议比较大的是融资租赁中出租人（所有权人）抵押的优先受偿权是否可以实现。笔者认为，优先受偿权可以实现，因为在实践中，融资租赁的租金包含租赁物的价值，合同履行完毕后，承租人向出租人支付的购买租赁物的价款仅仅是名义上的留购款。出租人抵押权担保的债务包含承租人支付的租赁物的价值，因此虽会出现"所有权人用自己的物实现自己的债权"，但从实际履行的结果看，那样的说法仅仅是表面上的逻辑矛盾，实际上并没有导致不公平的结果。

因此，融资租赁出租人在自己的财产上向自己设立抵押权的行为，不改变抵押权的权能，亦不改变抵押权的效力，抵押权的排他性也并未因此受到影响，仅仅是让所有权人同时拥有抵押权，亦不损害公共利益以及第三人利益。由于所有人抵押权依然为抵押权，其法律效力与普通抵押权相同，只是抵押权存在于抵押权人自己所有的物上这点不同于普通抵押权，宽松地理解物权法定主义，可以说它没有违反该项原则。如果在融资租赁业务中有必要引入原有的所有权人抵押以保护出租人利益的话，那么完全也可以对原有的所有人抵押权进行"宽松的理解"，以确保出租人的利益。

2. 售后回租合同所有权、抵押权混同的法律效力分析

关于所有权、抵押权混同的法律效力，主要有两种观点：一是抵押权因被另一物权吸收而消灭；二是所有权、抵押权在所有权人名下独立存在。我国《担保法司法解释》采纳了第二种观点，肯定了所有权人有权就自己的所

有物享有抵押权。

在售后回租合同中，融物是出租人债权的保障，租赁物的所有权或其他物权的归属直接影响到出租人权利的实现。当租赁物的所有权、抵押权均归属于出租人时，主要产生以下法律效力：

（1）产生对抗善意第三人的法律效力。售后回租合同的标的物为无法定登记机关的动产时，承租人始终占有租赁物，出租人缺乏对租赁物进行所有权公示、控制的有效方法。承租人若在合同签订后，恶意转让租赁物或者在其上设立其他物权，将使出租人因第三人善意取得租赁物而丧失其实现债权的最大保障。出租人采取变通方式为自有租赁物设置抵押，可以实现对租赁物进行物权登记和公示的法律效果，产生对抗善意第三人的法律效力，保障其对租赁物所有权的有效实现。

（2）产生行使优先受偿权的法律效力。售后回租合同与抵押借款合同存在很多相似之处，二者主要区别在于物权保障方式不同，售后回租合同出租人享有的物权保障是租赁物的所有权，抵押借款合同出借人享有的物权保障是抵押物的担保物权。我国《民法典》第752条规定的出租人违约救济主要有两种方式：一是加速到期、支付全部租金；二是解除合同、收回租赁物。当出租人选择解除合同时，可以直接收回租赁物，无须对租赁物折价或者以拍卖、变卖该财产的价款优先受偿。然而，当出租人选择加速到期时，一般无法享有租赁物的物权保障，只能要求承租人履行债权义务。出租人为租赁物设定抵押时，实际取得了售后回租合同、抵押借款合同规定的双重物权保障，其在主张加速到期的同时，还可以依据《抵押合同》约定主张优先受偿权。

就本案而言，国泰公司为租赁物设置抵押的原因之一是在出现信莱公司逾期支付租赁或其他约定实现担保物权的情形时，能够对担保财产，即《融资租赁合同》项下租赁物折价或者拍卖、变卖，并以所得价款优先实现自己的债权。上述抵押担保与蓝山集团、泉林公司的保证担保共同构成了对国泰公司债权的保护。

3. 原《融资租赁合同司法解释》第9条所规定抵押权之价值

在融资租赁业务中设立所有权人抵押权是由于我国融资租赁公示制度不完善。目前，与融资租赁相关的法律规范中，只有《民用航空法》第33条规定了民用航空器融资租赁和租赁器械为六个月以上的其他租赁必须登记，未经登记，不得对抗善意第三人。除此之外，法律对融资租赁租赁物登记没有规定。这十分不利于出租人，因为融资租赁的租赁物大多为动产，承租人占有、使用租赁物，这使得第三人十分容易善意地相信承租人为所有权人，进而善意取得租赁物，出租人的利益因此极容易受到损害。据相关统计显示，在审理的融资租赁案件中所占比例最高的两类案件是欠租纠纷和承租人擅自抵押、转卖租赁物。

对于融资租赁登记公示，主管部门也作了很多努力。中国人民银行征信中心于2009年开通融资租赁登记系统。2014年3月20日，央行下发了《中国人民银行关于使用融资租赁登记公示系统进行融资租赁交易查询的通知》，其中第3条规定："银行等机构作为资金融出方在办理资产抵押、质押和受让等业务时，应当……登录融资租赁登记公示系统查询相关标的物的权属状况，以避免抵押物、质物为承租人不具有所有权的租赁物而影响金融债权的实现。"随后的《融资租赁合同司法解释》第9条规定了排除善意取得的情形，其第3项规定了"在第三人与承租人交易时，未按照法律、行政法规、行业或者地区主管部门的规定在相应机构进行融资租赁交易查询的"，不构成善意取得。两个条文共同组成了融资租赁登记制度。但是央行的通知仅适用于银行等金融机构，对大量存在的可以办理融资租赁业务的非金融机构不具有约束力。

商务部在2014年12月4日下发《关于利用全国融资租赁企业管理信息系统进行租赁物登记查询等有关问题的公告》，建立了全国融资租赁企业管理信息系统。融资租赁企业可以利用此系统进行租赁物登记，公示租赁物权利状况。但是在公告的内容上，用词均为"可以"而非"应当"，表示商务部并不强制要求融资租赁企业进行登记。

在地方，天津市金融办等机构于2011年11月2日出台了《关于作好融资租赁登记和查询工作的通知》，该通知要求辖区内各银行、金融资产管理公司、信托公司、财务公司、汽车金融公司、消费金融公司、金融租赁公司、外商投资融资租赁公司、内资融资租赁试点企业、典当行、小额贷款公司、融资性担保公司在办理资产抵押、质押、受让等业务时，应登录征信中心的融资租赁登记公示系统，查询相关标的物的权属状况。但这条规定的效力范围仅限于天津，而且列举式的规定也不能穷尽一切可能善意取得租赁物的第三人。

综上所述，我国的融资租赁登记制度处于不完善的状况，在登记制度不完善的情况下，承租人通过所有权人抵押权及其登记系统公示确保融资租赁租赁物的安全，是一个迂回的策略，这对维护债权人的利益、防止承租人处分租赁物、第三人善意取得租赁物大有益处。因此，应当采取宽松的态度，认可原《融资租赁合同司法解释》第9条第2项规定的所有权人抵押权。

本案中，被告认为只有所有权人才能抵押所有权人的财产，在抵押关系中抵押权人与所有权人不可能是同一人，因此出租人作为抵押权人不享有所有权。通过本案，可以看出这样的观点失之偏颇。虽然原有的所有权人抵押权在我国《民法典》及有关司法解释中并没有规定，但是基于我国融资租赁登记公示制度存在缺陷的事实，宜对物权法定原则采取较为宽松的认识，承认原有的所有权人抵押制度在融资租赁中的存在，以保障出租人的利益，避免第三人善意取得租赁物。所以在特定的融资租赁情形下，出租人授权承租人以自己的物向自己抵押，设立抵押权，应当认为有效，出租人既是所有权人也是抵押权人。

4. 售后回租合同出租人所有权的保护和风险防范

如前所述，确保租赁物所有权归属对售后回租合同的出租人至关重要，出租人为降低其商业风险，可采取以下方式保护租赁物所有权：

（1）售后回租合同签订之前，出租人如需要了解租赁物是否存在具有对抗效力的动产抵押权，方法与考察是否存在不动产抵押权类似，可以通过查询动产抵押登记情况，防范承租人为租赁物设定抵押的风险。若是租赁物上存在未经登记的动产抵押权，该抵押权因无登记记载而不产生对抗效力，不能对抗出租人的权利，出租人作为买受人可阻却抵押权的行使。

（2）售后回租合同签订之时，在我国融资租赁业尚无统一规范的租赁物登记平台，无法对动产租赁物的所有权变动进行登记和公示的情形下，出租人可以选取为租赁物设定抵押的变通方式，公示租赁物的权属。

（3）售后回租合同签订之后，出租人可以通过检查租赁物占有情况的方式，确定租赁物是否设立质权。若租赁由承租人占有，则要么租赁物未设立质权，要么租赁物交付质权人之后，质权人又将租赁物返还承租人。针对第二种情况，依照法律规定，质权人因丧失对租赁物的占有而不能对抗购买租赁物的出租人，出租人对租赁物的所有权仍能得到保障。

十、出租人要求承租人支付全部租金时，能否就设定抵押的融资租赁标的物主张优先受偿

——锦银公司与中青旅公司等融资租赁合同纠纷案①

关 键 词：融资租赁　租金　优先受偿

问题提出：融资租赁合同的出租人要求承租人支付全部租金，此时，能否就设定抵押的融资租赁标的物主张优先受偿？

裁判要旨：按照案涉《融资租赁合同》期满选择条款约定，在承租人清偿本合同项下所有应付租金以及其他应付款项后，租赁物由承租人留购。据此，在承租人未支付所有租金前，案涉租赁物的所有权归出租人所有，故出租人提出对设定抵押的租赁物行使抵押权与案涉交易性质相矛盾，不应支持。

案情简介

上诉人（原审被告）：中青旅公司

被上诉人（原审原告）：锦银公司

原审被告：苏州静思园公司、北京黄金公司、静思园园林公司、静思园投资公司、庆磊公司、吴江静思园

2017年12月26日，锦银公司（甲方、买受人）与苏州静思园公司（乙方、出卖人）签订《买卖合同》，其中约定：第3.2条：甲乙双方确认本合同项下租赁物购买价款为8亿元整；第4.1条：鉴于乙方将自己拥有的租赁物转让给甲方并从甲方处回租该租赁物，本合同中的租赁物并不实际交付给甲方；第4.2条：甲、乙双方确认，租赁物所有权在甲方支付全部租赁物购买价款时即从乙方转移至甲方。租赁物为四块灵璧石。

同日，锦银公司（出租人）与苏州静思园公司（承租人甲）、中青旅公司（承租人乙）签订了《融资租赁合同》（售后回租—资产—共同承租），租

① 一审法院为辽宁省高级人民法院，案号：（2018）辽民初57号；二审法院为最高人民法院，案号：（2019）最高法民终222号。

赁物为四块灵璧石。

2017年12月26日，锦银公司（甲方、债权人）与北京黄金公司（乙方、保证人）签订《保证合同》，约定：被担保的主债权为甲方依据其与承租人签订《融资租赁合同》而享有的对承租人的债权；保证范围为承租人在主合同项下应向甲方支付的全部租金、违约金、损害赔偿金、甲方为实现债权而支付的各项费用和其他所有承租人应付款项。

同日，锦银公司（甲方、抵押权人）与苏州静思园公司（乙方、抵押人）签订《抵押合同》，约定：为保证上述《融资租赁合同》所涉锦银公司债权的实现，苏州静思园公司以其所有的四块灵璧石向锦银公司提供抵押担保。2018年1月3日，双方对上述抵押物在苏州市吴江区市场监督管理局办理了动产抵押登记。

同日，锦银公司（甲方、抵押权人）与静思园园林公司（乙方、抵押人）签订《抵押合同》，约定：为了实现《融资租赁合同》所涉债权，静思园园林公司以其名下土地使用权向锦银公司提供抵押担保。其他约定同前述《抵押合同》。双方对该抵押物未办理抵押登记。

同日，锦银公司（甲方、抵押权人）与静思园投资公司（乙方、抵押人）签订《抵押合同》，约定：为了实现《融资租赁合同》所涉债权，静思园投资公司以其名下位于苏州吴江经济技术开发区北侧的房产及土地使用权向锦银公司提供抵押担保。其他约定同前述《抵押合同》。2018年3月15日，双方对该抵押物在苏州市吴江区国土资源局办理了抵押登记。

同日，锦银公司（甲方、抵押权人）与庆磊公司（乙方、抵押人）签订《抵押合同》，约定：为了实现《融资租赁合同》所涉债权，庆磊公司以其名下位于苏州吴江经济技术开发区西侧的房产及土地使用权向锦银公司提供抵押担保。其他约定同前述《抵押合同》。2018年3月15日，双方对该抵押物在苏州市吴江区国土资源局办理了抵押登记。

同日，锦银公司（甲方、抵押权人）与吴江静思园（乙方、抵押人）签订编号《抵押合同》，约定：为了实现《融资租赁合同》所涉债权，吴江静思园以其名下位于松陵镇庞山湖吴同公路以南的房产及土地使用权向锦银公司提供抵押担保。其他约定同前述《抵押合同》。双方对该抵押物未办理抵押登记。

上述合同签订后，2018年1月5日，锦银公司依《买卖合同》的约定向苏州静思园公司一次性支付了租赁物购买价款8亿元整。同日，苏州静思园公司向锦银公司出具《所有权转移证书（致买受人)》，确认已于2018年1月5日收到租赁物购买价款，共计8亿元。

2018年3月1日，锦银公司向苏州静思园公司、中青旅公司发出《租金收取通知书》。2018年3月21日，锦银公司向苏州静思园公司、中青旅公司发出《租金逾期催收通知书》。2018年3月21日，苏州静思园公司、中青旅公司向锦银公司支付第1期租金利息14684888.89元，该笔款项延期一天支付产生违约金7342.44元。

后锦银公司向一审法院辽宁省高级人民法院提起诉讼。截至锦银公司起诉之日，苏州静思园公司、中青旅公司欠付第1期租金本金7.9亿元、未到期租金（第2期至第8期）共计10974858.33元（含本金及利息)。一审法院判决苏州静思园公司、中青旅公司向锦银公司支付租金、留购价款和律师费；并判决北京黄金公司对苏州静思园公司、中青旅公司的前述给付义务承担连带清偿责任。除以上判决内容外，根据一审判决第六项，法院判决锦银公司享有对苏州静思园公司所有的存放于苏州静思园的抵押物即灵璧石折价、拍卖或变卖的价款优先受偿权。中青旅公司不服辽宁省高级人民法院的一审判决，向最高人民法院提出上诉。

各方观点

中青旅公司观点：案涉合同名为《融资租赁合同》实为金融借款合同。因锦银公司属于非银行类金融机构，无权从事金融贷款业务，本案融资租赁交易属于以合法形式掩盖非法目的行为。人民法院应当依照《合同法》第52条[①]规定，认定案涉《融资租赁合同》无效。根据融资租赁合同的特征，不需要承租人归还融资本金，只需按期支付租金，且每期归还数额大致相等，以此与金融贷款业务相区别。依照《合同法》第58条[②]关于处理无效合同的规定，锦银公司应当向苏州静思园公司返还租赁物，中青旅公司与苏州静思园公司共同向锦银公司返还借款，案涉《融资租赁合同》关于利息、违约金、律师费的约定对中青旅公司不具有约束力。

北京黄金公司观点：同意中青旅公司的观点。

苏州静思园公司观点：锦银公司对苏州静思园公司提起诉讼依据的案涉

---

① 对应《民法典》总则编第六章第三节的规定。

② 对应《民法典》第157条。

《融资租赁合同》违反公平公正原则，也是一份显失公平的合同，请求驳回锦银公司的诉讼请求。

锦银公司观点：锦银公司与中青旅公司、苏州静思园公司之间的交易模式符合售后回租型融资租赁合同的法律特征，案涉《融资租赁合同》是各方真实意思表示，不存在以合法形式掩盖非法目的的情形，应为合法有效。中青旅公司与苏州静思园公司应向锦银公司支付利息、违约金、留购价款及律师费，在支付所有费用后，锦银公司才返还租赁物。

静思园园林公司、静思园投资公司、庆磊公司、吴江静思园未提交答辩意见。

法院观点

一审法院观点：

第一，锦银公司与苏州静思园公司、中青旅公司签订的《买卖合同》《融资租赁合同》及与北京黄金公司、苏州静思园公司、静思园园林公司、静思园投资公司、庆磊公司、吴江静思园分别签订的《保证合同》《抵押合同》，均系各方当事人的真实意思表示，不违反法律、行政法规的强制性规定，合法有效，各方均应依约履行相应义务。锦银公司向苏州静思园公司、中青旅公司主张偿还已到期和未到期租金、违约金、留购价款、律师费的诉求，有据可依，应予支持。但因锦银公司提起本案之诉时，只有第 1 期租金到期，其他租金未到支付日，而锦银公司与苏州静思园公司、中青旅公司三方对违约金的约定是："承租人应就逾期未付款项按日万分之五向出租人支付违约金，直至全部付清之日止。"所以，锦银公司向苏州静思园公司、中青旅公司主张未到期租金的违约金，依据不足，北京黄金公司对此亦提出了抗辩。故对锦银公司主张的违约金予以部分支持。

第二，承租人将其自有物出卖给出租人，再通过融资租赁合同将租赁物从出租人处租回的，人民法院不应仅以承租人和出卖人系同一人为由认定不构成融资租赁法律关系。锦银公司与苏州静思园公司、中青旅公司签订的《融资租赁合同》符合该条关于融资租赁合同的法律关系特征；且从该《融资租赁合同》及锦银公司与苏州静思园公司签订的《买卖合同》约定的内容来看，锦银公司与苏州静思园公司、中青旅公司三方之间的交易模式亦符合该条规定的融资租赁合同的售后回租型的法律特征。故苏州静思园公司、中青旅公司上诉称双方之间不构成融资租赁合同关系，亦缺乏事实及法律依据。

第三，北京黄金公司在苏州静思园公司、中青旅公司未依约向锦银公司履行给付租金时，依据其与锦银公司签订的《保证合同》的约定，其应依约履行相应的担保责任。故对锦银公司主张北京黄金公司对苏州静思园公司、中青旅公司的还款责任承担连带清偿责任的诉求，一审法院予以支持。

第四，北京黄金公司对外提供担保是否经其股东大会决议同意，是其内部管理问题，并不能影响其对外签订《保证合同》的效力。北京黄金公司关于第 1 期租金过高，留购款过低的抗辩，缺乏相应的法律依据；锦银公司是否向其发出支付通知，并非其承担担保责任的前提条件。

第五，关于锦银公司对苏州静思园公司、静思园园林公司、静思园投资公司、庆磊公司、吴江静思园提供的抵押物是否享有优先受偿权问题。依据《物权法》第 179 条[①]第 1 款“为担保债务的履行，债务人或者第三人不转移财产的占有，将该财产抵押给债权人的，债务人不履行到期债务或者发生当事人约定的实现抵押权的情形，债权人有权就该财产优先受偿”的规定，锦银公司有权对抵押人提供的抵押物享有优先受偿权。但因锦银公司只对苏州静思园公司提供的四块灵璧石、静思园投资公司和庆磊公司提供的房产及土地办理了抵押登记，而对静思园园林公司提供的 53 套房产及土地、吴江静思园提供的房产及土地均未办理抵押登记，依据《物权法》第 180 条[②]“债务人或者第三人有权处分的下列财产可以抵押：（一）建筑物和其他土地附着物；（二）建设用地使用权；（三）以招标、拍卖、公开协商等方式取得的荒地等土地承包经营权；（四）生产设备、原材料、半成品、产品；（五）正在建造的建筑物、船舶、航空器；（六）交通运输工具；（七）法律、行政法规未禁止抵押的其他财产。抵押人可以将前款所列财产一并抵押”及第 187 条[③]“以本法第一百八十条第一款第一项至第三项规定的财产或者第五项规定的正在建造的建筑物抵押的，应当办理抵押登记。抵押权自登记时设立”的规定，锦银公司的抵押权应自登记时设立，故其只有权对已办理抵押登记的苏州静思园公司、静思园投资公司、庆磊公司提供的抵押物享有优先受偿权；而对静思园园林公司、吴江静思园提供的抵押物，因未办理抵押登记，锦银公司的该抵押权未依法设立，故其对该两家公司的抵押物不享有优先受偿权。但

① 对应《民法典》第 394 条。
② 对应《民法典》第 395 条。
③ 对应《民法典》第 402 条。

依据《物权法》第15条[①]“当事人之间订立有关设立、变更、转让和消灭不动产物权的合同，除法律另有规定或者合同另有约定外，自合同成立时生效；未办理物权登记的，不影响合同效力”的规定，锦银公司与静思园园林公司、吴江静思园签订的《抵押合同》属有效合同；静思园园林公司、吴江静思园系自愿以其提供的抵押物价值为苏州静思园公司、中青旅公司的案涉债务提供担保，所以，静思园园林公司、吴江静思园仍应在其提供的抵押物价值范围内对苏州静思园公司、中青旅公司的案涉债务承担连带清偿责任。在一审法院庭审过程中，锦银公司亦将原主张对静思园园林公司、吴江静思园的抵押物享有优先受偿权的诉求变更为该两家公司在抵押物价值范围内承担连带清偿责任的诉求，故一审法院对锦银公司关于对各抵押人的相应诉求均予以支持。

二审法院观点：

本案争议焦点是案涉《融资租赁合同》的性质及效力如何认定。商事交易法律关系性质的认定应首先从交易当事人的意思表示内容和交易本质来判断，最主要的就是当事人之间形成的交易合同。锦银公司支付了对价购买了案涉四块灵璧石，苏州静思园公司向其出具了《所有权转移证书》即将案涉四块灵璧石的所有权转让给锦银公司；锦银公司作为出租人向案涉四块灵璧石出租给苏州静思园公司、中青旅公司，后者已经部分履行给付租金的义务。对于锦银公司而言，取得了案涉四块灵璧石的所有权，从而实现了融资的担保和破产隔离的法律价值；对于苏州静思园公司而言，盘活了自有资产，更大地发挥社会资本的价值。故案涉交易在权利与义务安排和交易本质上均符合售后回租交易的法律特征。

因融资租赁交易性质与抵押借款关系难以区分，故判断案涉交易行为的性质，不仅应当审查合同中双方当事人的权利义务，还要综合考虑标的物的性质、价值及租金的构成等相关因素，有必要对合同等书面证据之外的相关事实予以进一步查证，推翻合同等书面证据之证明力仅属例外。中青旅公司提出理由不能达到证明案涉交易系金融借贷业务的证明标准，不予采信。

售后回租交易当中，承租人向出租人让渡租赁物的价值，同时取得租赁物的使用收益，从而达到融资的效果，其内容是融资，表现形式是融物。参照中国人民银行同期贷款利率作为计算租金利率的方法，在一定期限内收回

① 对应《民法典》第215条。

本金均是售后回租交易的特征，也是融资租赁业务具有融资功能的体现。但上述两个特征是众多融资业务的基本特征，中青旅公司以此认定案涉交易系金融借贷业务，本质上是以融资租赁业务的一般交易特征来否认细分领域的某一具体交易的法律性质，不符合法律论证的逻辑，未能合理解释案涉四块灵璧石所有权已经转移的事实。《金融租赁公司管理办法》第 26 条规定金融租赁公司可以经营融资租赁业务，即有权开展基于购买租赁物而发生的融资业务，锦银公司从事案涉交易行为无需规避上述行政监管要求。中青旅公司主张案涉交易系金融借贷业务，锦银公司有意规避监管要求，案涉交易合同因违反《合同法》第 52 条[①]第 3 项的规定应认定无效的理由，不予采信。一审法院认定案涉《买卖合同》和《融资租赁合同》有效，认定事实适用法律并无不当。

综上，一审法院认定案涉《买卖合同》和《融资租赁合同》有效，确定的交易模式符合售后回租型的法律特征，认定事实和适用法律基本正确，二审法院予以维持。但根据案涉《融资租赁合同》第一部分第 4 条期满选择条款约定，在判决生效之前，案涉四块灵璧石的所有权归属锦银公司所有。结合锦银公司一审诉讼请求，其提出对苏州静思园公司所有的、存放于苏州静思园的抵押物（四块灵璧石）行使抵押权。这与案涉交易性质相矛盾，诉讼中锦银公司申请撤回该项起诉，即对应于一审判决主文第六项。故二审法院撤销了一审判决的第六项，即锦银公司享有对苏州静思园公司所有的存放于苏州静思园的抵押物灵璧石折价、拍卖或变卖的价款优先受偿权的内容。

法官评析

抵押是一种担保方式。它与保证相比具有担保财产固定、明确，且抵押权的存续期间不受除斥期间限制等优点，往往成为财产担保的首选。若当事人以不动产作抵押，根据《民法典》第 402 条的规定，以不动产作为担保财产进行抵押的，应当办理抵押登记，抵押权自登记时设立。但在司法实践中，存在大量的当事人签订不动产抵押合同后没有办理抵押登记的情况。对于已签不动产抵押合同但未登记而抵押权不成立应当如何处理的问题，最高人民法院已经形成了较为明确的观点。在（2017）最高人民法院民申 1350 号民事裁定书中，最高人民法院认为双方当事人签订抵押合同，而未办理抵押登记

---

① 对应《民法典》总则编第六章第三节的规定。

手续的，抵押权不成立，但抵押合同成立并生效，抵押人应按抵押合同约定，履行抵押担保义务。当债权人要求抵押人承担抵押合同上的担保义务时，抵押人应以抵押物的价值为限承担责任。这与本案中的最高人民法院的观点一致。

对于没有进行登记的不动产抵押，若主债务人到期不履行义务或者履行义务不符合约定，债权人应当如何主张权利呢？

首先，如前所述，不动产抵押未登记的，抵押权未设立，债权人不能主张抵押权；也不享有优先受偿权。其次，不动产抵押未登记，只产生合同效力，若担保人未履行义务，债权人只能主张违约责任。

综上，根据《民法典》第577条的规定，当事人一方不履行合同义务或者履行合同义务不符合约定，应当承担继续履行、采取补救措施或者赔偿损失等违约责任。抵押合同有效但未办理抵押登记时，债权人可以要求抵押人继续履行办理抵押登记，也可以要求抵押人赔偿其未履行合同约定的担保义务给债权人造成的损失。

1. 继续履行的违约责任

债权人与抵押人签订抵押合同后，未办理抵押登记的，在能够继续办理抵押登记的情况下，债权人可以主张继续履行抵押合同，要求抵押人办理抵押登记。在债权人提出登记请求时，抵押人应协助债权人办理抵押登记，使抵押权得以设立，合同目的得以实现，债权人进而获得不动产抵押的优先受偿权。

2. 赔偿损失的违约责任

在债务人自己提供财产进行抵押的情况下，无论抵押是否进行登记，主债务人的所有财产在执行程序中均属于被执行的对象，在债权人的债权未得到完全清偿以前，主债务人的所有财产均不会被免予执行。因此，赔偿损失的适用范围仅限于抵押人为第三人的情况，也就是本案中的情况。

十一、承租人以应收账款向出租人提供质押担保，其担保效力如何

——某融资公司与某科技公司等融资租赁合同纠纷案[①]

关 键 词： 融资租赁合同　应收账款　质押担保　保证

问题提出： 融资租赁法律关系中，出租人与承租人签订《应收账款质押合同》，承租人用其对他人的应收账款向出租人提供担保，应收账款质押担保效力应如何确定？

法院观点： 融资租赁法律关系中，出租人与承租人签订《应收账款质押合同》，承租人用其对他人的应收账款向出租人提供担保，并办理了质押登记，在基础合同合法有效的前提下，当承租人违反《融资租赁合同》约定，未依约支付租金时，出租人可基于应收账款质押权，向应收账款质押合同中的付款人收取应由其支付给承租人的账款，并有权就该收益在融资租赁合同项下债务范围内行使优先受偿权。

案情简介

原告：某融资公司

被告：某科技公司

被告：某造纸公司

被告：何某某

被告：马某某

2014年9月22日，原告某融资公司与被告某科技公司签订《融资租赁合同》，约定原告作为融资租赁的出租人将购置的设备出租给作为承租人的被告某科技公司，租赁期限自2014年9月24日起至2017年9月24日止，共计租金1620000元，被告某科技公司每月向原告支付租金45000元。基于融资租赁合同，原告某融资公司依据被告某科技公司对设备供应商和设备的指定，与出卖人及本案被告某科技公司签订《购买合同》，该合同确认原告作为买受人

① 审理法院为天津市滨海新区人民法院，案号：（2015）滨民初字第1867号。

向出卖人购买一批节能设备，该设备实际使用人为被告某科技公司。为保证前述融资租赁合同项下债权实现，同日，原告某融资公司与被告某科技公司还签订了《应收账款质押合同》，被告某科技公司同意将其与某造纸公司签订的《锅炉节煤基数改造 EMC 合同》项下对被告某科技公司对某造纸公司享有的 5534600 元的应收账款质押给原告，并在中国人民银行征信中心进行了权利质押登记。另，原告与被告某造纸公司签订了《保证合同》，与被告何某某、被告马某某分别签署了《连带责任保证合同》，均承诺向原告提供无限连带责任保证。

后，原告依约购买并向被告某科技公司交付了设备。但截至 2015 年 11 月 17 日，被告某科技公司支付了第 1～10 期租金，已到期之第 11、12、13 期租金 135000 元未支付、第 14～36 期租金 1035000 元未到期，全部未付租金为 1170000 元。

再查，原告某融资公司系从事融资租赁业务的企业法人，其已经我国行政主管部门审批，有权开展融资租赁及相关业务。

原告起诉，请求人民法院：1. 判令某科技公司向原告支付逾期租金 135000 元、罚息 7720.8 元、未到期租金 1036000 元，以上共计 1178720.8 元；2. 判令某科技公司承担本案的诉讼费 7704 元、保全费 5000 元、保全保险费 3418.29 元；3. 判令某造纸公司、何某某、马某某对上述债务承担无限连带清偿责任；4. 判令确认原告对某科技公司出质的 5534600 元应收账款合法有效，原告对该笔应收债权享有优先受偿权。

各方观点

某融资公司观点：原告、各被告及出卖人之间签订的前述合同及法律文件均合法有效，原告已如期向被告某科技公司提供了租赁物，已经全面履行了合同义务，但被告某科技公司自 2015 年 8 月起，称资金周转困难，拒绝支付租金的行为已构成严重违约。原告与被告某科技公司签订的应收账款质押合同，系双方真实意思表示，且在权属机关进行了登记备案，被告某科技公司未按时支付租金，该笔质押担保应当履行担保责任。另，依据《融资租赁合同》一般条款第 3 条第 2.4 款明确约定，被告某科技公司须为逾期偿还租金承担相应的罚息，罚息按照逾期金额的万分之十计算。融资租赁合同一般条款第 4 条第 2.11 款明确约定，因承租人违约，被告某科技公司应负担原告为实现债权而支付的诉讼费、保全费、执行费、代理费、律师费等相关费用。

某造纸公司、何某某、马某某作为无限连带责任保证人，应向原告承担相应的保证责任。

马某某观点：对原告陈述的事实无争议，认可租金已付至2015年8月24日，交纳10期租金，一共450000元，第11期开始逾期交付租金，不同意支付罚息和逾期利息，不同意支付本案的诉讼费7704元、保全费5000元、保全保险费3418.29元，不同意承担连带保证责任。不承认被告某科技公司出质的5534600元应收账款合法有效，原告对该笔应收债权享有优先受偿权，且因每月节煤量不固定，所以该笔应收账款数额不确定。是因为国家政策导致被告某造纸公司不能继续履行锅炉节煤改造合同，致使被告某科技公司无法向原告支付租金。不同意原告没收保证金，保证金应从租金中扣除。

某科技公司、某造纸公司、何某某未到庭应诉。

法院观点

原告某融资公司与被告某科技公司签订的《融资租赁合同》《购买合同》的内容显示，可以充分表明原告系根据被告对租赁物的特定要求和对供货人的选择，出资向供货人购买租赁物，并出租给被告使用，被告应按约定支付租金，上述权利义务内容符合融资租赁合同的特征，因此双方之间法律关系的性质为融资租赁合同。经审查，原告取得了从事融资租赁经营的行业许可，且上述合同系当事人的真实意思表示，未违反法律行政法规的强制性规定，合法有效，双方均应遵照履行。原告依约履行了购买并向被告某科技公司交付租赁物的合同义务，被告亦应按照合同约定的期限向原告支付相应的租金。被告仅全部支付第1期至第10期租金共计450000元，逾期未付第11期至第13期租金合计135000元，已构成违约，根据合同约定，经原告催告后在合理期限内仍不支付租金，原告可以要求被告支付全部未付租金1170000元及留购价1000元。

关于履约保证金及罚息，《融资租赁合同》约定承租人应当按约定支付履约保证金，在承租人完全履行本合同后，履约保证金在租赁期间结束后五个工作日内一次性退还至承租人。因承租人违约，出租人收取的履约保证金不退还。同时，合同又约定，承租人需为逾期偿还租金按照逾期金额的万分之十，自《租赁支付表》中应付款日起至承租人实际付款日止逐日按照复利计算支付罚息。根据上述约定，保证金兼具确保合同得到实际履行及填补违约方对于守约方造成的实际损失的性质。同时约定保证金及罚息在本案中会导致违约损害赔偿过分高于出租人因承租人逾期付款行为所遭受的损失，故依据公平原则，综合考虑合同的履行情况、当事人的过错程度及预期利益等综合因素，本院将保证金冲抵未付租金，仅对罚息予以支持并将罚息调整为承租人应当分别以第11～13期每期租金为基数，自合同约定的每期租金支付日起至本判决确定的给付日止，按照年利率24%的标准计算。原告主张被告某科技公司支付到期租金135000元及全部未到期租金1035000元，被告已向原告支付的履约保证金135000元，应当从未到期租金1035000元中扣除，扣除后全部未付租金总额为1035000元（135000元+1035000元-135000元=1035000元）。

关于保证责任，因被告某造纸公司、马某某、何某某分别与原告签订了《保证合同》，同意为编号SF-LL-20140033-L的《融资租赁合同》项下的债务承担连带保证责任，双方之间的保证法律关系合法有效，故被告某造纸公司、马某某、何某某应当依约对被告某科技公司就本案诉争《融资租赁合同》项下产生的义务承担连带保证责任。

关于应收账款质押，原告与被告某科技公司订立的《应收账款质押合同》系双方当事人的真实意思表示，不违反法律、行政法规的强制性规定，且被告某科技公司与某造纸公司签订的《锅炉节煤技术改造EMC合同》不存在无效情形，均合法有效。《应收账款质押合同》约定，被告某科技公司将其在《锅炉节煤技术改造EMC合同》项下享有的节煤改造项目的全部收益为上述融资租赁合同项下的全部债务向原告提供质押担保。该应收账款虽包括未来的金钱债权，但根据基础合同可以确定该债权在将来一定期限内会产生、届期产生的债权金额亦可根据基础合同约定的标准计算得出，故该债权具有确定性，符合中国人民银行《应收账款质押登记办法》第4条对应收账款的定义，故被告关于债权金额不确定，应收账款债权不合法的抗辩，本院不予采信。原告已就上述应收账款向信贷征信机构办理了质押登记，质权已于登记日成立。因此，原告可以直接向被告某造纸公司收取应由其支付给被告某科技公司的节煤改造收益，并有权就该收益在融资租赁合同项下债务范围内行使优先受偿权。

综上，法院判决：一、被告某科技公司于本判决生效之日起十日内向原告某融资公司支付编号为SF-LL-20140033-L的《融资租赁合同》项下全部未付租金1035000元、留购价1000元；二、被告某科技公司于本判决生效之日起十日内向原告某融资公司支付罚息（分别以第11～13期每期租金为基数，自合同约定的每期租金支付日起至判决确定给付之日止，按照年利率24%的标准计算）；三、被告某造纸公司、马某某、何某某对被告某科技公司的上述给付义务承担连带保证责任；四、原告某融资公司有权就上述第一项、第二项的债务范围内对编号为 SF－LL－20140033－M 的《应收账款质押合同》项下的应收账款行使优先受偿权；五、驳回原告某融资公司的其他诉讼请求。

法官评析

关于本案所涉及的交易模式。第一，各方在交易中的地位。原告某融资公司为出租人，被告某科技公司为承租人，被告某造纸公司为被质押的应收账款的付款人，也是为被告某科技公司向原告提供担保的保证人；被告何某某为被告某科技公司法人，也是为被告某科技公司向原告提供担保的连带责任保证人；被告马某某是为被告某科技公司向原告提供担保的连带责任保证人。第二，本案中各方签订的合同。原告某融资公司与被告某科技公司签订的《融资租赁合同》，原告某融资公司与出卖人、被告某科技公司签订的《购买合同》，原告与被告某科技公司签订的《应收账款质押合同》，提供原告与被告分别与被告某造纸公司、何某某、马某某签订的《保证合同》。第三，各方交易模式。本案中所涉及融资租赁交易模式为：原告某融资公司（出租人）与被告某科技公司（承租人）签订《融资租赁合同》及附件，原告根据被告某科技公司对租赁物的特定要求和对供货人的选择，与供货人、被告某科技公司签订《购买合同》，购买被告指定的设备，并出租给被告使用，被告按约支付租金。

《融资租赁合同司法解释》第9条规定，承租人逾期履行支付租金义务或者迟延履行其他付款义务，出租人按照融资租赁合同的约定要求承租人支付逾期利息、相应违约金的，人民法院应予支持。本案中，融资租赁合同签订后，原告按照被告对租赁物的特定要求和对供货人的选择，购买了相应租赁物，并将其出租给被告，完成了其作为出租人应履行的义务。但被告欠付租金，严重违反了合同约定，原告有权要求被告承担相应违约责任。

1. 本案中的“应收账款”是否符合规定

自2007年10月1日起施行的中国人民银行《应收账款质押登记办法》第4条规定，应收账款是指权利人因提供一定的货物、服务或设施而获得的要求义务人付款的权利，包括现有的和未来的金钱债权及其产生的收益，但不包括因票据或其他有价证券而产生的付款请求权。包括下列权利：（一）销售产生的债权，包括销售货物，供应水、电、气、暖，知识产权的许可使用等；（二）出租产生的债权，包括出租动产或不动产；（三）提供服务产生的债权；（四）公路、桥梁、隧道、渡口等不动产收费权；（五）提供贷款或其他信用产生的债权。

2017 年修改的《应收账款质押登记办法》第 2 条规定，应收账款是指权利人因提供一定的货物、服务或设施而获得的要求义务人付款的权利以及依法享有的其他付款请求权，包括现有的和未来的金钱债权，但不包括因票据或其他有价证券而产生的付款请求权，以及法律、行政法规禁止转让的付款请求权。包括下列权利：（一）销售、出租产生的债权，包括销售货物，供应水、电、气、暖，知识产权的许可使用，出租动产或不动产等；（二）提供医疗、教育、旅游等服务或劳务产生的债权；（三）能源、交通运输、水利、环境保护、市政工程等基础设施和公用事业项目收益权；（四）提供贷款或其他信用活动产生的债权；（五）其他以合同为基础的具有金钱给付内容的债权。

本案结案时间为 2016 年，当时适用的应为修改前的《应收账款质押登记办法》。本案中，《应收账款质押合同》约定，被告某科技公司将其在《锅炉节煤技术改造 EMC 合同》项下享有的节煤改造项目的全部收益为上述融资租赁合同项下的全部债务向原告提供质押担保。该应收账款虽包括未来的金钱债权，但根据基础合同可以确定该债权在将来一定期限内会产生、届期产生的债权金额亦可根据基础合同约定的标准计算得出，故该债权具有确定性，符合中国人民银行《应收账款质押登记办法》第 4 条对应收账款的定义。对照 2017 年修订后的《应收账款质押登记办法》中对应收账款的定义，本案中质押的债权也是符合的。故被告某科技公司关于债权金额不确定，应收账款债权不合法的抗辩，法院不予采信。

2. 应收账款质押担保效力问题

第一，应收账款质押权是否成立。首先，原告与被告某科技公司订立的《应收账款质押合同》系双方当事人的真实意思表示，且不违反法律、行政法规的强制性规定，且被告某科技公司与某造纸公司签订的《锅炉节煤技术改造 EMC 合同》不存在无效情形，均合法有效。且本案中的应收账款权利符合《应收账款质押登记办法》对应收账款的规定。其次，原《物权法》第 228 条第1款规定，以应收账款出质的，当事人应当订立书面合同。[①] 质权自信贷机构办理出质登记时设立。本案中，原告与被告某科技公司订立了《应收账款质押合同》，并且已就上述应收账款向信贷征信机构办理了质押登记，因此，质权已于登记日成立。

第二，债权人对被质押的应收账款享有的权利。原《物权法》第208条第1款规定，为担保债务的履行，债务人或者第三人将其动产出质给债权人占有的，债务人不履行到期债务或者发生当事人约定的实现质权的情形，债权人有权就该动产优先受偿。《民法典》第425条沿用了这一规定。本案中，被告某科技公司将应收账款质押给原告，且质权已经成立，在被告某科技公司拖欠租金构成违约的情况下，原告可以直接向被告某造纸公司收取应由其支付给被告某科技公司的节煤改造收益，并有权就该收益在融资租赁合同项下债务范围内行使优先受偿权。

十二、合同解除至实际返还租赁物期间，出租人能否主张租赁物占用费

——某融资公司与汤某涛等融资租赁合同纠纷案[②]

关 键 词： 合同解除　占用　租赁物归属

问题提出： 出租人主张占用费，承租人抗辩认为占用费违背违约责任承担以填补实际损失为原则的法理，如何认定？

裁判要旨： 案涉合同约定："在承租人违约出租人解除合同的情况下，承租人应按合同约定的平均租金给付出租人合同解除后直至设备归还时止。"因此，本案中，承租人继续占有租赁物给出租人造成的损失符合约定，应该予以赔付。

案情简介

原告（被上诉人）：某融资公司

---

① 《民法典》第445条删去了《物权法》第228条"当事人应当订立书面合同"的内容。

② 一审法院为黑龙江省哈尔滨市道外区人民法院，案号：(2013)外民三初字第29号；二审法院为黑龙江省哈尔滨市中级人民法院，案号：(2015)哈民四商终字第162号。

被告（上诉人）：汤某涛

原审被告：汤某杰

原审被告：葛某发

2011 年 6 月 2 日，某融资公司与汤某涛、汤某杰、葛某发签订融资租赁协议，约定：某融资公司依汤某涛的选择，购买威斯特（北京）机械设备有限公司的机械设备，汤某涛向某融资公司租赁该设备并支付租金。合同约定：租赁期限 36 个月，汤某涛每月支付租金 32830 元；如汤某涛未按约定支付租金和其他款项，按月利率 2% 的标准支付违约金；如汤某涛未支付任何到期款项，某融资公司有权提前解除协议，并要求返还、收回租赁设备，追索已到期租金、违约金及其他应付款项；如汤某涛在协议解除后仍占有设备，某融资公司有权要求汤某涛赔偿因继续占有设备给某融资公司造成的损失，损失赔偿额以协议约定的租金为标准，截至设备实际归还之日；某融资公司有权向汤某涛追索因执行或保护协议条款下权利而产生的合理费用。汤某杰、葛某发为汤某涛履行协议提供连带责任担保，担保范围为协议项下的一切款项，包括租金、违约金、损失赔偿额、出租人实现债权及本协议项下担保权益的费用（包括但不限于律师费、诉讼费等）。同日，某融资公司根据融资协议，从威斯特（北京）机械设备有限公司处购得机械设备，并将设备交付汤某涛。2012 年 11 月 2 日，某融资公司委托律师代理本案，并支付律师代理费 14700 元。2011 年 11 月 9 日、2012 年 6 月 15 日，律师代表某融资公司向汤某涛、汤某杰两次发函催款，未果。故原告诉至法院，要求：1. 解除双方签订的融资租赁协议；2. 汤某涛返还机械设备；3. 汤某涛支付到期应付设备租金及违约金，并支付自 2012 年 8 月 6 日起至协议解除之日止的租金及违约金；4. 汤某涛按照每月 32830 元的标准支付协议解除之日至设备实际返还之日因继续占有设备给某融资公司造成的损失；5. 汤某涛支付实现债权的律师费用；6. 汤某杰、葛某发对上述第 3～5 项债务承担连带清偿责任；7. 诉讼费用由汤某杰负担。

各方观点

某融资公司观点：1. 诉争租赁物的所有权人是某融资公司，而非汤某涛。汤某涛称其是租赁物的所有权人是对租赁协议第 22 条的误读。2. 汤某涛未按约定期限和数额支付租金的行为已构成严重违约，某融资公司要求解除协议返还设备、赔偿损失的诉讼请求符合法律规定和协议约定。

汤某涛观点：租赁协议约定，租赁期限届满，汤某涛可以无偿取得租赁物所有权。依据《合同法》第249条[①]的规定，当事人约定租赁期间届满租赁物归承租人所有，承租人已经支付大部分租金，但无力支付剩余租金，出租人因此解除合同收回租赁物的，收回的租赁物的价值超过承租人欠付的租金及其他费用的，承租人可以要求部分返还。汤某涛不同意解除合同，即便解除合同，亦应给予汤某涛适当的补偿。另外，违约责任承担以填补损失为原则，损失应以实际损失为限。

法院观点

一审法院观点：某融资公司与汤某涛、汤某杰、葛某发签订的融资租赁协议系是双方真实意思表示，合法有效，合同当事人均应当履行合同义务。关于合同的解除，协议中约定了解除合同的条件，因汤某涛未按约定支付租金，已构成违约，原告有权解除合同。原告选择以诉讼方式与被告解除合同，并不违反法律规定。法院依法确认融资租赁协议解除，解除时间为法院判决生效之日。

关于租金与租赁物的返还。当事人在协议中约定了租金支付方式与协议解除后租赁设备的返还。本案中原告履行了合同义务，被告欠付租金的行为构成违约，故原告在解除协议的同时要求被告支付所欠租金以及返还租赁物，符合法律规定。同时，协议中约定了违约金的支付标准。违约金条款是融资协议组成部分，故法院依法予以确认。

融资租赁的收益方式在于获得租赁费，以达到融资的目的。融资租赁协议解除后，若未能立即将租赁设备返还，必然影响出租方融资收益。本案中被告未能在协议解除之日返还租赁设备，原告就要承担不能再次将设备出租的租金损失，被告应按协议约定向原告支付协议解除之日至租赁设备实际返还之日的损失，损失原、被告约定的设备租金的标准计算。

原告为向被告追索债权产生的律师费属于双方协议约定的实现债权的费用，故法院对原告要求汤某涛支付律师费的请求予以支持。汤某杰、葛某发为汤某涛向原告租赁设备提供连带保证担保，且约定了担保范围，故汤某杰、葛某发对汤某涛承担连带清偿责任。

一审法院判决：一、解除某融资公司与汤某涛、汤某杰、葛某发签订的融资租赁协议；二、汤某涛立即向某融资公司返还机械设备；三、汤某涛立

---

① 对应《民法典》第758条。

即向某融资公司支付设备租金及违约金，2012 年 8 月 6 日至判决生效之日的租金及违约金，按照融资租赁协议中关于租金及违约金的计算标准支付；四、如汤某涛在判决生效后仍继续占有该设备，则汤某涛应按每月 32830 元的标准向某融资公司支付设备占用费至设备实际返还之日止；五、汤某涛向原告某融资公司支付律师费用；六、汤某杰、葛某发对上述第三至五项债务承担连带清偿责任。

二审法院观点：本融资租赁合同系各方真实意思表示，符合法律规定，法院予以确认。原告某融资公司向汤某涛提供了租赁物，汤某涛应按约定支付租金。汤某涛未按合同约定支付到期租金，依据合同，汤某涛构成违约，原告有权解除合同，要求返还设备，给付到期租金、违约金及其他应付款项。因合同未约定租期届满租赁物归承租人汤某涛所有，故依据《合同法》第 250 条[①]的规定，租赁物归出租人某融资公司所有。被告汤某涛认为租期届满后即对租赁物享有所有权，原告予其适当补偿的上诉主张，没有法律依据，不予支持。合同约定，在承租人违约出租人解除合同的情况下，承租人应按合同约定的平均租金给付出租人合同解除后直至设备归还时止，承租人继续占有租赁物给出租人造成的损失，故被告认定原审法院裁判支付占用费错误的上诉主张，理由不成立，法院不予支持。二审法院维持原判。

法官评析

1. 合同约定占用费标准，出租人有权依约主张占用费

依据《民法典》第 752 条之规定，承租人应当按照约定支付租金。承租人经催告后在合理期限内仍不支付租金的，出租人可以请求支付全部租金；也可以解除合同，收回租赁物。依据《民法典》第 566 条第 1 款之规定，合同解除后，尚未履行的，终止履行；已经履行的，根据履行情况和合同性质，当事人可以请求恢复原状或者采取其他补救措施，并有权要求赔偿损失。如被告在合同解除后未及时返还租赁物，则原告会产生无法再次出租的损失，该损失应由被告赔偿。为了促使被告尽快返还租赁物，减少原告的损失，本着公平原则和诚实信用原则，损失可以按照合同约定的标准计算。合同已经解除，原告主张收回租赁物，被告已经失去获得租赁物所有权的机会。因此，原告主张被告按照租金标准或合同约定的标准赔偿合同解除后继续占有使用

① 对应《民法典》第 757 条。

租赁物给原告造成的损失，符合法律规定。

2. 租赁物的归属与取回方式

出租人和承租人可以在合同中约定租赁期间届满租赁物的归属，也可以不约定。《民法典》第 758 条第 1 款对租赁期届满租赁物的归属作出了规定，“当事人约定租赁期限届满租赁物归承租人所有……出租人因此解除合同收回租赁物，收回的租赁物的价值超过承租人欠付的租金以及其他费用的，承租人可以请求相应返还”。合同当事人约定租赁期届满租赁物归承租人所有的，出租方在租赁期间收回租赁物的条件，只能是承租方未支付租金，此时合同法并未规定其他收回租赁物的条件。合同约定租赁期届满租赁物归出租人所有或未作约定的，则可以采用达成补充协议、按照合同有关条款或者交易习惯确定。

《融资租赁合同司法解释》第 11 条对出租人取回租赁物条件及请求赔偿损失作出了规定。而对取回租赁物的方式未作规定。依照合同的约定，承租人享有租赁物的占有、使用、收益的权利。承租人欠付租金，出租人解除合同的条件成就，出租人解除合同后才有权取回租赁物。《民法典》第 460 条规定返还原物请求权，并未规定只能通过诉讼方式取回，未将自行取回租赁物的行为排除在外。因此，租赁物的取回将面临所有权与占有的矛盾，毕竟承租人是合法占有。解除合同是租赁物取回的必要条件。

3. 租赁物的物权登记效力与所有权

在实践中，依据法律规定有的动产租赁物需办理物权登记，如汽车，为了办理商业保险、处理交通事故、年检等法律管理的方便，往往将车辆登记在承租人名下，合同约定租赁期届满前车辆的所有人为出租人，而后再就车辆向出租人办理抵押登记。此时的物权登记行为仅仅具有物权公示效力，约定的所有权优于物权登记的行为抑或是物权登记并不设定所有权的归属问题。在租赁期届满或合同提前解除租赁物权属争议时常在出租人与承租人之间发生，此时只能依据《民法典》第 510 条规定：合同生效后，当事人就质量、价款或者报酬、履行地点等内容没有约定或者约定不明确的，可以协议补充；不能达成补充协议的，按照合同相关条款或者交易习惯确定。

图书在版编目（CIP）数据

法院审理融资租赁案件观点集成／李超主编．—北京：中国法制出版社，2021.8

（法院审理案件观点集成丛书）

ISBN 978－7－5216－2056－6

Ⅰ.①法… Ⅱ.①李… Ⅲ.①融资租赁－审判－案例－中国 Ⅳ.①D922.282.5

中国版本图书馆 CIP 数据核字（2021）第 145912 号

责任编辑：王熹　　封面设计：李宁

法院审理融资租赁案件观点集成

FAYUAN SHENLI RONGZI ZULIN ANJIAN GUANDIAN JICHENG

主编/李超

经销/新华书店

印刷/三河市紫恒印装有限公司

开本/710 毫米×1000 毫米　16 开　　印张/25.5　字数/382 千

版次/2021 年 8 月第 1 版　　2021 年 8 月第 1 次印刷

中国法制出版社出版

书号 ISBN 978－7－5216－2056－6　　定价：88.00 元

北京市西城区西便门西里甲 16 号西便门办公区

邮政编码 100053　　传真：010－63141852

网址：http://www.zgfzs.com　　**编辑部电话：010－63141795**

市场营销部电话：010－63141612　　**印务部电话：010－63141606**

（如有印装质量问题，请与本社印务部联系。）